U0816914

# 现代中学化学实验教学方法论

朱汝葵　范建春　崔建国　主编

科学出版社
北　京

## 内 容 简 介

新课程改革倡导学生的学习方式以合作与探究为主，强调知识的意义建构。本书的编写主要依据建构主义学习理论、自主学习、探究学习理论，按篇、章体例编写。理论篇主要突出师范生实验教学素质的培养与提高。实践篇则是在理论篇的学习基础上突出培养师范生的实验操作技能、实验设计、实验探究与创新等能力。安全篇则重点阐述化学实验中安全教育的重要性和必要性。本书注重在呈现方式上对学生探究意识的培训与思维的训练，通过微型实验的介绍激发学生改进与创新的兴趣。全书内容充实而新颖，具有凸显师范性、突出探究性、注重创新性等特点。

本书适合于普通高等师范院校化学专业本科生、教育硕士研究生使用，也可作为在职化学教师培训的教材。

**图书在版编目（CIP）数据**

现代中学化学实验教学方法论/朱汝葵，范建春，崔建国主编. —北京：科学出版社，2015.3（2023.9 重印）
ISBN 978-7-03-043587-3

Ⅰ.①现… Ⅱ.①朱…②范…③崔… Ⅲ.①化学实验-教学法-中学 Ⅳ.①G633.82

中国版本图书馆 CIP 数据核字（2015）第 042733 号

责任编辑：刘　琳／责任校对：彭　映
责任印制：罗　科／封面设计：墨创文化

科学出版社 出版
北京东黄城根北街 16 号
邮政编码：100717
http://www.sciencep.com
成都锦瑞印刷有限责任公司印刷
科学出版社发行　各地新华书店经销
*
2015 年 3 月第　一　版　开本：787×1092　1/16
2023 年 9 月第四次印刷　印张：19
字数：400 000

**定价：38.00 元**

# 序

在人类认识物质世界的漫长岁月中，逐渐形成了以实验为基础的化学学科。在上个世纪的100年中，随着化学科学的不断发展，解决了与人类生存和发展密切相关的一个又一个难题，化学成为一门中心的、实用的和创造性的科学。实验在现代化学发展的过程中发挥了极为重要的作用。

实验不仅是研究化学的重要工具，也是化学课程的重要内容，实验对于激发学生化学学习兴趣、帮助学生形成和理解化学概念、全面落实科学素养的目标具有不可替代的特殊作用。我国普通高中化学课程标准明确提出“通过以化学实验为主的多种探究活动，使学生体验科学研究的过程”“重视探究学习活动，培养学生的科学探究能力”。化学实验是对学生进行创造意识训练和科学方法训练极其有效的途径，我们必须对传统的实验教学重新进行反思，探索化学实验的新思路、新方法，更好地展现化学实验在培养学生创新精神和实践能力方面的重要价值。

上述要求，无疑对对基础教育阶段的化学教师提出了新的挑战，也深刻地影响了高师院校化学教师教育课程的改革。如何通过实验手段帮助高师生更好地理解化学，掌握科学探究的方法；同时，如何运用实验情境启迪学生积极思维，激发创新意识，发现问题并力求解决问题。这是关乎化学高师生专业素养提升的大问题。

多年来，广西师范学院化学与材料科学学院在长期的实验课程教学与改革的基础上，实施了“基于新课程理念的化学教学论实验模块设置及教学改革”，经过多年的实践与改进构建了包括“理论篇、实践篇和安全篇”的化学教学论实验教材新体系，凸显了师范性、探究性和创新性。本教材的内容选择彰显学科的基础性、系统性和前沿性，教材的结构充分体现化学理论教学与实验教学既相对独立又有机结合的教学思想，注重理论的指导作用。纵观全书，明显反映了以下几个特点。

1. 目标定位明确。符合高师院校化学专业学生实验技能和实践能力培养的要求，满足化学专业师范生化学实验和技能知识系统化的实验教学需要，突出化学教学论实验的学科特点。

2. 教学内容丰富。涵盖中学化学实验的基础知识和实验技能，不但重视实验基础知识、实验基本技能和实验研究方法的学习和训练，而且注意吸纳对经典化学实验改进的案例以及学科发展的最新成果。

3. 教学指导性强。注重对基础实验的原理、方法、操作要点以及实验注意事项等方面的基本说明，同时注重对实验成败关键、拓展问题以及实验知识的扩展性给予引导和启发，并注重从教师的角度培养师范生如何实施“中学化学实验教学”的方法训练，体现“双重角色”学习“化学教学论实验”的特点。

本教材充分考虑了21世纪第2个十年我国师范教育发展的特殊性，针对地方高师院校人才培养的目标，创造性地探索了化学实验教学体系与未来优秀教师培养相结合的思路，反映了作者通过高师中学化学实验教学课程改革的实践培养“卓越教师”的经验与成果。本书对于促进高等师范院校化学实验教学的进一步改革具有积极的导向作用，将为我国高等师范化学专业培养优质教师提供更多的先行经验，值得向广大的同行和读者推荐。

王祖浩
华东师范大学化学系教授、博士生导师
2015 年 1 月

# 前　　言

化学是一门以实验为基础的自然科学。化学实验是化学科学形成和发展的基础，是检验化学科学知识真理性的标准，是化学教学中学生获取和检验化学知识的重要手段，是进行科学探究的主要方式。“化学教学论实验”（也称“中学化学实验教学研究”）课程作为培养师范院校化学专业师范生实验教学能力的一门主干课程，在过去的教学中，各师范院校将教学目标大多定位于使师范生熟练掌握化学实验基本操作技能、熟悉中学化学实验内容、能够演示中学化学典型实验，而对于化学实验的价值 、实验问题的探究、综合实验设计、实验改进与创新及实验教学方法研究等内容，都极少涉及甚至存在空白。

多年来，我们在长期的实验课程教学与改革的基础上，践行了“基于新课程理念的化学教学论实验模块设置及教学改革”。为促进化学教学论实验的教学内容、实验方法、实验内容的呈现等方面与新课程改革相适应，我们编写了《现代中学化学实验教学方法论》一书。本书共分三部分，第一部分为理论篇。内容主要包括化学实验教学的功能和目的要求、化学实验的类型、化学实验的教学方法和策略以及化学实验设计、实验探究的基本理论。第二部分为实践篇。着重介绍实验演示、实验探究、实验设计、实验改进与创新等相关内容。实验演示重在突出实验教学方法的介绍，化学实验探究主要结合新课程改革的要求，选取有代表性的典型实验案例作为探究主题，并在专门的章节中引用近年来高中化学实验的改进与创新案例，培养学生的创新能力；最后介绍微型化学实验的一些理论与实践内容，让读者能更全面地认识中学化学实验的教学内容与要求以及学科前沿信息。第三部分为安全篇。着重强调化学实验中安全教育的重要性和必要性。包括个人安全、化学实验室安全及化学实验室的科学管理等内容。

本书在编写过程中注重突出以下特点：

（1）凸显师范性。教材内容注重结合高中化学新课程改革的需要，选择中学化学教学中具有代表性的经典实验，同时内容呈现突出导学性，即着重引导学生扮演学生和教师“双重角色”进行预习、思考并能提炼实验教学的关键内容，并附有相关主题的教学示例，使师范生不但从学生的角色会“做”实验，还从教师的角色会“讲”实验，解决实验中的疑难问题，有效培养和提高师范生实验的教学技能。

（2）突出探究性。教材内容的选择除注重相关知识性的学习，还注重增加相关探究性和趣味性实验改进与创新的内容。“中学化学实验探究性实验”这一专题主要结合新课程改革的要求，以典型实验作为探究主题，注重突出问题驱动，有效培养师范生提出问题、分析问题和解决问题的能力。

（3）注重创新性。在各专题中插入相关学科前沿信息，同时利用“微型实验”激发学生实验创新的兴趣，“中学化学实验研究与创新”这一专题则着重以案例的方式展示实验改进与创新的方法，并通过介绍大学生创新项目的申报与研究，引导学生关注创新、参与实践。

全书共分为三个部分。第一部分，理论篇：第 1 章由刘宝编写；第 2 章由范建春、刘宝编写；第 3 章由石郦编写；第 4 章由朱汝葵编写。第二部分，实践篇：专题 1 由朱汝葵、范建春编写；专题 2 由陈思静编写；专题 3 由朱汝葵编写；专题 4 由朱汝葵、吴庆轩编写；专题 5 由石郦编写；专题 6 由朱汝葵编写。第三部分，安全篇：由崔建国、朱汝葵编写，附录由黎远成编写。全书由朱汝葵统稿，崔建国教授负责总审、定稿。

本书的出版得到广西壮族自治区教育厅高校教学名师基金及广西师范学院教材出版基金资助，同时得到科学出版社的大力支持，部分研究生对书稿的校对付出了辛勤劳动，在此表示衷心的感谢！编写中，编者参考、引用了大量文献资料，在此对文献作者表示诚挚的谢意。

由于编者水平所限和时间仓促，书中的遗漏和不足在所难免，敬请使用本书的教师、学生和专家同行批评指正。

编　者

2015 年 1 月

# 目　　录

## 第一部分　理　论　篇

## 第二部分 实 践 篇

## 第三部分　安　全　篇

# 第一部分　理　论　篇

# 第1章　化学实验及其教学的地位与功能

化学实验教学是化学教学中的一种基础教学活动。化学实验教学与素质教育的目标高度一致，它有利于激发学生对化学学科的学习兴趣，培养学生科学素养和创新思维能力，培养学生对未知事物的探究能力。正视实验教学在化学教学中的地位和功能有利于素质教育的开展。

## 1.1　化学教学实验课的目的与任务

化学教学实验是指在化学教学中教师或学生根据一定的化学实验原理和目的，通过采用某些化学实验仪器、设备和装置等物质手段，在人为的实验条件下改变实验对象的状态和性质，从而获得各种化学实验事实，达到化学教学目的的一种教学实践活动。化学教学实验通常简称“化学实验”，它是化学教学中的一种基础教学实践活动。

当前，我国中学化学实验教学质量的现状不容乐观，化学实验教学的要求与教学目标还存在一定的差距。主要表现在以下两方面。

（1）资源的利用：县乡级中学化学实验仪器不齐，化学药品、试剂短缺。然而在城市某些重点中学却存在着化学资源闲置、浪费的情况，化学实验室利用率极低。

（2）教师的教学观念：目前高考仍然是以笔试为主，因此教师往往对学生的理论解题能力非常重视，却对学生的实验动手能力比较忽视。而普通笔试很难考查学生化学实验动手能力，特别是对学生观察能力、独立解决问题能力的考查。因此，在教师中认为化学实验仅是培养学生兴趣去获得感性认识以应付考试为主的居多，而以通过实验培养学生多种科学素质为目的的较少。在实验内容安排上以验证性实验居多，综合性、探究性的实验少。教学方法上采用黑板上讲实验、看实验，学生实验“按部就班”操作的多，学生亲自动手操作，自主发挥、独立探究的少。

化学实验教学研究课程是为高等师范院校“化学教育”专业学生开设的一门必修课程。该课程集化学实验研究和化学实验教学研究为一体，主要通过学习、研究中等学校化学实验内容和化学实验教学的原理、过程和方法，使师范生掌握从事化学实验研究和化学实验教学研究的基础知识和基本技能，培养从事化学实验教学工作和进行实验教学研究的初步能力，为将来独立进行中等学校化学教学工作，实施化学素质教育、创新教育奠定良好的基础。

培养创新精神和实践能力，尤其是科学探究能力，是基础教育化学课程改革的重要目标之一。化学的学科特征和教学特征都是“以实验为基础”，结合化学实验本身特有的探究性和方法性，化学实验及化学实验教学自然成为化学素质教育、化学创新教育的良好载体、措施与手段。这对于培养学生的探究能力、创新精神具有不可替代的作用。

基础教育中创新型人才的培养，需要具备创新性的师资去培养。一个创新型化学教师，不仅要懂得化学实验在化学创新教育中的重要性，有正确的化学实验教学观，而且要有利用化学实验培养学生进行创新的技能和能力。因此，通过化学实验研究和化学实验教学研究，培养新型的具备探究性、创新性思维的基础教育师资，也就自然成为化学实验教学研究课程的一个重要目标。

## 1.2　化学实验及其教学的地位

化学是一门以实验为基础的自然科学，实验教学是化学教学过程的重要环节。在化学实验中，学生借助仪器、试剂观察通常条件下难以发现和理解的自然过程和规律，加深对化学基本理论的理解，掌握元素和化合物的基本性质，了解化合物的一般制备、提纯和分析方法，学习和掌握化学实验基本操作，学习独立观察问题、思考问题及解决问题的方法。在教学过程中恰当地引入化学实验，不仅可以激发学生的学习兴趣，巩固所学到的知识，培养查阅文献、设计实验方案的能力，还可以给学生提供一种了解和感受科学研究过程的经历。由此可见，实验在化学教学过程具有举足轻重的地位。

## 1.3　化学实验及其教学的功能

化学实验是为阐明化学现象、检验假设、揭示物质结构、反应机理、得出结论而创设特定条件的外部活动过程。化学实验教学是按照一定的化学教育目标和教学计划，在教师指导下，让学生观察、研究和分析化学变化现象，从而进一步加深学生对所学习化学理论的理解，同时通过训练学生化学实验技能，培养学生化学实验能力，形成科学世界观与方法论的实践性教学过程。因此，化学实验是化学教学内容的重要组成部分，是科学探究的重要环节，是教师常用的教学方式，也是学生学习的重要内容和有效学习的方式。

### 1.3.1　实验提高学生化学学习兴趣

兴趣是个性心理特征的重要组成部分，是个体力求认识某种事物或者从事某种活动的重要心理倾向，表现为人对某种事物、某项活动积极的情绪反应。兴趣是一种特殊的意识倾向，良好的学习兴趣是求知欲的源泉，是思维的动力。化学是以实验为基础的学科。化学实验现象具有直观、生动、鲜明、形象等特点，它是其他学科无法比拟的一种教学手段，化学实验中的奇幻现象是唤起学生学习兴趣的有效手段。例如，在学生刚接触化学的初期给学生演示一系列趣味性实验，如魔棒点灯、手掌生烟、一张烧不掉的纸、手指点火、土豆变色等。同时通过向学生提出一系列日常生活实例的设问，使学生觉得现有知识的不足，以激发他们的求知欲，从而产生学习的兴趣，树立学好化学课程的决心。

### 1.3.2　实验培养学生的科学素养

学生通过实验所观察到的实验现象和所获得的实验事实，是学生认识和掌握化学知识的生动的感性材料。无论是化学运动规律的认识，还是化学理论的建立和发展，都是在充分的化学实验基础上所完成。学生正是通过物质颜色、气味的变化，能量的转移、沉淀的生成等实验现象中获得认知化学知识的途径，得到化学知识的感性材料。化学实验要求学生根据实验目的选择所需要的仪器、药品及实验条件，具备相应的实验操作技能，注意实验现象的观察，结合已知的化学原理，分析、判断、研究、解决化学中的实际问题。因此，我们说化学实验有利于学生科学观察、科学认识、科学思维、科学方法的培养，有利于加强学生基本操作技能、设计能力和创造能力等科学能力的培养。有时实验过程中由于试剂用量的不同、实验条件的改变、实验操作不规范等原因导致实验结果和课本结论有差别，如果能够科学合理地比较和分析其中的缘由，就有助于培养学生实事求是的科学精神和严谨的治学态度，坚定他们的科学信念。

### 1.2.3　实验培养学生的创新思维能力

创新是一种追求卓越的意识，是一种主动发现、积极探索、推陈出新的心理取向，是一种主动改变自己并改变环境的思维。创新潜能，人人都有，只是程度不同，这种潜能通过努力是可以开发、培养的。化学实验是培养学生创新思维的主要形式之一。培养创新能力的关键是培养创新思维，而创新思维是在观察基础上进行的，只有使观察与思维相互渗透，才能激发学生的想象力，促进创新思维的形成。观察实验的过程和结果并重，培养学生思维的严密性；主副反应现象兼顾观察，培养学生思维的科学性；正视异常现象观察，培养学生思维的发散性。在教师引导下进行的探究性实验，经过实验设计，实验条件的选择，实验现象的观察，以及对实验结果的分析和讨论，对学生思维的严谨性、科学性和发散性的培养有着不可替代的作用。

## 参考文献

王后雄. 中学化学实验教学研究 [M]. 北京：北京大学出版社，2013.

王磊. 中学化学实验及教学研究 [M]. 北京：北京师范大学出版社，2009.

熊言林. 化学教学论实验 [M]. 合肥：安徽大学出版社，2004.

中华人民共和国教育部. 全日制义务教育化学课程标准（实验稿）[M]. 北京：北京师范大学出版社，2001：3-5.

# 第 2 章　化学实验操作方法

中学化学实验基础是指贯穿于所有化学实验中的基本实验操作技能，2001 年教育部颁布的《全日制义务教育化学课程标准（实验稿）》中明确指出："化学实验是进行科学探究的重要方式，学生具备基本的化学实验技能是学习化学和进行探究活动的基础和保证，化学课程要求学生获得有关化学实验的基础知识和基本技能，学习实验研究的方法，遵守化学实验室规则，初步形成良好的实验工作习惯。"

在中学化学课程所涉及的化学基本操作技能有加热、药品的取用、称量、溶解、过滤、蒸发、蒸馏、结晶、溶液的配制、萃取和分液、中和滴定、气体的制取和收集及常见物质的检验等。在中学化学教学中，这些基本的化学实验操作技能的训练可以通过专门的学生实验课程来提供，也可以通过学生的课外化学实验探究活动来实现。实验操作技能训练主要是融合在各具体教学实践内容中来达到。例如，通过 $Cl_2$ 的制取和性质实验，学生不仅能掌握在实验室中制取 $Cl_2$ 的方法、认识 $Cl_2$ 的性质等，同时也训练了药品的称取、仪器的组装、加热、气体的制取和收集等化学实验基本操作技能。

学生在化学课程的学习中学习和形成熟练的化学实验操作基本技能，通过实验操作过程学会观察问题、提出问题、分析问题及解决问题的过程和方法，培养学生创新性思维、创造性学习及热爱科学的良好习惯。这就要求教师不仅要具备坚实的化学实验基本操作知识和熟练的化学实验基本操作技能，还要重视化学实验教学，采取有效的教学策略，采用创新性的教学方法和教学理念，加强学生的化学实验基本操作训练。为了更有效地对中学化学实验基本操作知识和技能进行教与学，在这一专题，将对中学化学课程中一些重要的化学实验基本操作知识和技能进行阐述。

## 2.1　化学实验操作基本技能

### 2.1.1　玻璃仪器的洗涤

洗涤方法概括起来有下面几种。

（1）用水刷洗：可以洗去可溶性物质，又可使附着在仪器上的尘土等洗脱下来。

（2）用去污粉或合成洗液刷洗：能去除仪器上的油污。

（3）用浓 HCl 洗：可以洗去附着在器壁上的氧化剂，如 $MnO_2$ 等。

（4）铬酸洗液：将 8g 研细的工业 $K_2Cr_2O_7$ 加入温热的 100mL 浓 $H_2SO_4$ 中小火加热，切勿加热到冒白烟。边加热边搅动，冷却后储于细口瓶中。洗涤步骤如下：

a. 先将玻璃器皿用水或洗衣粉洗刷一遍。

b. 尽量把器皿内的水去掉，以免稀释洗液。

c. 用洗液洗涤器皿。

d. 用毕将洗液倒回原瓶内，以便重复使用。

洗液有强腐蚀性，勿溅在衣物、皮肤上。铬酸洗液有强酸性和强氧化性，去污能力强，适用于洗涤油污及有机物。当洗液颜色变成绿色时，洗涤效能下降（为什么），应重新配制。

（5）含 $KMnO_4$ 的 NaOH 溶液：将 10g $KMnO_4$ 溶于少量水中，向该溶液中注入 100mL 10% NaOH 溶液即成。该溶液适用于洗涤油污及有机物。洗后在玻璃器皿上留下 $MnO_2$ 沉淀，可用浓 HCl 或 $Na_2SO_3$ 溶液将其洗掉。

（6）HCl-乙醇（1∶2）洗液：适用于洗涤被有机试剂染色的比色皿。比色皿应避免使用毛刷和铬酸洗液。

（7）移液管、容量瓶、滴定管的洗涤：移液管、容量瓶、滴定管要求容积精确，一般不用刷子刷洗，其内壁油污最好是用浓 $H_2SO_4$-重铬酸钾洗液来清洗，分别介绍如下。

移液管：在上口套上一段橡皮管，用洗耳球将洗液吸入管中超过刻线部分，用夹子夹住，直立浸泡一定时间（也可用洗耳球将洗液吸入管中，用手指堵住上口，平握移液管，不断转动，直到洗液浸润全部内壁），将洗液放回原瓶。

容量瓶：小容量瓶可装满洗液浸泡一定时间。容量大的容量瓶则不必装满，注入约 1/3 体积洗液，塞紧瓶塞，摇动片刻，隔一段时间再摇动几次即可洗净。

滴定管：可注入 10mL 洗液，两手平握滴定管不断转动，直到洗液把全部管浸过，然后将洗液由上口或尖嘴倒回原储存瓶中。若用以上方法不能洗净，需将洗液装满滴定管浸泡。

上述仪器用洗液浸泡后，都需要先用自来水冲洗掉洗液。此时应对着光亮检查一下油污是否已被洗净，内壁水膜是否均匀。如果发现仍有水珠，则应用洗液浸泡再检查，直到彻底洗净为止。最后用去离子水（或蒸馏水）洗去自来水。去离子水每次用量约为被洗仪器体积的 1/3 即可，一般洗 2～3 次。洗净的仪器器壁应能被水润湿，无水珠附着在上面。

对于移液管和滴定管，最后还要用待装入的溶液洗涤 2～3 次（容量瓶是否要用待盛放的溶液洗涤）。

### 2.1.2　化学试剂的取用

因为有的化学药品有毒，所以化学药品的取用有“三不准”原则：①不准用手直接接触药品；②不准用口尝药品的味道；③不准把鼻孔凑到容器口去闻气味。在取用化学药品时，首先要看清标签，然后打开瓶塞，瓶塞应倒放在实验台上，防止瓶塞沾污。取完药品后，盖紧瓶塞，把试剂瓶放回原处。已经取出或用剩的药品不能再倒回原试剂瓶，应交回实验室。不同状态的药品取用方法不同。

#### 1. 固体药品的取用

取用固体药品要用洁净、干燥、专用的药匙，如用同一药匙取不同的药品应洗净擦干后再使用。较大块状固体可用镊子取用，先把容器横放，把药品放入容器口，再把容器慢慢地竖立起来，以免打破容器底部；当取用粉末状或小颗粒状的药品时要用药匙或纸槽，先将容器横放，把盛药品的药匙或纸槽小心地送入容器底部，再缓缓地使容器直立。

### 2. 液体药品的取用

液态药品一般用量筒量取或滴管吸取。下面分别介绍它们的操作方法。

1）量筒量取

量筒有 5mL、10mL、50mL、100mL 和 1000mL 等规格。如图 1-2-1 所示，取液时，先取下瓶塞并将它放在桌上。一手拿量筒，一手拿试剂瓶（注意别让试剂瓶上的标签朝下），然后倒出所需量的试剂。最后斜瓶口在量筒上靠一下，再使试剂瓶竖直，以免留在瓶口的液滴流到瓶的外壁。

2）滴管吸取

先用手指紧捏滴管上部的橡皮乳头，赶走其中的空气，然后松开手指，吸入试液，如图 1-2-2 所示。将试液滴入试管等容器时，不得将滴管插入容器。滴管只能专用，用完后放回原处。一般的滴管一次可取 1mL，约 20 滴试液。

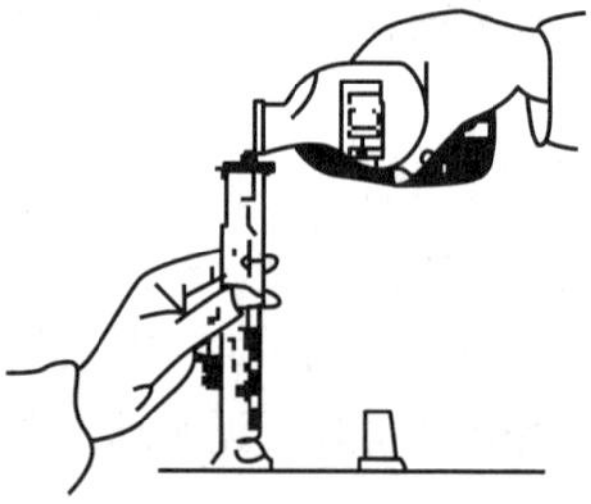

图 1-2-1　用量筒取液

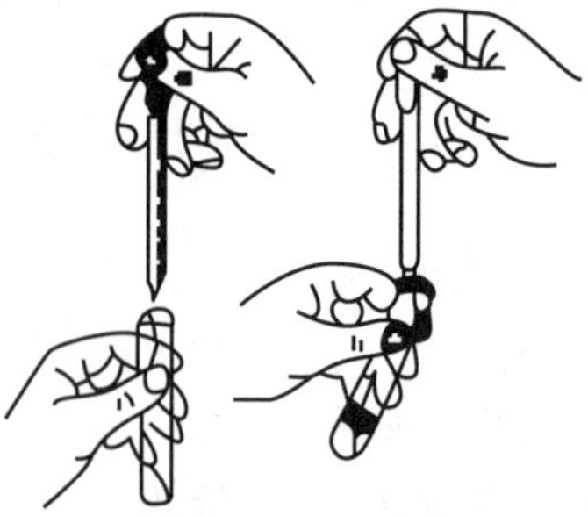

（a）　　（b）

图 1-2-2　用滴管加试剂

（a）正确；（b）不正确

取用很少量液体药品时一般采用滴管（图 1-2-3），取用较多量的液体药品到试管时可直接从试剂瓶中倾倒，应注意标签向着手心，并应斜持试管，使瓶口紧挨着试管口（图 1-2-4），防止试剂污染或腐蚀标签。定量取用液体药品可使用量筒、量杯或移液管等液体计量仪器。量取液体时，视线应与量具内液体的弯月面的最低处保持水平，偏高或偏低都会造成读数不准确，产生较大误差（图 1-2-5）。

图 1-2-3　滴液到试管的方法

图 1-2-4　倾注法

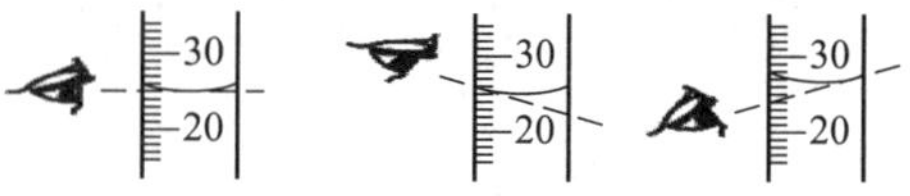


（a）正确；　（b）偏高；　（c）偏低

图 1-2-5　观看量筒内液体的体积

### 2.1.3　称量

#### 1. 托盘天平

托盘天平（图 1-2-6）用于精度要求不高的称量，一般只能称准到 0.1g。称量前，首先调节托盘下面的平衡螺母，让指针在刻度尺中心附近等距离摆动，此谓调零点。称量时，左盘放称量物，右盘放砝码（10g 或 5g 以下是通过移动游码添加的），增减砝码，使指针也在刻度尺中心附近摆动。砝码的总质量就是称量物的质量。称量时应注意：

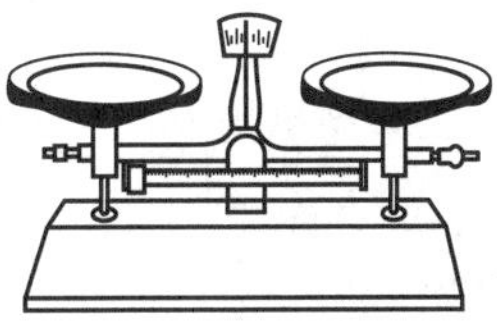

图 1-2-6　托盘天平

（1）不能称量热的物体。

（2）称量物不能直接放在托盘上，应依其性质放在称量纸、表面皿或其他容器中（如称量瓶、烧杯等），但是要注意，具有腐蚀性或容易吸潮的固体不能采用称量纸称量。

（3）称量完毕，把砝码放回砝码盒，使托盘天平各部分恢复原状，将游码拨到“0”位，将托盘放在一侧，并保持托盘天平的整洁。

#### 2. 电子天平

电子天平是最新一代的天平，已经逐渐进入化学实验室被学生使用。它是根据电磁力平衡原理，直接称量，全量程不需砝码，放上称量物后，在几秒钟内即达到平衡，显示读数。电子天平称量速度快，使用方法简便，精度高。电子天平的支承点用弹性簧片取代机械天平的玛瑙刀口，用差动变压器取代升降枢装置，用数字显示代替指针刻度显示。因此，电子天平具有使用寿命长、性能稳定、操作简便和灵敏度高等特点。电子天平的型号很多，但其使用方法大致相同。电子天平可测准至 0.0001g 或 0.001g。

图 1-2-7 给出的是 METTLER 公司的 AE200 型电子天平。其最大载荷 200g，最小读数 0.1mg。我国湖南生产的湘仪-岛津电子分析天平 AEL-200 最大载荷 200g，读数精度 0.1mg。

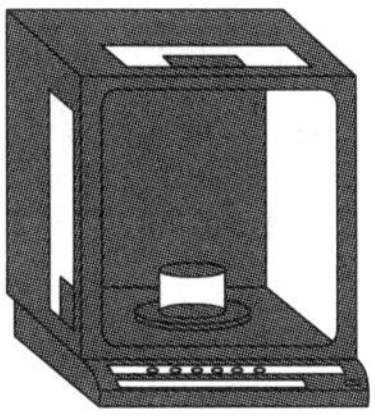

图 1-2-7　AE200 型电子天平

电子天平的使用方法：

（1）水平调节。电子天平在称量过程中会因为摆放位置不平而产生测量误差，称量精度越高误差就越大，因此使用前必须调整水平。电子天平后面都有一个水准泡。水准泡必须位于液腔中央，否则称量不准确。调好之后，应尽量不要搬动，否则，水准泡可能发生偏移，又需重调。电子天平有两个调平底座，一般位于后面，也有位于前面的。旋转这两个调平底座，就可以调整天平使水平。

（2）预热。接通电源，预热至规定时间后（天平长时间断电之后再使用时，至少需预热 30min），开启显示器进行操作。因此，实验室的电子天平在通常情况下，不要经常切断电源。

(3) 开启显示器。轻按ON键，显示器全亮，约2s后，显示天平的型号，然后是称量模式0.0000g。读数时应关上天平门。

(4) 校准。天平安装后，第一次使用前，应对天平进行校准。因存放时间较长、位置移动、环境变化或未获得精确测量，天平在使用前一般都应进行校准操作。大部分天平采用外校准，由TAR键清零及CAL键、100g校准砝码完成。轻按CAL键当显示器出现CAL时，即松手，显示器就出现CAL-100其中“100”为闪烁码，表示校准砝码需用100g的标准砝码。此时就把准备好的“100g”校准砝码放上秤盘，显示器即出现“—”等待状态，经较长时间后显示器出现100.0000g，取出校准砝码，显示器应出现0.0000g，若出现不是为零，则再清零，重复以上校准操作。为了得到准确的校准结果，最好进行重复校准。

(5) 称量。打开天平侧门，按TAR键，显示为零后，将样品放到物品托盘上（化学试剂不能直接接触托盘），关闭天平侧门。待电子显示屏上闪动的数字稳定，读取数字，即为样品的称量值。

(6) 去皮称量。按TAR键清零，置容器于秤盘上，天平显示容器质量，再按TAR键，显示零，即去除皮重。再置称量物于容器中，或将称量物逐步加入容器中直至达到所需质量，待显示器左下角“0”消失，这时显示的是称量物的净质量。将秤盘上的所有物品拿开后，天平显示负值，按TAR键，天平显示0.0000g。若称量过程中秤盘上的总质量超过最大载荷时，天平仅显示上部线段，此时应立即减小载荷。

(7) 称量结束后，若较短时间内还使用天平，一般不用按OFF键关闭显示器。实验全部结束后，关闭显示器，切断电源，若短时间内（如2h内）还使用天平，可不必切断电源，这样再用时可省去预热时间。若当天不再使用天平，应拔下电源插头。

### 2.1.4 加热

加热是化学实验中一项非常重要的操作，许多化学反应都需要在加热的条件下进行，此外固体的溶解、升华，液体的蒸发、蒸馏、精馏等也都需要加热。在实验室中常用加热设备有酒精灯、酒精喷灯、煤气灯、电炉、电热板、电加热套、烘箱、恒温水浴、油浴等。在此介绍中学化学实验室中常用的加热仪器及操作。

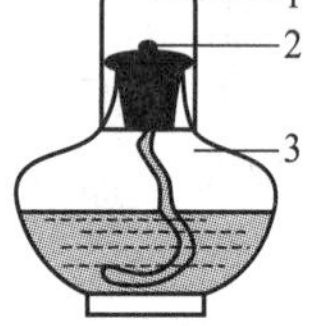

图 1-2-8 酒精灯的构造
1. 灯帽；2. 灯芯；3. 灯壶

#### 1. 酒精灯的构造及使用（图1-2-8和图1-2-9）

酒精灯是用酒精作燃料的加热仪器。其火焰温度在400～500℃。酒精灯使用方便，比较安全，多数化学实验都可用它进行加热。但由于酒精的沸点为78.3℃，闪点较低，又能与空气形成爆炸混合物（爆炸极限为3.1%～20%），且酒精灯的颈口与灯头的连接是活动的，所以使用酒精灯时应注意以下几点：

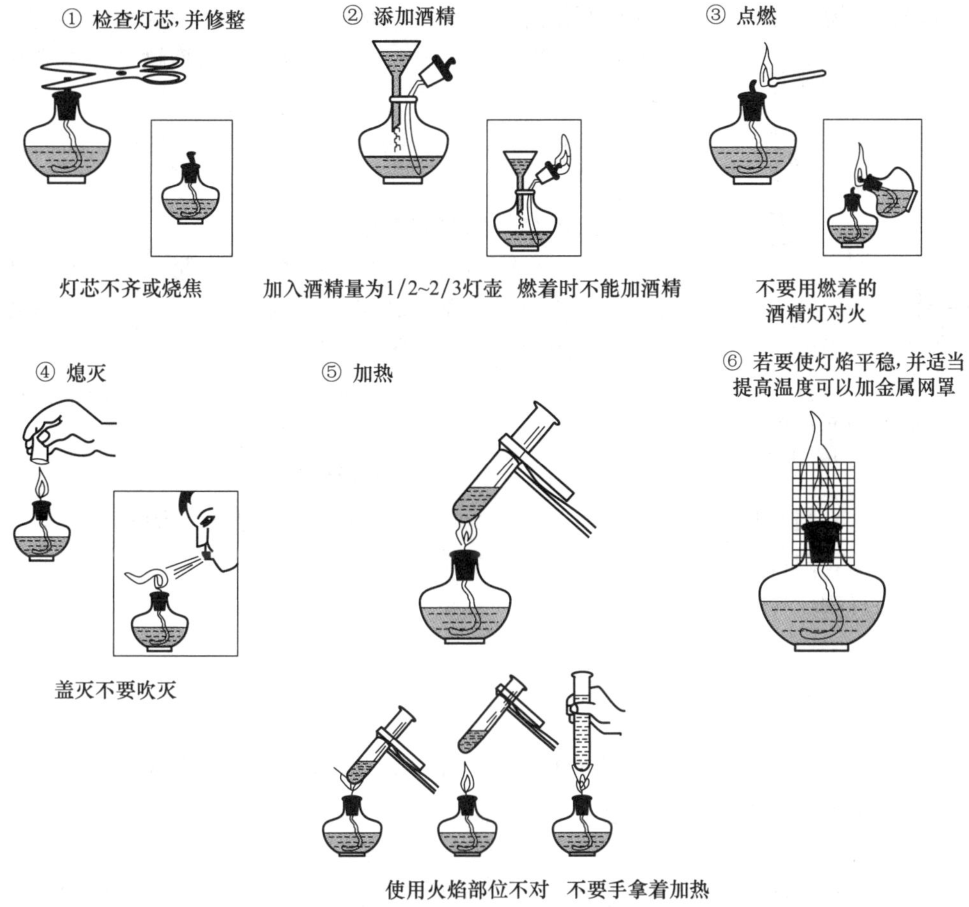


图 1-2-9　酒精灯的使用方法

(1) 酒精不可装得太满，一般不超过灯壶容积的 2/3，但也不能少于容积的 1/3。酒精太多，移动时容易洒出或在点燃时受热膨胀而溢出；酒精太少，则灯内酒精蒸气太多，易引起爆炸。

(2) 点燃酒精灯时要用火柴或打火机，不能用燃着的酒精灯去点燃另一个酒精灯。

(3) 酒精灯连续使用的时间不能太长，以防止火焰使酒精灯本身灼热后，灯内酒精大量气化而形成爆炸混合物。

(4) 熄灭酒精灯时不能用嘴吹灭。用嘴吹不仅不易吹灭火焰，而且还可能把火焰吹入灯内，引起酒精蒸气爆燃。正确的操作方法是用灯帽盖灭，然后再将灯帽提起，使酒精蒸气散掉一部分并进入空气，最后把灯帽盖上。这样可保持灯帽内外压强一致，再使用时容易打开。

(5) 酒精灯不用时，应盖上灯帽，防止酒精挥发。如长期不用，应将灯内酒精倒出，并在灯帽与灯颈之间夹一小纸条，防止粘连，使用时不易打开。酒精易溶于水，着火时可以用水灭火。

酒精喷灯也是以酒精作为燃料的加热仪器，酒精喷灯是先把酒精气化并以一定压力喷出，与空气混合后再燃烧。这样酒精燃烧快，产生热量多，火焰温度在1000℃左右，而且火焰受气流影响小，温度恒定。酒精喷灯在中学化学实验中，常用于玻璃工操作。常用的酒精喷灯有座式和挂式两种（图1-2-10）。两者的区别主要是酒精储存部位的不同。

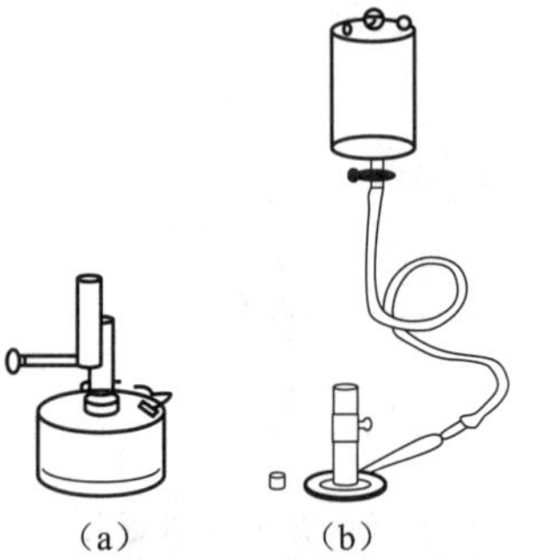

图1-2-10　常用的酒精喷灯

(a) 座式；(b) 挂式

使用酒精喷灯时应注意以下几点。

(1) 注入灯内的酒精不可过多也不可太少。对于座式酒精喷灯，酒精量为灯座容积的2/5～4/5；对于挂式喷灯，储罐内的酒精量为储罐容积的1/2为宜。

(2) 酒精喷灯在点燃前必须充分预热使喷出的酒精全部气化，不能呈液态喷出，以免造成事故。如预热不充分，应立即关闭开关，重新预热。

(3) 座式酒精喷灯连续使用时间不可太长，以30min左右为宜。否则，时间太长，灯内温度太高，内部压强过大，喷灯会有崩裂的危险。

(4) 喷灯用毕应将剩余酒精倒出。

## 2. 煤气灯的构造及使用

煤气灯的样式有很多种，但构造原理是相同的。由灯管和灯座组成，如图1-2-11所示，灯管下部有螺旋与灯座相连。

灯管下部有几个分布均匀的小圆孔，为空气的入口，旋转灯管即可完全关闭或不同程度地开启圆孔，以调节空气的进入量。煤气灯构造简单，使用方便，用橡皮管将煤气灯与煤气龙头连起来即可使用。

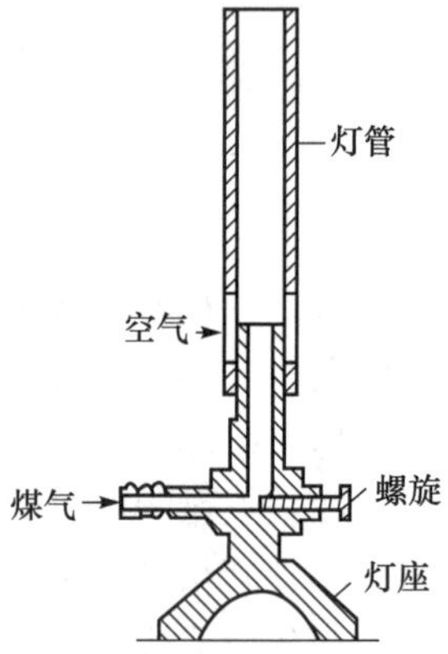

图1-2-11　煤气灯的构造

使用时，应先关闭煤气灯的空气和煤气龙头，然后将燃着的火柴移近灯口，再慢慢打开煤气开关，即可点燃。然后调节空气和煤气的进入量，使二者的比例合适，形成分层的正常火焰（图1-2-12）。煤气灯火焰的内层（3）温度最低，约300℃，煤气和空气混合后只有少部分燃烧，称为焰心。中层（2）为较高温度处，约500℃，煤气不完全燃烧，分解为含碳的产物，这部分火焰具有还原性，称为还原焰。图1-2-13是临空火焰，煤气、空气量都过大。图1-2-14是侵入火焰，煤气量少，空气量大。

如果进入煤气灯的空气和煤气的进入量比例不适宜，此时会产生不正常的火焰，如果火焰呈黄色或者产生黑烟，说明燃料气燃烧不完全，应调大空气进入量；如果燃料气和空气的进入量过大，火焰会脱离灯管在管口上方临空燃烧，称为临空火焰（图1-2-13），这种火焰容易自行熄灭；如果燃料气进入量很小（或煤气突然降压）而空气比例很高

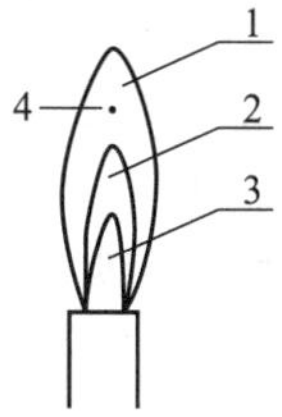

图 1-2-12　正常火焰
1. 氧化焰（温度可达到 800～900℃）；
2. 还原焰；3. 焰心；4. 最高温度点

图 1-2-13　临空火焰

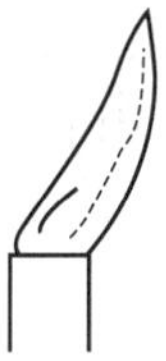
图 1-2-14　浸入火焰

时，燃料气会在灯管内燃烧，在灯管口上方看到一束细长火焰并能听到特殊的“嘶嘶”声，这种火焰称为侵入火焰（图 1-2-14），片刻即能把灯管烧热，易烫伤手指。遇到后两种情况应关闭燃料气，重新调节后再点燃。

煤气灯使用完毕，应先关闭煤气龙头，使火焰熄灭，再将针形阀和灯管旋紧。煤气中含有大量的 CO，应注意切勿让煤气逸散到室内，避免发生中毒和引起火灾。

### 3. 常用电加热仪器

电加热仪器加热时不产生有毒物质，此外具有蒸馏易燃物时不易发生火灾等优点，所以实验室中合成实验一般采用电加热仪器加热。

（1）电炉（图 1-2-15）：有不同规格，使用时放石棉网，使加热均匀。

（2）电加热套（图 1-2-16）：专为加热圆底容器而设计的电加热源，特别适用于作为蒸馏易燃物品的蒸馏热源。有适合不同规格加热容器的电加热套，相当于一个均匀加热的空气浴，热效率高。

（3）恒温水浴锅（图 1-2-17）：利用电热加热水，再利用热水作为热源去加热物体，具有安全可靠的特点。缺点是加热温度不高，同时不适宜于加热对水敏感的物体。

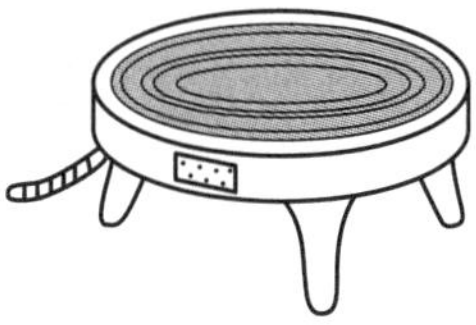
图 1-2-15　电炉

图 1-2-16　电加热套

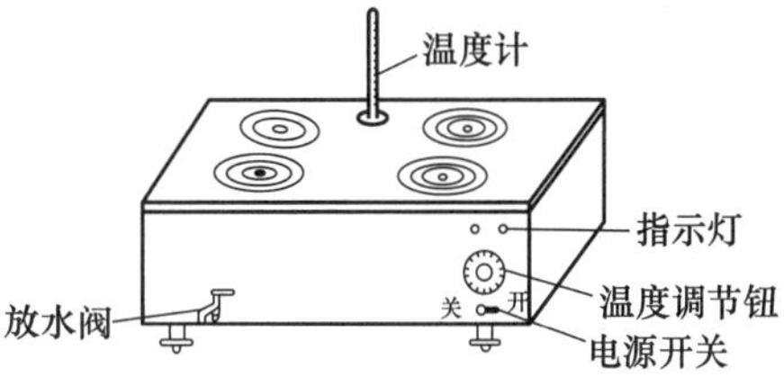

图 1-2-17　恒温水浴锅

### 4. 加热方法

#### 1）直接加热

在中学化学实验中能直接加热的仪器不多，一般有试管、坩埚、蒸发皿等。给试管中的液体加热时，试管一般与桌面成 60°，加热时切不可对着任何人（图 1-2-18），试管内所加热的液体体积不能超过试管容积的 1/3。先加热液体的中上部，慢慢移动试管，热及下部，然后不时移动或振荡试管，使各部分受热均匀，避免试管内液体因局部沸腾而迸溅，引起烫伤。加热试管中的固体时，可将试管固定在铁架台上，管口略向下倾斜（图 1-2-19），防止加热时产生的水蒸气在管口遇冷形成的水珠倒流至试管灼热部位使试管炸裂。

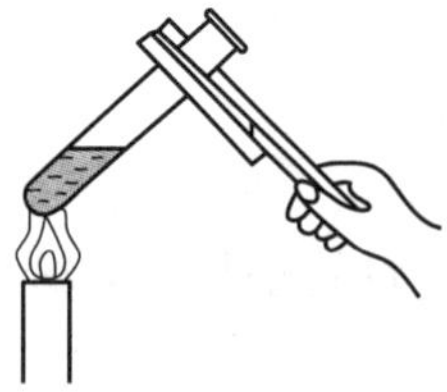

图 1-2-18　加热试管中的液体

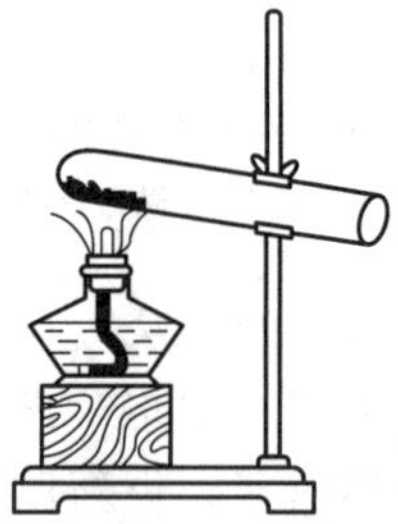

图 1-2-19　加热试管中的固体

2）间接加热

烧瓶、烧杯、锥形瓶等底面积较大的仪器一般不能用火焰直接加热。因为剧烈的温度变化不仅会造成仪器损坏，而且由于局部太热，还可能造成仪器内物质的分解。所以在中学化学实验中，通常根据具体情况，采用下面 4 种方法进行：

（1）垫石棉网加热。这是一种最常用的加热方法。烧杯、烧瓶等仪器都可放在置于三脚架或铁架台上的石棉网上进行加热。

（2）水浴加热。当被加热的物质要求受热均匀且温度不超过 100℃时，可将仪器浸到热水中进行加热，即水浴加热。水浴有专用的水浴锅，水浴锅型号很多，锅盖通常是由一组直径依次由大到小的片圈组成，可以放置不同规格的玻璃仪器。实验室中如无水浴锅，也可用大烧杯代替。

（3）沙浴。当所需加热的温度超过 100℃时，可使用沙浴。进行沙浴要使用铁制沙浴盘或沙浴锅，沙一般用细石沙，被加热的器皿放在热沙上。由于沙保热能力较差，散热很快，所以器皿底部的沙层应铺得薄些，以便于传热，器皿周围则要堆得厚些，以利于保温。

（4）油浴。油浴是采用沸点较高而且较为惰性的液体代替水作为热源介质来进行加热，加热在油浴锅中进行，其可以用于加热 200℃以下的物质，具有受热均匀及安全可靠的特点，同时可以通过触点温度计等装置来控制油浴温度。通常使用的油浴介质有硅油、甘油、液状石蜡等。

被加热的仪器外壁不能有水，加热前应擦干，以免仪器炸裂；加热时玻璃仪器的底部不能触及酒精灯的灯芯，以免容器受热不均破裂。烧得很热的容器不能立即用冷水冲洗，也不能立即放在桌面上，应放在石棉网上。

## 2.1.5　液-固分离

进行化学反应一般需要较纯的化学物质，这就需要进行物质分离。物质的分离是得到较纯物质的主要手段，因而在化学实验中具有重要的地位。下面介绍物质分离的方法，如倾析、过滤、离心分离、蒸发、结晶和重结晶。

## 1. 倾析法

倾析法是溶液与沉淀分离常用的一种方法，分为直接倾析法和离心分离后倾析法。当沉淀固体的密度和结晶颗粒较大，静置后能很快沉降在容器底部时，常用倾析法进行洗涤和分离。操作方法如图 1-2-20 所示。沉淀如需进行洗涤，可向盛沉淀的容器内加入少量洗液（如蒸馏水、乙醇等），充分搅拌后静置，再倾去清液。如此重复操作 3 次，可以将沉淀洗净。

图 1-2-20　倾析法

当被分离的沉淀量很少时，应采用离心分离法，其操作简单迅速。把盛有混合物的离心管放入离心机的套管内，在套管相对位置上的空套管内放一同样大小的离心管，内装与混合物等体积的水，以保持转动平衡。然后缓慢而均匀开动离心机，再逐渐加速。1～2min 后关机，使其自然停下。由于离心作用，沉淀紧密地聚集于离心管的尖端，上方的溶液是澄清的。可以用滴管小心地吸出上方清液，也可以将其倾出。如果沉淀需要洗涤，可以加入少量的洗液，用玻璃棒充分搅动，再进行离心分离，如此重复操作 2～3 次即可。

## 2. 过滤法

分离溶液与沉淀最常用的操作方法是过滤法。过滤时沉淀留在过滤器上，溶液通过过滤器而进入容器中，所得溶液称为滤液。过滤方法共有 3 种：常压过滤、减压过滤和热过滤。

1）常压过滤

此法最简便、最常用，使用玻璃漏斗和滤纸进行过滤。按照孔隙的大小，滤纸可分为快速、中速和慢速 3 种。快速滤纸孔隙最大。

过滤时，把圆形滤纸或四方滤纸折叠成 4 层（四方滤纸折叠后还要剪成扇形），然后将滤纸放在漏斗中（图 1-2-21）。滤纸的边缘应略低于漏斗的边缘。用水润湿滤纸，并使它紧贴在玻璃漏斗的内壁。这时如果滤纸和漏斗壁之间仍有气泡，应该用手指轻压滤纸，把气泡赶掉，然后向漏斗中加蒸馏水至几乎达到滤纸边。这时漏斗颈应全部被水充满，当滤纸上的水已全部流尽后，漏斗颈中的水柱仍能保留。如形不成水柱，可以用手指堵住漏斗下口，稍稍掀起滤纸的一边，向滤纸和漏斗间加水，直到漏斗颈及锥体的大部分被水充满，并且颈内气泡完全排出。然后把纸边按紧，再放开下面堵住出口的手指，此时水柱即可形成。在全部过滤过程中，漏斗颈必须一直被液体所充满，这样过滤才能迅速。

装置如图 1-2-22 所示。过滤时应注意以下几点：调整漏斗架的高度，使漏斗末端紧靠接收器内壁。先倾倒溶液，后转移沉淀，转移时应使用搅拌棒。倾倒溶液时，应使搅拌棒指向 3 层滤纸处。漏斗中的液面高度应低于滤纸高度的 2/3。

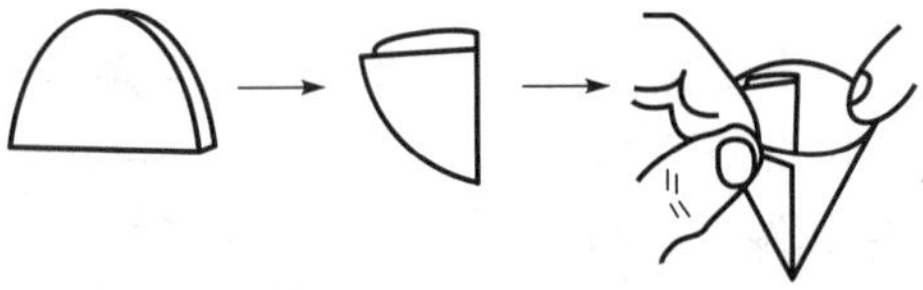

图 1-2-21　滤纸的折叠方法

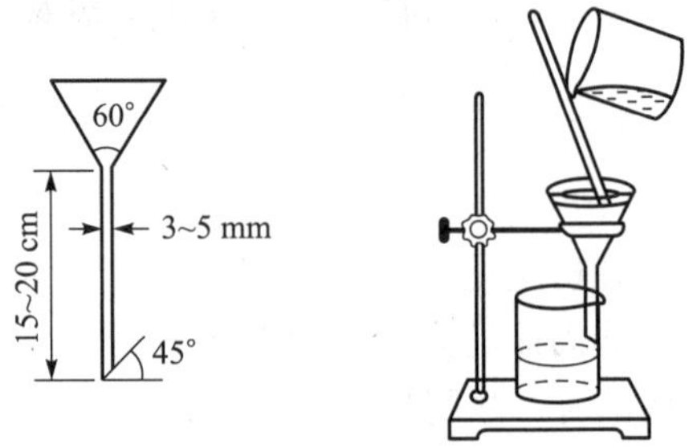


图 1-2-22　过滤操作

如果沉淀需要洗涤，应待溶液转移完毕，用少量洗液倒入沉淀，然后用搅拌棒充分搅动，静止放置一段时间，待沉淀下沉后，将上方清液倒入漏斗，如此重复洗涤 2～3 次，最后把沉淀转移到滤纸上。

2）减压过滤

此法可加速过滤，并使沉淀抽吸得较干燥，但不宜过滤胶状沉淀和颗粒太小的沉淀，因为胶状沉淀易穿透滤纸，颗粒太小的沉淀易在滤纸上形成一层密实的沉淀，溶液不易透过。装置如图 1-2-23 所示，循环水真空泵使吸滤瓶内减压，由于瓶内与布氏漏斗液面上形成压力差，因而加快了过滤速度。安装时应注意使漏斗的斜口与吸滤瓶的支管相对。

布氏漏斗上有许多小孔，滤纸应剪成比漏斗的内径略小，但又能把瓷孔全部盖住。用少量水润湿滤纸，开泵，减压使滤纸与漏斗贴紧，然后开始过滤。当停止吸滤时，需先拔掉连接吸滤瓶和泵的橡皮管，再关泵，以防反吸。为了防止反吸现象，一般在吸滤瓶和泵之间，装上一个安全瓶。

3）热过滤

某些物质在溶液温度降低时，易成结晶析出，为了滤除这类溶液中所含的其他难溶性杂质，通常使用热滤漏斗进行热过滤（图 1-2-24），防止溶质结晶析出。过滤时，把玻璃漏斗放在铜质的热滤漏斗内，热滤漏斗内装有热水以维持溶液的温度。

## 3. 离心分离

当被分离的沉淀的量很小时，可把沉淀和溶液放在离心管内，放入电动离心机（图 1-2-25）中进行离心分离。使用离心机时，将盛有沉淀的离心试管放入离心机的试

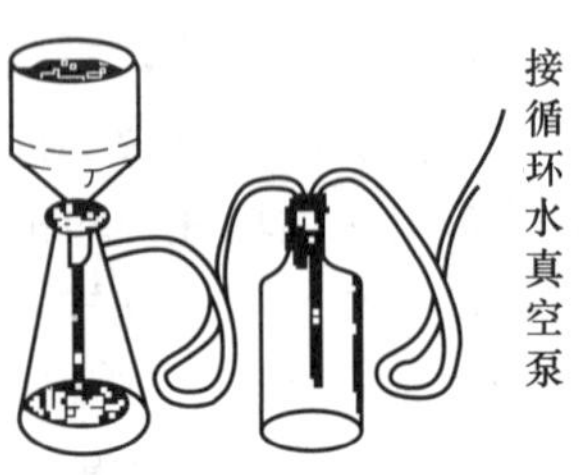


图 1-2-23　减压过滤的装置

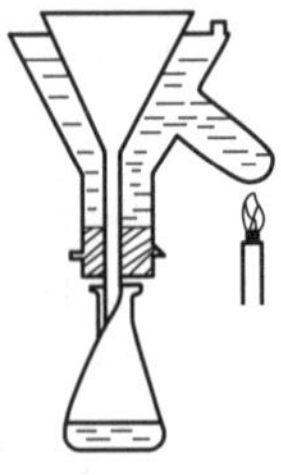

图 1-2-24　热过滤

图 1-2-25　离心机

管套内，在与之对称的另一试管套内也放入盛有相等体积水的试管，然后缓慢启动离心机，逐渐加速。停止离心时，应让离心机自然停止。

4. 蒸发

蒸发可以使溶质从溶液中析出，常采用加热的方法使溶剂不断蒸发，溶液不断浓缩而析出晶体。蒸发通常在蒸发皿中进行。应注意注入蒸发皿中的液体体积不能超过其容积的 2/3，以防液体溅出。如果液体量较多蒸发皿一次盛不下，可随水分不断蒸发后再添加溶液。根据物质对热的稳定性，可选用酒精灯直接加热或者水浴间接加热。若物质的溶解度随温度的变化较小，加热到溶液表面出现晶膜时即可停止。若物质的溶解度较小或高温时溶解度大室温时溶解度小，降温后容易析出晶体，不必蒸至液面出现晶膜就可以冷却。注意瓷蒸发皿不可骤冷，以免炸裂。对于采用有机溶剂溶解得到的有机溶液，不能采用此种敞开式的蒸发方法，必须采用常压蒸馏或减压蒸馏的方法除去溶剂。

5. 结晶和重结晶

结晶是提纯固体物质的重要方法之一。溶液达到饱和才可结晶，一般采用蒸发及冷却两种方法，蒸发是通过加热浓缩或者气化溶液，通过减少一部分溶剂使溶液达到饱和而析出晶体，此法主要用于溶解度随温度改变不大的物质（如 NaCl）。冷却法即通过蒸发溶液中的部分溶剂，使溶液接近于饱和状态，然后进一步降低溶液温度使溶液冷却达到饱和而析出晶体，这种方法适用于溶解度随温度下降而明显减小的物质（如 $KNO_3$ 等）。

### 2.1.6　液-液分离

1. 蒸馏

蒸馏是液体物质最重要的分离和纯化方法。根据各物质沸点的不同，可以将物质从混合物中分离出来，也可以把混在液体中的其他杂质除去。蒸馏的过程是：将液体加热至沸腾，使液体变为蒸气，然后再将蒸气通过冷却装置冷凝并将冷凝液收集在另一容器。通过蒸馏，就可以把沸点相差较大的两种或两种以上的液体混合物逐一分开，达到纯化的目的。根据被蒸馏物质的性质，蒸馏有常压蒸馏、水蒸气蒸馏和减压蒸馏。中学化学实验室中最常用的蒸馏方法是常压蒸馏。

常压蒸馏是一种最简单的、在常压下进行的蒸馏操作，常用来处理受热不发生分解或者沸点不太高的液体物质，所使用的装置如图 1-2-26 所示。沸点较高或受热易分解物质可采用减压蒸馏。

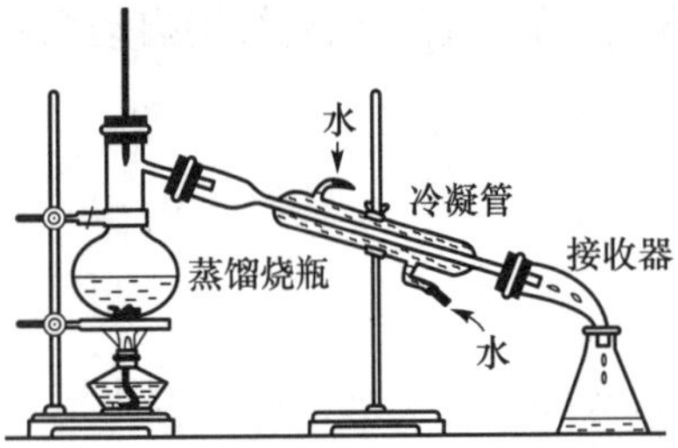


图 1-2-26 普通蒸馏装置

2. 萃取与分液

利用溶质在互不相溶的溶剂中的溶解度不同，用一种溶剂把溶质从它与另一种溶剂所组成的溶液中分离出来的方法称为萃取。它也可以除去溶质中的某些杂质，因而也是提纯物质的一种方法。萃取溶剂多数为有机溶剂，被萃取的溶液一般都是水溶液，在中学化学实验中常用分液漏斗进行萃取操作。

分液是把两种不相混溶的液体进行分离的操作方法，所使用的仪器是分液漏斗。其操作方法如下：将不相混溶的液体注入分液漏斗中，分液漏斗放在铁架台上的铁圈内，把分液漏斗上的玻璃塞打开并使塞上的凹槽或小孔对准漏斗口上的小孔，使漏斗内外气压相等，保证漏斗中的液体能够流出；打开活塞，使下层液体慢慢流出（图 1-2-27）。注意漏斗末端紧靠接收容器内壁，待下层溶液流完后应及时关闭活塞。若需得到的下层液体较纯则留少量下层液体在活塞孔柱内；若需得到的上层液体较纯，则使上层液体流出活塞孔柱再关闭活塞。

上层液体从漏斗上口倾倒出，下层液体从漏斗下口流出。具体步骤如下：

（1）选取大小合适的分液漏斗，检查是否漏水，确认不漏水后才可使用。分液漏斗中全部液体的总体积不得超过其容积的 3/4。给漏斗的活塞涂油，塞好。将分液漏斗安放在漏斗架或铁架台的铁圈上（图 1-2-28）。

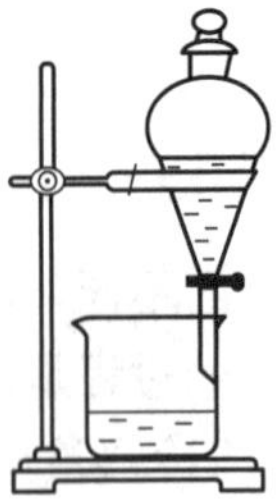

图 1-2-27 分液操作

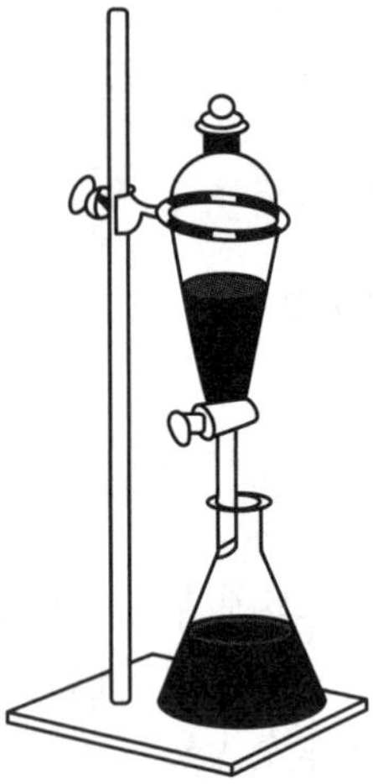

图 1-2-28 分液漏斗的支架装置

（2）将溶液与萃取溶剂从漏斗口注入，塞好漏斗口上的塞子（此塞不能涂油）。

（3）取下分液漏斗，用左手手掌顶住塞子，手指可捏住漏斗口颈，右手握住漏斗的活塞，使大拇指和食指捏住活塞柄，中指垫在塞座下边，做好旋转活塞的准备。振摇漏斗，振摇时，漏斗稍倾斜，漏斗口向下，振摇 1～2min，可打开活塞，将气体放出。如此反复操作直至产生的气体很少（即放出的气体气压很小）时，再振摇 2～3min，然后将漏斗放回漏斗架，静置（图 1-2-29）。

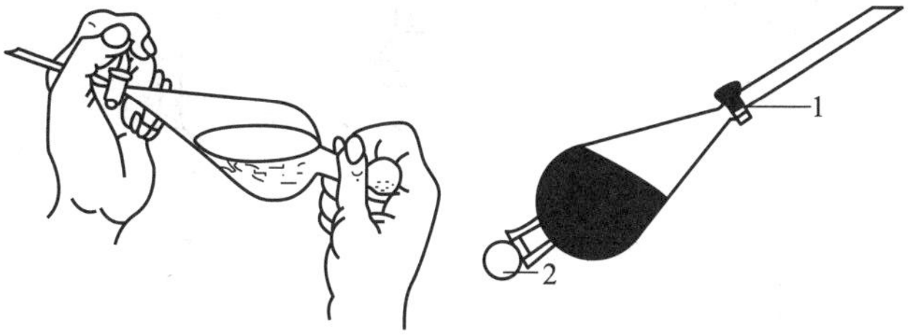


图 1-2-29　操作分液漏斗

待漏斗内液体分成上下两层后，打开塞子，再慢慢旋开活塞将下层液体放出。

（4）重复萃取操作 3～5 次，直至确定最后一次加入的萃取溶剂中已无所需萃取的物质为止。

当用一定量溶剂进行萃取时，应将溶剂分成几份，进行多次萃取，这样要比用全部溶剂进行一次萃取的萃取效率高。萃取时，两种溶液难以分层时，可采用以下方法处理：①长时间静置；②若溶剂水与萃取溶剂能部分互溶时，可加入少量电解质（如 NaCl），利用盐析作用以降低萃取溶剂在水中的溶解度；③若溶液与萃取溶剂密度相差较小时，也可加入 NaCl，以增加水溶液的密度；④两液界面之间出现絮状物使分层不明显时，也可用过滤方法将其除去。

## 2.1.7　容量瓶、移液管和滴定管的使用

### 1. 容量瓶

容量瓶是一种细长颈、梨形的平底玻璃瓶，配有磨口塞。瓶颈上刻有环形标线，表示在所指定温度下（一般为 20℃）液体充满至标线时的容积，故可用于准确配制一定物质的量浓度的溶液。一种规格的容量瓶只能配制一定体积的溶液，常用的容量瓶有 50mL、100mL、250mL、500mL、1000mL 等多种规格（图 1-2-30）。

容量瓶的使用方法如下：

（1）使用前检查瓶塞处是否漏水。在容量瓶内注入自来水至标线附近，塞紧瓶塞，用右手食指指尖顶住瓶塞，另一只手五指托住容量瓶底，将其倒立（瓶口朝下）约 2min，观察容量瓶是否漏水。若不漏水，将容量瓶正立且将瓶塞旋转 180°后，再次倒立。若两次操作过程中，容量瓶瓶塞周围均无水漏出，即表明容量瓶不漏水（图 1-2-31）。经检查不漏水的容量瓶才能使用。容量瓶与瓶塞应配套使用，瓶塞应用橡皮筋或尼龙绳系在瓶颈上，以防摔碎。

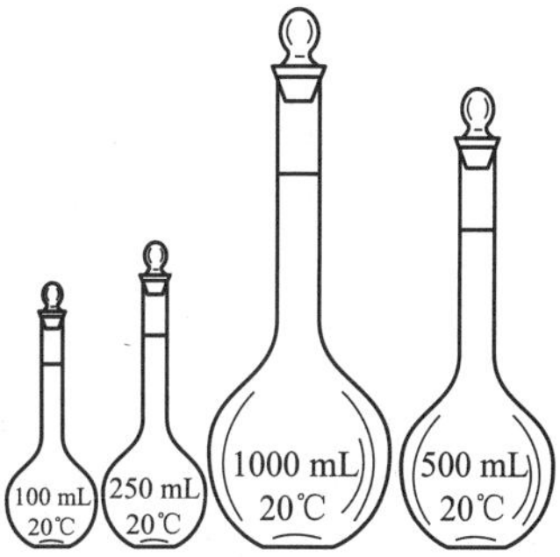


图 1-2-30　不同规格的容量瓶

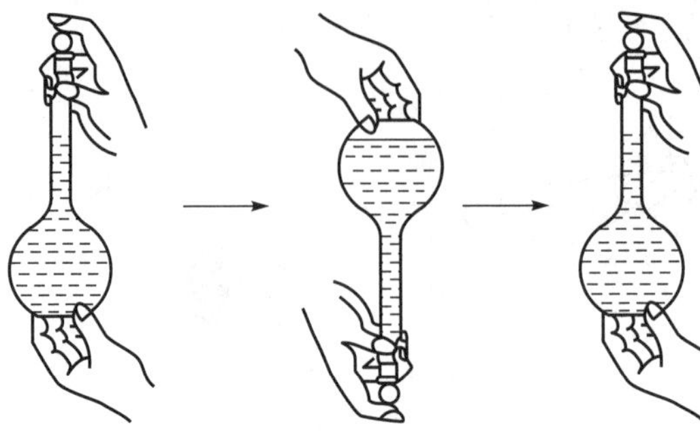

图 1-2-31　检查容量瓶是否漏水

（2）配制溶液的操作方法（图 1-2-32）。把准确称量的固体溶质放在烧杯中，加入适量溶剂溶解，然后把溶液转移到容量瓶。为保证溶质能全部转移到容量瓶中，要用溶剂洗涤烧杯 3～4 次（注意洗涤溶剂的总体积不能超过容量瓶的容积），并把洗涤溶液全部转移到容量瓶中。转移时要用玻璃棒引流，方法是：将玻璃棒一端靠在容量瓶颈内壁上并且在标线的下方，注意不要让玻璃棒其他部位触及容量瓶口，防止液体流到容量瓶外壁上。同时烧杯中的溶液倒尽后烧杯尽量不要直接离开玻璃棒，而应在烧杯扶正的同时使杯嘴沿玻璃棒上提 1～2cm，随后烧杯才离开玻璃棒，这样可避免杯嘴与玻璃棒之间的一滴溶液流到烧杯外面。当容量瓶内加入的液体液面离标线 2cm 左右时，应改用滴管小心滴加，最后使液体的弯月面与标线正好相切。若加水超过标线，则需重新配制。

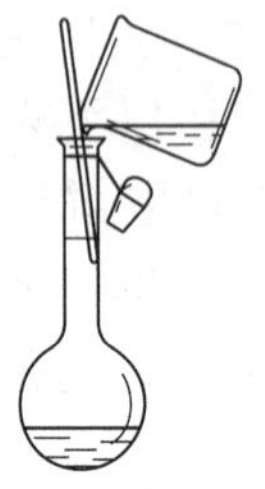

图 1-2-32　容量瓶配制溶液

最后，盖紧瓶塞，用倒转和摇动的方法使瓶内的液体混合均匀。静置后如果发现液面低于标线，这是因为容量瓶内极少量溶液在瓶颈处润湿而损耗，所以并不影响所配制溶液的浓度，故不要再向瓶内加水，否则将使所配制的溶液浓度降低。

## 2. 移液管、吸量管

移液管和吸量管是用于准确移取一定体积液体的量出式的玻璃量器（图 1-2-33）。移液管是一根中间有一膨大部分的细长玻璃管，其下端为尖嘴状，上端管颈处刻有一条标线，是所移取的准确体积的标志。常用的移液管有 5mL、10mL、25mL 和 50mL 等规格。通常又把具有刻度的直形玻璃管称为吸量管。常用的吸量管有 1mL、2mL、5mL 和 10mL 等规格，移液管和吸量管所移取的体积通常可精确到 0.01mL。

使用移液管和吸量管前，应先用铬酸洗液润洗，以除去管内壁的油污。然后用自来水冲洗残留的洗液，再用蒸馏水洗净。洗净后的管内壁应不挂水珠。移取溶液前，应先用滤纸将尖端内外的水吸干，然后用欲移取的溶液润洗管壁 2～3 次，

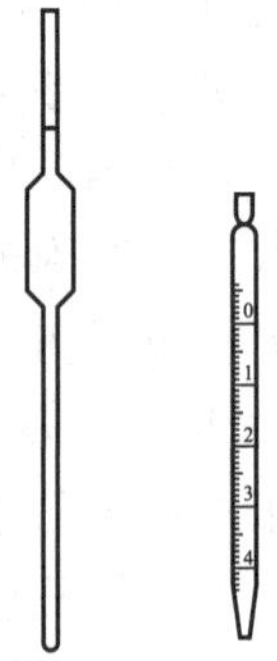

（a）　（b）

图 1-2-33　移液管（a）和吸量管（b）

以确保所移取溶液的浓度不变。

移取溶液时，用右手的大拇指和中指拿住管颈的上方，将其尖端插入溶液中 1～2cm 处，左手拿洗耳球，先把球中空气压出，再将球的尖嘴接在管上口，慢慢松开压扁的洗耳球使溶液吸入管内。当液面升高到标线以上时，移去洗耳球，立即用右手食指堵住上口。将管下口提出液面，使其保持垂直，同时尖端靠在容器的内壁上，为此可使容器略倾斜。然后略微放松食指，并轻轻捻动管身，使液面缓慢下降，当溶液的弯月面下沿恰与标线相切时，立即用食指压紧上口，使溶液不再流出。将管取出并插入盛接容器中。为保持其垂直并使末端靠在容器内壁，可使盛接容器略倾斜。松开食指，让管内溶液自然地全部沿容器壁流下。全部溶液流完后需等 10～15s 后再拿出移液管，以便使附着在管壁的部分溶液得以流出。如果移液管未标明“吹”字，则残留在管尖末端内的溶液不可吹出，因为移液管所标定的量出容积中并未包括这部分残留溶液。

### 3. 滴定管

滴定管是用来准确放出不确定量液体的容量仪器，是用细长而均匀的玻璃管制成的，管上有刻度，下端是一尖嘴，中间有节门用来控制滴定的速度。如图 1-2-34 所示，滴定管分酸式和碱式两种，前者用于量取对橡皮管有侵蚀作用的液态试剂；后者用于量取对玻璃有侵蚀作用的液体。滴定管容积一般为 50mL，刻度的每一大格为 1mL，每一大格又分为 10 小格，故每一小格为 0.1mL。

酸式滴定管的下端为一玻璃活塞，开启活塞，液体即自管内滴出。使用前，先取下活塞，洗净后用滤纸将水吸干或吹干，然后在活塞的两头涂一层很薄的凡士林（切勿堵住塞孔）。装上活塞并转动，使活塞与塞槽接触处呈透明状态，最后装水检验是否漏液。

碱式滴定管的下端用橡皮管连接一个带有尖嘴的小玻璃管。橡皮管内装有一个玻璃圆球（图 1-2-35）。用左手拇指和食指轻轻地往一边挤压玻璃球外面的橡皮管，使管内形成一缝隙，液体即从滴管滴出。挤压时，手要放在玻璃球的稍上部。如果放在球的下部，则松手后，会在尖端玻璃管中出现气泡。

必须注意，滴定管下端不能有气泡。快速放液，可赶走酸式滴定管中的气泡；轻轻抬起尖嘴玻璃管，并用手指挤压玻璃球，可赶走碱式滴定管中气泡（图 1-2-36）。

酸式滴定管不得用于装碱性溶液，因为玻璃的磨口部分易被碱性溶液侵蚀，使塞子无法转动。碱式滴定管不宜装对橡皮管有侵蚀性的溶液，如碘、$KMnO_4$ 和硝酸银等。

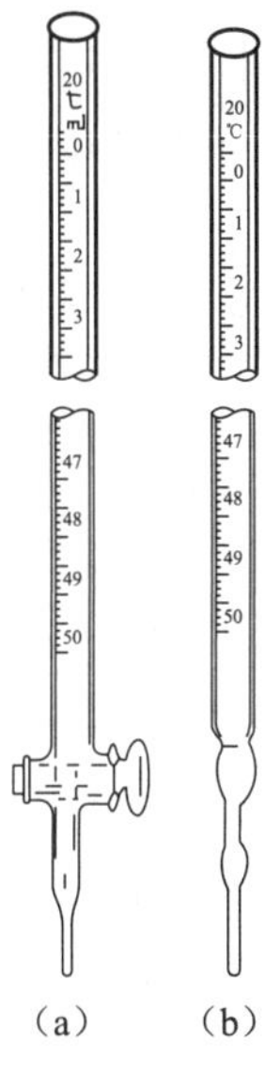


图 1-2-34　酸式滴定管（a）和碱式滴定管（b）

图 1-2-35　碱式滴定管的下端

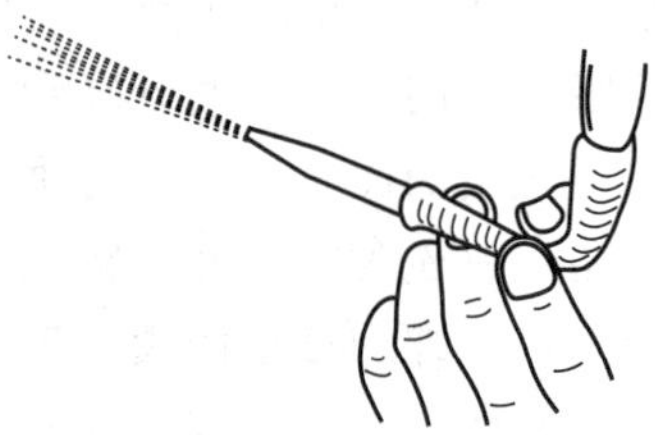

图 1-2-36　碱式滴定管排气

## 2.1.8　实验室常用气体制备仪器及方法

气体的制备包括气体的发生、收集，气体的净化、尾气处理等。

### 1. 气体的发生

气体的发生主要考虑两大因素：反应物状态和反应条件，依据这两个因素可以把气体制取分成以下几种类型。

1）加热试管中的固体制备气体

如 $O_2$、$NH_3$、$N_2$、$CH_4$ 等的制取，凡是利用固体加热制取气体均可使用图 1-2-37 装置（收集气体部分能否截去）。

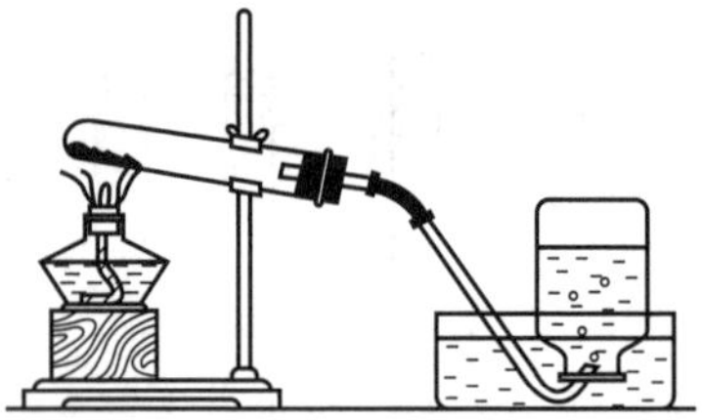

图 1-2-37　固-固加热反应制取气体

（1）所需仪器：铁架台、铁夹、酒精灯、大试管、单孔橡胶塞、导气管等。

（2）注意事项：试管口应略向下倾斜，以防止产生的水蒸气在管口冷凝后倒流而引起试管炸裂，铁夹应夹在距试管口 1/3 处；检查气密性。固体药品在试管底部平铺，加热时首先均匀预热，然后集中加热药品部位，并逐步前移；胶塞上的导管伸入不能过长，否则会妨碍气体的导出；如用排水法收集气体，当停止制取气体时，应先从水槽中撤出导管，再熄灭酒精灯，以防止倒吸。

2）利用蒸馏烧瓶和分液漏斗的装置制备气体

可用于制取 $Cl_2$、HCl、CO、$SO_2$ 等，凡是利用固体与液体或液体与液体加热制取气体都可以使用图 1-2-38 的装置。

所需仪器：铁圈、铁架台、铁夹、酒精灯、石棉网、烧瓶、分液漏斗、双孔橡胶塞，导气管等。

注意事项：烧瓶应固定在铁架台上；先把固体药品放入烧瓶中，然后再慢慢加入液体，分液漏斗应盖上盖，注意盖上的小槽要对准分液漏斗颈上的小孔；对烧瓶加热时要垫上石棉网，以使烧瓶底部受热均匀。

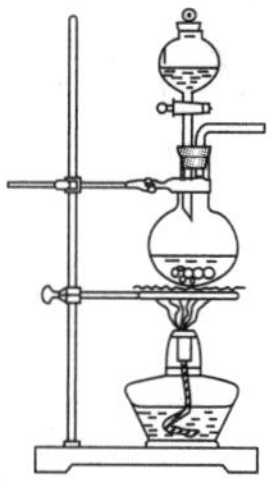

图 1-2-38　常用气体制备装置

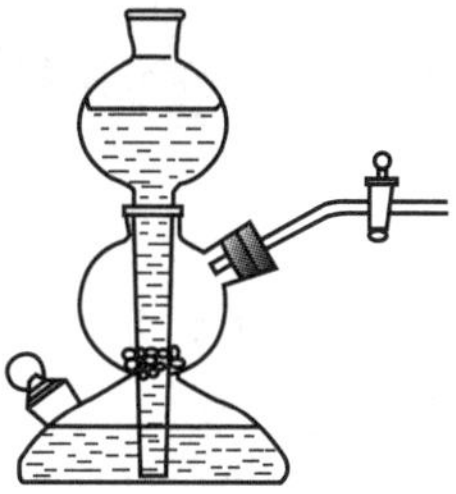

图 1-2-39　启普发生器

图 1-2-40　固-液反应不需加热制取气体装置

3）利用启普发生器或者简易装置制备气体

如 $H_2$、$CO_2$、$SO_2$、$NO_2$、$H_2S$、HF、$C_2H_2$ 等气体的制取，凡是利用固体与液体反应并不需加热制取气体可使用图 1-2-39 或图 1-2-40 的装置。

（1）所需仪器：启普发生器（这类装置使用方便，随时可使反应发生或停止）。或者铁架台、铁夹、锥形瓶或蒸馏烧瓶或大试管、长颈漏斗、双孔橡胶塞、导气管等。

（2）注意事项：

启普发生器所需的固体必须是颗粒较大或块状的。移动时两手握住球体下部，以免葫芦状容器落下而打碎。其使用步骤：装配（在球形漏斗颈和玻璃旋塞磨口处涂一薄层凡士林，插好球形漏斗和玻璃旋塞，转动几次，使其严密）；检查气密性（开启旋塞，从球形漏斗口注水至充满半球体时，关闭旋塞。继续加水，待水从漏斗管上升到漏斗球体内，停止加水。在水面处做一记号，静置片刻，如水面不下降，证明不漏气，可以使用）；加试剂（在葫芦状容器的球体下部放些玻璃棉或橡皮垫圈，从气体出口处加入固体药品，不超过中间球体容积的 1/3，再从球形漏斗加入适量稀酸）；产生气体（打开旋塞，酸液从底部通过狭缝进入中间球体与固体接触而产生气体，如果关闭旋塞，由于中间球体内产生的气体压力增大就会将酸压回球形漏斗中，使固体与酸液不接触而停止反应，使用非常方便）。

在简易装置中长颈漏斗的下口应伸入液面以下，以防止生成的气体从长颈漏斗逸出；加入的块状固体药品大小要适宜，如果太碎会落入底部的反应液中使反应无法停止，造成容器内压力过大导致长颈漏斗中的液体溢出；加入反应液要适量；最初使用时应待容器内原有的空气排净后再收集气体；在导管口点燃 $H_2$ 等可燃性气体前，要先检验纯度。

## 2. 气体收集方法

收集气体时，可根据气体的水溶性和对空气的相对密度而选择排液法或排空气法收集。

1）排液法

其装置如图 1-2-41 所示。若气体难溶于水且不与水反应，则可用排水法收集（如

$H_2$、$O_2$、NO、CO、$CH_4$、$N_2$、$C_2H_4$、$C_2H_2$ 等）；若气体可溶于水但溶解度不大或与水能缓慢反应，则可用排饱和溶液法收集（如 $CO_2$ 可用排饱和 $NaHCO_3$ 溶液法收集，$SO_2$ 可用排饱和 $NaHSO_3$ 溶液法收集，$H_2S$ 可用排饱和 NaHS 溶液法收集，$Cl_2$ 可用排饱和食盐水法收集等）。

2）排空气法

其装置如图 1-2-42 所示，凡在空气中能稳定存在且密度与空气相差较大的气体，可选用排空气法收集。若气体密度大于空气的密度，则采用向上排空气法，如 $O_2$、$Cl_2$、HCl、$CO_2$、$SO_2$、NO、$H_2S$ 等；若气体密度小于空气的密度，则用向下排空气法，如 $H_2$、$NH_3$、$CH_4$ 等。排空气法收集到的气体一般不纯。

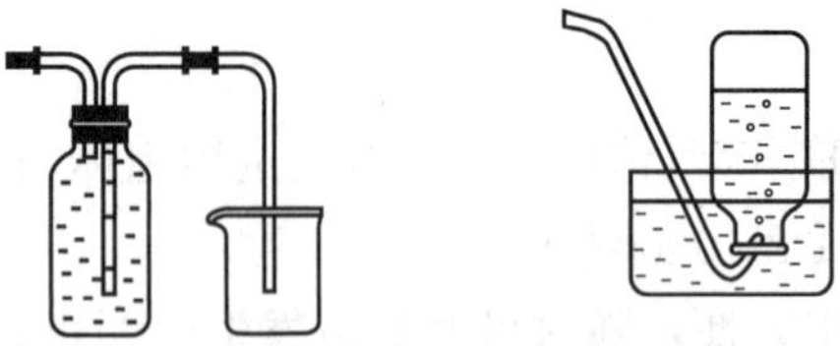

图 1-2-41　排液法收集气体

(a)　(b)

图 1-2-42　排空气法收集气体

（a）向上排空气法；（b）向下排空气法

3）气体的净化与干燥

气体的净化与干燥，是为了除去气体中的杂质，这要求吸收剂不与被净化气体反应而只吸收杂质。气体的净化与干燥使用的主要实验装置是洗气瓶与干燥管（图 1-2-43）。

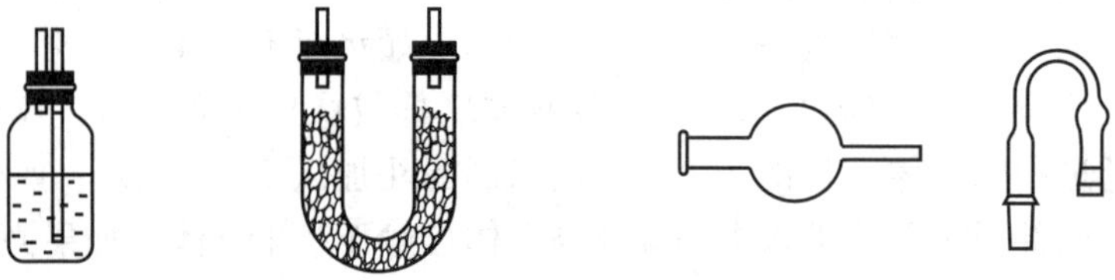

(a)　(b)　(c)

图 1-2-43　气体净化装置

（a）洗气瓶；（b）U 形管；（c）干燥管

（1）洗气瓶中一般装入液体除杂试剂，并且气体流向一般是长导管进，短导管出。除杂试剂一般通过化学反应将杂质吸收或将杂质气体转化为所制取的气体。常见除杂试剂有以下几种。

a. 强碱溶液：可吸收 $CO_2$、HCl 等酸性气体，如 NaOH 溶液。

b. 饱和的酸式盐溶液：可将杂质气体吸收转化，如饱和 $NaHCO_3$ 溶液能除去 $CO_2$ 气体中混有的 HCl 等强酸性气体。

c. 浓 $H_2SO_4$ 溶液：利用它的吸水性，可除去 $N_2$、$O_2$、$Cl_2$、$H_2$、CO、$CO_2$、$SO_2$、HCl、NO、$NO_2$、$C_2H_4$、$C_2H_2$ 等气体中混有的水蒸气。但由于浓 $H_2SO_4$ 有强氧化性，不能用来干燥强还原性气体，如 $H_2S$ 等。

（2）干燥管、U 形管中一般装入固体干燥剂。常见的固体干燥剂有以下几种。

a. $P_2O_5$：无氧化性，但有酸性，可以干燥有还原性、无碱性的气体如 $H_2S$、HBr、HI 等。

b. 无水 $CaCl_2$：可以干燥 $H_2$、$O_2$、$N_2$、CO、$CO_2$、$SO_2$、HCl、$CH_4$、$H_2S$ 等气体，但不能干燥 $NH_3$，因为可以与 $NH_3$ 形成氨合物。

c. 碱性干燥剂：生石灰、NaOH、碱石灰（NaOH、CaO）可以干燥 $NH_3$ 等碱性气体，但不能干燥酸性气体。

### 4. 制取气体的一般步骤

制取气体首先应组装好气体发生装置，接着检查装置的气密性，再装药品，若只是固体物质，一次性装好后再固定装置；若是固体和液体两种，一般先装固体，安装好后从长颈漏斗加液体；开始反应后应排尽空气后收集；收集气体若采用排空气法时应根据气体的性质进行验满；收集结束后撤去装置时要考虑仪器的安全。

### 5. 实验仪器的组装

组装实验仪器时，一般按从低到高，从左到右的顺序进行。

组装仪器的一般规律可概括为：发生装置—气体净化—气体干燥—主体实验—尾气处理。须强调的是：仪器的组装顺序（包括实验操作顺序）因实验而异，并没有固定、统一的模式，上面所提及的仅为一般规律。实验中，若涉及仪器的组装顺序（包括各接口顺序）时，要根据具体情况进行选择。其中各分装置的接口顺序如下。

（1）溶液洗气装置（包括用浓 $H_2SO_4$ 除杂、干燥）：“长进短出”。

（2）排水集气装置：“短进长出”。

（3）干燥管：“大进小出”（图 1-2-44）。

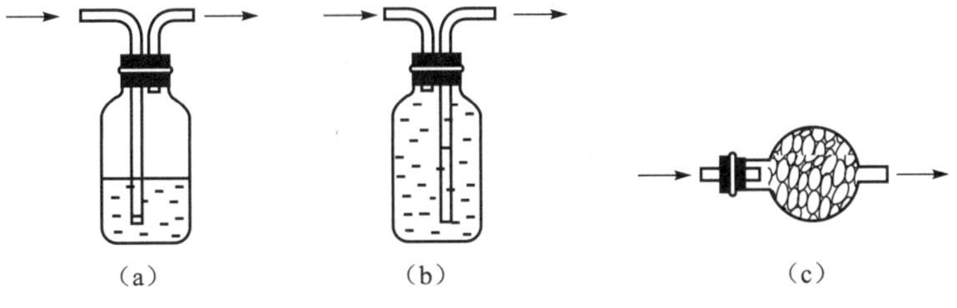


图 1-2-44　气体净化装置

（a）长进短出；（b）短进长出；（c）大进小出

## 2.1.9　物质检测的基本方法

物质检测包括定性检测和定量检测。定性检测是测定物质的化学成分，定量检测是测定物质的含量。

## 1. 定性检测

定性检测主要是离子的检测，主要是依据物质间的化学反应进行检测。离子检测要准确，一般要求所用方法要简便，化学反应要完全、迅速地进行，而且要有明显的外部特征。主要外部特征包括：①沉淀的生成或溶解；②溶液颜色的改变；③气体的生成；④特殊气味的产生。

进行定性检测，实验操作通常分以下几步进行：①如果试样是固体时，要先用蒸馏水配成溶液；②再取少许试样的溶液放入容器（通常是试管）中；③根据要求在试样的溶液中，加入合适的检测试剂；④根据所发生的现象，进行分析、判断，得到正确结论；⑤如果一步实验达不到目的，就需要进一步实验，实验时要注意排除杂质的干扰。

1）阳离子检测

绝大多数阳离子是简单金属离子，都有特定的性质，能通过特定的反应鉴别出来。

（1）$Na^+$

a. 取 1 滴试液，加入 8 滴乙酸铀酰锌试剂，用玻璃棒摩擦试管。淡黄色结晶乙酸铀酞锌钠［$NaAc \cdot Zn(Ac)_2 \cdot 3UO_2(Ac)_2 \cdot 9H_2O$］沉淀出现，表示有 $Na^+$ 存在（反应应在中性或乙酸酸性溶液中进行；大量 $K^+$ 存在干扰测定，为降低 $K^+$ 浓度，可将试液稀释 2～3 倍）。

b. 将试液与等体积的 $0.1mol \cdot L^{-1}$ $KSb(OH)_6$ 试液混合，用玻璃棒摩擦器壁，放置后产生白色晶体沉淀，表示有 $Na^+$ 存在［$Na^+$ 浓度大时，立即有沉淀生成；$Na^+$ 浓度小时，因生成过饱和溶液，很久以后（几小时，甚至过夜）才有结晶附着在器壁上。］

（2）$K^+$

a. 1 滴试液中加入 1～2 滴钴亚硝酸钠（$Na_3[Co(NO_2)_6]$）试剂，生成黄色的 $K_2Na[Co(NO_2)_6]$ 沉淀，表示有 $K^+$ 存在（如不立即生成黄色沉淀，可放置。反应在弱酸性条件下进行）。

b. 取 2 滴试液，加 2～3 滴 $0.1mol \cdot L^{-1}$ 四苯硼酸钠（$Na[B(C_6H_5)_4]$）溶液，生成白色沉淀，表示有 $K^+$ 存在（在碱性、中性或稀酸溶液中进行）。

c. 在盛有 0.5mL $1mol \cdot L^{-1}$ KCl 溶液的试管中，加入 0.5mL 饱和酒石酸氢钠（$NaHC_4H_4O_6$）溶液，如有白色结晶状沉淀产生，表示有 $K^+$ 存在。如无沉淀产生，可用玻璃棒摩擦试管壁，再观察。

（3）$NH_4{}^+$

a. 在表面皿上，加入 5 滴 $6mol \cdot L^{-1}$ NaOH，立即把一凹面贴有湿润红色石蕊试纸（或 pH 试纸）的表面皿盖上，然后放在水浴上加热，试纸呈碱性，表示有 $NH_4{}^+$ 存在。

b. 在点滴板上放 1 滴试液，加 2 滴奈斯勒试剂［$K_2(HgI_4)$ 与 KOH 的混合物］，生成红棕色沉淀，示有 $NH_4^+$ 存在（$NH_4^+$ 含量少时，不生成红棕色沉淀而得到黄色溶液）。

（4）$Mg^{2+}$

a. 取几滴试液，加入少量镁试剂（对硝基苯偶氮间苯二酚），再加入 NaOH 溶液使试液呈碱性，若有 $Mg^{2+}$ 存在，产生蓝色沉淀。$Mg^{2+}$ 量少时，溶液由红色变成蓝色（加入镁试剂后，溶液显黄色，表示试剂酸性太强，应加入碱液 $Ni^{2+}$、$Co^{2+}$、$Cd^{2+}$ 的氢氧化物与镁试剂作用，干扰 $Mg^{2+}$ 的鉴定）。

b. 取 4 滴试液，加 2 滴 $6mol \cdot L^{-1}$ 氨水，2 滴 $2mol \cdot L^{-1}$ $(NH_4)_2HPO_4$ 溶液，摩擦试管内壁，生成白色晶形 $MgNH_4PO_4 \cdot 6H_2O$ 沉淀，表示有 $Mg^{2+}$ 存在。

（5）$Ca^{2+}$

a. 试液中加入饱和 $(NH_4)_2C_2O_4$ 溶液，如有白色的 $CaC_2O_4$ 沉淀生成，表示有 $Ca^{2+}$ 存在（沉淀不溶于 HAc，可溶于 HCl，$Sr^{2+}$、$Ba^{2+}$ 也与 $(NH_4)_2C_2O_4$ 生成白色沉淀，但在 HAc 中可溶解）。

b. 取 1～2 滴试液于一滤纸片上，加 1 滴 $6mol \cdot L^{-1}$ NaOH、1 滴钙试剂（GBHA）。若有 $Ca^{2+}$ 存在时，有红色斑点产生，加 2 滴 $Na_2CO_3$ 溶液不褪色，表示有 $Ca^{2+}$ 存在（乙二醛双缩［2-羟基苯胺］简称 GBHA，与 $Ca^{2+}$ 在 pH＝12～12.6 的溶液中生成红色螯合物沉淀）。

（6）$Ba^{2+}$

在试液中加入 $0.2mol \cdot L^{-1}$ $K_2CrO_4$ 溶液，生成黄色的 $BaCrO_4$ 沉淀，表示有 $Ba^{2+}$ 存在。可用 $K_2Cr_2O_7$ 溶液代替 $K_2CrO_4$ 溶液（$Sr^{2+}$ 对 $Ba^{2+}$ 的鉴定有干扰，但 $SrCrO_4$ 与 $BaCrO_4$ 不同的是 $SrCrO_4$ 在 HAc 中可溶解，所以应在 HAc 存在下进行反应）。

（7）$Al^{3+}$

a. 取试液 2 滴，加入 2 滴 Al 试剂，微热，有红色沉淀，表示有 $Al^{3+}$ 存在（反应可在 HAc-NaAc 缓冲溶液中进行）。

b. 取 1 滴试液，加 $1mol \cdot L^{-1}$ NaOH 溶液，使 $Al^{3+}$ 以 $AlO_2^-$ 的形式存在，加 1 滴茜素磺酸钠溶液（茜素 S），滴加 HAc，直至紫色刚刚消失，过量 1 滴则有红色沉淀生成，表示有 $Al^{3+}$ 存在（或取 1 滴试液于滤纸上，加 1 滴茜素 S，用浓氨水熏至出现桃红色斑，此时立即离开氨瓶。如氨熏时间长，则显茜素 S 的紫色，可在石棉网上，用手拿滤纸烤一下，则紫色褪去，出现红色）。

（8）$Sb^{3+}$

a. 在锡箔上放 1 滴试液，放置，有黑色的斑点（金属锑）出现，说明有 $Sb^{3+}$ 存在。

b. 取 2 滴试液，加 3 滴浓 HCl 及数粒 $NaNO_2$，将 Sb(Ⅲ) 氧化成为Sb(Ⅴ)，当无气体放出时，加数滴苯及 2 滴罗丹明 B 溶液，苯层显紫色，表示有 $Sb^{3+}$ 存在。

（9）$Bi^{3+}$

a. 取 2 滴试液，加入 2 滴 $0.2mol \cdot L^{-1}$ $SnCl_2$ 溶液和数滴 $2mol \cdot L^{-1}$ NaOH 溶液，溶液为碱性，有黑色金属 Bi 沉淀出现，表示有 $Bi^{3+}$ 存在。

b. 取 1 滴 $Bi(NO_3)_3$ 试液于试管中，加 1 滴 2.5%的硫脲，生成鲜黄色配合物，表示有 $Bi^{3+}$ 存在。

（10）$Sn^{2+}$ $(Sn^{4+})$

a. 在试液中放入铝丝（或铁粉），稍加热，反应 2min，试液中若有 $Sn^{2+}$，则 $Sn^{2+}$ 被还原为 $Sn^{4+}$，再加 2 滴 $6mol \cdot L^{-1}$ HCl，鉴定按 b 进行。

b. 取 2 滴 $Sn^{2+}$ 试液，加 1 滴 $HgCl_2$ 溶液，生成 $Hg_2Cl_2$ 白色沉淀，说明有 $Sn^{2+}$

存在。

(11) $Pb^{2+}$

取2滴试液，加入2滴0.1mol·$L^{-1}$ $K_2CrO_4$溶液，生成黄色$PbCrO_4$沉淀，说明有$Pb^{2+}$存在（沉淀不溶于HAc和$NH_3·H_2O$，易溶于强碱）。

(12) $Cr^{3+}$

a. 取2～3滴试液，加入4～5滴2mol·$L^{-1}$ NaOH溶液，2～3滴3% $H_2O_2$溶液，加热，溶液颜色由绿变黄，表示有$CrO_4^{2-}$存在。冷却后，用6mol·$L^{-1}$ HAc酸化，加2滴0.1mol·$L^{-1}$ $Pb(NO_3)_2$溶液，生成黄色的$PbCrO_4$沉淀，表示有$Cr^{3+}$存在。

b. 得到$CrO_4^{2-}$后，赶去过量的$H_2O_2$，用6mol·$L^{-1}$ HAc酸化，加入数滴乙醚和3% $H_2O_2$，乙醚层显蓝色，表示有$Cr^{3+}$存在。

(13) $Mn^{2+}$

取1滴试液，加入数滴0.1mol·$L^{-1}$ $HNO_3$溶液，再加入$NaBiO_3$固体，溶液变为紫红色，表示有$Mn^{2+}$存在。

(14) $Fe^{3+}$

a. 取2滴试液，加入2滴$NH_4SCN$溶液，生成血红色$Fe(CNS)_3$，表示有$Fe^{3+}$存在（此反应可在点滴板上进行）。

b. 将1滴试液放于点滴板上，加入1滴$K_4[Fe(CN)_6]$，生成蓝色沉淀，表示有$Fe^{3+}$存在（在适当酸度下进行，蓝色沉淀溶于强酸、强碱）。

(15) $Fe^{2+}$

a. 取1滴试液在白色点滴板上，加1滴$K_3[Fe(CN)_6]$溶液，出现蓝色沉淀，表示有$Fe^{2+}$存在。

b. 取1滴试液，加几滴邻菲罗啉溶液，生成橘红色的溶液，表示有$Fe^{2+}$存在。

(16) $Co^{2+}$

取5滴试液，加入0.5mL丙酮，然后加入1mol·$L^{-1}$ $NH_4SCN$溶液，溶液显蓝色，表示有$Co^{2+}$存在。

(17) $Ni^{2+}$

取2滴试液，加入2滴二乙酰二肟（丁二酮肟）和1滴稀氨水，生成红色的沉淀，说明有$Ni^{2+}$存在（反应在pH为5～10的溶液进行，可在HAc-NaAc缓冲溶液中反应）。

(18) $Cu^{2+}$

a. 取1滴试液放在点滴板上，再加入1滴$K_4[Fe(CN)_6]$溶液，有红棕色沉淀$Cu_2[Fe(CN)_6]$出现，表示有$Cu^{2+}$存在（沉淀不溶于稀酸，可在HAc存在下反应）。

b. 取2滴试液，加吡啶（$C_5H_5N$）使溶液显碱性，首先生成$Cu(OH)_2$沉淀，后溶解得$[Cu(C_5H_5N)_2]^{2+}$的深蓝色溶液，加几滴0.1mol·$L^{-1}$ $NH_4SCN$溶液，生成绿色沉淀，加0.5mL氯仿，振荡，得绿色溶液，表示有$Cu^{2+}$存在。

(19) $Ag^{+}$

取2滴试液，加入2滴2mol·$L^{-1}$ HCl，将产生沉淀离心分离，在沉淀中加入6mol·$L^{-1}$ $NH_3·H_2O$使沉淀溶解，再加入6mol·$L^{-1}$ $HNO_3$酸化，白色沉淀又重新出现，表示有 $Ag^+$ 存在。

（20）$Zn^{2+}$

取试液 3 滴用 2mol · $L^{-1}$ HAc 酸化，再加等体积的 $(NH_4)_2[Hg(SCN)_4]$ 溶液，摩擦试管壁，有白色沉淀生成，表示有 $Zn^{2+}$ 存在。

（21）$Cd^{2+}$

取 3 滴试液加入 $Na_2S$ 溶液，产生黄色沉淀，表示有 $Cd^{2+}$ 存在（沉淀不溶于碱和 $Na_2S$ 溶液，过量的酸妨碍反应进行）。

（22）$Hg^{2+}$

取 2 滴试液，加入过量 $SnCl_2$ 溶液，$SnCl_2$ 与汞盐作用，先生成白色 $Hg_2Cl_2$ 沉淀，过量 $SnCl_2$ 将 $Hg_2Cl_2$ 进一步还原成金属汞，沉淀逐渐变灰，表示有 $Hg^{2+}$ 存在。

2）阴离子检测

绝大多数阳离子是由一种元素形成的简单离子，而对阴离子来说，这是少数的情形，多数是由两种或两种以上元素构成的酸根或配离子。所以，尽管组成阴离子的元素为数不多，但阴离子的数目却很多。有时组成元素相同，但却以多种形式存在。阴离子的检测有许多特点，利用这些特点，根据溶液中离子共存情况，可先通过初步实验排除不可能存在的离子，然后鉴定可能存在的离子。初步检验一般包括以下内容。

**与酸的反应实验**：若试液呈强酸性，则易被酸分解的离子（如 $CO_3^{2-}$、$NO_2^-$、$S_2O_3^{2-}$ 等）不存在。若在试液中加入稀 $H_2SO_4$ 或稀 HCl 溶液，有气体产生，表示可能存在 $CO_3^{2-}$、$NO_2^-$、$S^{2-}$、$SO_3^{2-}$、$S_2O_3^{2-}$ 等离子。根据生成气体的颜色和气味以及生成气体具有某些特征反应，确证其含有的阴离子，如由 $NO_2^-$ 被酸分解生成红棕色 $NO_2$ 气体；由 $S^{2-}$ 被酸分解产生 $H_2S$ 气体可使醋酸铅试纸变黑，可判断 $NO_2^-$ 和 $S^{2-}$ 分别存在于各自溶液中。

**氧化性阴离子的实验**：在酸化的试液中加入 KI 溶液和 $CCl_4$，振荡后 $CCl_4$ 层呈紫色，则有氧化性阴离子存在，如 $NO_2^-$。

**还原性阴离子的实验**：在酸化的试液中加入 $KMnO_4$ 稀溶液，若紫色褪去，则可能存在 $NO_2^-$、$S^{2-}$、$SO_3^{2-}$、$S_2O_3^{2-}$、$Br^-$、$I^-$ 等离子；若紫色不褪，则上述离子都不存在。试液经酸化后，加入 $I_2$-淀粉溶液，蓝色褪去，则表示存在 $S^{2-}$、$SO_3^{2-}$、$S_2O_3^{2-}$ 等离子。

**难溶盐阴离子实验**：在中性或弱酸性试液中，用 $BaCl_2$ 能沉淀 $SO_4^{2-}$、$PO_4^{3-}$、$CO_3^{2-}$、$SO_3^{2-}$、$S_2O_3^{2-}$ 等阴离子。用 AgCl 能沉淀 $Cl^-$、$Br^-$、$I^-$、$S^{2-}$、$S_2O_3^{2-}$ 等阴离子，用 $HNO_3$ 酸化，沉淀不溶解。

（1）$CO_3^{2-}$

取 10 滴 $CO_3^{2-}$ 试液于离心管中，用 pH 试纸测定其 pH，然后加 10 滴 6mol · $L^{-1}$ HCl 溶液，并立即将事先蘸有一滴新配制的石灰水或 $Ba(OH)_2$ 溶液的玻璃棒置于试管口上，仔细观察，如玻璃棒上溶液立刻变为浑浊（白色），结合溶液的 pH，可以判断有 $CO_3^{2-}$ 存在。

（2）$NO_3^-$

a. 取 2 滴 $NO_3^-$ 试液于点滴板上，在溶液的中央放一小粒 $FeSO_4$ 晶体，然后在晶体上加 1 滴浓 $H_2SO_4$，如结晶周围有棕色出现，表示有 $NO_3^-$ 存在（$NO_2^-$ 干扰鉴定，可用尿素除去)。

b. 在洗净并干燥的表面皿上加 4～5 滴二苯胺 $(C_6H_5)_2$ 的浓 $H_2SO_4$ 溶液，用玻璃棒取少量试液放入上述溶液中，$NO_3^-$ 存在时，二苯胺被生成的 $HNO_3$ 氧化而显深蓝色($MnO_4^-$、$NO_2^-$、$CrO_4^{2-}$、$Fe^{3+}$ 也有同样反应，干扰鉴定)。

(3) $NO_2^-$

取 2 滴 $NO_2^-$ 试液于点滴板上，加 1 滴 $2mol \cdot L^{-1}$ HAc 溶液酸化，再加 1 滴对氨基苯磺酸和 1 滴 $\alpha$-萘胺。如有玫瑰红色出现，表示有 $NO_2^-$ 存在。

(4) $SO_4^{2-}$

取 5 滴 $SO_4^{2-}$ 试液于试管中，加 2 滴 $6mol \cdot L^{-1}$ HCl 溶液和 1 滴 $0.1mol \cdot L^{-1}$ $BaCl_2$ 溶液，如有白色沉淀，表示有 $SO_4^{2-}$ 存在。

(5) $SO_3^{2-}$

a. 在盛有 5 滴 $SO_3^{2-}$ 试液的试管中，加入 2 滴 $1mol \cdot L^{-1}$ $H_2SO_4$，迅速加入 1 滴 $0.01mol \cdot L^{-1}$ $KMnO_4$ 溶液，如紫色褪去，表示有 $SO_3^{2-}$ 存在。

b. 取 1 滴 $ZnSO_4$ 饱和溶液，加 1 滴 $K_4[Fe(CN)_6]$ 于白色点滴板中，即有白色 $Zn_2[Fe(CN)_6]$ 沉淀产生，继续加入 1 滴 $Na_2[Fe(CN)_5NO]$、1 滴中性 $SO_3^{2-}$ 试液，则白色沉淀转化为红色 $Zn_2[Fe(CN)_5NOSO_3]$ 沉淀，表示有 $SO_3^{2-}$。

c. 在 3 滴试液中加入 $2mol \cdot L^{-1}$ HCl 溶液和 $0.1mol \cdot L^{-1}$ $BaCl_2$ 溶液，再滴加 3% $H_2O_2$，如有白色沉淀，表示有 $SO_3^{2-}$ 存在。

(6) $S_2O_3^{2-}$

a. 取 $S_2O_3^{2-}$ 试液 3 滴于试管中，加入 10 滴 $0.1mol \cdot L^{-1}$ $AgNO_3$ 溶液，摇动，如有白色沉淀迅速变黄、变棕、变黑，表示有 $S_2O_3^{2-}$ 存在。

b. 取 10 滴 $S_2O_3^{2-}$ 试液于试管中，逐滴加入 $2mol \cdot L^{-1}$ HCl 溶液，生成白色或淡黄色沉淀，表示有 $S_2O_3^{2-}$ 存在。

(7) $PO_4^{3-}$

取 3 滴 $PO_4^{3-}$ 于试管中，加 5 滴 $6mol \cdot L^{-1}$ $HNO_3$ 溶液，再加 8～10 滴 $(NH_4)_2MoO_4$ 试剂，温热之，如有黄色沉淀生成，表示有 $PO_4^{3-}$ 存在。

(8) $S^{2-}$

取 1 滴 $S^{2-}$ 试液放在点滴板上，加 1 滴 $2mol \cdot L^{-1}$ NaOH 碱化，加 1 滴 $Na_2[Fe(CN)_5NO]$ 试剂，如溶液变成紫色，即生成 $Na_4[Fe(CN)_5NOS]$，表示有 $S^{2-}$ 存在。

(9) $Cl^-$

取 3 滴 $Cl^-$ 试液于离心管中，加入 1 滴 $2mol \cdot L^{-1}$ $HNO_3$ 溶液酸化，再滴加 $0.1mol \cdot L^{-1}$ $AgNO_3$ 溶液。如有白色沉淀产生，初步说明试液中可能有 $Cl^-$ 存在。将离心管置于水浴上微热，离心分离，弃去清液，于沉淀上加入 $6mol \cdot L^{-1}$ 氨水，用细玻璃棒搅拌，沉淀立即溶解，再加入 5 滴 $6mol \cdot L^{-1}$ $HNO_3$ 酸化，如重新生成白色沉淀，表示有 $Cl^-$ 存在。

(10) $I^-$

取 2 滴试液，加入数滴 $CCl_4$，滴加氯水，振荡，有机层显紫色，表示有 $I^-$ 存在

（在弱碱性、中性或酸性溶液中，氯水氧化 $I^-$ 为 $I_2$，过量氯水将 $I_2$ 氧化为 $IO_3^-$，有机层紫色褪去）。

（11）$Br^-$

a. 取 2 滴试液，加入数滴 $CCl_4$，滴加氯水，振荡，有机层显红棕色，表示有 $Br^-$ 存在（加氯水过量，生成 BrCl，使有机层显淡黄色。这个反应可在 $Cl^-$、$I^-$ 存在时鉴定很小量的 $Br^-$）。

b. 在试管中加入数滴 0.1％的品红溶液，加入固体 $NaHSO_3$ 和 1～2 滴浓 HCl 使溶液变为无色。用所得溶液润湿小块滤纸，黏附在一块表面皿的内表面上，将此表面皿与另一块表面皿扣在一起组成一个气室，在下面的表面皿上放2～3 滴试液及 4～5 滴 25％铬酸溶液，然后将气室放在沸腾水浴上加热约 10min。若有 $Br^-$ 存在，则被铬酸氧化生成游离的 $Br_2$，$Br_2$ 挥发，与试纸上的试剂相互作用，生成红紫色溴代染料，表示有 $Br^-$ 存在。

（12）$C_2O_4^{2-}$

二苯胺与草酸或草酸盐熔化时生成蓝色苯胺染料。在微量试管中放 1 小粒试样和少量二苯胺，加热使之熔化。冷却后，将熔块溶于 1 滴乙醇中，溶液显蓝色，表示有 $C_2O_4^{2-}$ 存在。

## 2. 定量检测

定量检测主要是通过仪器测定物质成分的含量。中学化学课程中常见的是用酸碱中和滴定法测定物质成分的含量。因此，这里主要介绍酸碱中和滴定法。

酸碱中和滴定法：用已知物质的量浓度的酸（或碱）来测定未知物质的量浓度的碱（或酸）的方法。

1）酸式滴定管的准备

（1）使用前，首先应检查活塞与活塞套是否配合紧密，如不密合将会出现漏水现象，则不宜使用。其次，应进行充分清洗。根据沾污的程度，可采用下列方法清洗。

a. 用自来水冲洗。

b. 用滴定管刷（特制的软毛刷）蘸合成洗液刷洗，但毛刷的铁丝部分不得碰到管壁（如用泡沫塑料刷代替毛刷更好）。

c. 用 a、b 法不能洗净时，可用铬酸洗液洗。为此，加入 5～10mL 铬酸洗液，边转动边将滴定管放平，并将滴定管口对着洗液瓶口，以防洗液洒出。洗净后，将一部分洗液从管口放回原瓶，最后打开活塞将剩余的洗液从出口管放回原瓶。必要时可加满洗液进行浸泡。

d. 可根据具体情况采用针对性洗液进行洗涤，如管内壁残留 $MnO_2$ 时，可用草酸、亚铁盐溶液或 $H_2O_2$ 加酸溶液进行洗涤。

用各种洗液清洗后，都必须用自来水充分洗净，并将管外壁擦干，以便观察内壁是否挂水珠。

（2）为了使活塞转动灵活并克服漏水现象，需给活塞涂抹油脂（如凡士林或真空活塞脂)。操作方法如下：

a. 取下活塞小头处的小橡皮圈，再取出活塞。

b. 用吸水纸将活塞和活塞套擦干，并注意勿使滴定管内壁的水再次进入活塞套(将滴定管平放在实验台面上)。

c. 用手指将油脂涂抹在活塞的两头或用手指把油脂涂在活塞的大头和活塞套小口的内侧（图 1-2-45)。油脂涂抹要适当。涂得太少，活塞转动不灵活，且易漏水；涂得太多，活塞孔容易被堵塞。油脂绝对不能涂在活塞孔的上下两侧，以免旋转时堵住活塞孔。

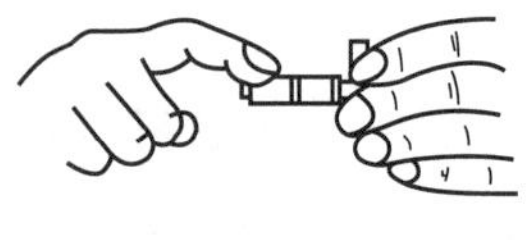

图 1-2-45　油脂的涂抹方法

d. 将活塞插入活塞套中。插入时，活塞孔应与滴定管平行，径直插入活塞套，不要转动活塞，这样避免将油脂挤到活塞孔中。然后向同一方向旋转活塞，直到活塞和活塞套上的油脂层全部透明为止。套上小橡皮圈。经上述处理后，活塞应转动灵活，油脂层没有纹络。

(3) 用自来水充满滴定管，将其放在滴定管架上垂直静置约 2min，观察有无水滴漏下，然后将活塞旋转 180°，再如前检查，如果漏水，应重新涂抹油脂。若出口管尖被油脂堵塞，可将它插入热水中温热片刻，然后打开活塞，使管内的水突然流下，将软化的油脂冲出。油脂排除后，即可关闭活塞。

管内的自来水从管口倒出，出口管内的水从活塞下端放出（注意，从管口将水倒出时，务必不要打开活塞，否则活塞上的油脂会冲入滴定管，使内壁重新被沾污)。用蒸馏水洗 3 次。第一次用 10mL 左右的蒸馏水，第二、第三次各 5mL 左右的蒸馏水。洗时，双手拿滴定管两端无刻度处，边转动边倾斜滴定管，使水布满全管并轻轻振荡。然后直立，打开活塞将水放出，同时冲洗出口管。也可将大部分水从管口倒出，再将余下的水从出口管放出。每次放出水时，应尽量不使水残留在管内。最后将管的外壁擦干。

2) 碱式滴定管（碱管）的准备

使用前应检查乳胶管和玻璃珠是否完好。若胶管已老化，玻璃珠过大（不易操作）或过小（漏水)，应予更换。

碱式滴定管的洗涤方法和酸式滴定管相同。在需要用洗液洗涤时，可除去乳胶管，用乳胶头堵住碱式滴定管下口进行洗涤。如必须用洗液浸泡，则将碱式滴定管倒夹在滴定管架上，管口插入洗液瓶中，乳胶管处连接抽气泵，用手捏玻璃珠处的乳胶管，吸取洗液，直到充满全管但不接触乳胶管为止，然后放开手，任其浸泡。浸泡完毕，轻轻捏乳胶管，将洗液缓慢放出。

在用自来水冲洗或用蒸馏水清洗碱式滴定管时，应特别注意玻璃珠下方死角处的清洗。为此，在捏乳胶管时应不断改变方位，使玻璃珠的四周都洗到。

3) 操作溶液的装入

装入操作溶液前，应将试剂瓶中的溶液摇匀，使凝结在瓶内壁上的水珠混入溶液，这在天气比较热、室温变化较大时更为必要。混匀后将操作溶液直接倒入滴定管中，不得用其他容器（如烧杯、漏斗）来转移。此时，左手前三指持滴定管上部无刻度处，可稍微倾斜，右手拿住细口瓶往滴定管中倒溶液。小瓶可以手握瓶身（瓶标签朝向手心），大瓶则放在桌上，手拿瓶颈使瓶慢慢倾斜，让溶液慢慢沿滴定管内壁流下。

用摇匀的操作溶液将滴定管洗 3 次（第一次 10mL，大部分可由上口放出，第二次和第三次各 5mL，可以从出口放出，洗法同前）。应特别注意的是，一定要使操作溶液洗遍滴定管全部内壁，并使溶液接触管壁 1～2min，以便与原来残留的溶液混合均匀。每次都要打开活塞冲洗出口管，并尽量放出残留液。对于碱式滴定管，仍应注意玻璃球下方的洗涤。最后将操作溶液倒入，直到充满至零刻度以上为止。

注意检查滴定管的出口管是否充满溶液，酸式滴定管出口管及活塞透明，容易看出（有时活塞孔暗藏着的气泡，需要从出口管快速放出溶液时才能看见）。碱式滴定管则需对光检查乳胶管内及出口管内是否有气泡或有未充满溶液的地方。为使溶液充满出口管，在使用酸式滴定管时，右手拿滴定管上部无刻度处，并使滴定管倾斜约 30°，左手迅速打开活塞使溶液冲出（下面用烧杯盛接溶液，或到水池边使溶液放到水池中），这时出口管中应不再留有气泡。若气泡仍未能排出，可重复上述操作。如仍不能使溶液充满，可能是出口管未洗净，必须重洗。在使用碱式滴定管时，装满溶液后，右手拿滴定管上部无刻度处稍倾斜，左手拇指和食指拿住玻璃珠所在的位置并使乳胶管向上弯曲，出口管斜向上，然后在玻璃珠部位往一旁轻轻捏橡皮管，使溶液从出口管喷出（下面用烧杯接溶液，同酸式滴定管排气泡），再一边捏乳胶管一边将乳胶管放直。注意当乳胶管放直后，再松开拇指和食指，否则出口管仍会有气泡。最后，将滴定管的外壁擦干。

4）滴定管的读数

读数时应遵循下列原则。

（1）装满或放出溶液后，必须等 1～2min，使附着在内壁的溶液流下来，再进行读数。如果放出溶液的速度较慢（例如，滴定到最后阶段，每次只加半滴溶液时），等 0.5～1min 即可读数。每次读数前要检查一下管壁是否挂水珠，管尖是否有气泡。

（2）读数时，滴定管可以夹在滴定管架上，也可以用手拿滴定管上部无刻度处。不管用哪一种方法读数，均应使滴定管保持垂直。

（3）对于无色或浅色溶液，应读取弯月面下缘最低点。读数时，视线在弯月面下缘最低点处，且与液面成水平（图 1-2-46）；溶液颜色太深时，可读液面两侧的最高点。此时，视线应与该点成水平。注意初读数与终读数采用同一标准。

（4）必须读到小数点后第二位，即要求估计到 0.01mL。注意，估计读数时，应该考虑到刻度线本身的宽度。

（5）为了便于读数，可在滴定管后衬一黑白两色的读数卡。读数时，将读数卡衬在滴定管背后，使黑色部分在弯月面下约 1mm，弯月面的反射层即全部成为黑色（图 1-2-47）。读此黑色弯月面下缘的最低点。但对深色溶液而需读两侧最高点时，可以用白色卡为背衬。

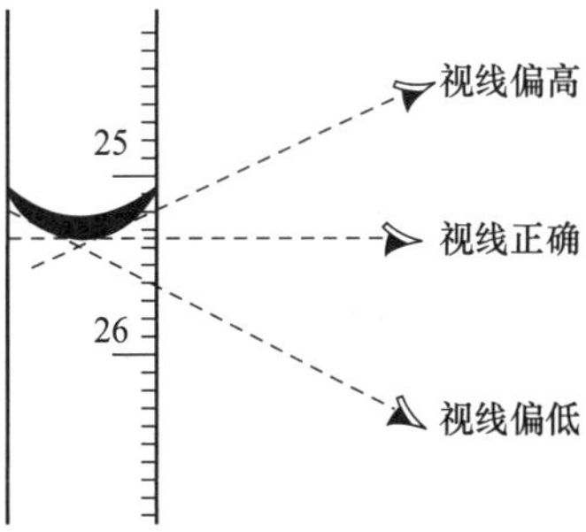

图 1-2-46　滴定管的读数

（6）若为乳白板蓝线背衬滴定管，应当取蓝线上

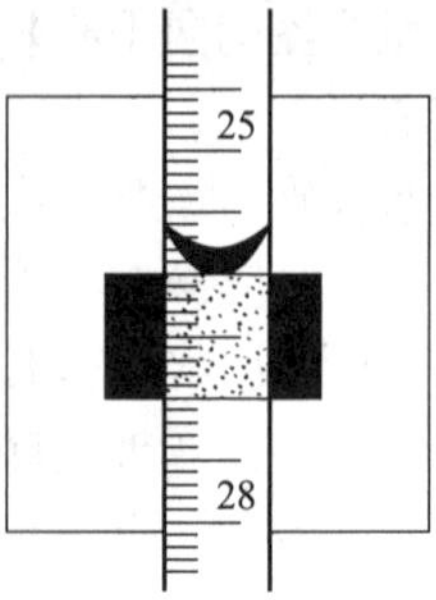


图 1-2-47 滴定管的读数

下两尖端相对点的位置读数。

(7) 读取初读数前，应将管尖悬挂着的溶液除去。滴定至终点时应立即关闭活塞，并注意不要使滴定管中的溶液有稍许流出，否则终读数便包括流出的半滴溶液。因此，在读取终读数前，应注意检查出口管尖是否悬挂溶液，如有，则此次读数不能取用。

5) 滴定管的操作方法

进行滴定时，应将滴定管垂直地夹在滴定管架上。如使用的是酸式滴定管，左手无名指和小手指向手心弯曲，轻轻地贴着出口管，用其余三指控制活塞的转动（图 1-2-48）。但应注意不要向外拉活塞以免推出活塞造成漏水；也不要过分往里扣，以免造成活塞转动困难，不能操作自如。

如使用的是碱式滴定管，左手无名指及小手指夹住出口管，拇指与食指在玻璃珠所在部位往一旁（左右均可）捏乳胶管，使溶液从玻璃珠旁空隙处流出。注意：不要用力捏玻璃珠，也不能使玻璃珠上下移动；不要捏到玻璃珠下部的乳胶管；停止滴定时，应先松开拇指和食指，最后再松开无名指和小指。

无论使用哪种滴定管，都必须掌握下面三种加液方法：①逐滴连续滴加；②只加一滴；③使液滴悬而未落，即加半滴。

6) 滴定操作

滴定操作可在锥形瓶和烧杯内进行，并以白瓷板作背景。在锥形瓶中滴定时，用右手前三指拿住锥形瓶瓶颈，使瓶底离瓷板 2～3cm。同时调节滴管的高度，使滴定管的下端伸入瓶口约 1cm。左手按前述方法滴加溶液，右手运用腕力摇动锥形瓶，边滴加溶液边摇动（图 1-2-49）。

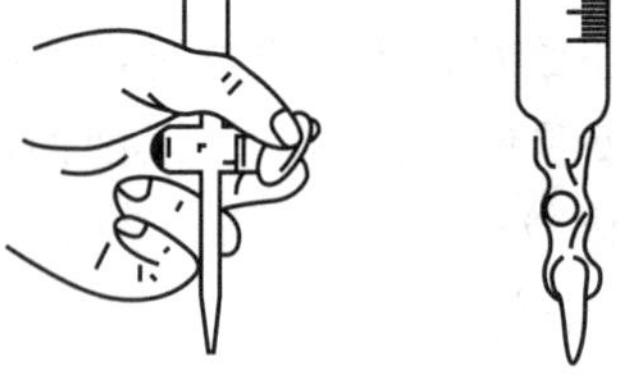

图 1-2-48 滴定管的操作

图 1-2-49 滴定操作

滴定操作中应注意以下几点。

(1) 摇瓶时，应使溶液向同一方向做圆周运动（左右旋转均可），但勿使瓶口接触滴定管，溶液也不得溅出。

(2) 滴定时，左手不能离开活塞任其自流。

(3) 注意观察溶液落点周围溶液颜色的变化。

(4) 开始时，应边摇边滴，滴定速度可稍快，但不能流成“水线”。接近终点时，应改为加一滴，摇几下。最后，每加半滴溶液就摇动锥形瓶，直至溶液出现明显的颜色变化。

加半滴溶液的方法：微微转动活塞，使溶液悬挂在出口管嘴上，形成半滴，用锥形瓶内壁将其沾落，再用洗瓶以少量蒸馏水吹洗瓶壁。用碱式滴定管滴加半滴溶液时，应先松开拇指和食指，将悬挂的半滴溶液沾在锥形瓶内壁上，再放开无名指与小指，这样可以避免出口管尖出现气泡，使读数造成误差。

（5）每次滴定最好都从 0.00 开始（或从零附近的某一固定刻度线开始），这样可以减小误差。

在烧杯中进行滴定时，将烧杯放在白瓷板上，调节滴定管的高度，使滴定管下端伸入烧杯内 1cm 左右。滴定管下端应位于烧杯中心的左后方，但不要靠管壁过近。右手持搅拌棒在右前方搅拌溶液。在左手滴加溶液的同时（图 1-2-50），搅拌棒应做圆周搅动，但不得接触烧杯内壁和烧杯底部。当加半滴溶液时，用搅拌棒下端盛接悬挂的半滴溶液，放入溶液中搅拌。注意，搅拌棒只能接触液滴，不能接触滴定管管尖。其他注意点同上。

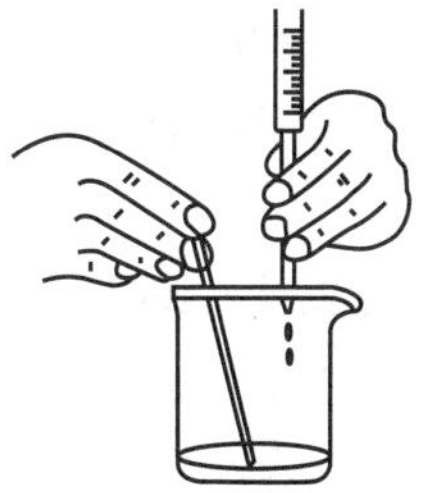

图 1-2-50　烧杯中的滴定

滴定结束后，滴定管内剩余的溶液应弃去，不得将其倒回原瓶，以免玷污整瓶操作溶液。随即洗净滴定管，并用蒸馏水充满全管，备用。

## 2.2　化学实验操作技能教学策略

化学实验从实验教学运行的全过程来考察，主要化学实验教学策略有：教师启发讲授、教师示范演示、验证性实验、有教师指导的学生实验、学生的独立实验和总结、学生的家庭小实验、实验改进与实验创新、学生的合作探究、教师或学生的自主探究与研讨等。以下介绍：教师启发讲授、教师示范、有教师指导的学生实验、学生独立实验，总结概括。

### 2.2.1　教师启发讲授

在实验教学策略中，教师启发讲授是起主导、核心作用的基本策略。启发讲授的主导作用体现在各种实验教学模式中。教师引导和指导学生正确理解实验的教学目的或目标，启迪和辅导学生遵照操作规范的要求去把握实验操作要领，提示和诱导学生进行定向观察或有序的操作，适时又随机地纠正学生的错误操作或解答学生实验中的疑难，以及结合实验事实和生动的现象，引导学生进行总结概括等，都是教师启发讲授（讲解、讲述、指导、点拨、答疑等）发挥主导作用的表现。

启发讲授又是组织、实施各种实验教学策略的核心环节。因为学生观察离不开思维，学生进行实验操作同样也在思维的支配之下。而教师的启发讲授恰恰是运用有声的言语以及无声的文字，甚至辅以形体动作的示范来激励学生进行积极思维。离开了启发讲授的引导，学生的实践活动将会产生各种偏离实验教学目标的多余动作，干扰教学活动的顺利进行。

启发讲授，要求教师从实验本身的特点出发，针对学生的实际为他们从思路、方法和技巧上排除认识和操作的障碍。

教师的讲解、阐述、指导、点拨、启发性设问、答疑等活动在课堂教学中极为重要。因此，教师在启发讲授时，应把握以下原则：①要点明主题，语意明晰，不能含混不清，模棱两可；②要善于引导学生去想明白，做到小跨度、多层次启发；③操作要领及要求简明、明确，便于学生记忆和执行；④要充分估计学生在操作上可能出现的错误甚至危险操作，防患于未然，在实验开始之前就应引导学生想明白，弄清楚。

教师启发讲授的形式可以灵活多样，可借助于投影、录像、多媒体教学软件来进行，学生有了足够的实验知识储备，做实验的效果会更好。

### 2.2.2 教师示范

在实验教学中的教师示范，是为学生提供视觉形象和模仿的依据。教师的演示和特意做的示范操作给学生留下的第一印象很深，对他们进行实验操作的态势及严谨的科学学风的培养起着潜移默化的作用。为此，教师示范必须做到规范化，无可指责。

教师示范要把握时机。一般情况下，要注意运用下述几种示范方式。

#### 1. 引路示范

这是在新实验的开头为学生做出的操作示范。主要目的在于为学生提供模仿的样式，便于教师结合示范操作扼要介绍实验操作要领以及禁忌操作事项。引路示范的特点是从视觉形象和动作态势上为学生“画”出轮廓及总的形式，由于这时学生还缺乏亲身体验，因而不宜做过细的分解操作和限定。这时的提示语必须简明概括，有利于学生记住操作规范的要点，便于他们通过模仿练习去体会操作要领。例如，在进行试管持拿操作示范时，教师边示范操作，边说明要“三指（拇指、食指和中指）握”、“二指（无名指和小指）拳”、“握取试管近上沿”，并变换一个角度让全班学生都看清楚老师的操作手法。这样，由于让学生运用视觉、听觉和触觉（可提示学生用钢笔代替试管模仿）器官感知这一示范操作，学生的记忆和理解将是深刻的。在引导学生练习了正确操作以后，再适时补充，一定要防止“满把抓”等错误操作，同时，再结合化学实验基本操作的规范与手和腕部的生理构造来阐明上述正确操作的根据。

#### 2. 矫正示范

这是在学生显现出错误操作后，教师再次向学生进行的示范操作。这种示范针对性强，教师无需全面地介绍操作要领，只要针锋相对地纠正学生的错误，并适当说明为什么错、应当怎样防范，随即呈现正确示范操作，就可以起到扶正纠偏的作用。

矫正示范宜有针对性地查寻学生错误操作的原因。是习惯（定势）的影响，还是动作笨拙造成的失误；是对操作要领不理解，还是学习态度的不端正等。为此，就应晓以利害，结合实验中的正反实例，对学生进行教育和示范。

3. 总括示范

这是配合总复习教学进行的一种终结性的示范。从一定意义讲，这种示范在智力技能的总结概括上，远多于操作技能方面的总括。在我国教学中多年形成的在化学实验这一知识构成中的概括，从示范的观点看，不少归类总结的实验操作、实验装置，或以文字表述，或用图式呈现，则多属于总括示范。

总括示范要在挖掘各类实验操作的规律性方面下功夫。这项工作宜在教师的组织下，尽可能由学生总结完成，如能举行实验操作汇练，其效果会更好。教师只需在关键处给予指点，或进行画龙点睛式的总结，并配以示范则效果更佳。

### 2.2.3　有教师指导的学生实验

学生实验是学生获取知识、形成技能、培养智能和发展个性的最佳途径。一般来讲，有组织的实验活动，可以从多方面为学生学习创造最佳情境。实验活动是学生熟悉实验仪器、学习实验技能和加深对化学物质性质的理解所必需的。这一点是基础，也是其他功能施展的前提。实验活动可以使学生处于情绪亢奋的实验探究的状态，为他们提供用于导出和探讨化学原理的有关数据、回答和解决化学知识中的疑难问题、验证已学过的理论和规律，以及概括和得出概念的含义等。

做好实验离不开教师对实验的指导。首先教师应在实验前进行指导：学生在开始实验前，教师要对实验中的操作要领、仪器的使用方法、试剂的用量及添加顺序，以及实验的成败关键等方面进行提示或说明。也可以做示范操作，或针对性提醒、提要求，或提出几个与实验内容有关的问题，供学生边实验边思考。如制取 $H_2$ 并还原 CuO 的实验中，应指出操作注意事项：①检查气密性；②锌粒的加法；③验纯；④先通气后加热；⑤结束时先停止加热后停通气。一般来说，实验前指导不宜过长、过细、过多，要抓住要点，突出重点。实验前指导到底要讲多少，花多长的时间，取决于实验内容本身、教师对学生情况的了解以及教师对实验中可能会出现问题的估计程度。其次应加强实验中的指导。实验中有时由于实验条件控制不够，学生常遇到困难或违反操作规程进行操作，而导致有些学生得不到与其他学生相同的实验现象，这时教师的指导十分重要。若不及时予以帮助，很可能使学生产生紧张情绪、自卑心理，而失去对实验的信心及兴趣。实验中指导还带有偶发性。因此，教师要积累经验并注意研究学生的个性特点，在巡视指导时才可有目标地重点辅导实验操作方面的差生，防患于未然，杜绝实验事故的发生。另外应做好实验后的指导，这是学生完成实验后由教师所作的评价性指导。这种指导是教师对实验的目的，全班普遍性或带有倾向性的问题，以及发展学生的智能及实验技能水平有关的问题进行的讲评。

实验后指导用语要注意斟酌，不可随意批评和表扬。较理想的是言简意赅，归并为几条，便于学生理解记忆。某些难点如能再一次示范，并说明理由，将使学生的认识产生新的飞跃。

### 2.2.4　学生独立实验

一般来说，学生独立实验是在教师示范和有教师指导的学生实验之后由学生独立完成。这是培养实验能力、养成科学态度和科学方法的最佳途径。

从培养学生实验能力的全过程来看，依学生实验操作的独立性程度来划分，大致可以分为三个阶段：模仿练习阶段、有教师指导的独立操作阶段和完全独立操作阶段。学生独立实验是实验能力形成和发展的养成策略。在这种策略中，要求学生发挥主动性和创造性，综合运用观察实验现象和学习事实、了解理论和模型、发展推理技能、分析和研究化学认识论方面的问题，以及设计与安装实验装置、正确进行操作等技能，在科学思想、科学态度的调控下，达到智力技能与操作技能的融合统一。

每个学生在操作技能，特别是态度和情意方面的表现。可以通过以下准则进行测评。①工作的计划性；②选择仪器和材料；③使用仪器的熟练性；④有条理和整洁地工作；⑤合适的工作速度；⑥准确性和质量；⑧写作报告、图表和绘图；⑧正确对待安全步骤和方法。

### 2.2.5　总结概括

总结概括是实验教学的重要部分。教师通过分析典型实验，阐明实验规律，明确选择仪器，加深实验的深化研究探索，培养学生的思维能力，将学生的思路拓宽，将零散的实验内容系统化、条理化，从而使学生的综合能力得以提高。

## 参 考 文 献

韩润平．化学实验员简明手册．化学分析篇［M］．北京：中国纺织出版社，2007.
刘胜强．中学化学实验实用手册［M］．陕西：陕西师范大学出版社，2006.
王磊．中学化学实验及教学研究［M］．北京：北京师范大学出版社，2009.
熊言林．化学教学论实验［M］．合肥：安徽大学出版社，2004.
中华人民共和国教育部．全日制义务教育化学课程标准（实验稿）［M］．北京：北京师范大学出版社，2001：3-5.

# 第 3 章　化学实验教学策略

化学实验是化学教学赖以产生和发展的基础，学习化学离不开化学实验教学，因此化学实验教学在化学教学模式中是承载着化学教育的重要教学方法。与任何教学方法一样，要掌握在化学实验教学中的有效教学设计与组织，就需要在化学实验教学中作出特定的决策，采取特定的行为，这些行为是在特定化学实验教学情景中所独有的。本章着重探讨演示实验、边讲边实验、学生实验所独有的特征。

## 3.1　化学实验教学策略的构成与组织

如果我们把教学目标看成是一座山峰上的一面小旗，试想：如何让学生到达顶峰拿到那面小旗呢？登山经验告诉我们，在此情景下，需要作出判断的计划，如何到那里去？怎么去？知道为什么要这么去的理由。这就是我们通常说的谋划、策划与方略，即策略。可见，教学策略是为达成教学目标而采用的一切行为活动方案，其最主要的目的是为解决问题而服务。

### 3.1.1　化学实验教学策略

关于教学策略的定义与研究很多，结合刘知新主编的《化学教学论》的教学策略定义，在此认为化学实验教学策略是问题驱动下，为解决教学问题，完成教学任务，达到教学目标而确定的化学实验操作活动序列、学生内隐知识内容信息加工过程及课堂有效组织的教师元认知过程。这一定义表明，它是一个复杂交织立体的教学系统，以图 1-3-1 表示。

图中表明化学实验教学策略是专门为促进学生掌握化学实验操作技能和获得事实性化学知识的教学目标设计的，进而培养他们观察、比较、辨别、分析、科学抽象和基本逻辑推理等较高级的思维能力的一种活动方案；同时也表明，其内部存在着密切联系，主要以三个维度来具体呈现与组织。

### 3.1.2　化学实验教学策略的构成与组织

图 1-3-1 从横向和纵向两个维度揭示，化学实验教学策略是为促进学生循序渐进地掌握化学实验操作技能序列和事实性化学知识而设计的，而事实性化学知识的巧妙有序设计与组织，也可以帮助学生循序渐进地掌握简单的、复杂的化学实验操作技能。

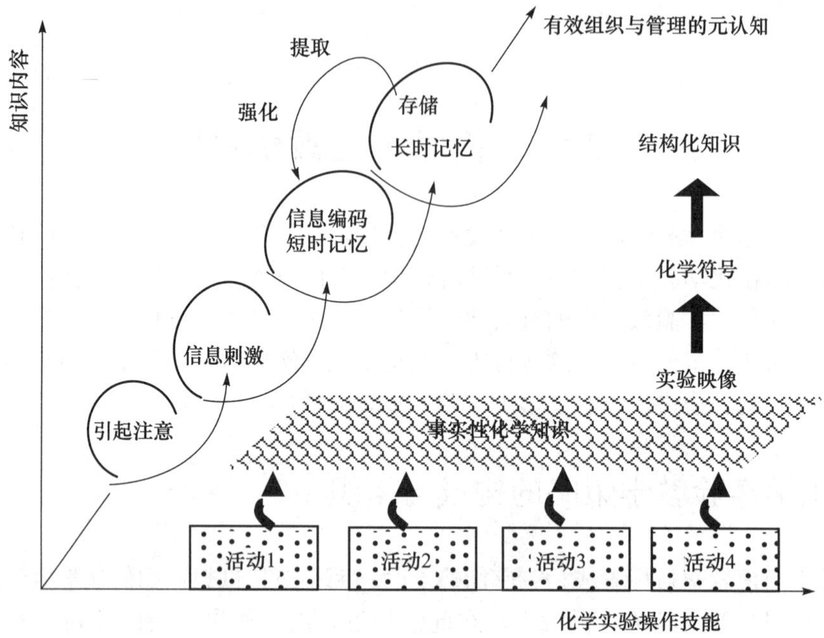


图 1-3-1　化学实验教学策略结构组织

表 1-3-1 列出了两套教学目标，在第一套目标中，要求学生了解自然界中水的组成的知识，属于事实性化学知识。虽然也许学生能够说出自然界中水的组成和净化的知识，但是并不意味着他能掌握净化水的实验操作技能。显然，通过教师对课堂的元认知策略调控，对教学进行有效的组织与管理，便能组织呈现化学实验教学中事实性化学知识和实验操作技能之间的一一对应关系。

**表 1-3-1　教学目标的比较：事实性化学知识与化学实验操作技能的培养**

| 事实性化学知识的获取 | 化学实验操作技能的发展 |
|---|---|
| 1. 自然界中水的组成 | 1. 掌握净化水的实验——混合物的分离 |
| 含不溶性杂质：沙石等异物 | 过滤：一贴二低三靠 |
| 可溶性杂质：颜色、异味等 | 活性炭除杂、过滤或蒸馏 |
| 2. 硫在 $O_2$ 中燃烧呈现明亮的蓝紫色火焰，有刺激性气味 | 2. 固体药品的取用、使用酒精灯、使用燃烧匙：内铺细沙 |

化学实验教学策略始终指向化学实验教学的教学目标，让他们收获知识与技能。学生掌握化学实验操作基本技能是实施化学教学策略的必需条件，获得事实性化学知识是实施化学实验教学成功的关键。当学生有意识地注意捕捉刺激信号而获得事实性化学知识时，通过信息加工模式将此编码形成实验映像存入长时记忆，或同时将信息编码转换为化学符号存入长时记忆，以同化或顺应方式整合形成大脑中新的结构化知识。这一过程是学生大脑内隐知识内容的信息加工过程，在这组织中呈现了循序渐进的线性特征，如表 1-3-2 横栏箭头所示。

**表 1-3-2　内隐知识内容信息加工的循序渐进线性特征链**

| 教学目标 / 实验教学方式 | 化学实验操作技能 ⟹ | 事实性化学知识——实验映像 ⟹ | 化学符号 ⟹ | 结构化知识 |
| --- | --- | --- | --- | --- |
| 演示实验 | ★ | ☆ | ☆ | ☆ |
| 边讲边实验 | ☆ | ★ | ☆ | ☆ |
| 验证型学生实验 | ☆ | ☆ | ★ | ☆ |
| 探究型学生实验 | ☆ | ★ | ★ | ☆ |

在化学实验教学中通常采用演示实验、边讲边实验、学生实验 3 种方式，其中学生实验又可分为验证型和探究型两种。在解决问题、达到教学目标、获得知识的进程中，这 3 种教学方式在这一循序渐进的线性特征组织上表现出同一性，但却又在学习者收获方面不同程度地表现出强弱差异的特征，如表内用★表示强的特征，用☆表示弱的特征，因此这就决定了这 3 种方式在特定化学实验情景中的教学活动流程安排作出特有的决策，采取特定的教学行为，是它们各自所独有的教学策略。

## 3.2　演示实验教学策略

### 3.2.1　演示实验教学概述

尽管你还未开始学会在学生面前进行示范某个化学实验进行课堂教学，但是这样的图景曾经生动而鲜明地打动你，曾经深刻地印在你的脑海中，从某些方面来说你是熟悉的，但是这种模式的教学，其中隐含的基本原理、基本方法和基本技能无疑你还没有去全面思考过，演示实验教学简明易懂，你能在较短时间内学会掌握它，它是所有化学教师必须掌握的化学教学方式。

演示实验教学是化学教师在学生面前示范化学实验操作技能，呈现具体的化学实验事例，帮助学生获得化学实验操作基本技能和掌握化学知识的实验教学实践活动。这种教学的主要解决问题在于帮助学生掌握正确规范的化学实验操作基本技能，如化学试剂的取用，化学仪器的使用、装配、连接和拆卸，进行加热、过滤、溶解、蒸发、结晶、萃取、蒸馏、干燥和配制一定浓度的溶液，以及初步学习制取某物质，进行检验、鉴别和性质实验等操作。如果将此教学模式的主要目的放在关注学生的科学抽象、演绎推理等高级思维能力的培养和以学生为中心的方式学习，那么就不会有明显的教学效果。

演示实验教学是一种以教师为中心的教学模式，采用面向全班学生进行以任务为驱向的教学体系，全过程需要教师作出认真细致、有条理的安排。具体教学程序可以分为五步骤：创设情境，解释或示范，指导练习，反馈，拓展练习。

### 3.2.2　演示实验教学策略模型

首先，我们必须清楚地认识该模式教学主要目标和重点是掌握化学实验操作技能，以此促进学生获得事实性化学知识的学习，而化学实验操作技能从属于程序性知识的学习，是解决如何做的问题；其次，通过明确程序性知识即动作技能学习的本质特征，整理形成如下演示实验教学策略结构模型，它将为我们在备课方面的教学设计作准备，上课教学的有效组织和设计安排提供策略问题的指导。

从整体模型设计来看，可以将其视为一个系统，阴影区域属于学生操作反应，图 1-3-2 揭示了整个教学模式是以教师为中心的模式。为了更好地理解此模型，对其作简单的解释。

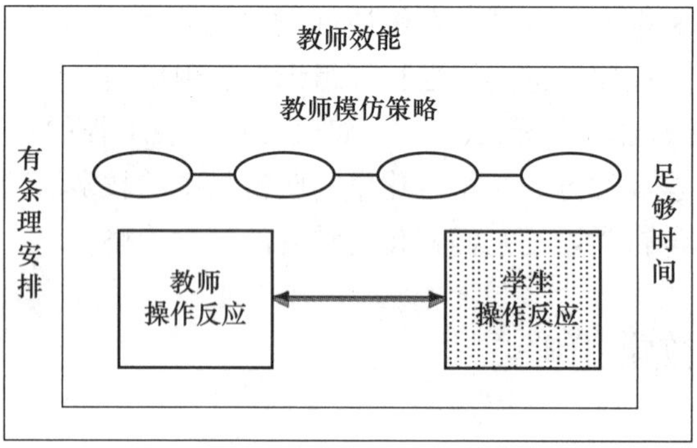


图 1-3-2　演示实验教学策略结构模型

1. 操作反应策略指导

在化学演示实验教学系统中，无论是教师还是学生，都是在不同时间相似的情景下，产生刺激反应的操作行为，呈现完成化学实验操作技能序列活动，此活动执行策略如下。

（1）创设真实实验情景，呈现任务，形成和产生反应行为刺激信号的图景，为学生学习化学实验操作技能做准备。在这个准备阶段中，教师要唤起学生的注意，告知任务，阐释这节课的目标、背景资料，解释这节课的重要性。其实质是教师要让学生明确“做什么”，目的是帮助学生为后续阶段进一步理解如何做，为什么这样做。

例如，九年级化学“$O_2$ 的获得”（苏教版）这一课，$O_2$ 是我们在生活中最熟悉的自然界物质之一，是空气的重要组成，学生能学会用化学的方法获得 $O_2$，无疑能激发学生的学习兴趣和积极性。对 $O_2$ 的获得知识的掌握，是学生第一次接触关于物质制备与获得的实验原理与方法的学习，因此本案例是演示实验教学的典型教学案例。在备课的教学设计中，应用策略的最突出和关键问题是要产生任务，本案例任务是“制取 $O_2$”。将任务再进一步分解形成以下 3 个子任务：①制什么？由什么化学变化得到？②用什么制？需要什么药品和选择哪些仪器？③怎么制？制取 $O_2$ 的实验操作步骤是什么？

对以上分解的任务和问题解决时，终究会发现，学生获得制取 $O_2$ 的反应原理，以

及勾勒出 $O_2$ 发生和收集的实验装置图，就形成了操作反应行为刺激信号图景，于是就自然发生教师演示或学生模拟教师制取 $O_2$ 系列实验操作技能获得。可见，演示实验教学是任务驱动下的刺激操作反应机制，以表 1-3-3 表示。

**表 1-3-3　演示实验教学任务驱动的刺激操作反应机制**

| 任务驱动的任务单 | 结果 |
| --- | --- |
| ① 制什么？由什么化学变化得到 | ① 反应原理：<br>$2KMnO_4 \xlongequal{加热} K_2MnO_4 + MnO_2 + O_2\uparrow$<br>$2H_2O_2 \xlongequal{MnO_2} 2H_2O + O_2\uparrow$ |
| ② 用什么制？需要什么药品和选择哪些仪器 | ② 刺激信号图景的形成：<br> |
| ③ 怎么制？制取 $O_2$ 的实验操作步骤流程是什么 | ③ 刺激教师演示或学生模拟教师制取 $O_2$ 实验操作技能系列活动的发生 |

（2）突出启动操作反应结果的鼓励奖赏正强化机制，特别要求教师或学生操作化学实验时，尽自己最大努力保证获得成功实验事例。教师给学生展示一个出色的实验事例，学生从中模仿、接纳和学习一些技巧，利于学生学习和培养形成正确规范的化学实验操作技能。

为了确保实验的安全与成功，要求教师做到课前预试，同时强化练习化学实验操作流程。对实验所用的药品、试剂的纯度、浓度、用量的比例，仪器的选用和安装，各种实验条件如何控制，所需要时间等做到心中有数，掌握实验成功的关键。在确保实验成功的过程中，教师必须要树立“安全意识”。首先，明确演示实验是否具有不安全因素，其中哪些不安全因素是可以通过实验装置和一定的措施克服的，哪些危险因素是目前不能解决的；其次，采取一切有效措施消除不安全因素；再次，要保证实验安全，还必须注意实验操作规程。实验中一旦发生意外事故，要冷静，采取果断措施，妥善处理，并向学生讲清发生事故原因，以防止产生恐惧心理，害怕事故，畏惧实验，不敢观察。

（3）去除负面刺激事故发生，进行负强化。为了避免学生养成错误的化学实验操作行为习惯，可以一边演示错误实验一边提问：我们要注意什么？如果…会发生什么事？这时一定要求学生小心观察错误，如果涉及安全问题的，就要避免使用这种方法。例如，观察实验录像就是一个很好的范例，展现了化学实验操作中不要出现错误的行为。错误的化学实验场景的负强化机制能给学生留下深刻的印象，在教学中强化实验注意事项有利于培养学生准确规范的化学实验操作技能。

## 2. 社会学习理论策略指导

化学演示实验教学目的是给学生提供优秀的范例让他们模仿，但不是简单模仿。例如我们知道熟能生巧，事实上不是学生经常动手做化学实验就能具备良好的化学实验操作技能，就如一个每天都开车的司机不一定就是一个好司机，养了一群孩子的父母不一定就是好父母。

由于模仿是通过提取储存在长时记忆中不太复杂的动作图景，再进行对照实施来实现的。因此教师在提供化学实验操作示范时，一定是简单易完成的实验动作，如果是复杂难操作的化学实验，教师必须将它分解成几个部分让学生学习，使之简单化。当然在示范每个“简单”实验操作时，要提供“做的细节”，在操作时进行适当解说。如“在盛有蓝色 $CuSO_4$ 溶液的试管中加入少许无色的 NaOH 溶液”，“点燃两支短蜡烛，分别放在梯形小铁皮架上的两个阶梯上，把铁皮放在烧杯中，缓缓地倾倒 $CO_2$”。这对学生学习化学实验操作技能技巧是非常重要的，它能展示化学实验是如何制备新物质的？实验是怎样完成的？能否顺利成功制取？通过边做边讲，保证学生明白每个实验行动的目的，知道为什么？也明白如何做？如果该实验技能学生已经训练掌握，就简单地告诉学生怎样做就足够了，无需熟悉提供“做的细节”。

为保证学生明白每个行动的目的，呈现模仿示范时的解说一般有两种方式：归纳式和演绎式。归纳式是呈现具体的示范动作时解说“做的细节”，是具体而生动的，促使学生分析和考察动作的原因。如“当导管口出现连续均匀的气泡时，我们才收集 $O_2$，将导管伸入装满水的集气瓶中，这时我们看到瓶口有气泡冒出，这是为什么?”演绎式的解说是抽象的，是要促使学生运用综合能力，并通过演绎推理方法来学习实验操作技能。如“我们可以看到水槽中这时产生气泡，我们能不能立即收集呢?”“下一步是什么？能收集了吗?”“为什么是先撤导管再撤酒精灯?”

无论是哪一种模仿教学示范的解说，其目的都是获取学生反馈的信息，检测学生是否已经学会所教的？是否掌握如何做、做什么和为什么做？教师在组织教学时，要特别注意演示实验操作的呈现和解说是互为镜像的，这有利于学生熟悉“做的细节”，利于模仿化学实验操作技能技巧的方法，形成良好的化学实验操作技能。

### 3. 教师效能策略指导

为了保证化学演示实验教学良好的教学效果，促使该模型教学机制的运行，必须充分发挥体现教师元认知策略，做到有条理安排教学课堂活动，给予足够的时间安排教师的示范操作反应教学活动和学生模仿的操作反应练习，这其中要做到如下几点。

(1) 仪器有序地摆放。在实验开始前把仪器、药品有秩序地放在讲台上或学生实验桌上，右手拿的放右边，左手拿的放左边，常用的放近些，不常用的放远些，矮的用品放在高的前面，仪器和试剂瓶都应十分整洁。

(2) 装置简单，合理美观。为了让实验现象清晰，增大可见度，演示实验用的仪器和实验装置应力求简单，大型易观察，可放在高于学生课桌的实验台面上。实验仪器装配要合理正确、美观紧凑，摒弃弯曲不合格的导管、打歪了孔的塞子和大小不配套的仪器。

(3) 掌握好演示时间。一堂课的教学有若干教学环节组成，各个环节必须紧扣，计划在一定的时间内完成。在演示实验的教学中，如果演示实验拖长了时间，势必影响下一教学环节的教学效果。因此，教师一定要掌握好演示实验所需的时间。每次演示实验的时间都不宜过长，较复杂的实验也不宜超过 5min。因为学生的注意力不可能长时间持续集中，一旦激发起学生的注意力，马上出现鲜明的现象，会使学生获得深刻的表象，为下一步思维打下良好的基础；相反，如果现象迟迟不出现，学生的注意力就会分散。所以教师应周密安排实验步骤，掌握关键，敏捷操作，使实验现象的出现不早不晚恰到好处。

### 3.2.3　演示实验教学案例

课例来源于：

http://video.jssjys.com/VideoList.html? Search=@V_TermID=:440;&PageNo=1

执教者：周艳，江苏常州市北郊中学

初中化学九年级，上册（沪教版）课题：第二章第二节 $O_2$ 的获得

**【引入】**

同学们，$O_2$ 是空气中的主要成分之一，地球上的动植物都离不开 $O_2$，人类的生产活动也需要 $O_2$，那么如此多地消耗 $O_2$，空气中会不会缺少 $O_2$ 呢？

请看短片，光合作用。

**【观看录像】【讲述】** 在通常情况下，空气中不会缺少 $O_2$，这是因为绿色植物的光合作用所放出的 $O_2$ 弥补了自然界中 $O_2$ 的消耗，使空气中 $O_2$ 的含量几乎保持恒定。

**【投影】**

一、光合作用——自然界获取 $O_2$ 的方法

$$CO_2+\text{水}\xrightarrow{\text{光照、叶绿素}}\text{葡萄糖}+O_2$$

**【思考】** 空气中含有 $O_2$，植物中的光合作用是空气中 $O_2$ 的主要来源。怎样就能把 $O_2$ 从空气中分离出来呢？

让我们一起来了解工业上是怎样利用空气来大量制得 $O_2$ 的。

**【投影】**

二、工业制 $O_2$

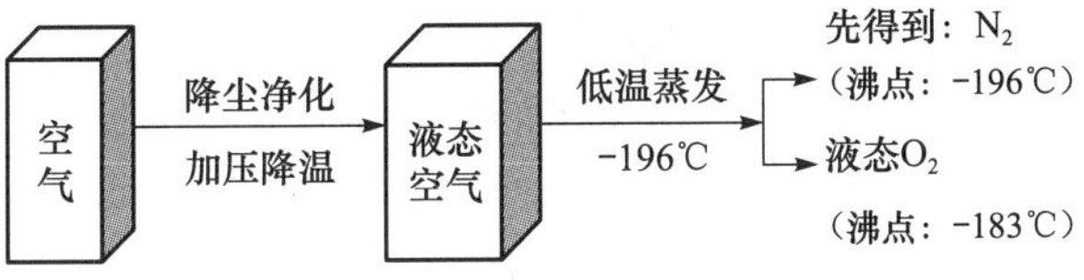

**【讲述】** 工业上首先把空气除尘净化后，经加压、降温使空气液化，然后根据 $O_2$ 和 $N_2$ 的沸点不同将两者分离，当温度达到－196℃时，液态 $N_2$ 首先挥发出来，剩下的主要就是液态氧了。

**【思考】** 工业制 $O_2$ 的条件在我们的实验室里一般不易实现，那么在实验室里我们又可以通过哪些方法来获得 $O_2$ 呢？

首先，让我们一起翻开最早实验室制取 $O_2$ 的历史。

**【投影】**

> 英国化学家舍勒在 1773 年最早发现了多种制取 $O_2$ 的方法，主要有：
> （1）加热氧化汞（HgO）；
> （2）加热硝石（$KNO_3$）；
> （3）加热高锰酸钾（$KMnO_4$）；
> （4）加热碳酸银（$Ag_2CO_3$）、碳酸汞（$HgCO_3$）的混合物

**【讲述】** 英国化学家舍勒在 1773 年最早发现了多种制取 $O_2$ 的方法，主要有加热氧化汞，可以生成金属汞和 $O_2$，还可以通过加热硝石、$KMnO_4$ 等物质，制得 $O_2$。

**【讲述】** 在许多得到 $O_2$ 的不同方法中，现在实验室里通常用来制取 $O_2$ 的方法有两种。

**【投影】**

> 三、实验室制 $O_2$
> （一）反应原理
> 1. 高锰酸钾 $\xrightarrow{加热}$ 锰酸钾＋二氧化锰＋氧气
> $KMnO_4$　　$K_2MnO_4$　　$MnO_2$　　$O_2$
> 2. 过氧化氢 $\xrightarrow{MnO_2}$ 水＋氧气
> $H_2O_2$　　$H_2O$　$O_2$

**【讲述】** 一种是加热 $KMnO_4$ 固体生成 $K_2MnO_4$、$MnO_2$ 和 $O_2$，另一种是将 $H_2O_2$ 与 $MnO_2$ 粉末混合来制取 $O_2$。

**【讲解】** 学习气体的实验室制法的思路和方法，首先就是要研究气体实验室制法的化学反应原理。

在实验室制取 $O_2$ 中，都是将含氧物质分解制得 $O_2$ 的。

其次就需要研究制取这种气体所应采用的实验装置，这需要依据反应物的状态和反应条件来选择发生装置，再次要根据气体的性质来确定收集的方法。这是实验室用加热 $KMnO_4$ 来制取 $O_2$ 的发生装置和用排水法来收集 $O_2$ 的装置。

**【投影】**

观察与思考：

加热 $KMnO_4$ 制取 $O_2$

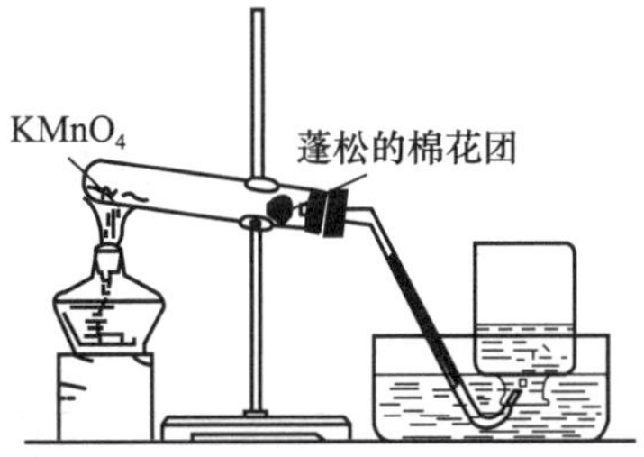


$KMnO_4$ 分解制取 $O_2$

这是用 $H_2O_2$ 和 $MnO_2$ 混合制取 $O_2$ 的发生装置以及用排水法来收集 $O_2$ 的装置。

**【投影】**

观察与思考：

$H_2O_2$ 和 $MnO_2$ 混合制取 $O_2$

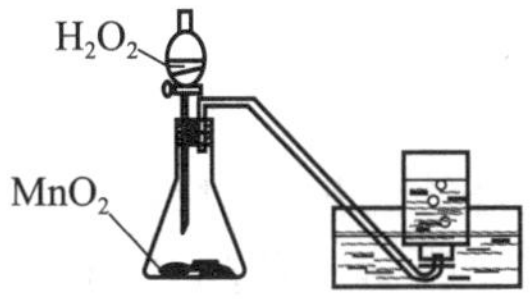


（二）制取装置

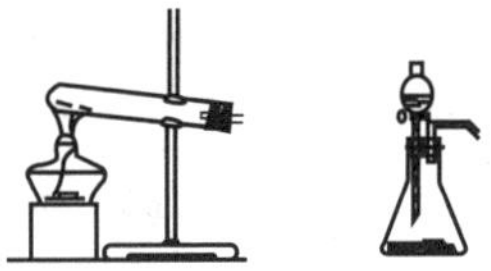

常见气体发生装置

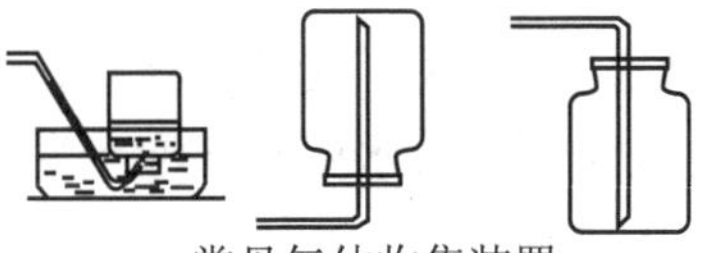

常见气体收集装置

**【进行实验】** 下面我们就用 $KMnO_4$ 来加热制取一瓶 $O_2$。首先我们将导管、带导管的橡胶塞塞紧试管来检查这套装置的气密性。把导管的一端进入水中，然后两手紧握试管外壁，注意看导管口，我们看到导管口冒出气泡，这时说明这套装置的气密性良好。然后，向试管中加入 $KMnO_4$ 固体，在试管口塞上一小团棉花，把试管固定在带铁夹的铁架台上，夹在距管口约三分之一处，并使管口略向下倾斜。我们再将集气瓶装满水倒扣在水槽中，点燃酒精灯，先预热，然后用外焰集中加热有固体的部位，当导管口出现连续均匀的气泡时，我们才开始收集 $O_2$。看到集气瓶口冒出气泡时，这时说明已经收集满一瓶 $O_2$，我们在水中盖好毛玻璃片将集气瓶取出正放在桌面上。实验结束时应先将导管移出水中，然后再熄灭酒精灯。

**【进行实验】** 接着我们再看实验室里是如何用 $H_2O_2$ 和 $MnO_2$ 混合制取 $O_2$。先检查装置气密性，用止水夹夹住导管，关闭分液漏斗活塞，向分液漏斗注入水，看到水不能继续往下滴，说明气密性良好。在锥形瓶中加入 $MnO_2$，活塞关闭以后向分液漏斗中加 $H_2O_2$，将仪器固定在铁架台上，用排水法收集一瓶 $O_2$，先要将集气瓶中装满水，倒置在水中，打开活塞，$H_2O_2$ 滴入锥形瓶，我们可以看到水槽中这时产生气泡，我们能不能立即收集呢？等到连续均匀的气泡产生时，我们才能开始收集。为了把集气瓶中的水排尽，把集气瓶扶正，等到气泡从瓶口冒出时，这时说明已集满 $O_2$，在水中盖上玻璃片，取出以后正放在桌面上。

**【思考】** 观察实验后，我们一起来回顾一下，以 $KMnO_4$ 制 $O_2$ 为例，实验的操作步骤分别是怎样的？

**【投影】**

> （三）操作步骤（以 $KMnO_4$ 制 $O_2$ 为例）：
>
> 1. 检查气密性
>
> 将装置装好，先把导管放入水中，然后用手握住大试管，若水中有气泡产生，则气密性良好。
>
> 2. 装入药品
>
> 用药匙或纸槽将药品装入试管。
>
> 3. 固定装置
>
> 将试管口略向下倾斜，防止加热时冷凝水倒流引起试管破裂。
>
> 4. 加热
>
> 先预热，后集中加热。防止因局部受热导致试管破裂。

**【讲述】** 第一，我们检查装置的气密性。将装置装好，先把导管放入水中，然后用手握住大试管，若水中有气泡产生，则气密性良好。第二，装入药品。用药匙或纸槽将药品装入试管。第三，固定装置。将试管口略向下倾斜，防止加热时冷凝水倒流引起试管破裂。第四，加热。先预热，后集中加热。防止因局部受热导致试管破裂。

五、收集

**【投影】**

> 5. 收集
>
> （1）$O_2$ 应用什么方法收集？为什么？
>
> 可用排水法或向上排空气法。因为 $O_2$ 不易溶于水，且密度大于空气的密度。
>
> （2）排水法收集气体时应等到何时收集？
>
> 一开始不立即收集 $O_2$，否则制得 $O_2$ 不纯，待气泡均匀、连续时再收集。

**【思考】** 在收集 $O_2$ 时，请同学们思考以下几个问题。

（1）$O_2$ 应用什么方法收集？为什么？

$O_2$ 可以用排水法或向上排空气法。因为 $O_2$ 不易溶于水，且密度大于空气的密度。

(2) 排水法收集气体时应等到何时收集?

一开始不立即收集 $O_2$，否则制得 $O_2$ 不纯，待气泡均匀、连续时再收集。

**【投影】**

(3) 两种收集方法如何分别判断 $O_2$ 是否收集满?

排水法：集气瓶口冒出气泡；向上排空气法：用带火星的木条放在集气瓶口复燃。

(4) 一瓶收集满的 $O_2$ 应该正放还是倒放在桌面上? 为什么?

正放：$O_2$ 的密度大于空气的密度。

**【思考】**

(3) 两种收集方法如何分别判断 $O_2$ 是否收集满?

若用排水法，当集气瓶口冒出气泡时，此时 $O_2$ 已集满。若用向上排空气法，则用带火星的木条放在集气瓶口，看到木条复燃，则说明 $O_2$ 已集满。

(4) 一瓶收集满的 $O_2$ 应该正放还是倒放在桌面上? 为什么?

一瓶收集满的 $O_2$，应该正放在桌面上，因为 $O_2$ 的密度大于空气的密度。第六，将导管移出水面，最后才撤去酒精灯。

**【思考】**

请同学们思考，如果把 6 和 7 的顺序颠倒，结果会怎样呢?

**【观看短片】** 请同学们看短片。

**【投影】**

6. 将导管移出水面
7. 撤去酒精灯

⟹ 如果把 6 和 7 的顺序颠倒，结果会怎样?

6 和 7 的顺序不能颠倒。否则水会倒吸入热的试管，可能引起试管破裂。

**【讲述】**

6 和 7 的顺序不能颠倒。否则水会倒吸入热的试管，可能引起试管破裂。

**【投影】**

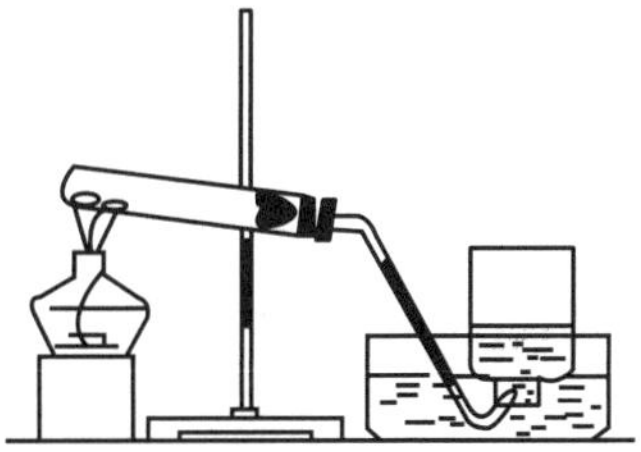

【思考】

让我们一起总结一下，以加热 $KMnO_4$ 制 $O_2$ 为例，在操作中有哪些注意点？

【投影】

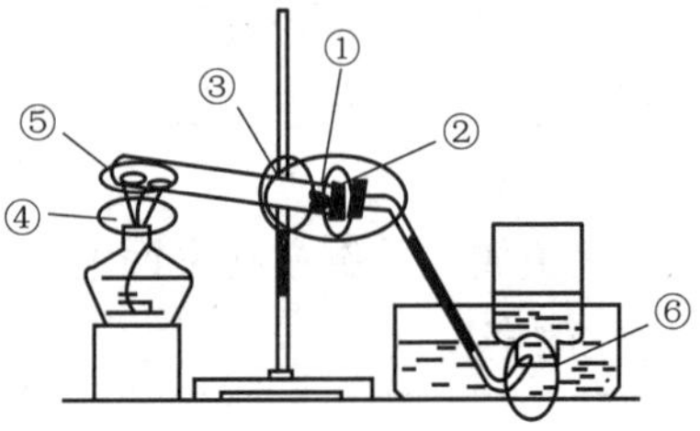


【讲述】

①试管口应略向下倾斜；②导管只需稍稍露出橡胶塞且应在导管口塞上一小团棉花；③铁夹应夹在距管口约三分之一处；④应选择酒精灯的外焰进行加热；⑤酒精灯应对准有药品的部位进行加热；⑥用排水法进行收集 $O_2$ 时，导管应伸到集气瓶口。

【布置任务】

接着，请同学们选择一种方法来制取一瓶 $O_2$。实验完成后，请交流讨论。

1. 在实验中你碰到了哪些问题，你是怎样解决的？

2. 实验中还有没有自己不能解决的问题？也请你提出来。

【进行实验】 …

【思考】

在 $H_2O_2$ 和 $MnO_2$ 混合制取 $O_2$ 的过程中，其实 $MnO_2$ 是一种催化剂，什么是催化剂呢？

【讲述】

在化学反应中能改变其他物质的反应速率，而本身的质量和化学性质在反应前后都不改变的物质，这样的物质称为催化剂。

【投影】

四、催化剂

在化学反应中能改变其他物质的反应速率，而本身的质量和化学性质在反应前后都不改变的物质称之为催化剂。

一变二不变

【讲述】

概念中的要点是一变二不变。一变是指改变其他物质的反应速率，二不变是指本身的质量和化学性质在反应前后都不变。如 $MnO_2$ 能增大 $H_2O_2$ 的分解速率，而本身的质量和化学性质在反应前后都没有发生改变。

**【投影】**

| |
|---|
| 知识梳理：<br>1. 你已经知道的可以获取 $O_2$ 的方法有哪几种呢？<br>方法 1：植物光合作用可以产生 $O_2$；<br>方法 2：分离液态空气获取 $O_2$；<br>方法 3：加热 $KMnO_4$ 制取 $O_2$；<br>方法 4：$H_2O_2$ 和 $MnO_2$ 混合制 $O_2$；<br>… |

**【小结】**

我们一起来回忆一下，已经知道的可以获取 $O_2$ 的方法有哪几种呢？通过学习，我们了解到，我们可以通过植物的光合作用来产生 $O_2$；也可以通过分离液态空气来获取 $O_2$；加热 $KMnO_4$ 制取 $O_2$；也可以用 $H_2O_2$ 和 $MnO_2$ 混合的方法来制取 $O_2$。

**【投影】**

| |
|---|
| 知识梳理：<br>2. 你主观上比较喜欢哪种获取 $O_2$ 的方法？请说出理由。<br>3. 各种获取 $O_2$ 的方法，存在着哪些异同？请分析说明。 |

**【梳理与思考】**

在这些方法中，你主观上比较喜欢哪种获取 $O_2$ 的方法？请说出理由。各种获取 $O_2$ 的方法，存在着哪些异同呢？请同学们分析说明。

**【投影】**

| |
|---|
| 课后作业：<br>1. 完成课本第 38 页“练习与实践”中的第 5、6 题。<br>2. 分别用液态空气、$KMnO_4$、$H_2O_2$ 制取 $O_2$ 的方法中，哪种方法是物理方法？哪种是化学方法？为什么？<br>3. 空气中含有 $O_2$，用带火星的木条伸入装有空气的集气瓶中，木条是否会复燃？为什么？ |

**【讲述】**

课后请同学们完成屏幕上的作业。

**【小结】**

$O_2$ 有多种获取方法，选择哪一种获取方法，愿我们合理分析，因地制宜。好，同学们，今天这节课就到这里。

## 3.3　边讲边实验教学策略

随着我国开展的化学课程改革将科学探究作为突破口，强调以科学探究为主的多样化教学方式，提高学生科学素养。在常态课的化学课堂中，边讲边实验教学已成为当今化学教学中较为普遍的课堂教学组织模式。

### 3.3.1　边讲边实验教学概述

边讲边实验，又称并进实验或随堂实验，是指在化学课堂上，将教师讲授知识、演示或学生实验结合起来进行教学的一种综合实验教学形式，具体地说，是以教师或学生化学实验操作技能为媒介，获得有关事实性知识的实验映像，完成一系列化学知识的加工与表征等知识表象的过程。

教学模式的意图是非常明确的，其目的是获得事实性化学知识，形成知识表象，因此是要寻找证据的，但寻找什么证据？怎么找？它为什么是证据？为求证问题而找证据的任务驱动的问题解决教学模式特征由此凸显。

边讲边实验教学是讲与做同步进行，将动手、观察与思考相结合，践行了我国古代“学思笃行”，杜威以学生为中心的“做中学”等教育思想，也体现了化学课程改革的教学要求，但在课程教学实施过程中，对于这一种教学组织形式，出现教师讲授的特征，极易形成教师灌输知识给学生的接受式学习方式。

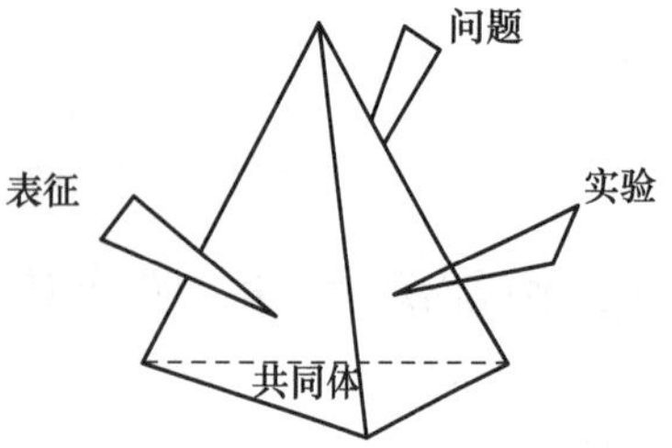

图 1-3-3　边讲边实验教学结构模型

综上所述，课堂教学中要能体现边讲边实验教学特征，又能找到解决该教学中存在的问题的办法，组织安排有关教学活动时，应该意识到问题、实验、表征、共同体等特征的重要存在，由此形成如图 1-3-3 所示的教学策略模型。

### 3.3.2　边讲边实验教学策略模型

建立边讲边学教学策略模型，为我们提供了一个观察边讲边实验教学课堂的视角，表明其教学活动具有相对稳定的结构特点，也决定了该学习方式的类型。

#### 1. 建立任务体系的问题驱动

课堂教学任务是指学生应该完成的任务，以及完成任务而达到的认知要求和社会要求，结合基于问题的学习理论指示，为了让学生通过完成化学实验操作技能“做”的活动任务，发生有效的学生化学知识认知能力水平及社会交往能力的提升，需要化学教师课前根据化学知识学习内容设计具有难度的目标体系和任务。

1）创设恰当的问题情景

抓住关键的核心而呈现真实、困惑、模糊的问题，不仅能激发学生的好奇心，还能突出指向学生活动的主要目标。例如，讲 Al 的化合物时，为了学习认识 $Al_2(SO_4)_3$ 的性质，教师引导学生观看 Al 的化合物用途图片后，抓住问题的核心关键设问："同样一种物质，使用方面为什么有这么大的差异呢?"就自然过渡呈现学习任务，引出学习 $Al_2(SO_4)_3$ 的性质及要求："1. 请预测 $Al_2(SO_4)_3$ 的性质，说明理由；2. 设计实验验证你的预测。"因为本案 $Al_2(SO_4)_3$ 化合物学生还未真正接触过，从学生已有知识来看，只能明白它是属于盐的化合物，而对这个问题的回答的答案具有多样性，任务的开放增加了学生学习的难度，单靠学生个人的认知能力不轻易应对问题的解决，最终增加了共同参与探究以及交流的机会，满足了完成任务而达到的认知要求和社会要求。

2）提供学习帮助的"脚手架"

在边讲边实验教学中，学生有效发挥学习共同体学习效果，进行化学实验操作技能完成"做"的活动任务，其中活动任务的布置一般采用陈述句的方式表达和提出要求。例如，"请学生利用 $CO_2$ 的知识验证干冰是否是 $CO_2$"，或者"请预测…"，"探究…"，"请根据…设计实验方案"等。陈述句陈述的主题性明确，问题开放性大，难度也较大，往往是需要通过因果分析进行解释的问题，需要提出假设和推测，同时学生并不能运用他们已有理解方式进行解释，还需要老师提供学习帮助，进行活动前的交流。基于问题的学习理论提出支架的观点，我们可以将任务的核心问题转化、分析成为一系列任务，为学生搭建"脚手架"，给予他们提供思考问题的支点和研究的框架。例如，某教师在讲质量守恒定律时，提出探究的核心问题："探究化学反应前后物质的质量关系"，随后利用学案的方式将问题转化，设置不同功能的探究任务引领学生的活动（表 1-3-4）。

**表 1-3-4　学案提供学习帮助的脚手架说明**

| 学案 | 说明 |
| --- | --- |
| 探究活动：分小组组装密闭装置 | 分解系列任务之一 |
| 测定以下两个反应前后质量变化 | 分解系列任务之二 |
| | 提供"脚手架" |
| 反应原理：<br>Ⅰ：$Na_2CO_3+HCl \longrightarrow NaCl+CO_2\uparrow+H_2O$<br>Ⅱ：$Fe+CuSO_4 \longrightarrow FeSO_4+Cu$ | ① 提供反应原理知识信息资源，目的指导学生观察反应现象 |
| 提供仪器：带滴管胶塞、玻璃直管、胶塞、锥形瓶、电子天平<br>实验药品：$Na_2SO_4$、HCl、Fe、$CuSO_4$ 溶液 | ② 提供实验用品和试剂，帮助定向设计实验方案，减少盲目性 |
| 实验步骤：<br>（1）一次性称量反应前后装置和药品的总质量<br>（2）混合反应物，使其发生反应<br>（3）一次性称量反应后装置和药品的总质量 | ③ 提供完成任务的实验方法指导，使探究活动有序进行 |

由表 1-3-4 可以看出，建立任务体系的问题驱动，并不是将“质量守恒定律”的内容告诉学生，而是展示解决问题的探究过程，提供解决问题的方式，指导学生进行有序的探究。

## 2. 实验设计

边讲边实验是随堂实验，也是课内内容，不管实验类型如何划分，即不管是定性实验还是定量实验，是验证性实验还是探究性实验，无论是要验证已知结果还是要验证未知结果，边讲边实验教学的共同目的都是指向于学生要寻找解决问题的证据，激发学生兴趣，促进学生积极开发思维动力的，因此实验的设计方面应具有如下特点。

1）实验引入目的性明确

从实验目的来看是为要验证、解决问题而设计实验要达到的具体要求，是为突出重点和突破难点，是为优化教学效果围绕教学核心内容而设计的。因此需要首先明确选定探究对象代表物，其次聚焦探究任务。例如，九年级化学“$CO_2$ 的化学性质”这一节课，显然其教学核心与重点是围绕 $CO_2$ 的化学性质而展开的。$CO_2$ 与澄清石灰水和与水的反应，其中与水的反应及产物的化学性质是本课的重点和难点，为增加激发学生兴趣和提高对化学学习的情感，将“裸露”的化学知识“包装”于生活或社会情景中，首先给出或选定探究对象 $CO_2$，设问：“这云雾缭绕的仙境效果你们想不想看?”接着观看干冰升华效果实验以后，进一步提问：“干冰是否是 $CO_2$?”而后随即进入关于 $CO_2$ 化学性质的学习且设计关于本节课重点内容的问题链：①验证干冰是否是 $CO_2$？②常温常压下，$CO_2$ 能进入水中吗？③这神奇的碳酸水有什么神奇的地方？

2）体现化学实验设计性的教学功能

化学实验不仅是学生获取化学知识的重要途径和方法，还是十分重要的教学内容，是形成完整化学知识体系的重要组成部分。为全面提高学生科学素养，在学生创新思维能力培养上发挥重要作用，在边讲边实验教学中，有经验的教师根据教学目标或课堂教学实际需要，有目的地进行化学实验设计教学。

化学实验设计性是实验自身的基本特征，它是根据命题完成的实验，自行设计实验方案，完成命题中所要求的物质的制备、检验，某种性质的验证或探索。具体地说有 3 种情形，一是反应原理的设计，侧重于某物质某性质，或某个知识点的应用；二是实验方案的优选设计，利用现有仪器、药品、反应条件设计不同的实验方案；三是实验方案相同，完成不同实验目的的设计。

例如，人教版九年级化学“燃烧与灭火”的第二节课，某教师让学生对燃烧所需要的条件及灭火的原理基础上进行再探究。本案例的实验命题是“燃烧不一定需要 $O_2$”，通过 Mg 在 $CO_2$ 和 $N_2$ 中燃烧的实验探究，认识到 $O_2$ 只是一种常见的助燃剂，在可燃物不同的情况下，也可以有其他的助燃剂，如 $CO_2$，$N_2$ 都可以支持镁条燃烧，并由此发现燃烧不一定需要 $O_2$，对课本上燃烧的概念进行拓展。具体展开化学实验设计性见表 1-3-5。

**表 1-3-5　化学实验设计性**

| 化学实验设计性类型 | 验证疑问 | 实验方案 |
| --- | --- | --- |
| 利用反应原理的实验设计<br>$2Mg+CO_2 \xlongequal{\text{点燃}} 2MgO+C$<br>$3Mg+N_2 \xlongequal{\text{点燃}} Mg_3N_2$ | 是不是任何物质着火都可以用水、$CO_2$ 来灭火呢 |  |
| 与检验空气中 $O_2$ 含量的相同实验方案设计 | 将燃着的镁条放入集气瓶中燃烧，待镁条熄灭后温度恢复到室温，打开止水夹，大家来猜一猜会看到什么现象呢 | 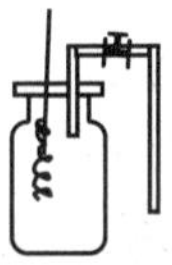 |
| 实验方案优选设计 | 如何除去 $O_2$ 和 $CO_2$ 的干扰 | 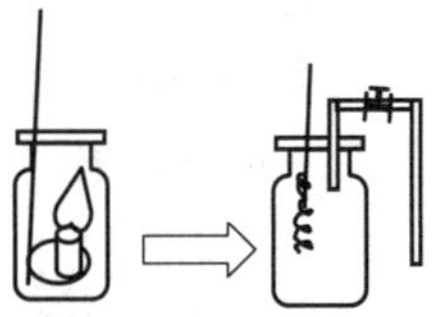 |

实验设计教学一般能更大限度地发挥实验教学所承担的特殊任务，即培养学生的观察能力、思维能力和创新能力。例如，让学生设计如何制备 $Fe(OH)_2$，当有的学生没有观察到稍纵即逝的白色沉淀的生成时，探究原因的主动性会提高，会积极设法设计出有利于观察出产物的实验方案。

3）实验设计的原则

要设计具有良好功能的化学实验，应该以如下基本原则作为教学实验设计的指导思想。

（1）科学性原则。科学性是化学教学实验设计的核心原则。科学性是指实验原理、装置原理、实验操作程序和方法，必须与化学理论知识和化学实验方法论相一致。

（2）可行性原则。可行性是指设计化学实验时所运用的实验原理在实施时切实可行，选用的化学实验药品、仪器、设备和方法在中学的条件下能够得到满足。

（3）安全性原则。安全性是指实验设计时应尽量避免使用有毒药品和具有一定危险性的实验操作。如果必须使用，应在所设计的化学实验方案中详细写明注意事项，以防造成环境污染和人身伤害。

（4）简约性原则。简约性是指要尽可能采用简单的实验装置，用较少的实验步骤和实验药品，在较短的时间内完成。

## 3. 化学问题解决表征

认知心理学家将信息在头脑中呈现的方式称为表征，对问题的理解状态则称为问题表征。问题表征是问题解决的主要组成部分，是边讲边实验教学的主要目的之一，如何让学生历经化学实验活动之后，将其在化学实验过程中进行的实验所输出及表现的信息进行正确表征呢？即完成有关实验信息的正确识别和转换的过程。

对于化学问题解决过程中的表征主要有 3 个不同水平。第一个是宏观水平表征，表征感知或者可视的化学现象；第二个是微观水平表征，是在原子或分子水平上理解化学现象，通常使用粒子进行表征，也称粒子表征；第三个是符号水平的表征，指用化学式或化学方程式来表征物质或物质的变化过程。化学问题解决表征过程变化通常是实现这 3 个表征水平之间的自由转化，而平常教师较缺少对表征之间的转化过程进行解释，从而导致学生学习化学的困难。一般问题解决表征过程变化总体上由形象向抽象、由外部表征向内部表征转化，是陈述性知识、程序性知识被共同激活的过程。奥苏贝尔的有意义学习理论在关于问题解决表征过程变化方面给予策略的理论指导是显著的，只有和学习者通过以前的学习形成的认知结构联系在一起，新材料才有意义，以此为学生组织知识，精确清楚地呈现知识。下面结合具体教学案例分析问题解决表征的过程。

**【案例 1】 高中化学人教版新课标选修 4《盐类水解》课堂实录**

师：生活中有一种常见的灭火器称为泡沫灭火器，其实就是在装置内分别盛装了两种主要的化学试剂，饱和 $Al_2(SO_4)_3$ 溶液与饱和 $NaHCO_3$ 溶液，使用时，把两种溶液混合，就会反应生成 $CO_2$ 推动白色的 $Al(OH)_3$ 沉淀以泡沫的形式喷出来灭火，泡沫灭火器由此得名。饱和 $Al_2(SO_4)_3$ 溶液和饱和 $NaHCO_3$ 溶液混合就能喷出白色泡沫灭火？下面咱们一起模拟“泡沫灭火器’。这个实验我们这么来做，首先在锥形瓶中加入大约 10mL 饱和 $NaHCO_3$ 溶液；然后在栓有细线的小试管中加入约 5mL 饱和 $Al_2(SO_4)_3$ 溶液；把小试管小心地放入锥形瓶中，注意不要使这两种溶液混合，然后塞好塞子。点燃蒸发皿中用酒精润湿的脱脂棉球，将支管口对准着火点，把整套装置倒转，使溶液混合。观察现象，并将现象记录在学案上。做实验时注意安全，好，现在开始操作。

（进行实验）学生完成分组实验。

师：好的，我们好多同学已经做好了实验，是吗？看到白色泡沫了吗？

生：（集体）看到了。

师：我们说这白色泡沫的主要成分是什么来着？是 $CO_2$ 带着白色的 $Al(OH)_3$ 沉淀吧，对吗？

投影：

$$? \longrightarrow CO_2$$

$$? \longrightarrow Al(OH)_3$$

师：那么，根据我们以前学过的元素化合物知识，是什么物质在反应过程中生成 $CO_2$？什么物质在反应过程中生成 $Al(OH)_3$？什么物质呀？生成 $CO_2$ 的是什么物质呀？

生：$NaHCO_3$。

师：那生成 $Al(OH)_3$ 的是什么物质呀？

生：$Al_2(SO_4)_3$。

投影：

$$NaHCO_3 \longrightarrow CO_2$$

$$Al_2(SO_4)_3 \longrightarrow Al(OH)_3$$

师：那好，我们再接着想，哪些物质遇到 $NaHCO_3$ 能生成 $CO_2$？哪些物质遇到 $Al_2(SO_4)_3$ 能生成 $Al(OH)_3$ 呢？

投影：

$$NaHCO_3 \longrightarrow (?) \longrightarrow CO_2$$

$$Al_2(SO_4)_3 \longrightarrow (?) \longrightarrow Al(OH)_3$$

师：$NaHSO_4$ 遇到哪些物质能生成 $CO_2$？

生：酸，HCl。

师：酸，HCl，还有吗？除了 HCl，还有 $H_2SO_4$、乙酸，主要都是酸性的物质，是吧？好，那 $Al_2(SO_4)_3$ 得遇到哪些物质能生成 $Al(OH)_3$？

生：碱性的物质。

投影：

$$NaHCO_3 \longrightarrow (H^+) \longrightarrow CO_2$$

$$Al_2(SO_4)_3 \longrightarrow (OH^-) \longrightarrow Al(OH)_3$$

师：啊，碱性的物质。那好，回顾一下，刚才实验的过程，我们用到的试剂是不是只有 $NaHCO_3$ 和 $Al_2(SO_4)_3$ 呀？那么对这一个实验现象和我们刚才分析的结果，你有什么大胆的猜测没有？

师：你有什么猜测？我们用到的是两种盐溶液呀，对吗？第二组同学派个代表说说，你们有什么猜测吗？

生：$H^+$、$OH^-$ 来自水的电离。

师：哦，$H^+$、$OH^-$ 来自水的电离。溶液本身有什么性了？酸性和碱性，哦，是吧？我们同学猜测的结果，两种盐溶液已经有了呈现酸碱性的趋势了，是吗？那我们说盐溶液能呈现一定的酸碱性，这是真的吗？是真是假，咱们要做实验验证，好，接下来，我们一起来做个实验。

师：用 pH 试纸检测饱和 $Al_2(SO_4)_3$ 溶液与饱和 $NaHCO_3$ 溶液的酸碱性。在做这一个实验的过程中呢，我们应注意规范操作，及时记录。那说到用 pH 试纸检验物质酸碱性的规范操作，哪个同学愿意提醒一下大家，怎么做才是规范的？想想看，××。

生：将试纸放在槽里边。

师：啊，放在槽里边，咱们现在托盘里给大家准备的是表面皿，是吧？

生：然后用玻璃棒蘸少量待测溶液在 pH 试纸上。

师：玻璃棒蘸取待测溶液，待测液装在试剂瓶中，你准备怎么办呢？直接用玻璃棒去蘸取？

生：不是，是装在试管里，取样。

师：哦，取样，是吧，好！

生：然后观察颜色变化，与比色卡做对比，读 pH。

师：好的，跟比色卡做对比读到 pH 读数，对吗？嗯，好，请坐，她已经把基本的规范操作给大家描述了一遍。我们一起来回顾一下，是不是这样啊。取少量待测液于小试管中，然后将一小块 pH 试纸放在表面皿上，再用干燥洁净的玻璃棒蘸取少量待测液，滴在 pH 试纸上，观察颜色，与标准比色卡进行比对。

师：那么，这时候我们要检测两种试剂的 pH，怎么办呀？每做完一次，用蒸馏水冲洗玻璃棒，再用滤纸擦干。我们开始实验。

师：好的，我们的实验都做完了吗？

生：做完了。

师：咱们找几组同学来汇报你们的实验成果。来，第三组吧，派个代表说说，你们检测的 pH 情况？

生：饱和 $Al_2(SO_4)_3$ 的 pH 是 1，溶液呈现酸性，然后饱和 $NaHCO_3$ 的 pH 是 9，溶液呈碱性。

师：实验结论是饱和 $Al_2(SO_4)_3$ 溶液呈酸性，饱和 $NaHCO_3$ 溶液呈碱性。

师：好，第五组，来，派个代表说一下。

生：我们组的结论是 $Al_2(SO_4)_3$ 是 1，结论是酸性，饱和 $NaHCO_3$ 是 10，结论是碱性。

师：其他组的实验结论是一样的吗？

生：一样的。

师：一样的，好，那么我们现在得到的实验结论是什么呀？饱和 $NaHCO_3$ 溶液呈碱性，而饱和 $Al_2(SO_4)_3$ 溶液呈酸性，$Al_2(SO_4)_3$ 溶液和 $NaHCO_3$ 溶液是两种盐溶液，呈现了一定的酸碱性，那接下来就探究一下盐溶液呈现酸碱性的奥秘了。

板书：$NaHCO_3$ 溶液呈碱性，$Al_2(SO_4)_3$ 溶液呈酸性。

板书：第三节：盐溶液酸碱性的奥秘。

师：前面我们已经学习过电解质的电离，已经知道电解质在溶液中的反应主要是离子之间的反应，那么我们现在来想一下，刚才我们实验用的 $NaHCO_3$ 和 $Al_2(SO_4)_3$ 溶液中存在哪些微粒？咱们用电离方程式来表示出来，写在学案相应的位置，看看我们现在已经知道了什么？

投影：学案内容：

在 $NaHCO_3$ 和 $Al_2(SO_4)_3$ 溶液中，存在哪些微粒？用电离方程式表示出来，写在学案的相应位置。

| | $NaHCO_3$ 溶液 | $Al_2(SO_4)_3$ 溶液 |
|---|---|---|
| 我知道<br>我寻找<br>我发现 | | |
| 我形成 | 盐类的水解是指＿＿＿＿＿＿＿＿＿＿＿＿＿＿＿＿ | |

师：咱们用电离方程式把它表示出来。

师：好的，你来分析一下，你是怎样分析溶液中微粒的种类、来源和数量的？

生：$NaHCO_3$ 有 $Na^+$。

师：$NaHCO_3$ 有 $Na^+$ 是怎么来的？它的电离方程式你可以说一下吗？

生：$NaHCO_3$ 溶液电离生成 $Na^+$ 和 $HCO_3^-$。

师：$NaHCO_3$ 溶液电离生成 $Na^+$ 和 $HCO_3^-$（边板书），$NaHCO_3$ 是完全电离还是部分电离？

生：是完全电离。

师：完全电离成什么？

生：$Na^+$ 和 $HCO_3^-$。

板书：$Na^+$ 和 $HCO_3^-$。

师：好，还有没有？

生：$HCO_3^-$ 电离。

师：$HCO_3^-$ 还能继续电离，是完全电离还是部分电离？

生：部分电离。

师：部分电离成什么？

生：$H^+$ 和 $CO_3^{2-}$。

师：部分电离成 $H^+$ 和 $CO_3^{2-}$。还有其他的吗？

生：还有水，部分电离。

师：非常好！已经说得非常准确了，哦，还有溶剂水，部分电离。

生：生成 $H^+$ 和 $OH^-$。

师：生成 $H^+$ 和 $OH^-$。好，这是饱和 $NaHCO_3$ 溶液。你们组有谁来说说 $Al_2(SO_4)_3$ 溶液的？

…

将以上教学片断梳理成以下线索：有意义学习理论指导策略，提供先行组织者材料：泡沫灭火器［$Al_2(SO_4)_3$、$NaHCO_3$］→模拟泡沫灭火器实验：观察到白色泡沫［$Al(OH)_3$、$CO_2$］→有意义学习理论指导教学：从元素观角度分析，是什么物质反应生成 $CO_2$？什么物质反应生成 $Al(OH)_3$ →从已有知识分析，$NaHCO_3$ 遇到哪些物质生成 $CO_2$？$Al_2(SO_4)_3$ 遇到哪些物质能生成 $Al(OH)_3$ →只有 $NaHCO_3$ 和 $Al_2(SO_4)_3$ 盐溶液，根据实验现象与分析的结果，能否提出假设→实验验证：用 pH 试纸检验 $Al_2(SO_4)_3$、$NaHCO_3$ 溶液酸碱性→有意义学习理论指导：从电离角度分析，盐溶液中微粒的种类、数量，并用电离方程式表示。

在这段教学过程中我们不难看出，化学问题解决表征是以问题分析为主线，教师和学生一起在不断分析问题与解决问题的过程中，将有关实验信息表征过程按照从观察白色泡沫实验现象宏观水平表征到符号水平表征，由 pH 试纸检测 $NaHCO_3$ 溶液和 $Al_2(SO_4)_3$ 溶液的酸碱性实验现象的宏观水平表征到电离微观水平表征，再到表示溶液电离本质的电离方程式的符号水平表征。每个问题的设计与分析都层层递进，不仅解决理解 $Al_2(SO_4)_3$、$NaHCO_3$ 盐溶液水解本质问题，同时也培养了学生分析问题与解决问题的方法，最终让学生在分析与解决问题过程中学习与接受化学知识，为学生的终身发展奠定良好的基础。

### 3.3.3　边讲边实验教学案例

**执教者：**宁斌　高中化学必修2“化学反应速率”

**课例来源于：**第四届全国实验区高中化学新课程实施成果交流大会

**课堂记录**

宁老师利用学生每天能见到的牛奶包装袋，包装袋上的保质期天数随温度变化而不同，引发学生思考温度对化学变化有影响；之后，宁老师进一步展示楼房爆破、食品变质、钢铁生锈、溶洞形成等实际生活中的图片资料，让学生感知化学反应有快慢之分；再通过提问让学生回忆“在已学过的化学反应中，哪些反应可以瞬间完成，哪些反应比较适中，哪些反应缓慢”。而后强调，人类需要采取措施调控某些化学反应的快慢，尤其在化工生产中，希望通过加快化学反应速率，以提高生产效率和经济效益。而后，宁老师提示学生：今天我们就从一个全新的角度去认识化学反应——化学反应的快慢和限度。

宁老师提问：哪些因素可能影响化学反应的快慢？

宁老师引出以下探究活动。

**活动·探究** 提供 3 组试剂，每个小组只拿到一组试剂。

制 $O_2$ 组：5% $H_2O_2$、0.5% $H_2O_2$、$MnO_2$ 粉末、热水、冷水。

制 $CO_2$ 组：3mol·$L^{-1}$ HCl、0.5mol·$L^{-1}$ HCl、$CaCO_3$ 块状、$CaCO_3$ 粉末、热水、冷水。

制 $H_2$ 组：1mol·$L^{-1}$ HCl、0.1mol·$L^{-1}$ HCl、镁条、镁粉、铁粉、热水、冷水。

在实验室制取 $O_2$、$CO_2$ 和 $H_2$ 的过程中，哪些因素会影响气体制取的快慢？

宁老师提示学生实验前的准备：

**实验前的准备**

(1) 预测影响化学反应快慢的因素。

(2) 明确教师提供的试剂。

(3) 设计实验方案。

(4) 思考：通过什么说明化学反应的快慢？

(5) 如何处理有多个影响因素的情况？

学生依据探究任务开展小组合作探究活动。

学生按照教师提供的汇报框架进行交流。

(1) 你们小组预测的影响化学反应快慢的因素有哪些？

(2) 教师向你们小组提供的试剂是什么？

(3) 展示你们小组设计的实验方案。

(4) 通过什么现象说明化学反应的快慢？

(5) 如何处理有多个影响因素的情况？

(6) 实验现象和实验结论。

学生汇报的顺序如下：

先是制 $O_2$ 的小组汇报，发现的影响因素有温度、浓度、催化剂。

接着是制 $CO_2$ 的小组汇报，发现有固体块状与粉末状的区别，即表面积的影响。

最后制 $H_2$ 的小组汇报情况，发现的影响因素有温度、浓度、催化剂。

这其中，学生不仅发现了温度、浓度、表面积的问题，而且还总结出物质本身的性质对反应速率有影响。

接着各组把结果展现在黑板上，通过各组结果的比较，学生又发现了不同反应中同一因素的影响。

这样，在实验探究实验探究活动和交流研讨过程中，每个小组都至少发现一个影响化学反应速率的因素，于是，研究同一个化学反应的小组能发现影响本化学反应速率的多个因素，最终全班学生共同找出影响化学反应速率的大部分因素，且互为证据。

宁老师紧接着让学生总结思考，这次探究活动中还获得了哪些探究的方法？学生发现如定性观察、对比实验，都是科学探究中非常重要的方法。

宁老师问学生“对于合成氨反应，经过你的学习，你有哪些方法可以加快反应速率?”

## 3.4　学生实验教学策略

教育的最终目标是帮助学生成为独立的、自律的学习者，就如叶圣陶先生说过：“其最终目的达到不复需教，而学生能自为研索，自求解决”。显然，学生主动参与化学实验的学生实验教学为学生提供有效的学习经验，是学生获取知识、形成技能、培养智能和发展个性的最佳途径，同时更直接呈现教师面临教育最终目标的任务与挑战，如何为学生主动学习化学知识而教，学生实验教学策略的应用与实践，就更能彰显化学教师教学技术水平，以及善于反思与解决问题的教学智慧。

### 3.4.1　学生实验教学概述

学生实验教学是指在化学教学中学生根据一定的化学实验目的，运用一定的试剂、化学实验仪器、设备和装置等物质手段，在人为的实验条件下，改变实验对象的状态和性质，从而获得各种化学实验事实，达到化学教学目的的一种教学实践活动。

结合以上教学实践活动，从系统观观点来看，学生化学实验是一个由实验者学生、实验对象和实验手段等要素构成的一个完整的系统（图 1-3-4）。在化学教学中，只有充分发挥这个系统的整体功能，才能实现培养学生实验能力，养成科学态度和科学方法的目的。

从图 1-3-4 可以看出，各要素的相互联系和相互作用是从两个方向进行的：一方面，实验者通过实验手段来控制实验对象，使其发生变化，显示出其特有的各种属性；另一方面，实验对象所表现的各种属性，又作用于实验仪器，并通过实验仪器被实验者感知。

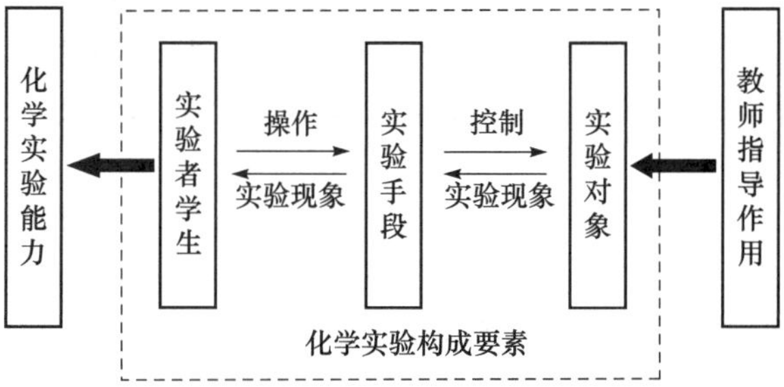


图 1-3-4　学生实验教学策略结构模型

在系统结构中，学生实验的主体性是学生实验教学最为突出的本质特征，由此发展构建形成学生实验教学策略结构模型，其中教学策略核心问题是积极有效地发挥学生主体性学习，培养和发展学生的化学实验能力。在这种策略中，要求教师发挥有效的指导作用，激发学生对化学实验的直觉兴趣转向主动有目的的规范操作兴趣，要求学生发挥主动性和创造性，综合运用观察实验现象和学习事实性化学知识，了解化学理论知识和模型，发展推理技能、分析和研究化学认识论方面的问题，以及设计与安装实验装置，正确进行操作等技能，在科学思想、科学态度的调控下，达到智力技能与实验操作技能的融合统一。

### 3.4.2 学生实验结构模型教学策略

基于系统论的观点和皮亚杰关于学习与认知（建构主义）的心理学观点，至少让我们理清和明晰学生实验教学策略结构模型的关键节点。

一个教学系统各要素的最佳状态，将优化教学系统运行的进程，而教学系统最突出本质与核心问题是要积极有效地实现与发挥实验者的主体性学习，发生由条件主体向责任主体的转变，而其中信息流的传递是系统运行的条件，即保证发挥主体性，需要建立主体具有持久的兴趣，通过操作使信息得以同化或顺应，实现主体在某状态下发生进程的变化，而达成新主体的建立。由此整理形成两方面的策略：系统要素状态策略和系统进程策略。

#### 1. 把握系统要素状态策略

##### 1）明确学生实验教学目标

明确学生实验教学目标，意义在于明确实验者学生的当前状态及将要达成的改变状态，这将有利于教师有效教学，有利于发挥学生主体性，促使行为主体的学习状态发生有效的改变，即达成教学目标。

当进行学生实验教学时，首先要做到明确学生行为目标，准确编制实验教学过程中学生达成的结果性目标和表现性目标。学生当前状态是指具备的化学知识结构与实验能力结构水平，结果性目标是教师所预期的教学行为活动的结果，即学生当前知识结构与实验能力结构水平发生的变化，使学生又处于某一新状态下的结构水平。而表现性目标是具体的教学情景中产生的个性化表现，具有唤起、欣赏、创造性表现等特征，如学生的参与意识、合作精神、实验操作技能、探究能力、分析和解决问题的思路以及表达交流技能等方面的能力特征。

化学实验教学目标是学生在主动参与和亲身体验化学实验过程中形成和发展的状态水平，不仅包括掌握化学知识和化学实验操作技能，以及思维能力的养成，同时还包括具备科学精神、态度、习惯的养成，通常将它们表述成教学三维目标。在国际文凭组织（IBO）科学课标中，也从这 3 个方面制定了如下教学目标。

（1）知识与技能

a. 掌握实验原理、实验步骤、实验仪器、操作方法及要点。

b. 学会分析处理实验中的误差。

(2) 过程与方法

a. 将信息技术应用于科学课的学习，上网查找资料、设计实验。

b. 能够交流各种科学信息，用文字、图表和化学语言处理实验数据，初步学会运用比较、分类、归纳、概括等方法对获取的信息进行加工。

c. 能主动与他人进行交流和讨论，清楚地表达自己的观点，逐步形成良好的学习习惯和学习方法。

d. 学会反思，在反思中寻找新的问题。

(3) 情感态度与价值观

a. 学术诚实，诚实地记录数据，诚实地引用资料。

b. 形成科学是一项人与人之间的合作活动的意识。

c. 形成一个关心健康状况及增强体质的意识。

d. 认识到科学方法的实用性和有限性，重视它在日常生活中的应用性。

我国《高中化学课程标准》中对高中学生应具备的知识能力水平要求如下：

(1) 知道化学是在分子层次上认识物质和合成新物质的一门科学；了解物质的组成、结构和性质的关系；认识化学变化的本质。

(2) 认识实验、假说、模型、比较、分类等科学方法对化学研究的作用。

(3) 初步认识实验方案设计、实验条件控制、数据处理等方法在化学学习和科学研究中的应用。

(4) 通过实验认识化学反应的速率和化学反应的限度，了解控制反应条件在生产和科学研究中的作用。

(5) 能说明合成新物质对人类生活的影响，讨论在化工生产中遵循“绿色化学”思想的重要性。

(6) 了解人类探索物质结构的价值，认同“物质结构的探索是无止境的”观点，认识在分子等层次研究物质的意义。

(7) 知道物质是由微粒构成的，了解研究物质结构的基本方法和实验手段。

(8) 初步认识物质的结构与性质之间的关系，知道物质结构的研究有助于发现具有预期性质的新物质。

(9) 初步了解常见物质的组成和结构的检测方法，知道质谱仪、核磁共振仪、红外光谱仪等现代仪器在测定物质结构中的作用。

(10) 初步掌握天平、酸度计等仪器的使用方法，能根据误差分析的原理对实验数据进行分析，认识定量分析在化学研究中的重要性。

(11) 认识反应条件控制在化学研究中的意义和作用，初步掌握控制反应条件的一些方法。

在香港的《学习活动教材示例》中“探究化学反应速率”学生探究实验学习目标也分三个方面叙述。

(1) 知识和理解，浓度、表面面积和温度对反应速率的影响。

(2) 技能和思考过程。

a. 设计和规划使用数据收集仪的实验。

b. 选择适当的仪器和物料来进行实验。

c. 进行所设计的实验并准确地记下实验现象。

d. 安全地和恰当地处理化学品和仪器。

e. 解释实验现象和实验数据。

f. 评估实验方法和建议可行的改进方法。

（3）价值观和态度。

a. 在科学探究上，欣赏作出比较的重要性。

b. 当进行实验时，若是涉及使用具危险性的化学品，便需要引用安全措施的价值。

2）化学实验对象的预备

化学实验目的在于认识实验对象的组成、结构、性质和变化的规律，认识化学实验对象主要是实验者借助操作实验仪器、药品、器材等感知和获取真实的化学实验现象。化学实验对象的实验现象准确表征，将影响系统内的信息流的传递与信息整合，是保证系统良好运行的条件。因此，在化学实验教学前需要做好化学实验对象的准备工作，认清有关物质化学反应原理，认识实验药品的潜在不安全因素以及采取措施避免其危险性的发生。教师应充分准备好实验仪器、药品、器材等，同时认真做好预备实验，并将实验仪器、药品等放置有序，保持实验室的清洁整齐。

如果在进行学生实验教学过程中，当学生很少一次性接触多种药品进行实验，或者甚至有些药品是第一次接触的，可以通过学案或课件展示给予有关的信息和提示。如在学生实验要求的学案纸上备注予以提示：①浓氢氯酸具腐蚀性，它的蒸气会刺激呼吸系统。②进行焰色实验时，应确保附近没有易燃物体。③焰色实验所用的铂丝必须非常洁净，以免干扰结果。可先把铂丝浸于浓氢氯酸然后放入酒精灯焰中，重复数次，直至得到无光焰。④若利用热分解来测试碳酸根离子，须小心石灰水倒吸。

教师应在进行实验前一周安排课节，供学生讨论及计划本探究活动。学生应尽早呈交他们的计划，以提供足够时间让教师审阅及批核计划，及实验室技术员预备所需物品。

**【案例 2】第二章第 3 节氧化还原反应（二课时）方案**

学习活动 1：根据已有经验，请列出你认为可以作氧化剂、还原剂的物质。

学习活动 2：设计实验，验证物质的氧化性或还原性。

（1）提供药品：$FeSO_4$、氯水、$FeCl_3$ 溶液、淀粉溶液、$KMnO_4$ 溶液、KI 溶液、$HNO_3$ 溶液、铜片。

（2）设计思路：友情提示 1：可采用分类组合的方式。

（3）实验记录：

| 实验药品 | 实验现象 | 实验分析 |
| --- | --- | --- |
| | | |
| | | |
| | | |
| | | |
| | | |
| | | |

友情提示 2：①$Fe^{2+}$ 的溶液呈绿色；②$Fe^{3+}$ 的溶液呈（棕）黄色，遇 KSCN 溶液变红；③$Cu^{2+}$ 溶液呈蓝色；④$Mn^{2+}$ 的水溶液呈无色；⑤$NO_2$ 为红棕色气体；⑥碘水成棕黄色，淀粉遇碘溶液变蓝，若碘浓度大时颜色发黑。

活动 3：请用分类法将常见的氧化剂和还原剂进行分类，并谈谈这节课你的收获。

3）化学实验手段（方法）的状态系统

化学实验手段是实验者发挥主体性，控制和认识实验对象的重要工具。按照性质的不同，可以将实验手段分成实物形态的手段（也称“硬件”）和观念形态的手段（也称“软件”）。在进行学生实验教学中，教师应该充分了解学生已经具备的实验操作技能及将要习得的实验操作技能和训练的化学实验科学方法。

（1）实物形态的手段

根据实验的目的和对实验的不同要求，可以把实物形态的化学实验手段划分为化学实验的基本手段和化学实验的现代化手段两大类型。

化学实验的基本手段通常是指化学实验室中进行物质的组成、性质、变化规律和物质的制备与合成实验时常用的实验仪器、工具和设备。

常用的化学实验仪器主要指玻璃仪器（如试管、烧杯、烧瓶、量筒、试剂瓶、漏斗、干燥器、冷凝器、温度计、酒精灯等）和陶瓷器皿（如坩埚、蒸发皿、研钵等）。

常用的化学实验工具有锉刀、剪刀、螺丝刀、手钳、小锤、镊子、电烙铁和验电笔等。

常用的实验设备主要指电动离心机、电炉、烘箱、电热吹风机、电源等基本电器设备。

化学实验的现代化手段通常是指化学实验室中鉴定物质的化学成分（包括元素、离子、基团、化合物等）、测定物质各组分的含量和确定物质的结构时所使用的仪器，如红外光谱仪、紫外光谱仪、核磁共振仪、极谱仪、气相色谱仪、质谱仪等。

（2）观念形态的手段

观念形态的手段是指科学地运用实物形态的手段，有效地控制和认识实验对象的工具。化学实验中观念形态的手段主要有实验方法论和化学实验方法。实验方法论是关于实验方法在科学实验中产生、形成和发展的理论，它包括实验方法的发展史，实验方法在科学认识中的性质、地位和作用，实验的构成要素及其结构和功能，实验实施的一般程序和所运用的一些具体的科学方法（如测量、测定、实验设计、实验条件的控制、实验观察、记录、实验结果的处理等），实验方法与其他科学方法之间的辩证关系等。

化学实验方法是化学实验本身所特有的一类方法。从中学化学实验来看，主要包括：化学实验基本操作方法；物质的制备（或合成）方法；物质的分离与提纯方法；物质的分析（检验、鉴别与鉴定）方法。

物质的分析方法通常分为化学分析法和现代仪器分析法。化学分析法是以化学反应为基础的一类分析方法，包括定性分析（物质的检验、鉴别）和定量分析。在定量分析中，通过称量产物的质量来计算被测组分含量的方法，称为“重量分析法”；通过滴定的方式将已知准确浓度的试剂定量地加到被测试液中与被测组分按化学计量关系刚好反应完全，从而计算出其含量的方法，称为“滴定分析法”（包括酸碱中和滴定、配合滴定、氧化还原滴定和沉淀滴定等)。

现代仪器分析法是以物质的物理或物理化学性质（光、电、热、磁）为基础的一类分析方法，这类方法一般需要使用一些实验仪器，如光谱类的红外光谱、紫外光谱、原子吸收光谱、比色法和核磁共振仪，色谱类的气相色谱法，质谱类的质谱仪，电化学类的电化学分析法等。但并不是要求学生都掌握，其要求与通常化学分析法的要求程度是有区别的。

### 2. 安排系统进程策略

学生化学实验教学系统进程的初衷是促使学生最大限度地参与，促使学生实验能力的提高，是主体在充足的时间中，充分获得主动权，经历动态的、生成的进程的变化。在实施具体教学中建议安排采用以下系统进程的策略。

1）建立持久的兴趣

兴趣是最好的老师，化学学习兴趣是指学生对化学学习的一种带有情绪色彩的特殊的活动倾向。化学实验能够激发学生的化学学习兴趣，学习兴趣是学习动机中最现实、最活跃的成分。

按照水平高低，可将化学学习兴趣分成“感知兴趣”、“操作兴趣”、“探究兴趣”和“创造兴趣”等四种水平。

感知兴趣是指学生通过感知教师演示实验的现象和观察各种实验仪器、装置而产生的一种兴趣。这种兴趣使很多学生对化学学习有较高的积极性，尤其是学生刚开始学习化学时更是如此。这种兴趣属于直接兴趣，在化学教学中不够稳定和持久。教师应注意将学生的注意力从他们感兴趣的变化和现象引导到明确学习目的，逐步深入地观察、分析变化产生的内在原因，掌握有关的基本概念、理论和元素化合物知识上，使直接兴趣逐步向间接兴趣转化。

操作兴趣是指学生通过亲自动手操作来获得化学实验现象所产生的一种兴趣。它比感知兴趣的水平高一级，不再仅满足于观察实验现象，更希望亲自动手操作，即使是简单的试管实验，也会表现出较高的积极性。这种兴趣还属于直接兴趣，只要把给定的实验做出来，兴趣就得到了满足。

探究兴趣是指学生通过探究物质及其变化产生的原因和规律而形成的一种兴趣。处在这种兴趣水平的学生不再仅满足于做一做，而是要探究引起某种化学变化的原因，或对日常生活、现实社会中的实际问题进行科学的解释和说明。这种兴趣不仅成为学习化学的重要动机，而且也成为学生形成和发展科学探究能力的重要影响因素。它比前两种兴趣的水平更高，属于间接兴趣，具有稳定、持久的特点，是促进学生形成较高科学素养的最基本动力。

创造兴趣是指学生在运用所学的知识、技能和方法进行一些创造性的活动中所形成的一种兴趣。这种兴趣是化学学习兴趣的最高水平，是推动学生形成较高科学素养的最强劲动力。

上述四种学习兴趣的水平是逐级升高的，低水平是高水平的基础，高水平是低水平的发展。教师在教学中一方面要注意鼓励和保护学生的感知兴趣和操作兴趣；另一方面又不要停留于此，要积极培养和提高学生的探究兴趣和创造兴趣。

为了使学生能在学生实验教学中享受化学实验的兴趣，引领学生化学知识的学习与实验能力的提高，需要化学教师尽可能多地创造机会，让学生更多地获得实验操作的主动权，激发学生持久的化学实验兴趣，如下提供一个学生实验教学参考案例。

**【案例 3】 氨**

学习活动 1：观察烧瓶中气体的颜色。

学习活动 2：闻烧瓶中气体的气味。

学习活动 3：学习 $NH_3$ 在水中的溶解性及其水溶液的酸碱性。

实验：在 250mL 圆底烧瓶内收集满干燥的 $NH_3$，换上带尖嘴导管的胶塞，换用前在胶头滴管中预先吸少量水，将导管倒插入含有酚酞的大烧杯中，捏紧胶头滴管的胶头使少量水进入烧瓶。

现象：烧杯中的液体立即喷入烧瓶，烧瓶内形成喷泉；烧杯中的溶液仍为无色，而烧瓶中的溶液为红色。

问题：在烧瓶中已充满干燥的 $NH_3$，只提供装置而没有其他药品，请思考如何引发喷泉。

学习活动 4：请两位学生用玻璃棒分别蘸取浓氨水和浓 HCl 后相互靠近并观察现象。

基本理解：让学生参与到学习中。

学习活动 5：设计氨与 HCl 反应的应用。

实验：取约 10mL 爱氏试剂（爱氏试剂的配置：一份 25%的 HCl、三份 96%的乙醇与一份无水乙醚混合），置于锥形瓶中，塞上塞子，摇晃 2～3 次。然后取下塞子，并立即塞上下方插有一根细铁丝的橡胶塞，铁丝下端弯曲成钩，可挂住肉样（肉样不沾管壁，并距液面 1～2cm）。

基本理解：若肉样不新鲜，就有 $NH_3$ 存在，于数秒内即有 $NH_4Cl$ 生成，可观察到白烟出现。

2）适宜的任务驱动，有序的流程指导

在教学系统中，维系学生当前状态水平到教学后将要达到的状态水平之间的链条应该是问题，所以设计适合学生能力水平的问题，以问题解决的实验任务驱动对学生化学实验教学具有至关重要的作用。其作用主要表现在两个方面：一是通过特定的情境，激活学生问题意识，形成基于问题解决的学习任务，从而展开提出问题、分析问题、解决问题的学习活动；二是通过特定的问题情境，使问题与学生原有认知结构的经验发生联系，激活现有的经验去“同化”或“顺应”新知识，赋予新知识以个体的意义，导致认知结构的改组或重建。

以下是学生实验教学中动手参与实验操作时的任务活动流程的问题设计案例。

**【案例 4】“$SO_2$ 的化学性质”的教学片断**

学习活动 1：设计 $SO_2$ 实验方案证明是一种酸性氧化物。

提供试剂或用品如下：$SO_2$ 水溶液、$Ca(OH)_2$ 溶液、NaOH 溶液、酚酞试液、石蕊试液、pH 试纸。

**【实验一】** 按照自己设计的实验方案，完成实验。

学习活动 2：交流实验方案。

方案一：证明 $SO_2$ 水溶液显酸性。

方案二：向 $Ca(OH)_2$ 溶液中滴加 $SO_2$ 水溶液。

方案三：向 NaOH 溶液和酚酞的红色混合溶液中滴加 $SO_2$ 溶液。

**【实验二】** 教师演示方案三实验，溶液褪色。

学习活动 3：学生对方案三的设计者表示赞许、佩服。冷静思考后，又发现方案三中可能是 $SO_2$ 与 NaOH 反应使溶液褪色，也可能是将酚酞漂白而使溶液褪色。怎样设计实验证明到底谁与 $SO_2$ 反应了？经讨论，达成一致意见：重新加入 NaOH 溶液，看溶液能否重新变红。

**【实验三】** 向刚才褪色的溶液中滴加 NaOH 溶液，溶液重新变红，问题解决了。

学习活动 4：讨论继续进行，如果向 NaOH 溶液和酚酞混合的红色溶液中改滴加氯水，现象如何？学生议论，期望自己的猜想能得以验证。

**【实验四】** 向 NaOH 溶液和酚酞混合的红色溶液中改滴加氯水，溶液褪色。重新加入 NaOH 溶液，没有重新变红，问题解决了。

学习活动 5：总结 $SO_2$ 表现出的化学性质，指出与氯水性质的不同之处，过渡到 $SO_2$ 的漂白性教学，为 $SO_2$ 与 HClO 的漂白性不同埋下伏笔。

3）科学概念和科学过程的整合

要充分有效地发挥系统整体性功能，做到学生智力技能与实验操作技能的融合统一，需要在化学教师指导下建立科学概念和科学过程两个维度的整合。一个维度是建立在实验者学生在外显活动中，学生独立完成化学实验操作技能的活动序列，分为验证性实验活动和探究性实验活动，二者的区别在于验证性实验是结论在前，而探究性实验是结论在后。如【案例 6】属于验证性实验教学设计，而【案例 5】是探究性实验教学设计。另一个维度则是在学生实验教学中，主体的变化不断依赖于相互作用过程，不断地对实验对象表征的实验现象与内部化学概念原理知识、化学符号系统完成相互作用，经历感知、表象、归纳、演绎认知阶段，不断地发生融合内部概念或经验图式的顺应过程和外部事件与经验同化到已有观念或图式的过程。

**【案例 5】 氯水的成分与性质探究问题设计**

**【实验一】** 观察集气瓶中 $Cl_2$ 的颜色，向集气瓶中加入少量的蒸馏水，观察集气瓶中颜色变化。

现象：$Cl_2$ 是黄绿色气体，加入蒸馏水后颜色变浅，水溶液呈现黄绿色。

问题：氯水为什么呈现黄绿色？说明氯水有什么微粒？

**【实验二】** 在洁净的试管中加入少量的 $NaHCO_3$ 粉末，再加入 2mL 氯水，振荡试管，观察现象。

现象：固体溶解，试管中产生气泡。

问题 1：在氯水中加入 $NaHCO_3$ 粉末产生的气泡是什么？与什么物质反应产生气泡？

问题2：说明氯水中有什么微粒？

**【实验三】** 在洁净的试管中加入2mL氯水，再向其中加入几滴$AgNO_3$和稀$HNO_3$，观察实验现象。

现象：试管中有不溶于稀$HNO_3$的白色沉淀产生。

问题1：在氯水中加入几滴$AgNO_3$和稀$HNO_3$，生成的白色沉淀是什么？

问题2：什么物质与$AgNO_3$和稀$HNO_3$反应有不溶于稀$HNO_3$的白色沉淀生成？

问题3：说明氯水中有什么微粒？

**【实验四】** 分别用玻璃棒蘸取新制氯水和稀HCl，滴在pH试纸上，观察并比较现象，分析原因。

现象：滴稀HCl的pH试纸变红，滴新制氯水的pH试纸先变红后褪色。

问题1：滴稀HCl的pH试纸为什么变红？

问题2：说明稀HCl中有什么微粒？

问题3：新制氯水的pH试纸为什么先变红后褪色？

问题4：说明氯水中除了氢离子外还有其他微粒吗？

问题5：为什么用pH试纸无法测出氯水的pH？

**【实验五】** 在两个洁净的试管中分别加入2mL新制氯水和稀HCl，再分别加入两滴红墨水，观察现象，分析原因。

现象：滴稀HCl的红墨水颜色不变，滴新制氯水的红墨水颜色褪去。

问题1：新制氯水中除了$H^+$、$Cl^-$外还有其他微粒吗？

问题2：这种微粒有漂白性吗？

问题3：$Cl_2$溶于水有没有反应？

问题4：写出$Cl_2$溶于水的化学方程式。

**【实验六】** 检验$Cl_2$和HClO谁具有漂白性。

在两个试管中分别加入干燥的有色布条和湿润的有色布条，然后依次通入干燥的$Cl_2$，观察现象。

现象：干燥的有色布条没有褪色，而湿润的有色布条褪色。说明$Cl_2$没有漂白性。

问题1：起漂泊作用的可能是$Cl_2$也可能是HClO，氯水能使有色物质褪色，真正起到作用的是$Cl_2$还是HClO？

问题2：设计一个实验检验你的推断。

学生结论：HClO具有漂白作用，而$Cl_2$没有漂白性，$Cl_2$也能使湿润的有色布条褪色，是因为$Cl_2$与$H_2O$反应生成了HClO。

**【案例6】 浓$H_2SO_4$的特性**

提出问题：电视、报纸上曾报道有人故意用浓$H_2SO_4$毁容和伤害动物的事件，浓$H_2SO_4$究竟具有怎样的特性？

学生实验：在试管中盛少量浓HCl，向其中滴入几滴浓$H_2SO_4$。

(1) 用一根火柴梗蘸取浓$H_2SO_4$在纸上写字。

(2) 用教材上的实验装置，合作完成铜与浓$H_2SO_4$反应的实验。

(3) 取约20g蔗糖放在烧杯中，向其中加入1mL水，搅拌均匀，再用量筒量取

10mL 浓 $H_2SO_4$，倒入其中，用玻璃棒迅速搅拌。

思考讨论：分别根据实验现象，讨论得出浓 $H_2SO_4$ 的特性。

知识整理：将浓 $H_2SO_4$ 的性质纳入酸碱盐知识结构体系。

4）加强讨论与反思

反思是自我认识的提升，是进行自我反省和批判性思维的过程，是一种积极的自我中心到反思性的学习内化过程，是思维发展的高级阶段。

学生在完成实验的科学过程和科学概念的整合后，其思维变化完成基于从具体操作的符号过程到表象逻辑的符号过程。例如，学生学完关于 $Cl_2$ 的氧化性质后，已经能够从 $Cl_2$ 分子的原子结构核外电子排布规律分析 $Cl_2$ 的氧化性，并对其与还原性物质如 $H_2$、金属化学反应现象表征和化学符号表征建立抽象知识的认识。而反思活动则是在所建立的新知识中，对所具备的符号能力或抽象知识重新进行质疑、搜集处理信息的过程，是提出问题、分析问题和解决问题能力的提升，是从事假设演绎推理的积极修正和发展思维过程。如再重新反省提出“$Cl_2$ 具有氧化性，为什么干燥的 $Cl_2$ 不能漂白有色布条？$Cl_2$ 和 HClO 在氧化性方面有差异吗？”加强实验后的讨论与反思活动，在教师与学生、学生与学生之间进行社会建构，互相交流与质疑，解释与表达，丰富知识结构，矫正个人偏见，优化学习评价过程，进一步优化与提升学生的化学实验知识结构与能力结构水平。

### 3.4.3 学生探究性实验教学实例

资料来源于：http://www.hkedcity.net/edbosp/“探究为本的化学实验”。

**【实例 1】**

**“$CuCl_2$ Ⅱ水溶液的电解”**

**学生手册**

---

**目的**

1. 探究 $CuCl_2$（Ⅱ）的导电性。
2. 研习 $CuCl_2$（Ⅱ）水溶液的电解产物。

**背景资料**

离子化合物的晶格由阴离子和阳离子组成，它们的导电性取决于其物理状态，如固态、液态或水溶液。当电流通过这些化合物的水溶液时，会发生氧化还原反应，这个过程称为电解。电解反应可用作电镀和制备纯净的氢、氧等气体。在本探究活动中，你将探究 $CuCl_2$（Ⅱ）的导电性，并研习 $CuCl_2$（Ⅱ）溶液的电解，以及在该过程中所产生的物质。

**探究程序**

1. 设计并画出一个简单的电路图，说明你如何测试 $CuCl_2$（Ⅱ）固态和水溶液的导电性。

2. 设计一个 $CuCl_2$（Ⅱ）溶液的电解池，并且绘出相应的电路图。提出简单的方法以测试生成物的性质。

3. 根据步骤 1 和步骤 2 中所设计的电路图，以图画或文字表达有关的实验步骤。

4. 咨询教师有关你所设计的实验步骤和安全措施。

5. 进行实验，并记录你的观察结果。

6. 根据老师的指引撰写实验报告。

**安全措施**

1. 在实验时必须戴上安全眼镜和穿着实验服。处理化学品要小心，不要让化学品与皮肤接触。应按照老师的指导来处理化学废物、弄破的玻璃仪器和剩余的化学品。

2. 有关本探究中所使用及生成的化学品的安全数据，可查阅物料安全数据表（MSDS），详情可请教你的老师。

3. 应避免吸入电解反应中产生的气体。本实验应在通风良好的实验室中进行。

4. 留心电路的接驳，以免发生短路。

**提供的物品**

固体 $CuCl_2$（Ⅱ），连有鳄鱼夹的电线，去离子水，石墨电极，100mL 烧杯，塑料搅拌棒，四枚 1.5V 碱性电池连电池盒，电极夹子，可变电阻器，蓝色石蕊试纸/pH 试纸，安培计/万用表，试管，灯泡和灯座，滴管。

如有需要，可使用其他物品。

**思考题**

1. $CuCl_2$（Ⅱ）是电解质吗？共价化合物可以是电解质吗？请举例说明。

2. 怎样把你所设计的电解池改装为一个可在细小金属对象上镀铜的装置？

3. 试解释离子化合物的物理状态如何影响它们的导电性。

## "$CuCl_2$（Ⅱ）水溶液的电解"
## 教师手册

在本探究中，学生将学会电解质的导电性是由自由流动的离子造成。$CuCl_2$（Ⅱ）固体不能导电，是因为它由固定的离子构成；$CuCl_2$（Ⅱ）溶液则能够导电，因为它的铜（Ⅱ）离子和 $Cl^-$ 可在水中自由流动。透过电解 $CuCl_2$（Ⅱ）的实验，学生将认识电解的概念及其应用。

本活动要求学生利用所提供的物品设计一个合适的实验装置。教师可提供一些不在学生手册"提供的物品"列表内的仪器和物品，让学生仔细思考并断定哪些物品是实验装置所必需的。

**探究前讲解要点**

1. 向学生介绍"导电性"的概念。

2. 提醒学生记录在电极上发生的变化。

3. 要求学生推测电解的生成物，及建议一些鉴定它们的方法。

4. 提醒学生切勿直接吸入实验中释出的刺激性气体（$Cl_2$）。

5. 提醒学生不要让两个电极直接接触，以免发生短路。

6. 让学生知道实验报告的格式。

**所需时间**

实验前讲解：10min；设计实验：25min；进行实验：50min。

撰写报告：一星期。

**分组**

每组四名学生。

**一些可行的方法**

1. 学生可能设计出如图1-3-5所示的实验装置，他们可将电极分别插入$CuCl_2$（Ⅱ）粉末及其水溶液中，或将电极插入去离子水作对照量度。

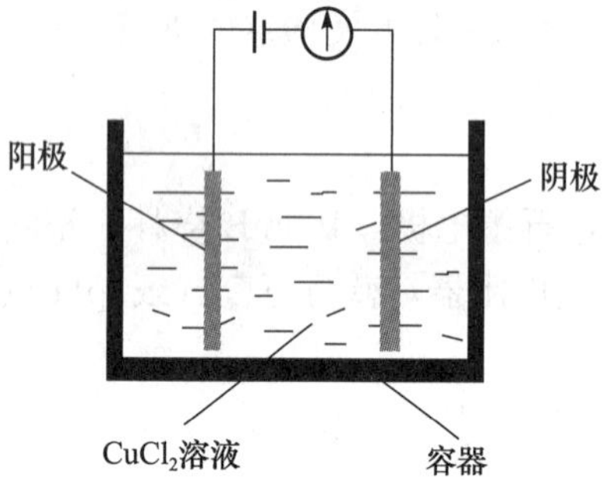


图1-3-5　$CuCl_2$（Ⅱ）水溶液电解实验装置示意图

2. 学生可将一已知份量的$CuCl_2$（Ⅱ）固体溶于去离子水中，然后测定该溶液的导电性。在这种情况下，教师可要求学生计算溶液的浓度。

3. 另一个方法是先将去离子水加入电解池中，然后逐次加入少量的$CuCl_2$（Ⅱ）固体或滴入浓度约$1mol \cdot L^{-1}$的$CuCl_2$（Ⅱ）溶液，并同时监测溶液的电导率。学生应发现电导率会随着加入的$CuCl_2$（Ⅱ）的份量而上升。

4. 导电性可由灯泡作定性监测，或可用安培计作定量监测。

**备注**

1. 应确保学生用适量的$CuCl_2$（Ⅱ）固体进行本实验。$CuCl_2$（Ⅱ）溶液的适用浓度约为$0.5mol \cdot L^{-1}$。浓度$1.4mol \cdot L^{-1}$或以上的$CuCl_2$（Ⅱ）溶液有毒，浓度$0.15mol \cdot L^{-1}$以上但低于$1.4mol \cdot L^{-1}$的$CuCl_2$（Ⅱ）溶液则有害。

2. 实验时，需要等候数分钟才能观察到生成物。吸入$Cl_2$会引致中毒，切勿在实验过程中直接嗅闻此气体。如电解池的电流低于0.5A及于测试后立即停止电解，生成$Cl_2$的份量应不会构成危险。

3. 在这个电解实验中，学生应观察到有光泽及棕色的固体（即铜金属）淀积在阴极上。他们也可观察到阳极上有气泡产生，而且嗅闻到漂白水的气味。当把一片湿润的pH试纸或蓝色石蕊试纸靠近阳极，或放进盛有气体生成物的试管时，试纸会先变成红色然后变为白色。

4. 实验结束后，欲除去淀积在石墨电极上的铜，可用砂纸摩擦电极表面，或把电极放入稀$HNO_3$中浸泡2～3h。洗净后的电极，可再次使用。

5. 教师应在进行实验前一周安排课节，供学生讨论及计划本探究活动。学生应尽早呈交他们的计划，以提供足够时间让教师审阅和批核计划，及实验室技术员预备所需物品。

**实验报告**

透过实验前的讲解，告诉学生在实验报告内应包括如下一些或所有项目：

1. 标题
2. 探究目的
3. 所用的仪器和试剂
4. 所涉及的化学反应
5. 实验步骤
6. 所得的观察结果
7. 实验结果
8. 讨论（包括可能的误差来源和如何改进该实验）
9. 总结
10. 思考题
11. 补充题

**思考题参考答案**

1. $CuCl_2$（Ⅱ）是电解质吗？共价化合物可以是电解质吗？请举例说明。

答：是，$CuCl_2$（Ⅱ）是电解质，因为当它溶于水时能产生流动的铜（Ⅱ）离子和 $Cl^-$。共价化合物也可能是电解质，如气态的 HCl 是极性共价化合物，但当它溶于水后却能电离为 $H^+$ 和 $Cl^-$，因此 HCl 也是一个电解质。

2. 怎样把你所设计的电解池改装为一个可在细小金属对象上镀铜的装置？

答：把石墨阴极换成小金属物体，把石墨阳极换成铜片。

3. 试解释离子化合物的物理状态如何影响它们的导电性。

答：在固态时，离子不能自由流动，它们不能把电荷从一端带到另一端。然而，在熔融态或水溶液中，离子可以自由移动，因此能导电。

**补充题参考答案**

教师可与学生讨论以下题目，或要求学生把答案填写在实验报告内。

1. 在本电解实验中，你会发现离子化合物的离子转化为相应的元素。但这样的变化并不是必然的。例如，用石墨电极进行 NaOH 溶液的电解：

（1）在阴极会产生什么？

（2）$Na^+$ 会不会在阴极被还原？若不会，哪些离子会被还原并生成什么？如何用电解法制备钠？

（3）在本实验中，石墨电极作为导体以完整电路，并且在其表面发生氧化还原反应。然而，有些电极可能参与电解反应。如用两个铜电极进行 $CuSO_4$（Ⅱ）溶液的电解，在每个电极上会发生什么变化？写出这些变化的半反应式。这种装置有什么用途？

答：（1）产生 $O_2$：$4OH^-(aq) \longrightarrow O_2(g) + 2H_2O(l) + 4e^-$

（2）不会。$Na^+$ 在阴极不会被还原，因为在电化序中，钠的位置比氢高。结果来自水的 $H^+$ 会被还原成氢：

$$2H^+(aq) + 2e^- \longrightarrow H_2(g)$$

钠可由电解熔融的钠盐如 NaCl 而制得。

(3) 在阳极，铜电极会变薄：

$$Cu(s) \longrightarrow Cu^{2+}(aq) + 2e^-$$

在阴极，铜电极会增厚：

$$Cu^{2+}(aq) + 2e^- \longrightarrow Cu(s)$$

这种装置可用来精炼铜。

## 实验报告
## (范例)

标题：电解 $CuCl_2$（Ⅱ）的水溶液

**【探究目的】**

1. 探究 $CuCl_2$（Ⅱ）的导电性。
2. 研习 $CuCl_2$（Ⅱ）水溶液的电解生成物。

**【所用的仪器和试剂】**

$CuCl_2$（Ⅱ）固体、去离子水、烧杯、四枚 1.5V 碱性电池连电池盒、安培计、连有鳄鱼夹的电线、石墨电极、电极夹子、蓝色石蕊试纸、试管、滴管

**【所涉及的化学反应】**

$$CuCl_2(s) \xrightarrow{H_2O} Cu^{2+}(aq) + 2Cl^-(aq)$$

$$Cu^{2+}(aq) + 2e^- \longrightarrow Cu(s)$$

$$2Cl^-(aq) \longrightarrow Cl_2(g) + 2e^-$$

**【实验步骤】**

1. 测试 $CuCl_2$（Ⅱ）固体、去离子水和 $CuCl_2$（Ⅱ）水溶液的导电性

(1) 将 $CuCl_2$（Ⅱ）固体置于烧杯中。

(2) 将两个石墨电极、电池盒和安培计串联起来。

(3) 将电极插入 $CuCl_2$（Ⅱ）粉末中。

(4) 把四枚 1.5V 的碱性电池放入电池盒中。

(5) 记录电流读数。

(6) 把电极从 $CuCl_2$（Ⅱ）固体中取出，并用去离子水冲洗。

(7) 在另一个烧杯倾入去离子水。

(8) 把电极插入去离子水中。

(9) 记录电流读数。

(10) 将 $CuCl_2$（Ⅱ）固体溶于去离子水中，制成 $0.5mol \cdot L^{-1}$的溶液。

(11) 记录电流读数。

(12) 从溶液取出电极，并用去离子水冲洗。

2. 电解 $CuCl_2$（Ⅱ）水溶液并鉴定生成物

(1) 制备 50mL 的 $0.5mol \cdot L^{-1}$ $CuCl_2$（Ⅱ）水溶液并把它倾倒进一个 100mL 的

烧杯。

(2) 将电极插入溶液中。

(3) 记录电流读数及在电极上所观察到的变化。

(4) 用去离子水润湿一片蓝色石蕊试纸，然后把它靠近阳极。

(5) 记录蓝色石蕊试纸的颜色变化。

(6) 从电池盒取出碱性电池。

(7) 从溶液取出电极，并用去离子水冲洗。

**【观察】**

1. $CuCl_2$（Ⅱ）固体和去离子水不能导电。

2. $CuCl_2$（Ⅱ）水溶液能导电。

3. 在电解过程中，在阴极表面产生有光泽和棕色的固体。

4. 在电解过程中，在阳极有气泡产生，该气体带有漂白水的气味。当把一片湿润的蓝色石蕊试纸靠近阳极时，试纸先变成红色然后变为白色。

**【实验结果】**

1. $CuCl_2$（Ⅱ）固体不导电，因为铜（Ⅱ）离子和 $Cl^-$ 在固态时不能自由流动。当 $CuCl_2$（Ⅱ）固体溶于水后，铜（Ⅱ）离子和 $Cl^-$ 在溶液中能够自由流动，因此 $CuCl_2$（Ⅱ）水溶液能够导电。

2. 在电解过程中，阴极上产生有光泽和棕色的固体。因为该固体具有金属的光泽，所以可能是一种金属。在溶液中铜（Ⅱ）离子是唯一的金属离子，故极有可能是铜（Ⅱ）离子被还原为铜，并附在阴极的表面。固体呈棕色，与这个假设相吻合。

3. 在阳极上有气泡产生，当把一片湿润的蓝色石蕊试纸靠近阳极时，试纸先变为红色，说明了生成的气体具有酸性。接着试纸再被漂白以及嗅到漂白水气味，说明生成的气体很可能是 $Cl_2$，该气体是由溶液中的 $Cl^-$ 氧化而成。

**【讨论】**

1. 电解质溶液的电导性会随着其浓度而改变。浓度越高时，电导性则越高。因为在高浓度的溶液中有更多自由流动的阴离子和阳离子，带着电荷从一端走到另一端。

2. 溶液的电导率可由安培计准确地量度。因此，在本实验中使用安培计比用电灯泡好。

3. 仅凭外观来判断沉淀在阴极上的固体的本质可能会得出错误的结论。为了进一步证明它是铜，可将它刮下来作进一步的物理特性量度和化学实验。

4. 可用试管把阳极生成的气体收集起来，并用化学测试来证实它是 $Cl_2$。

**【结论】**

1. $CuCl_2$（Ⅱ）固体不能导电，但其水溶液却能导电。

2. 在电解 $CuCl_2$（Ⅱ）水溶液的过程中，阴极上产生铜金属，而阳极上则产生 $Cl_2$。

【实例 2】

## “$SO_2$ 的制备”
## 学生手册

**目的**

1. 制备 $SO_2$。

2. 研习 $SO_2$ 的化学性质。

**背景资料**

$SO_2$ 在食品工业、造纸业及化学品生产中都有着广泛的用途，但它也会污染环境。在本探究活动中，你将要制备 $SO_2$，并用简单的实验来研习它的化学性质。

**探究程序**

1. 参考所提供的物品，设计可行的实验步骤和装置以制备及收集 $SO_2$，并且绘出实验装置图。

2. 列出 $SO_2$ 的化学性质，并提出测试这些性质的详细步骤。

3. 就你所设计的实验步骤和装置、建议的测试及相关的安全措施，咨询教师的意见。

4. 进行实验，并记录所得的观察结果。

5. 根据教师的指引撰写实验报告。

**安全措施**

在实验时必须戴上安全眼镜。处理化学品要小心，不要让化学品与皮肤接触。应按照老师的指导来处理化学废物、弄破的玻璃仪器和剩余的化学品。

有关这探究中使用及生成的化学品的安全数据，可查阅物料安全数据表（MSDS），详情可请教教师。

在实验时应避免吸入 $SO_2$。应尽量使用最少化学品制造足够 $SO_2$ 作探究之用。本实验宜在通风条件良好的实验室或烟橱内进行。

**提供的物品**

有关制备及收集 $SO_2$：

固体硫化钠（$Na_2S$），导管，固体亚硫酸钠（$Na_2SO_3$），气筒（塑料，50mL），固体硫酸钠（$Na_2SO_4$），集气瓶，$1mol \cdot L^{-1}$稀 $H_2SO_4$，蓝色石蕊试纸/pH 试纸，去离子水，酒精灯，大试管，滴管。如有需要，可使用其他物品。

有关测试 $SO_2$ 的化学性质：

可使用化学实验室各样玻璃器皿、化学品及仪器，但应预先提出要求。

**思考题**

1. 我们能用排水法收集 $SO_2$ 吗？解释你的答案。

2. 酸雨是现代社会一个严重的环境问题，而大气中的 $SO_2$ 是导致酸雨的物质之一。$SO_2$ 经哪些途径排放到大气中？它是怎样形成酸雨的？

# "$SO_2$ 的制备"
# 教师手册

在实验室内制备 $SO_2$，有三个常用的方法：①把酸化亚硫酸盐溶液微热；②在空气中将硫燃烧；③将铜加入浓 $H_2SO_4$。本探究活动没有提供硫、浓 $H_2SO_4$ 及铜，故期望学生以第一个方法制备 $SO_2$。由于第一个方法所涉及的实验装置颇为简单，教师可提供一些不在学生手册"提供的物品"列表内的仪器和物品，让学生仔细思考并断定哪些物品是实验装置所必需的。

接着，学生将研习 $SO_2$ 的化学性质。$SO_2$ 是一种酸性气体、漂白剂和还原剂。学生须提出并进行有关性质的实验。例如，学生可透过观察湿润的蓝色石蕊试纸或 pH 试纸与 $SO_2$ 的作用来确定它的酸性特性和漂白性质，它的还原性质则可用适当氧化剂来测试。

**探究前讲解要点**

1. 提醒学生如需要在实验过程中加热，应用微热。
2. 提醒学生尽量使用较少的化学品。
3. 提醒学生不要直接吸入 $SO_2$。
4. 提醒学生应把气筒轻轻地夹着，也不要把柱塞对着别人。
5. 提醒学生记录实验所得观察结果。
6. 让学生知道实验报告的格式。

**所需时间**

实验前讲解：10min；设计实验：25min；进行实验：50min。

撰写报告：一星期。

**分组**

每组四名学生。

**一些可行的方法**

1. 学生把 $NaSO_3$ 固体加入稀 $H_2SO_4$ 时，$NaSO_3$ 可能不会完全溶解，但这并不会影响实验结果。学生可能会建议用一个类似图 1-3-6 的装置，以气筒收集气体。

2. 可用湿润的蓝色石蕊试纸或 pH 试纸来测试 $SO_2$ 的酸性和漂白性质，试纸会先呈红色，然后变白色。

3. 可用氧化剂如 $0.1mol \cdot L^{-1}$ 酸化重铬酸钾溶液测试 $SO_2$ 的还原性质。在还原反应中，重铬酸根离子会被还原为铬（Ⅲ）离子，而溶液会由橙色变成绿色。

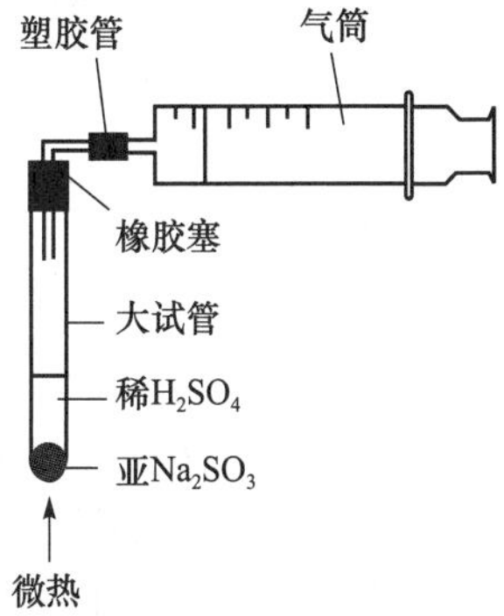


图 1-3-6　制备 $SO_2$ 实验装置

**备注**

1. 本探究活动不应使用 $Na_2S$。$Na_2S$ 会与酸反应，生成的气体是 $H_2S$ 而不是 $SO_2$。若学生建议用 $Na_2S$ 进行反应，教师可让他们知道这是一种不合适的反应物。

2. 生成的 $Cl_2$ 是有毒的，会刺激眼睛及皮肤，不应让哮喘患者嗅闻。应提醒学生完成此实验后，应立即把剩余物置于烟橱内以排去剩余的有毒气体。

3. 学生可能会混淆 $Na_2SO_3$ 和 $Na_2SO_4$，他们可能会把 $Na_2SO_4$ 加入稀 $H_2SO_4$ 中。

4. 教师应在实验前一周安排课节供学生讨论及计划。学生应尽早呈交他们的探究计划，以提供充足时间让教师审阅和批核计划，及实验室技术员预备所需物品。

**实验报告**

透过实验前的讲解，告诉学生在实验报告内应包括以下的一些或所有项目：

1. 标题
2. 探究目的
3. 所用的仪器和试剂
4. 所涉及的化学反应
5. 实验步骤
6. 所得的观察结果
7. 实验结果
8. 讨论（提出可能的误差来源和如何改进该实验）
9. 总结
10. 思考题
11. 补充题

**思考题参考答案**

1. 我们能用排水法收集 $SO_2$ 吗？解释原因。

答：我们不能用排水法收集 $SO_2$，因为此气体会溶于水。

2. 酸雨是现代社会一个严重的环境问题，而大气中的 $SO_2$ 是导致酸雨的物质之一。$SO_2$ 经哪些途径排放到大气？它是怎样形成酸雨的？

答：当含硫的燃料燃烧时，会产生 $SO_2$ 并排放到大气，此气体会溶于雨水，形成 $H_2SO_3$，使雨水变酸。

**补充题参考答案**

教师可与学生讨论以下某些题目，或要求学生把答案填写在实验报告内。

1. 在实验室里，可用下列 3 种方法制备 $SO_2$：

a. 把酸化亚硫酸盐溶液加热；b. 在空气中将硫燃烧；c. 将铜加入浓 $H_2SO_4$ 中。

（1）写出每种方法中所涉及的化学反应式。

（2）指出上述硫化物中硫原子的氧化数，从而决定这些硫化物在反应中是氧化剂还是还原剂。

答：（1）a. $SO_3^{2-}(aq)+2H^+(aq)\longrightarrow SO_2(g)+H_2O(l)$

b. $S(s)+O_2(g)\longrightarrow SO_2(g)$

c. $SO_4^{2-}(aq)+Cu(s)+4H^+(aq)\longrightarrow SO_2(g)+Cu^{2+}(aq)+2H_2O(l)$

（2）a. 硫在亚硫酸盐中的氧化数＝＋4；硫在 $SO_2$ 中的氧化数＝＋4

亚硫酸盐在这个反应中既不是氧化剂，也不是还原剂。

b. 硫的氧化数＝0；硫在 $SO_2$ 的氧化数＝＋4

硫在这个反应中是还原剂。

c. 硫在硫酸盐中的氧化数＝＋6；硫在 $SO_2$ 中的氧化数＝＋4

浓 $H_2SO_4$ 是氧化剂。

2. 漂白过程可通过氧化反应或还原反应进行。

（1）试举出一种以氧化反应进行漂白的化学品，另一种以还原反应进行漂白的化学品。

（2）虽然氧化和还原是两个相反的过程，在漂白过程中这两种反应有一个共通的作用，试指出这个作用。

答：（1）以还原反应进行漂白的化学品：$SO_2$。

以氧化反应进行漂白的化学品：$Cl_2$。

（2）两种漂白过程的共同作用是通过氧化或还原反应把染料分子变成无色的物质。

3. 沾有酸化 $K_2Cr_2O_7$ 溶液的滤纸，一旦遇到 $SO_2$，其颜色就会改变。请描述这颜色转变及写出相关的化学反应式。这个现象显示 $SO_2$ 的哪种化学性质。

答：$3SO_2(g)+Cr_2O_7^{2-}(aq)+2H^+(aq) \longrightarrow 3SO_4^{2-}(aq)+2Cr^{3+}(aq)+H_2O(l)$

滤纸会由橙色变成绿色。

橙色的 $Cr_2O_7^{2-}$ 被还原成绿色的 $Cr^{3+}$（Ⅲ），这个反应显示 $SO_2$ 具有还原性质。

## 参考文献


阿兰兹. 学会教学［M］. 6 版. 丛立新，等译. 上海：华东师范大学出版，2007.

库伯. 体验学习：让体验成为学习和发展的源泉（创智学习）［M］. 王灿明，朱水萍，译. 上海：华东师范大学出版社，2008.

李广洲，陆真. 化学教学论实验［M］. 2 版. 北京：科学出版社，2006.

刘知新. 化学教学论［M］. 4 版. 北京：高等教育出版社，2009.

刘知新. 化学教学系统（学科现代教育理论书系）. 南宁：广西教育出版社，1999.

吴俊明，王祖浩，刘知新. 化学学习论（学科现代教育理论书系）［M］. 南宁：广西教育出版社，1999.

吴星. 著名特级教师教学思想录中学化学卷［M］. 南京：江苏教育出版社，2012.

熊言林. 化学教学论实验［M］. 合肥：安徽大学出版社，2004.

郑长龙. 化学实验论（学科现代教育理论书系）［M］. 南宁：广西教育出版社，1999.

周艳. 氧气的获得. http://video. jssjys. com/VideoList. html? Search = @ V _ TermID =：440；&PageNo=1[2013-8-8].

香港浸会大学化学系. 微型化学实验专业性研究发展项目. http://micschem. hkbu. edu. hk/[2014-7-25].

# 第4章　化学实验探究教学

## 4.1　化学实验探究教学的内涵

义务教育化学新课程将科学探究作为课程改革的突破口，倡导以科学探究为主的多样化的学习方式，激发学生的主动性和创新意识，促使学生积极主动地学习。高中化学新课程在义务教育化学课程的基础上，进一步倡导“通过以化学实验为主的多种探究活动，使学生体验科学研究的过程”、“重视探究学习活动，培养学生的科学探究能力”。而化学实验是科学探究的重要方式和途径之一，它的教学功能是其他教学手段无法替代的。学生掌握基本的实验方法，具备一定的化学实验技能和实验能力，是进行科学探究活动的保证。对“探究”、“科学探究”、“实验探究”的正确理解则是我们顺利实施“探究教学”的前提与基础。

### 4.1.1　解读科学探究

“探究”一词，《辞海》（2002年版）的解释为“深入探讨，反复研究”，即探讨深究。《现代汉语词典》（2005年版）中，对“探究”一词的解释是“探索研究”。探索，即多方寻求答案，解决疑问。由此可见“探究”又是一种从不同角度来思考问题、追根溯源的方法。探究有广义和狭义之分。广义的探究是指一切发现和认知活动。人们通常所说的追根究底、好奇、好问、爱琢磨，实际上就是广义探究的日常表现。广义探究强调的主要是一种主动探索和发现的活动趋向，而并不一定要围绕一个明确的主题或经历一定的程序。因此，它既指科学家的专门研究，也指一般人解决问题的活动；既包括成人深思熟虑式的“实验”，也包括儿童尝试错误性的摸索或探索。狭义的探究则是指个体围绕着一个明确的问题或任务，通过假设、推理、验证等一系列的探索过程而最终解决问题或完成任务的各类活动。

美国《国家科学教育标准》指出“科学探究指的是科学家用于研究自然界并基于此种研究获得的证据提出种种解释的多种不同途径。广义的科学探究也指的是学生用以获取知识、领悟科学的思想观念、领悟科学家研究自然界所用的方法而进行的各种活动。”那么科学家的科学探究与学生的科学探究有什么不同呢？我们先来看看化学家是如何进行科学探究的。

**【案例1】　化学家对“燃烧本质”的探究**[①]

木头能够燃烧、金属能够燃烧，许许多多的物质都能够燃烧。那么，物质为什么会

① 郑长龙．关于科学探究教学若干问题的思考［J］．化学教育，2006，(8)：6-7.

燃烧呢？这一问题激发了很多化学家的研究兴趣，经过 100 多年的不懈努力，直到 200 多年前，这一奥秘才被揭开。

1. 波义耳的研究

1）实验研究

将铜片放在玻璃瓶里，称量后，将其放在炉子上加热、煅烧。这时，原来有紫红色光泽的铜片，渐渐地蒙上一层暗灰色的东西，最后变成了黑色的渣滓。烧完后，再一称量，铜片变重了。波义耳又拿了铅、锡、铁和银进行同样的实验，得到如下数据（实验事实）：480g 铜煅烧后，增加了 30～49g；480g 铅煅烧后，增加了 7g；480g 锡煅烧后，增加了 60g；240g 铁煅烧后，增加了 66g；212g 银煅烧后，增加了 2g。

波义耳根据上述实验事实，（归纳）得出结论：金属煅烧后质量会增加。

2）原因分析

“也许是因为瓶子没有盖紧，让炉子里的脏东西落了进去，才变重的吧！于是，他找了一个有着长长的、弯头颈的玻璃瓶——曲颈瓶，把金属放进去封闭起来进行煅烧。煅烧后，他小心地从炉膛里拿出滚烫的瓶子，打开瓶口（这时，他听见一阵尖锐的嗞嗞声），再称金属的质量，结果仍是一样。

3）解释

1674 年，波义耳在《关于火和火焰的新实验》论文中，提出了自己的见解。金属在加热后，质量之所以增加，是由于有一种特殊的、极其微小的、肉眼看不见的“火素”穿过了玻璃瓶的瓶壁，跑到金属中，与金属化合成了灰烬：金属＋火素══灰烬。“火素”是有质量的。因此，加热后金属的质量增加了。

2. 罗蒙诺索夫的研究

1）实验研究

1756 年，罗蒙诺索夫重新做了波义耳关于金属在加热后重量增加的实验。他将金属放在曲颈瓶里，并将瓶口封闭，然后连同曲颈瓶一起放在天平上称量。加热至曲颈瓶中的金属表面蒙上了一层渣滓。将曲颈瓶冷却，仍旧密闭瓶口（不打开塞子）放在天平上称量。结果，前后称得的质量完全相同。

2）原因分析

罗蒙诺索夫的实验与波义耳的实验的不同之处在于：罗蒙诺索夫在整个实验过程中都一直把瓶口密闭，没有打开。而波义耳的实验虽然在加热时密闭着瓶口，但在加热完毕后，却立即把瓶口打开，正如他所描述的那样：“这时外面的空气发出了嗞嗞的响声，冲进了容器”。

3）解释

金属煅烧后质量增加，并不是“火素”穿过瓶壁钻进瓶子与金属化合，而是“这些不断地在金属表面流动着的空气微粒，与金属化合，因而增加了它的质量”。

罗蒙诺索夫写道：“这个实验说明了光荣的波义耳的意见是错误的，因为隔绝了外界的空气，煅烧后的金属质量保持不变。”正是在实验的基础上，1760 年，罗蒙诺索夫在《论物质的固态和液态》的论文中，提出了“物质不灭”的概念。

3. 拉瓦锡的研究

1）实验研究

1774年，拉瓦锡又重复了这个实验。他同样地发现：如果把容器密闭起来，加热后，容器和金属的总质量没有增加；但是，如果敞着口加热，那么，容器和金属的总质量就会增加。到底金属质量增加的原因是什么呢?

实验1：在曲颈瓶里倒进一些水银，再把曲管的一端通到一个倒置在水银槽中的玻璃罩中。用炉子把水银加热到将近沸腾，并且一直保持这样的温度，加热了20个昼夜。

在加热后的第二天，那镜子般发亮的水银液面上，开始漂浮着一些红色的"渣滓"；接着，这红色的"渣滓"一天比一天多，一直到第12天，每天都在增加着。然而，12天以后，红色的"渣滓"就增加得很少；到了后来，甚至几乎没有增加。同时，拉瓦锡发现钟罩中原先大约50$in^3$①的空气，这时减少了7～8$in^3$，剩下的气体体积为42～43$in^3$。换句话说，空气的体积大约减少了1/6。

实验2：为了弄清剩下来的5/6的气体是什么？拉瓦锡做了这样的实验：把点着的蜡烛放进去，立即熄灭了；把小动物放进去，几分钟内便窒息而死。

实验3：拉瓦锡将水银表面上的红色"渣滓"取出来，称了一下，重为45g。他将这45g红色"渣滓"加热，发现，瓶里出现泛着银光的水银；同时，产生大量气体，将气体收集起来，共7～8$in^3$，恰好和原先空气所减少的体积一样多。

实验4：为了弄清这1/6的气体是什么？拉瓦锡做了这样的实验：把蜡烛放进这些被收集起来的气体中，蜡烛猛烈地燃烧起来，射出炫目的亮光；把火红的木炭投进去，木炭猛烈燃烧，以致吐出火焰，光亮到眼睛不能久视。

2）原因分析

拉瓦锡认为，空气是由两种气体组成的：一种是能够帮助燃烧的，称为"氧气"，大约占空气总体积的1/6到1/5；另一种是不能帮助燃烧的，称为"窒息空气"（$N_2$），大约占空气总体积的5/6到4/5。

3）解释

在1774年到1777年之间，拉瓦锡做了许多关于燃烧的实验，像磷、硫、木炭的燃烧，有机物的燃烧，锡、铅、铁的燃烧，氧化铅、硝酸钾的分解等。在此基础上，拉瓦锡提出了燃烧学说，阐明了他对燃烧本质的认识：①燃烧时放出光和热；②物质只在$O_2$中燃烧；③$O_2$在燃烧时被消耗，燃烧物在燃烧后所增加的质量，等于所消耗的$O_2$的质量；④燃烧后，燃烧物往往变成酸性氧化物，而金属则变为残渣。

从上述的案例可以看到，科学家的探究，一般是指科学家运用科学的方法，通过探索去发现人们尚未认识的科学事物及其规律的过程。科学发现的历史也就是科学探究的历史。没有探究就不会有发现，也就不能确认理论的正确性和不断扩展人们对自然的认识。科学家的探究是一种探索和发现过程，往往历时较长，可能需要几十年甚至上百年。探究同时又是一种涉及探索自然或物质世界过程的学习方式，学生在科学探究活动中，通过经历与科学家进行科学探究时的相似过程，学习科学知识与技能，

---

① $1in^3 = 1.63871 \times 10^{-5} m^3$。

体验科学探究的乐趣，学习科学家的科学探究方法，领悟科学的思想与精神。我们再看看化学课程中的科学探究又是怎么实施的。

**【案例 2】　质量守恒定律的探究活动片断**

问题探究式

1. 提出问题

化学反应前后物质的总质量是否相等?

…

2. 猜想与假设

【猜想一】反应物的总质量等于生成物的总质量

【猜想二】反应物的总质量大于生成物的总质量

【猜想二】反应物的总质量小于生成物的总质量

…

3. 查阅资料、设计实验方案并进行实验

实验需用的仪器：托盘天平、锥形瓶、烧杯、酒精灯、玻璃管、小气球（或塑料袋)、石棉网、坩埚钳、橡胶塞、试管、胶头滴管、细线、火柴…

实验需用的药品：白磷、铁钉、$CuSO_4$ 溶液、$Na_2CO_3$ 粉末、稀 HCl、蜡烛、镁条…

| 实验方案 | 方案 1<br>白磷燃烧生成 $P_2O_5$ | 方案 2<br>Fe 和 $CuSO_4$ 溶液反应生成 Cu 和 $FeSO_4$ | 方案 3<br>$Na_2CO_3$ 和 HCl 反应生成 NaCl、$CO_2$ 和水 | 方案 4<br>镁带燃烧生成 MgO | 方案 5<br>… |
|---|---|---|---|---|---|
| 实验操作步骤 | | | | | |
| 实验现象 | | | | | |
| 反应前后总质量 | | | | | |
| 原因分析 | | | | | |

4. 实验结论：(结果分析)

5. 交流与评价：

…

由以上的探究案例可以知道，科学家的探究与化学课程中的探究之间既有共性又有差异。主要体现在以下方面：这两种探究都是一种求知的过程，探索的结果对探究者本人来说是未知的。两者进行探究的基本程序和方法也是相似的，它们都由问题、假设(猜想)、事实（证据)、解释、评价、发表与交流等基本要素构成。

同时这两者又是有区别的。首先，探究目的的不同，前者是以发现人们尚未认识的科学事物及其规律为目的，后者是以探究的方式为载体，使学生在获取知识的同时，领悟科学的思想方法，培养科学探究所需要的能力，起到培养创新型人才的作用。其次，在探究过程上的区别，前者是科学探索的真实历程，后者是科学探索的模拟过程，是对科学探索的再探索。最后，在探究程度上的差异，前者是建立在深厚的专业基础知识上的全方位的探究，后者是学习者在浅易的专业基础的背景下，常在教师的指导下进行的局部的、较低层次的探究。

美国《国家科学教育标准》中的探究有三个方面的含义：一是作为学习内容的探究；二是作为学习方式的探究；三是作为教学指导思想的探究。

作为学习内容的探究：强调科学即探究，也就是说科学不是知识的堆积，而是一种认识世界的方式。作为学习方式的探究：学生的探究即探究学习并非就是科学探究。换言之，探究学习是学生以类似科学探究的方式而开展的学习活动。作为教学指导思想的探究：则指明在科学探究过程中，教师要尽力创造一种良好的智力活动和社会交往环境，让学生通过探究发现有利于开展这种探究的学科内容要素和认知策略。同时，我们要认识到，科学探究不存在达到某个要求的最佳教学模式，因此教师需要不断探索，采取多种教学措施或策略。换言之，教师促进学生探究学习的过程也是一种探究过程，而且这种探究不是一种具体的教学方法，而是化学教学的一个指导思想。

### 4.1.2 诠释实验探究

实验又称“试验”，根据一定目的，运用必要的手段，在人为控制的条件下，观察研究事物本质和规律的一种实践活动。实验是科学认识的基础，又是判断认识是否具有真理性的标准。实验一般多指科学实验，即自然科学实验。实验本身是理论和实际相互作用的表现形式之一，在社会生产和社会生活中的作用日益增大①。

在实践过程中对实验的理解通常还分为验证性实验和探究性实验。验证性实验即针对科学假说，为检验其正确与否而设计的一类证实性实验。这类实验大多有明确的探究对象和理论设计依据，往往采用可靠的实验方法来检验假设。探究性实验是指人们采用一定的实验手段和方法，去探索未知事物或现象的内在性质或规律的一类科学实验。其特点是人们对研究对象不了解，实验的结果往往具有发现性。

关于实验探究教学思想的提出与发展，美国著名科学家、芝加哥大学教授施瓦布作出了重要贡献。施瓦布主张让学生通过自主地参与知识获得的过程，掌握科学研究所必须具备的科学方法，探究地获得科学概念，并逐步形成探究能力和科学态度。施瓦布认为教师应该用探究的方式展现科学知识，学生应该用探究的方式学习科学内容。因此，施瓦布建议科学教师首先要到实验室去，引导学生体验科学实验的过程，而不是在教室里照本宣科地教授科学。也就是说，在向学生介绍科学概念和原理之前应该先让他们到实验室里做实验。用实验的证据来解释和深化教材中的内容。可见，实验探究对学生获取新知识、理解概念与原理有着重要作用。

如何进行实验探究？施瓦布首先对教材和实验手册的编写提出了 3 种建议：①实验手册或教学材料只提出问题和描述研究问题的方法而不告诉学生实验的结果，这样能够让学生发现他们事先不知道的关系；②教学材料可以提出问题，但是研究方法和结论可以是开放的，让学生根据自己的实验做出判断；③最为开放的设计是，学生实验可以不

① 辞海（中）. 上海：上海辞书出版社，1989：2657.

限于教材或实验手册中指定的问题，而是自己提出要研究的问题，收集证据，根据他们自己的实验提出科学的解释。

根据施瓦布提出的实验探究教学思想，可将实验探究分为 3 种基本的水平：①最简单的水平，学生根据实验手册提出的问题和研究方法进行实验，以发现他们从书本中得不到的联系；②实验手册只提出问题，而把方法和答案留给学生，该水平教师（教材）引导得少些，具有较强的开放性；③问题、方法、答案全部留给学生。学生面临的是“原始的现象”，问题、方法等要自己研讨得出。

科学研究过程是以科学实验为基础，用科学方法而展开的探究过程，即：提出问题—收集资料和事实—处理资料和事实—科学抽象—发现规律得出结论—应用。施瓦布把探究活动的过程依次分为提出问题、设计研究方法、得出答案（结论）三个阶段，包含了科学探究的主要阶段。

区分探究水平的主要依据是实验手册（教材）和学生在探究中的地位和作用不同。如果活动要素由实验手册（教材）直接提供，则具有较强的结构性，水平较低。如果由学生自主进行，则意味着较强的开放性，水平较高。

从水平 1 到水平 3 发展的过程中，探究的指导性逐渐减弱，而学生的自主性逐渐加强，探究水平依次提高。施瓦布的 3 种探究水平差异显著，能够比较明显地区分。

我们把施瓦布的 3 种探究水平表示见表 1-4-1。

**表 1-4-1　施瓦布的科学探究水平分类**

| | 提出问题 | 设计研究方法 | 得出答案（结论） |
|---|---|---|---|
| 水平 1 | 实验手册（教材） | 实验手册（教材） | 学生 |
| 水平 2 | 实验手册（教材） | 学生 | 学生 |
| 水平 3 | 学生 | 学生 | 学生 |

在我们的实际教学中，为了更全面地体现探究活动中教师、学生在探究过程中所起的作用，我们还可将探究水平进一步细分为五个水平，即表 1-4-2。

**表 1-4-2　探究教学的水平划分**

| | 形成问题 | 建立假设 | 制定研究方案 | 检验假设 | 得出结论 |
|---|---|---|---|---|---|
| 水平 1 | 教师 | 教师 | 教师 | 学生 | 教师 |
| 水平 2 | 教师 | 教师 | 教师 | 学生 | 学生 |
| 水平 3 | 教师 | 教师 | 学生 | 学生 | 学生 |
| 水平 4 | 教师 | 学生 | 学生 | 学生 | 学生 |
| 水平 5 | 学生 | 学生 | 学生 | 学生 | 学生 |

从施瓦布对科学探究水平的分类及其实验探究教学的思想，可以看出，施瓦布更注重强调学生像“小科学家”那样进行探究、发现，而忽视教师在探究过程中的作用，这在我们的实际教学中是否可行是值得我们教育工作者深思的。从施瓦布的实验探究教学思想及探究水平分类可以得到启示，在我们的实际教学中，教师应根据学生的年龄特点、认知能力设计合适的实验，在探究过程中注重教师的引导与启发，最大限度地促进学生的认知发展。

### 4.1.3 实验探究教学法

#### 1. 实验探究教学法的内涵

美国《国家科学教育标准》中给出了科学探究的概念，《标准》还强调在参与探究时，学生要能描述物体和事件，能提出问题，能作出解释，能根据现有科学知识对所作解释加以检验，并且把自己的看法和意思传达给别人。

施瓦布科学探究教学的主要内涵是：探究性课堂中包含两种探究。一是对科学知识本身的探究，科学被看作探究过程的指导，即“科学即探究”；二是教与学这个过程的教学方法、方式上的探究，教与学的过程本身是一种探究，即“探究性教与学”①。这两层含义是完整形式科学探究教学思想的组成部分。完整的科学探究教学要有这两个方面。他指出，“一方面，它的材料要展现科学作为探究。另一方面，学生要被引导在这些材料中进行探究”。为此，我们可以这样理解探究式教学以及实验探究教学的内涵。

探究式教学就是在教师的启发诱导下，师生共同创设问题情境，学生通过独立查阅资料、操作实验、分析推断而解决问题的过程。实验探究教学则是指在教师的启发引导下，使学生运用已学过的知识和技能，以新知识的探索者和发现者的心理通过设计实验，去发现问题、探索问题和解决问题的一种教学方法。

实验探究教学旨在充分发挥学生在实验教学中的主体地位，让学生亲自经历对求知结论的过程，激发学生的思维灵感，培养学生的创新意识，提高学生分析和解决实际问题

#### 2. 实验探究教学法的特征

实验探究教学法具有问题性、探究性、建构性和合作性等特征。

（1）问题性：科学探究是以问题为核心的，具有问题性特征。科学探究作为一种个体认识自然的活动，是以科学问题为起点的。科学问题是针对客观世界中的物体或事件而提出的。在日常生活中，当学生已有的科学知识与经验不足以对当前的客观现象或问题做出解释时，认知冲突就产生了。从心理学的角度看，这种认知冲突促使学生产生探索的愿望和要求，引发其进行科学探究。科学问题是学生进行科学探究的原动力，它驱使学生为寻求答案而进行科学探究。同时，在整个科学探究过程中，寻求什么样的假设，收集哪些信息证据，如何做出解释等活动都是紧紧围绕着问题来展开的，是在问题引导下做出的各种决策。因此，科学探究是以问题为导向的，科学探究的过程也就是发现问题、解决问题的过程。

实验探究教学是以解决问题为核心，注重学生的独立思考与钻研，着眼于学生创新

---

① 韦冬余. 施瓦布科学探究教学思想研究［D］. 上海：华东师范大学，2013：67.

性思维的培养。问题是实验教学的开端。问题可以激发学生的求知欲和探究欲，因此，教师在实验教学中应注重创设问题情境，促使学生在头脑中产生指向性的疑问。例如，探究新制氯水的成分，需要创设的问题情境至少要有两个，情境一：将 $Cl_2$ 溶于水，引导学生观察现象，并思考 $Cl_2$ 是否溶于水？问题驱使学生从实验的颜色变化思考 $Cl_2$ 是否溶于水…情境二：分别将 $Cl_2$ 通入干燥和湿润的花瓣，引导学生观察现象，并思考为什么会产生颜色变化的现象。驱使学生对比两个实验现象的差异，发现干燥的花瓣无明显现象，而湿润的花瓣褪色，从而提出问题，为什么湿润的花瓣褪色了？…

(2) 探究性：科学教学的探究性是“作为探究的科学”和“作为探究的教学”两者相结合的必然产物。探究性主要表现在探究情境、探究问题以及探究假设几方面。要求探究情境具有诱导性，探究问题具有指向性，而探究假设具有合理性。探究情境的诱导性，要求教师根据探究内容精心创设教学情境，问题情境，力求做到新、奇、趣，让学生触境生疑，以疑激趣，以此作为诱导学生探究的起点。例如，关于 $NH_3$ 的性质探究，播放 $NH_3$ 泄漏现场人群疏散撤离的视频，引导学生思考为什么要用大量的水喷向 $NH_3$ 泄漏的现场。学生猜想，用水稀释 $NH_3$？那么水如何能稀释 $NH_3$ 呢？学生再猜想，可能 $NH_3$ 极易溶于水，那么有什么办法能证明 $NH_3$ 是极易溶于水的吗？演示喷泉实验…。这样层层诱导、启发思考、引发探究的问题，有利于激发学生探究的欲望。

(3) 建构性：科学探究是一种主动建构的活动，具有建构性特征。建构主义学习理论认为学习过程总是与一定的社会文化背景（情境）相联系，学习者的认知结构通过“同化”与“顺应”逐步建构起来。学习者在实际情境下利用自己原有认知结构中的有关经验去同化（指个体把外界刺激所提供的信息整合到自己原有认知结构内的过程）和索引当前学习到的新知识，从而赋予新知识以某种意义。科学探究作为一种认知活动，是学生主动地建构对客观世界的理解的过程。在科学活动中，当学生已有的知识经验不足以对当前的科学现象或问题做出解释时，就会产生认知冲突。为了解决冲突，实现认知的平衡，学生必须不断围绕所面对的问题进行思考，做出计划，通过各种途径获取有关信息，以自己的方式对问题做出基于已有经验的分析和推论、综合和概括，将自己的发现与他人的发现进行比较，据此对自己的看法和做法做出反思与评价，并调节自己的活动等。在这一过程中，一方面个体以原有的知识经验为基础，通过将新知识与已有的、适当的知识经验相联系，主动地建构对新知识的理解；另一方面，个体又需要依据新经验对原有经验结构本身也做出某种调整和改造，形成新的认知结构。因此，科学探究既是一个对新信息的意义的建构过程，同时又是由于新旧经验的冲突而引发的概念转变和认知结构重组的过程。例如，对燃烧概念的理解，学生在初中的学习中对燃烧的概念定义为：可燃物与 $O_2$ 发生的剧烈的发光发热的氧化现象（强调有 $O_2$ 参与），而到了高中学习了氧化还原反应后，通过观察钠在 $Cl_2$ 中的燃烧实验，产生了认知冲突，经过认知结构的重组重新认识燃烧概念定义为：任何发光发热的剧烈反应（不一定要有 $O_2$ 参加）。

(4) 合作性：科学探究重视交流与合作，具有合作性特征。一方面，科学探究作为一种建构活动，每个人都以自己原有的知识和经验为背景建构对事物的理解，由于不同个体已有的知识、经验以及对经验的看法不同，不同人看到的是事物的不同侧面，对同一个问题常会表现出不同的理解，要使个体超越自己的认识，看到那些与自己不同的理解，看到事物另外的侧面，使理解更加丰富和全面，就必须通过彼此间充分的合作和广泛的讨论。另一方面，科学研究的一个突出特点就是可重复验证性，这就要求个体能够较清楚地说明所研究的问题、程序、证据、提出的解释以及对不同解释的考查，以使有疑问者能够进一步核实，或者他人将这一解释用于新的研究。

### 3. 实验探究教学教师的作用分析

（1）教师是实验探究教学计划的设计者。实验探究教学计划的设计，是指主要运用实验探究的方法来进行的教学活动。在活动过程中，教师一定要把握教学环境中探究活动的特点，根据不同的内容和环境灵活地对教学活动进行周密的安排。首先，应制定明确的探究目标，使学生既能掌握课程标准规定的教学内容，又能发展实验探究能力，形成科学的探究精神和态度。其次，教师在选择或补充教学内容时，应适应学生的特殊兴趣、知识水平和现有的实验技能，都应从学生产生的实验问题和形成的理念出发来设计探究的化学实验教学。

（2）教师是实验探究教学材料的选择和组织者。实验探究教学离不开大量的教学材料，这些材料可分为结构化材料和非结构化材料。结构化材料指教学中高度组织化的、按某种预定程序进行操作的媒体。事实上，教师专业知识的讲授是提供材料的重要手段，而以“备课”方式提供的材料通常是结构化的。非结构化材料是临时的，非强制使用的资源，如有些实验教具和仪器的自制等。

（3）教师是实验探究教学的组织安排者。其一，实验探究教学通常是协作性的活动，教师应悉心指导，使学生人人都有参与的机会。其二，实验过程中，如仪器的使用方法、实验操作的程序、研究范围的确定、安全注意事项、清洁卫生等，尽管可能使学生厌烦但是不可缺少。

（4）教师是实验探究教学过程的指导者。首先，教师应是探究活动的参与者，要了解探究的进展与学生一起讨论探究过程中碰到的困难。其次，教师又是学生实验兴趣的激发者和保持者。教师在实验教学中应通过对实验现象的解释，引导学生积极思考，探究实验现象产生的原因，来培养他们的实验兴趣（应针对学生在实验过程中碰到的各种问题，及时进行个别指导、热情鼓励和真诚交流）。

## 4.2 化学实验探究教学的基本程序

在探究教学中，是什么人深入探讨，反复研究？是教师？学生？还是师生共同研究？按什么步骤，什么人主导研究？对这些问题的理解与回答都表明着不同的探究，体现了不同的探究过程。

进行科学探究的方式是多种多样的。一般来说，其基本过程具有六个要素：提出科学问题；猜想和假设；制订计划与设计实验；观察与实验；解释结论与反思评价；表达与交流。某些探究实验过程只包含其中的几个要素，而且也不一定拘泥于上面所呈现的顺序。科学探究的主要目标是使学生领悟科学探究的思想，培养学生进行科学探究所需要的能力，增进对科学探究方法与过程的理解。

1. 提出问题

对学生而言，要能够从日常现象或化学学习中，经过启发或独立地发现一些有探究价值的实验问题。对于教师而言，更多的时候应该关注如何设计实验问题，去启发学生思维激发学生学习化学的兴趣，调动他们参加化学探究实验的积极性。

2. 猜想与假设

要求实验的主体能主动地或在他人的启发下对实验问题的可能答案作出猜想或假设，还要具有依据已有知识和经验对猜想或假设作出初步的论证意识设计实验。

3. 制定计划与设计实验

要求在教师指导或通过小组讨论，提出活动方案历经设计实验探究活动计划的过程；或者在教师的指导下，根据要探究的具体问题设计简单的实验方案，形成设计实验控制实验条件的意识进行实验探究。

4. 观察与实验

记录实验事实依据已制定好的实验方案，要求每位学生都能积极参与到化学实验探究中，并能在实验操作中注意观察和思考，体验探究性实验的过程，训练科学方法，培养学生的科学态度和价值观，客观记录实验现象实验结果，收集实验事实。

5. 解释结论与反思评价

探究性实验结束之后，学生要能对实验事实进行简单的加工与整理，初步判断实验事实与假设之间的关系；要能在教师的指导或者通过与其他人讨论对所获得的事实进行归纳分析，得出正确结论；并能在教师的指导下，对探究性实验结果的可靠性进行评价，对探究性实验学习活动的全程进行反思，发现自己与他人的长处与不足，并尽可能地提出改进建议。

6. 表达与交流

表达与交流是探究性实验很重要的一环，当完成以上五个探究训练步骤后，实验者要能以口头或书面等方式比较明确地表达探究过程和结果，并能与他人进行交流讨论，在讨论时既要敢于发表自己的观点又要善于倾听别人的意见。

**【案例 3】 氯水成分的探究**

北京市陈经纶中学 曹宇辉
崇文区教育研修学院 傅志杰

关于人教版必修 1 第四章第二节“富集在海水中的元素——氯”，一位教师设计了如下关于氯水成分探究的教学流程（图 4-1)。

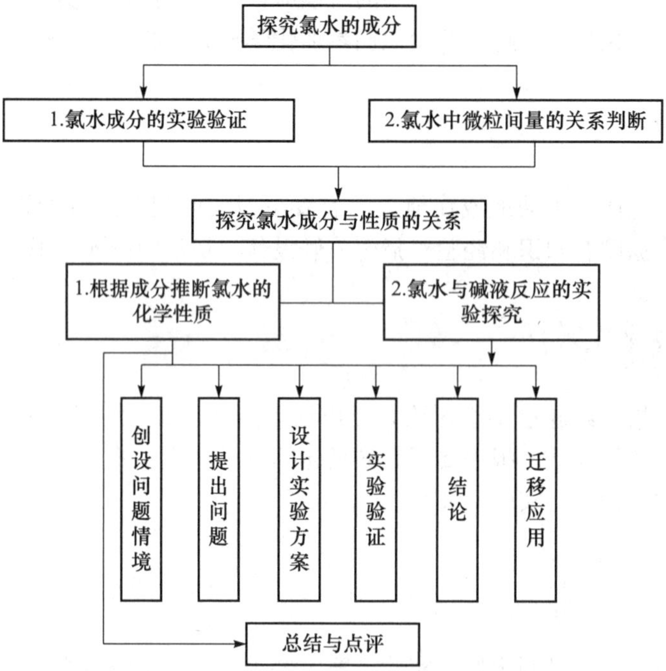


图 1-4-1 氯水成分探究的教学流程

上述实验探究教学模式，在探究氯水使滴有酚酞的 NaOH 溶液褪色原因时，分为以下五个阶段。

(1) 创设问题情境阶段：通过教师创设问题情境，激发学生探究褪色的兴趣。这一步骤对学生的元认知策略、问题解决技能和态度学习均有十分重要的意义。它主要是让学生形成清晰的目的图式，奠定解决问题的方向，引起学生对探究活动的动机和兴趣。因此教师必须提供有一定难度的问题。

(2) 提出假设阶段：一种假设是学生认为是 $Cl_2$ 与水反应生成的 HCl 和 HClO 中和了 NaOH 的碱性所致；另外一种假设是学生认为是 $Cl_2$ 与水反应生成的 HClO 具有强氧化性使红色酚酞变成了无色的物质。在这个步骤中，一些一般的认识策略和智慧技能得到了学习。由于这一步是问题解决十分关键的一步，因此首要的教学事件就是教师或其他指导者不要对学生进行过多的干涉，即使有时学生的假设看起来相当幼稚。只有这样，才能使学生真正获得解决问题的能力，也只有这样，学生才能真正领略到科学的本质、科学家工作的真谛。有时学生的注意偏离了问题本身，教师不妨给予简单的提醒，但这种提醒决不能干涉学生对问题的思考，仅帮助学生提起元认知的监控作用，不偏离目标而已。

(3) 设计实验方案阶段：在分组讨论中学生将自己各种假设汇总，在相互交流中相互分析、相互纠正形成正确的实验方案过程。此过程尽量地展现学生的思维，通过学生与学生的交流、评价，相互补充、相互纠正形成正确的认识，教师是创设各种学生需要的条件，为学生解决问题提出帮助，调动学生积极参与学习过程。就设计过程而言，学生主要是在进行智慧技能的学习，因此教师必须为学生提供充足的验证条件，有实验的还要提供完备的实验设备。对验证过程，教师不妨以一个参与探究者的身份，参与到活动中，对个别重要条件予以言语提醒，但和上面过程一样，不要急于去干涉学生的活动。

(4) 实验验证阶段：学生通过上述分析设计实验方案并实际操作，培养学生的实验动手能力和观察能力。这一步骤对于智慧技能、认知策略、言语信息的学习起到了作用。

(5) 解决问题得出结论阶段：学生通过实验现象的分析讨论，得出正确结论。在这个阶段学生会逐步学习分析实验的现象、得出结论的技能和进行小组合作的态度和方法。当学生通过口头或书面的形式表达出来时，表明学生已经把新的言语信息与以往的认识结构联系起来，也即通过了语义编码过程。这个策略的习得对学生今后的学习是很有帮助的。然后教师布置实验习题巩固加深学生对氯水成分的认识，培养学生灵活运用知识解决问题的能力，进一步训练学生对科学探究的一般过程与方法的认识和掌握。

## 4.3　化学实验探究的内容选择

高中化学课程标准强调，通过以化学实验为主的多种探究活动，使学生体验科学探究的过程，激发学习化学的兴趣，强化科学探究的意识，促进学习方式的转变，培养学生的创新精神和实践能力。所有这些目标的实现，关键在于明确化学探究性实验应以哪些内容作为研究对象，并且注意实验内容的选择应体现新课程实验教学观。

新的课程改革要求教师在实验教学的设计上尽可能体现探究性，在实验内容安排上尽可能体现新课程的理念。这就要求教师尽可能地选择和设计探究性实验活动，全面体现以实验为基础，体现实验方法论。例如，在学习“化学反应及其能量变化”时，教师可向学生提出以下问题：①你在生活中接触到哪些类型的能源？②这些能源的利用产生污染的情况怎样？③你周围的环境是否受到污染？原因是什么？通过这些问题的调查研究，学生从生活中能源的利用与环境的关系出发，经过分析论证，确定改善能源结构、减少环境污染这个有价值的探究课题。学生在调查走访中，深入到热电厂、煤炭公司、液化气供应站、节能设备厂等多家单位和农村进行调查研究，获得很多重要数据，为能源利用与改进提出建设性意见，在此过程中，学生不再是局限在实验室中想象与思考现实中的环境污染，学生对收集到的事实证据不再是空洞的，而是鲜活的，他们自然而然地得到很多关于减少环境污染和探求防治环境污染的方法。不同的化学实验内容反映了不同的实验教学理念，关于实验探究的内容选择应注意以下几方面的要求。

### 4.3.1　化学实验生活化

实验内容应贴近生活，贴近社会。新课程要求将“面向全体学生的化学”、“面向全体公民的化学”这一理念落实到化学课程与教学中。为此，作为化学课程与教学内容的一个重要的组成部分，探究性实验在内容上要注意联系学生的实际生活和社会实际。这一方面可以提高学生学习化学实验的科学兴趣，使学生感受到化学就在身边；另一方面也可以使学生在知道（what）和理解（why）化学知识的基础上，能够清楚所学的知识用于做什么和怎么做（how to do）；同时也对化学的本质和自身价值有一个正确的认识。因此，通过化学实验来解释和解决日常生活和社会实际问题，对拓展化学实验的功能，提高学生的科学素养，具有非常重要的意义和价值。

（1）选取学生身边的化学物质作为实验用品。如厨房中的油、盐、酱、醋、食品等；卫生间中的洗液，化妆品等。还可以选取生活和社会现象作为实验内容，如“吸入与呼出气体的比较实验”、“铁钉锈蚀现象”、“$H_2$ 流吹肥皂泡实验”以及“鲜果中维生素 C 的还原性实验”等，以这些素材为实验内容，以学生身边常见的化学物质作为实验试剂，可以让学生有亲切感，感到化学并不神秘，化学就在身边，注意身边的化学现象，解释身边的化学现象，从而调动学生的学习积极性和激发学生进行实验探究的兴趣。

（2）选取与化学有关的社会问题作为实验内容。化学在给人类社会造福的同时，也出现了很多与化学有关的社会问题，包括环境污染问题、能源问题、食品安全问题等。例如，“硫在空气中和 $O_2$ 中燃烧及形成酸雨的实验”，“不同地区的污水成分及其治理方法”，“农药、化肥对农作物或对水生物的生长影响”，“水果蔬菜中农药残留量的测定”等。选取这些问题作为实验内容，对于学生形成从化学的视角来解释和解决现实中与化学有关的生活和社会问题具有重要作用。

**【案例 4】 从生活中感悟化学**

——“$SO_2$ 的性质”教学设计及案例①

南京市金陵中学　李惠娟

**设计思想与教学目标**

$SO_2$ 是高中化学中众多元素化合物的典型代表物。它因集多种角色于一身，融多向折射于一体（右图），使其成为中学教学的重点，也是教师教学设计的“宠儿”。

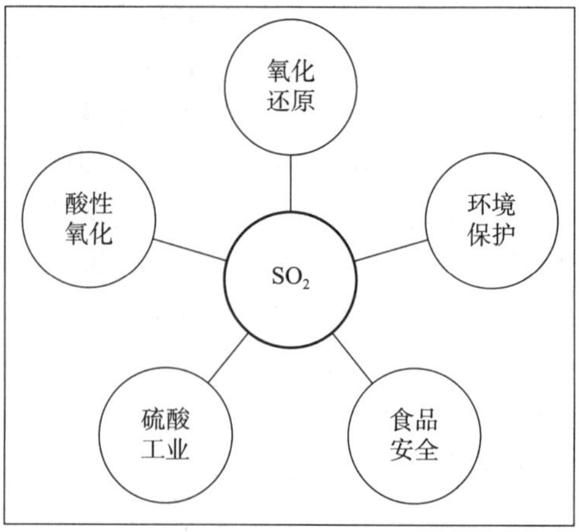


本节课教学设计的特点是抛开常见教学设计中的传统思想和固有模式的束缚，如众所周知的酸雨问题，而是从关注与人人生存关系最为密切的食品安全及加工这一社会热点问题入手，注重最贴近学生的问题和感兴趣的事物出发创

① 李惠娟. 从生活中感悟化学“$SO_2$ 的性质”教学设计案例 [J]. 中学化学教学参考，2009，(9)：24-26.

设问题情景，激发学生对生活中的现象进行探究的兴趣和愿望，引导学生将所学的化学知识与解决生活、社会等实际问题结合起来。一方面让学生通过实验探究归纳出 $SO_2$ 的性质，认识 $SO_2$ 的性质在生产生活中的广泛应用，体验科学研究的过程、方法；另一方面引导学生树立良好的食品安全意识、法制意识，帮助学生在未来做一个负有责任心的公民；让学生认识到化学物质在造福人类、推动人类社会物质文明发展中所起的作用，并形成化学物质的不合理应用也会引起损害生命健康、环境污染等社会问题的观点，逐步树立合理应用化学物质的科学观。

**教学设计及过程**

**【情景导入】** $SO_2$ 已成为现在食品安全的大敌

**【设问选择】** 假如同学们去市场购买银耳，你将会选择下列图中的哪一种？

图片展示：两种外貌截然不同的银耳：

第一种色泽暗淡、性状干枯；第二种个体丰满、颜色润白。

**【讨论交流】** 同学们大多喜欢第二种，原因是它卖相好，诱人喜爱。也有少数同学表示犹豫，理由是第二种可能是经漂白美化过的。

**【质疑探究】** 不法分子是如何进行食品“美白的”？

**【新闻连线】**

**央视《生活》报道：银耳竟用硫磺熏致癌物超标百倍**

银耳有“菌中之冠”的美称！不少人把它看作营养滋补佳品。然而不法生产者为了把银耳变白，用硫磺加以薰蒸，满足了消费者银耳越白越好的错误心理。据悉，近日有关部门在上海、北京、福建市场几十种银耳商品进行检查，无一合格，残留 $SO_2$ 严重超标…

$SO_2$ 已成为食品安全的头号元凶，它被不法生产者用作腌制蔬菜中的防腐剂、米面食品中的美白剂、脱皮蔬果中的抗氧化剂、香蕉龙眼的催熟剂…

在塑料帐篷中用硫磺熏银耳

设计意图：

“民以食为天”，而现实中我们的食品安全问题令人触目惊心！“教学的中心即是生活”，在实际生活中选定某些典型真实的事例，设计出能对学生的知识、情感、意识产生强烈刺激或构成挑战的问题，不仅激起学生的求知欲望，更重要的是加强法制意识和社会责任感的教育，使教学具有鲜活的生命力。

**【情景模拟】** 探究硫燃烧的产物——$SO_2$ 能具有漂白性吗？

操作：在钟罩中预先放有新鲜的红花、绿叶、果皮（青香蕉）等各少许，用燃烧匙进行硫的燃烧实验。

现象：一段时间后红花、绿叶、香蕉皮的颜色逐渐变黄、变白。

结论：$SO_2$ 具有漂白性。

设计意图：

“耳听为虚，眼见为实”，媒体新闻消息是间接得来的，而情景模拟能使学生亲眼目睹，亲身感受，更具有真实感和说服力。

**【生活应用】** $SO_2$ 为什么成为质检、卫生部门追查的食品安全的头号元凶？老百姓购买这类食品时如何尽可能擦亮眼睛，让我们的餐桌越来越安全？

**【资料卡片 1】** $SO_2$ 是食物的“化妆品”，目前食品不合格多半因为 $SO_2$。$SO_2$ 遇水会形成 $H_2SO_3$，而 $H_2SO_3$ 及其盐可引起人们支气管痉挛，并会在人体内转化成致癌物质亚硝胺。如果食品中 $SO_2$ 残留量超标，长期食用这类食品，对人体的肝、肾脏等有严重损害，并有致癌作用。

**【资料卡片 2】** 专家提醒：天然的银耳从色泽上看，颜色是很自然的、淡黄色的；从形状上看，好的银耳外形是完整的，泡过以后不蔫不软；从气味上看，好银耳的气味应该是自然芳香。如果颜色很白、能闻到刺激性的气味或对舌有刺激或辣的感觉，就可能是经过硫磺熏蒸的。

**【捕捉信息】** 从上述实验和资料卡片 1、2 中你能获取 $SO_2$ 的哪些物理性质？

设计意图：

从提供资料卡片的方式不仅让学生了解食品中 $SO_2$ 残留量超标对人体健康的损害，学会简单判别银耳等食品优劣的方法，积累生活经验，以免受骗上当，而且从生活视角巧妙进入化学视角，自然引出 $SO_2$ 的物理性质。

**【归纳补充】** 一、$SO_2$ 的物理性质

$SO_2$ 气体无色、易溶于水、有刺激性的气味、易液化、密度比空气大。

**【实验探究】** $SO_2$ 气体的溶解性及其水溶液的酸性、漂白性。

演示：① 把盛满 $SO_2$ 气体的试管倒立于水中；②至液面稳定后，堵住管口，移出水面；③将试管中液体分成两份，一份用 pH 测定，并滴入紫色石蕊试液；另一份滴入品红试液。

现象：①中管内液面的上升；③中溶液 $pH<7$，石蕊试液变红，品红试液褪色。

结论：$SO_2$ 的水溶液显酸性；能使品红试液褪色，但不能使石蕊试液褪色。

**【讨论导出】** 二、$SO_2$ 的化学性质

性质 1. 与水的反应

$$SO_2 + H_2O \rightleftharpoons H_2SO_3$$ （分析可逆反应特征）

（$H_2SO_3$：中强弱酸，不稳定，只能存在于水溶液中）

性质 2. $SO_2$ 的漂白性

$$\text{某些有机色质(含水)} \xrightarrow{SO_2} \text{褪色} \xrightarrow{\triangle} \text{复原}$$

**【回忆思考】** 我们已学过还有哪些物质具有漂白脱色作用？

**【交流共享】** 有 $Cl_2$、HClO、$Na_2O_2$、$H_2O_2$、$O_3$、活性炭等。

**【实验探究】** $SO_2$ 的漂白性与 $Cl_2$ 的漂白性相同吗？

设计方案、实验操作、观察现象、推断结论：

| 实验 | 现象 | 结论 |
|---|---|---|
| ① 在两份浓氯水中分别滴入石蕊和品红试液 | 溶液均褪色 | 氯水漂白范围较 $SO_2$ 广 |
| ② 在盛有已通 $SO_2$ 漂白的品红溶液（无色）的小试管上部放一小块红色花瓣，加热试管 | 溶液变红而花瓣变白 | $SO_2$ 的漂白性不稳定，加热易复原，有一定可逆性 |
| ③ 在已使品红试液褪色的氯水试管的小试管上部放一小块红色花瓣，加热试管 | 溶液不变红且花瓣也不变白 | 氯水的漂白性稳定，加热不复原 |

**【分析原理】** $Cl_2$ 等氧化剂是将有机色素氧化而褪色，一旦氧化，很难复原，具有不可逆性。

而 $SO_2$ 是与某些有机色素化合生成无色的不稳定的化合物，加热或久置分解而恢复原来的颜色，所以 $SO_2$ 的漂白性不稳定。

**【资料支持】**

> $SO_2$ 的漂白原理：
>
> $SO_2$ 溶解于水成 $H_2SO_3$，$H_2SO_3$ 与有色的有机物质直接结合而成无色化合物。品红的结构中有一个发色团，该发色团遇到 $H_2SO_3$ 后，生成不稳定的无色化合物，改变了发色团的结构。这种无色化合物不稳定，遇热时，又分解为发色团。
>
> 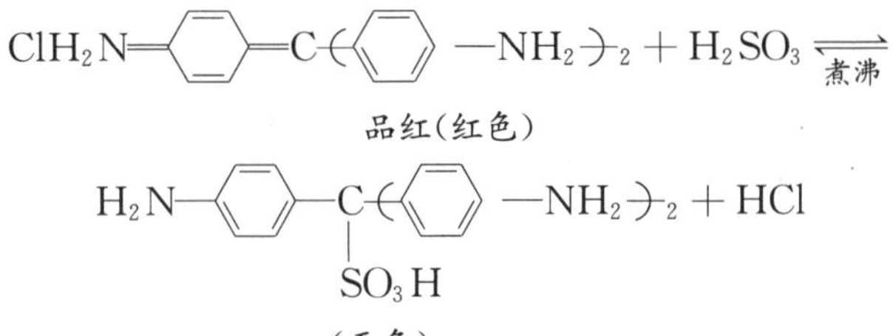
> 
>
> 品红(红色)
>
> (无色)

**【组织讨论】** 比较 $SO_2$ 和氯水溶液的漂白性

| | $SO_2$ | $Cl_2$ |
|---|---|---|
| 漂白原因 | | |
| 漂白效果 | | |
| 漂白范围 | | |
| 对紫色石蕊的作用 | | |
| 对品红的作用 | | |
| 两种气体混合对漂白的影响 | | |

**【发散归纳】** 试从漂白原理对 $SO_2$、$Cl_2$、$Na_2O_2$、HClO、$O_3$、$H_2O_2$、活性炭漂白脱色进行分类。

| 物质 | 漂白机理 | 反应本质 | 脱色特点 |
|---|---|---|---|
| $SO_2$ | 化合反应 | 化学反应 | 不稳定、可逆 |
| $Cl_2$、$Na_2O_2$、HClO、$O_3$、$H_2O_2$ | 氧化反应 | 化学反应 | 稳定、不可逆 |
| 活性炭 | 吸附作用 | 物理变化 | 不稳定 |

**【生活应用】** 我们生活中经常见到的课本、报纸、草帽、织物等，崭新的时候非常白净，为什么过几年就会变黄？你预测可能是用哪种漂白剂？

**【判断解释】** 可能用 $SO_2$ 的漂白，它具有不稳定性。

设计意图：通过实验奇特的现象去激发学生思考 $SO_2$ 漂白与 $Cl_2$ 漂白的不同，发散比较 $SO_2$ 的漂白性机理与 HClO、$Na_2O_2$ 等不同，不仅学会分类思考问题，寻求资料获得支持，而且明白分析现象要从其本质、原理去考虑，要认识事物的全面性。

**【生活探究】** 日常生活中我们经常见到削皮的土豆、荸荠等露置于空气中很快变色，但家庭主妇常把它去皮后浸泡于水中，土豆等就不易变色，这是为什么？菜场里小贩们削皮土豆并不泡在水中，但能放上半天甚至一整天，这又是为什么？

**【猜想交流】** 去皮土豆等浸泡于水中可减少与空气的接触，可抑制其氧化变色。

**【新闻线索】**

> **脱皮蔬果：$SO_2$＝抗氧化剂**
>
> 据了解，目前市场上用 $SO_2$ 溶液浸泡脱皮蔬果的现象相当普遍。"不浸泡的话，蔬果一般几小时就变得颜色暗淡不新鲜。经营者为了能使产品卖相好看，采用这种方法不仅能抑制氧化，还能使食物表面光洁、颜色润白，且很少有疤痕"执法人员透露，几乎90％的脱皮蔬菜 $SO_2$ 超标。

**【引发思考】** $SO_2$ 能能抑制氧化，说明它具有怎样的性质？

**【推断假设】** 性质3. $SO_2$ 的还原性

**【探索论证】** $SO_2$ 具有还原性吗？可设计哪些方案？如何选择试剂？

**【交流讨论】** 核心关键：选择合适的氧化剂，发生现象明显的氧化还原反应，如颜色变化等。

方案1：$SO_2$ 能否使 $KMnO_4$ 溶液褪色。

方案2：$SO_2$ 能否使氯水、溴水溶液褪色。

方案3：$SO_2$ 能否使 $FeCl_3$ 溶液褪色，并可加入 $BaCl_2$ 溶液进一步检验。

方案4：$SO_2$ 水溶液，滴加 $BaCl_2$ 钡溶液，再滴加 $H_2O_2$ 溶液，振荡…

**【分组实验】** 全班分工，完成4个实验，记录现象，并汇报交流，导出结论：

**表 2-3-1　对蜡烛燃烧实验现象的描述**

| 实验编号 | 实验现象 | 结论 |
| --- | --- | --- |
| 实验 1 | 紫红色褪去 | $SO_2$ 能被 $KMnO_4$ 溶液氧化 |
| 实验 2 | 浅黄绿色或浅棕黄色褪去 | $SO_2$ 能被氯水、溴水氧化 |
| 实验 3 | 黄色褪去，加入 $BaCl_2$ 后出现白色沉淀 | $SO_2$ 能被 $FeCl_3$ 溶液氧化成 $SO_4^{2-}$，$SO_4^{2-}$ 与 $Ba^{2+}$ 生成 $BaSO_4$ |
| 实验 4 | 先无沉淀，后出现白色沉淀 | $SO_2$ 与 $BaCl_2$ 不反应，但能被 $H_2O_2$ 氧化氧化成 $SO_4^{2-}$ |

**【引导思考】** (1) 如何论证 $SO_2$ 使 $KMnO_4$ 等溶液褪色不是漂白褪色？

(2) 为什么 $SO_2$ 具有还原性？它可能有氧化性吗？

(3) $SO_2$ 与 $BaCl_2$ 不反应，能与 $Ba(OH)_2$ 溶液反应吗？为什么？

**【交流探讨】** (1) 利用 $SO_2$ 漂白的不稳定性，将褪色后溶液加热若不复原，则说明之。

(2) 从 S 元素化合价进行分析。+4 价 S 处于 S 元素的中间价态，既可升高又可降低。

(3) $SO_2$ 是一种酸性氧化物。

**【归纳推断】** 性质 4. $SO_2$ 的氧化性　如：$2H_2S+SO_2 = 3S+2H_2O$

性质 5. 具有酸性氧化物的通性

(1) 与碱溶液反应：$Ba(OH)_2+SO_2 = BaSO_3\downarrow+H_2O$

$Ca(OH)_2+SO_2 = CaSO_3\downarrow+H_2O$

(2) 与碱性氧化物的反应：$SO_2+CaO = CaSO_3$

(3) 与某些盐的反应：$Na_2CO_3+SO_2 = Na_2SO_3+CO_2$

$NaHCO_3+SO_2 = NaHSO_3+CO_2$

酸性：$H_2SO_3>H_2CO_3$

设计意图：从生活中脱皮蔬果的保存问题入手，巧妙引出 $SO_2$ 的还原性。鼓励学生设计不同方案，支持学生的自我体现，培养学生学会表达自己、倾听他人意见、反思个人知识结构和思维方式的意识和能力。对学生提供的方案进行评析，并选择典型方案进行分工合作，实验论证，提高课堂效率。引导从化学视角（化合价）来分析 $SO_2$ 具有的还原性、氧化性，并进一步融合酸性氧化物性质的应用。

**【生活探究】** 通常使用的火柴头上的易燃物中含有硫，设计怎样的方案进行实验论证？

**【讨论聚焦】** (1) 设计怎样的装置能将火柴头燃烧的气体尽可能进入反应液中？

(2) 怎样选择合适的试剂？

**【设计方案】** (1) 从生活中获得启迪，联想家用厨房中的排油烟机、生活中的注射器等。

将多根火柴放在如图 1-4-2 所示的实验装置中的漏斗下面，用点燃几根火柴，慢慢拉动注射器活塞抽气，让火柴燃烧产生的气体通过反应液。

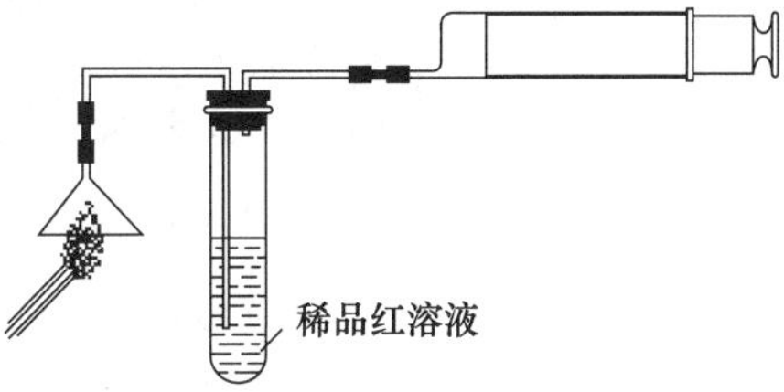


图 1-4-2　$SO_2$ 的性质实验

(2) 选择合适的试剂：稀品红溶液（或稀溴水、稀 $KMnO_4$ 溶液等）。

**【引诱质疑】** 在上述方案中能否使用饱和石灰水？为什么？

**【探讨分析】** 火柴燃烧同时产生 $SO_2$、$CO_2$，都能使饱和石灰水变浑浊，故不能。

**【比较归纳】** $SO_2$、$CO_2$ 的性质（略）

**【思考问题】** 1. 如何鉴别 $CO_2$ 和 $SO_2$？

2. 如何验证 $CO_2$ 气体中是否含 $SO_2$？如何验证中 $SO_2$ 气体是否含 $CO_2$？

3. 如何除去 $CO_2$ 中的 $SO_2$？

图 1-4-3　我国酸雨和 $SO_2$ 每年造成的经济损失

设计意图：

美国教育专家格兰特·威金斯说过：“知识必须在解决问题的过程中得到运用或在运用中发现新的问题，从而激发学生的探究兴趣，才能显示出其重要性。”以一个有趣的生活小探究揭示出 $SO_2$、$CO_2$“你中有我、我中有你”的相互关系。

**【拓展总结】** $SO_2$ 在生活、生产中的功过（略）

**【启迪升华】** 观看下列两张图片（图 1-4-3 和图 1-4-4），思考你能为减少 $SO_2$ 污染做些什么？你能提出哪些合理化建议？

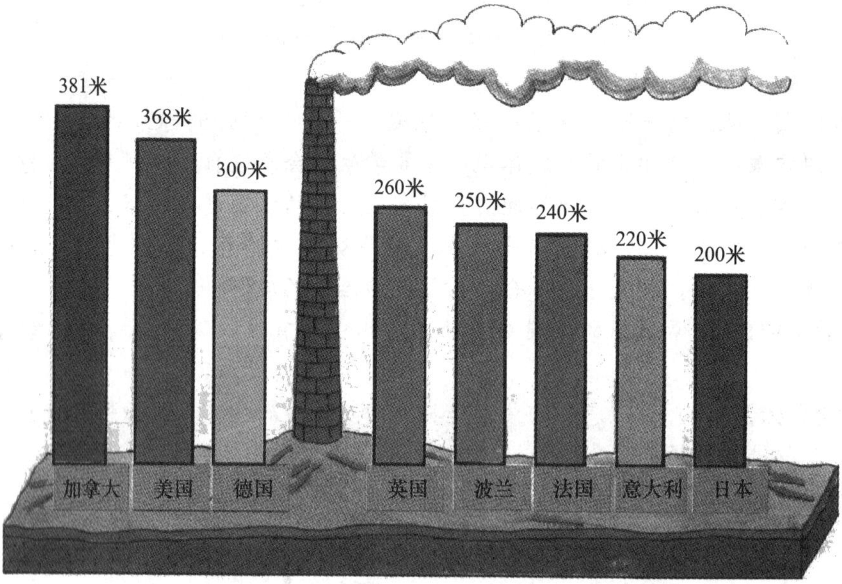


图 1-4-4　升高烟囱，是为了给圣诞老人出难题吗？

设计意图：我国酸雨的产生、危害以一幅简明的情景示意图呈现，一目了然。各国烟囱的竞相升高，“是为了给圣诞老人出难题吗？”的图示标题颇具讽刺、幽默之感，“我们能做什么？我们应做什么？”发人深省，意味深远。

### 4.3.2　化学实验趣味化

化学实验具有动机功能，可以激发学生学习化学的兴趣，这是人们的共识，但是“做了化学实验就一定能激发学生学习化学的兴趣”吗？据国内外的各种调查显示，很多中学生对化学学习的兴趣正在明显下降。导致这一现状的原因是多方面的，但做了化学实验，是否就一定能激发学生学习化学的兴趣这一问题不能不引起化学教育工作者的思考。为此，如何增强化学实验的趣味性，成为人们关注和研究的又一主题。因此我们在探究性实验内容的选择上应增加实验内容的趣味性，应以生动、鲜明、新奇的实验现象来引发学生的思考和激发学生学习化学的兴趣。例如，“火山喷发”“烧不坏的手帕”“蜡烛自燃”“滴水生火”等火系列实验。还有水系列实验，如“一杯几色”“化学酒店”“净水变色”“白花变成彩色花”等。此外，还可以利用“家庭小实验”增强实验的趣味性，即利用生活中的一些常见用品作为实验仪器和试剂，由学生在家里独立完成的一类实验。这类实验仪器和试剂相对易得，实验较为安全，操作不复杂，且具有一定的创新性。因此，这类实验对于激发学生的探究兴趣，使化学实验更好地贴近生活、贴近社会，提高学生的科学素养具有重要价值。

### 4.3.3　化学实验绿色化

绿色化学也称环境友好化学、清洁化学，它是指对环境没有或者只有尽可能小的负面作用的化学过程。化学实验绿色化常包括以下两方面。

（1）化学实验的绿色化设计。从实验设计来看，化学实验的绿色化就是选取绿色化的原料，采用“原子经济性”的化学反应，使所获得的产物绿色化，如图 1-4-5 所示①。

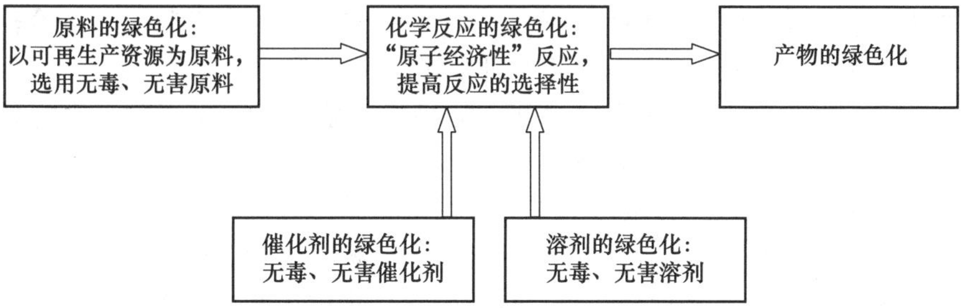


图 1-4-5　化学实验绿色设计

“原子经济性”是指化学反应应该最大限度地利用原料分子中的每一个原子，使它们都结合到目标分子（产物）中，从而达到零排放（即没有副反应、不生成副产物、不产生废弃物）。

---

①　闵恩泽，傅军. 绿色化学的进展［J］. 化学通报，1999，（1）：10-15.

（2）微型化学实验。100％的原子利用率，是化学实验绿色化设计所追求的理想目标。但是在实际的化学反应中、在目前的状况下，很多化学反应很难达到100％的原子利用率，为此，非常有必要研究如何降低化学反应污染程度的问题。而化学实验微型化就是解决这一问题的重要措施。微型化学实验具有以下一些特点。

a. 操作安全、污染小。微型实验试剂用量少，反应产物少，实验中不会造成危险；同时，生成的污染性物质的量少，对环境的污染就小。

b. 节省实验时间。微型实验同常规实验相比，具有仪器简单、用剂量少，反应速率快、现象明显的特点。所以，演示实验微型化能节省实验时间，提高课堂教学的质量。

c. 节省实验经费。实验表明，微型实验的试剂用量比常规实验节省90％，且采用代用品做实验，在仪器上花费也很少，故微型实验大大节省了实验经费。

绿色化学思想体现了化学科学、技术和社会的相互联系和相互作用，是社会对化学科学发展的新要求，对于保护人类赖以生存的环境、实现人类社会的可持续发展具有重要意义。因此，绿色化学的理念，理应成为化学课程与教学改革的重要指导思想，在实验内容的选择上要重视实验的清洁化，尽可能地采用一些微型实验。

## 4.4　化学实验探究教学模式与策略

为了保证实验探究教学的顺利实施，教师如何在教学中选择和运用有效的化学实验教学策略是值得每一位化学教学工作者深思的问题。

### 4.4.1　化学实验探究教学模式

在中学化学课程标准中，实验探究被作为化学实验教学新的目标和方式，实验探究模式也成为当前化学实验教学的重要模式。针对探究教学的含义和化学实验教学的程序，我们可将实验探究教学归纳为以下几种模式。

（1）模式Ⅰ：如图1-4-6所示，模式中的科学抽象指的是对实验现象的分析，即在人的思维中，排除认识非本质属性，而抽取其共同的本质属性的一种方法。科学抽象的进行，需要运用比较、分类、归纳和概括等逻辑方法。因此，教学中应尽可能选用多的具体事例作为探究对象，以便进行充分的分析、比较、归纳和概括，使得出的结论令人信服。很多元素化合物知识、化学概念、定律、原理等都可运用此模式来进行教学。

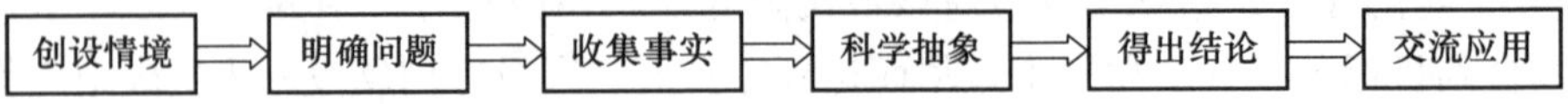


图1-4-6　化学实验探究教学模式Ⅰ

（2）模式Ⅱ：如图1-4-7所示，模式中的假说是指根据已知的实验事实和科学理论，对未知的自然现象及其规律所做的一种推理和解释。假说的形成一般要经过提出假说和验证假说两个阶段。假说的提出通常包括两个环节：一是根据为数较多的实验事实和科学理论提出假设；二是在假设的基础上进行推理和判断。假说的验证包括实验验证，其中实验检验是最直接、最可靠、最有力的方式。

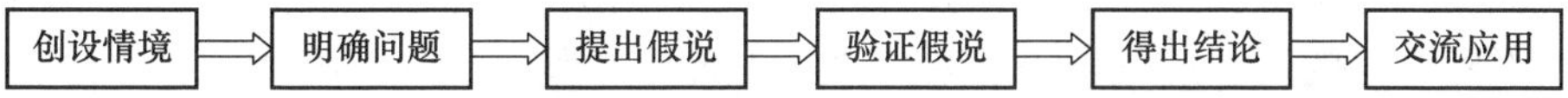


图 1-4-7　化学实验探究教学模式Ⅱ

上述两种模式的划分并不是绝对的。在同一教学内容中既可以按照模式Ⅰ，也可以按照模式Ⅱ进行设计，但两者在培养学生能力方面的作用程度是有区别的。以假说及其验证为主要内容的模式Ⅱ，由于要求学生要大胆地进行想象和推测，发表自己的见解，因而更有利于培养学生的想象力和创造力。中学生在不同学习阶段的思维特点不尽相同，在高年级更善于进行推理和判断，主动思考问题，发表独立见解。因此，教师可根据教学内容和学生的实际情况，灵活运用不同的教学模式，有计划、有步骤地培养学生的科学探究能力。

(3) 模式Ⅲ：如图 1-4-8 所示，二次实验法是指对初次实验中所发现的问题进行第二次探究性的实验，它也是新课程改革的成果。教育心理学研究表明，“问题”是学生学习的心理动力，思维永远从问题开始。古人云“为学患无疑，疑则有进”“小疑则小进，大疑则大进”。传统教学易让学生养成尊重权威、自我克制、长于记忆等心理心惯与行为方式，从整体上看缺乏创新精神。新课程倡导教师要善于引导学生敢于质疑，向权威质疑、向课本质疑、向教师质疑。“疑”是学习的需要，也是创造创新的基础。

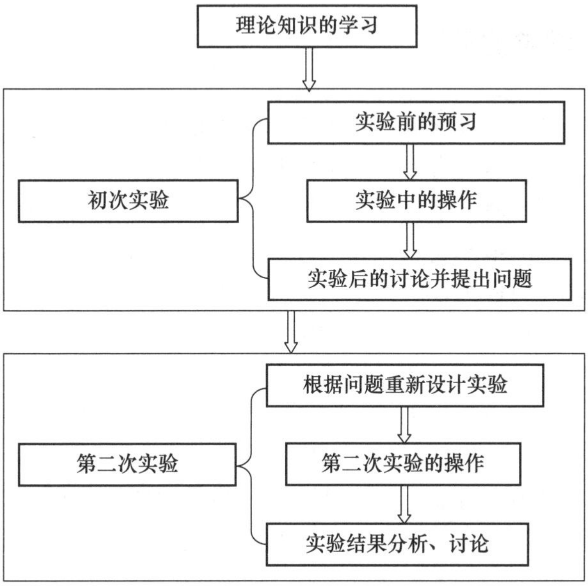


图 1-4-8　二次实验法教学模式Ⅲ

二次实验法是在保证传统化学教学的知识体系和基本技能培养的基础上所进行的探究性实验教学。初次实验教学是传统的验证性或探究性实验教学，帮助学生理解实验的基本操作技能和原理；第二次实验是在第一次实验之后，在学生已掌握一定的操作技能和基础上，针对第一次实验过程中所产生的问题进行的重新设计和探究实验。

初次实验教学阶段，在验证和巩固理论课上所学的基础理论和知识的过程中，教师要善于引发学生的问题意识，一系列的“是什么”，“为什么”，不仅可以帮助学生思考，使学生明确实验的目的，而且可鼓励学生大胆质疑，勇于创新，这样也为第二次的探究性实验做好铺垫。归纳起来，初次实验教学要达到以下 3 个目的：让学生理解基本的实验原理；让学生掌握基本的实验操作技能；让学生提出一定的问题，为第二次实验研究探究的主题方向。

第二次实验教学阶段，学生针对初次实验所产生的问题，设计并实施第二次实验。该阶段教学的主要目的是引导学生冲破书本的束缚，培养学生敢于质疑、开拓创新的精神和继承性的批判思维。

二次实验法教学的提出是源于前苏联教学论专家马赫穆托夫创立的问题教学法。问题教学法一般分为 5 个步骤：即发现问题、提出问题、假设、实验验证、得出结论。与之相对应的，在二次实验法教学的过程中也有 5 个步骤。分别是：①在初次实验中，学生必须要意识到某个问题；②在学生意识到问题以后，必须能清楚地界定这个问题；③一旦对初次实验做过透彻的检查和分析，就会产生某个假设；④对该假设进行实验验证；⑤实验验证之后得出结论。

二次实验法教学应是问题教学法在实验教学中的一种运用与体现，它的价值在于，一方面可以避免传统教育灌输教材的方法；另一方面，学生可以在解决问题的过程中充分发展其创新思维。

### 4.4.2 实验探究教学的策略

为了顺利实施实验探究教学的各项工作，教师在教学中应注意针对教学内容、针对学生的实际情况，选择和运用有效的化学实验教学策略。

（1）通过具体事例，使学生认识实验探究对于化学科学研究和化学学习的重要性。化学科学的每项研究都离不开实验，离不开探究；学生的化学学习要想实现发展科学探究能力、提高科学素养的目标，同样也离不开实验，离不开探究。实验探究是化学科学研究和化学学习的重要特征之一。对于实验探究的重要性，教师在实验教学中应注意通过具体事例，使学生在实验探究的活动中加以认识。

（2）采取多种形式和手段，为学生创设生动活泼的实验探究教学情景。创设生动的实验教学情景，营造活泼的实验探究氛围，是开导实验探究教学的首要环节和重要基础。为此，教师在教学中一方面应注意开发多种教学资源，充分利用自然景观、日常生活和社会问题、物质及其变化、科技成就和化学史实等各种素材；另一方面还应采取多种形式和手段，如实物、模型、图表、实验和 IT（信息技术）等，充分发挥素材的教学价值，从而达到激发学生探究积极性的目的。

(3) 紧密结合教学内容特点，引导学生在实验探究中学，学实验探究方法。实验探究教学的实施，应结合具体的化学教学内容来进行，应注意为学生提供自主实验探究学习的各种活动，使学生在实验探究的活动中学习化学教学内容，学习实验探究的方法，经历和体验实验探究的过程。

(4) 将演示实验转化为探究性问题或实验。在演示实验中，利用新的教学理念及“演示实验”的教育功能，创造性地使用教材：对于必须由教师亲自做的演示实验，可使用探究法的叙述代替结论性的解释；运用科学家的思维方式分析和处理资料；将易操作、易成功，没有破坏性和危害性的实验改为学生的探究实验。对于验证结论性的实验，教学中可根据实际需要改用提出化学实验问题→猜想与假设→实验验证假说→科学结论→解释与应用的模式，将演示实验转化为学生分组探究实验。

例如，初中化学制取 $CO_2$ 方法的探究实验，教师先设计以下 4 个实验方案：

方案一：$Na_2CO_3$＋稀 HCl

方案二：$Na_2CO_3$＋稀 $H_2SO_4$

方案三：$CaCO_3$＋稀 HCl

方案四：$CaCO_3$＋稀 $H_2SO_4$

用 4 个方案进行探究。原教材是直接告诉学生制备方法和结论，而探究实验可以通过创设类似科学研究的情境，重演了科学知识的再生产过程，展示出“探究 $CO_2$ 实验室制法的最佳方案”的思路和方法，并学会解释为什么要用这种最佳方案。这一教学程序直接反映了从实验研究至获得科学结果的过程，使学生体验了探求知识的乐趣，亲身感受了科学家研究问题的经历。这种真切、客观、直接理解化学及化学知识的形成过程，实现了知识和技能的迁移以及知识和方法的求索、学术问题的研讨、创新思维的挖掘、科学素养的自我形成。

(5) 将验证性实验转化为探究性实验。验证性实验是根据课本设计好的方案，由教师提供实验试剂与仪器，再让学生动手操作，最后填写“实验报告”。这种程序限制了学生的创新思维与分析、解决问题能力的建构。为此，根据客观条件和学生认知结构的特点，有选择地将一部分验证性的学生实验改为探究性实验可以有效激发学生学习化学的兴趣，同时也培养了学生的探索精神。探究过程中，教师与学生一起提出问题、作出假设、设计实验方案（包括方案可行性的论证）、实验研究、综合分析现象、解释和交流、作出结论、反思与评价等。

**【案例 5】 探究金属活动顺序表中金属与酸的反应。**

(1) 提出问题：a. 金属活动顺序表中的金属都能与酸发生置换反应？

b. 金属与酸反应的现象是否一样？

(2) 猜想与假设：HCl 能与镁、铁、锌、铜等反应。

(3) 实验探究方法：

a. 实验操作：向加入镁条、铁片、锌粒、铜片的 4 个试管中分别倒入 2mL 稀 HCl，观察发生的现象。

b. 实验现象（如下表所示）：

| | 实验现象 | 化学方程式 |
|---|---|---|
| Mg 和 HCl | 迅速产生大量气泡 | $Mg+2HCl \xlongequal{} MgCl_2+H_2\uparrow$ |
| Fe 和 HCl | 缓慢产生气泡，溶液由无色逐渐变为浅绿色 | $Fe+2HCl \xlongequal{} FeCl_2+H_2\uparrow$ |
| Zn 和 HCl | 产生气泡 | $Zn+2HCl \xlongequal{} ZnCl_2+H_2\uparrow$ |
| Cu 和 HCl | 实验无变化 | |

c. 总结分析：是不是所有的金属都能和 HCl 反应？

通过比较发现，这四组实验可分成两类：一类发生化学反应；另一类不发生化学反应，且反应的剧烈程度和速率不同。

d. 结论：不是所有的金属都能和 HCl 反应。在金属活动性顺序中排在氢前面的金属能置换出酸里的氢，排在氢后面的金属不能置换出酸里的氢，且排得越前面的金属与酸反应越剧烈。

e. 探索：能否用银和 HCl 反应制 $H_2$？

此例探究性实验表明，学生对酸与金属反应的规律认识更全面，记忆更深刻，知识掌握更牢固，理解更透彻，知识探索与应用能力同步到位。

## 4.4.3　实验探究教学设计应注意的问题

在进行实验探究教学设计时要注意以下问题。

(1) 探究的选题要注意适度，能引起学生兴趣和具有可操作性。第一，选择的探究内容对于学生来讲，通过对学生已有的知识、能力的提取和综合，是可以进行探究并能得到结果的，但是，这些内容对学生来讲决不能毫无疑问、不费努力即可解决。适宜的难度要求探究的内容具有适度的不确定性，其变量的多少要以学生能够掌握和控制为限度，过多的变量使学生产生过多的疑惑。第二，能够满足学生现实需要的内容，能够引起学生兴趣。这也是当代科学教育把目光转向学生生活、选择切合学生实际内容的原因之一。学生有一种天生的好奇倾向，喜欢探索未知世界，喜欢探究问题的答案。随着问题的解决，学生的好奇心得到了满足，也同时感受到了成就感，这将成为学生进一步探究的动力所在。第三，探究教学的特征决定着探究内容应具有可操作性，即探究内容是可以通过有步骤的探究活动得到答案的问题。一是探究的结果与某些变量之间具有因果联系，这种因果联系通过演绎推理是可以成立的。二是这种因果联系在现有条件下可以通过探究活动而证明。现有条件，即是一方面是指现有的物质条件，如学习材料、实验设备等。另一方面指学生已有的知识准备、技能准备等。

(2) 以学生为主体，教师是学生学习的高级合作者，是引导者、组织者、促进者。探究教学在实质上是一种模拟性的科学研究活动。具体来说，它包括两个相互联系的方面：一是有一个以“学”为中心的探究学习环境。这个环境中有丰富的教学材料、各种教学仪器和设备等，而且这些材料是围绕某个知识主题来安排，而不是杂乱无章；有民主和谐的课堂气氛，使学生很少感到有压力，能自由寻找所需要的信息，自己作种种设想，以自己的方式检验自己设想。总之，这种环境要使学生真正有独立探究的机会和愿望，而不是被教师直接引向问题的答案。二是教师给学生提供必要的帮助和指导，使学生在探究中能明确方向。这种指导和帮助的形式与传统教学中教师的作用有很大的不同，主要是通过安排有一定内在结构、能揭示各现象间的联系的各种教学材料，以及在关键时候给学生必要的提示等。实验的成功，结论的得出，将使学生初步尝试科学探究的乐趣，从而激发学生的学习积极性和主动性，使学生在主动探究的同时，受到科学方法的训练，逐步认识和熟悉科学思维的一般规律。这有利于培养学生的创新精神和实践能力，提高学生的科学素质。由于实验、讨论是以小组形式进行，可充分调动每个学生参与的积极性，比传统教学要求学生承担更多的管理任务，使学生真正成为自主的思考者和学习者，从而取得良好的教学效果。教师在学生进行探究活动时应做到认真倾听学生的讨论、意见，必要时要介入学生的讨论中，最后还要进行点评。

**探究性实验教学示例：质量守恒定律①**

1. 提出问题

情境创设：观察蜡烛燃烧时天平指针的变化。

实验现象：放蜡烛一端天平上翘。

学生思考：蜡烛燃烧发生化学变化生成的 $CO_2$ 和水跑到空气中，所以放蜡烛一端天平上翘。那么如果将生成的 $CO_2$ 和水收集起来，天平指针会怎样变化？

提出问题：蜡烛燃烧前后物质种类发生变化物质的质量改变吗？

2. 猜想与假设

学生分组讨论、交流，提出三种不同的观点：增大、减小、不变。

3. 设计实验方案并进行实验

1）确定化学反应作为研究对象

下列的反应可供你选择，当然你也可以选择其他的反应。

（1）HCl 和大理石（主要成分是 $CaCO_3$）反应生成 $CO_2$、水和氯化钙（$CaCl_2$）。

（2）氢氧化钠（NaOH）溶液和硫酸铜（$CuSO_4$）溶液反应生成氢氧化铜［$Cu(OH)_2$］和硫酸钠（$Na_2SO_4$）。

（3）白磷在空气中燃烧，生成五氧化二磷（$P_2O_5$）。

2）选择实验所需的仪器、药品

托盘天平、烧杯、胶头滴管、锥形瓶、酒精灯、橡胶塞（带孔和不带孔都有）、塑料袋（或气球）、细线、导管、试管、试管夹、玻璃棒、细沙、放大镜、火柴…

HCl、大理石、$CuSO_4$ 溶液、NaOH 溶液、白磷…

3）确定实验操作步骤并进行实验

| 实验步骤和方法 | 实验现象 |
|---|---|
| 称量反应前反应物和反应容器的总质量 | |
| | |
| | |
| | |

① 石秀竹. 化学探究性实验教学的认识和实践［J］. 山东教育（中学刊），2004，(11)：45.

在进行实验前，首先要让学生将自己设计出的实验方案交流，引导学生互相补充，教师给予适当的指导，一定说明实验安全的注意事项。

4. 得出实验结论

学生根据教师的指导，依据实验方案，积极分工协作，共同完成实验，做好现象记录，分析现象，得出实验结论。

实验证明，在化学反应前后，物质的总质量是：________（增大、减小、不变）。

问题交流：同学们所获得的实验结论相同吗？哪种结论是正确的？导致实验结论错误的原因可能有哪些？

如：同样选择 $CaCO_3$ 与稀 HCl 的反应，有的小组得出实验结果是物质总质量不变，有的小组得出实验结果是物质总质量减少。

交流分析：由于锥形瓶口没有套气球，生成气体跑了，没有称生成物中气体的质量。

5. 解释与分析

情境创设：为什么在化学反应前后物质总质量不发生变化呢？你能否根据原子在化学反应过程中表现出来的特性来解释这一事实？

学生讨论、归纳：以水通电分解的微观过程为例，化学反应过程中原子的数目种类质量都没有改变。

## 参考文献

陈琴，庞丽娟. 科学探究：本质、特征与过程的思考［J］. 科学教育，2005，21（1）：3-4.
辞海（中）. 上海：上海辞书出版社，1989：2657.
丁玉娟. 高中化学实施探究性实验教学的实践研究［D］. 呼和浩特：内蒙古师范大学，2013.
高文君，田小现. 国内外探究水平研究综述［J］. 上海教育科研，2011，（2）：54.
国家研究理事会. 美国国家科学教育标准［S］. 戢守志，译. 北京：科学技术文献出版社，1999：30. 26. 146-216. 71.
靳玉乐. 探究教学论［M］. 重庆：西南师范大学出版社，2001.
李惠娟. 从生活中感悟化学——“$SO_2$ 的性质”教学设计案例［J］. 中学化学教学参考，2009，（9）：24-26.
刘知新. 化学教学论［M］. 北京：高等教育出版社，2009. 6：
闵恩泽，傅军. 绿色化学的进展［J］. 化学通报，1999，（1）：10-15.
石秀竹. 化学探究性实验教学的认识和实践［J］. 山东教育（中学刊），2004，（11）：45.
韦冬余. 施瓦布科学探究教学思想研究［D］. 上海：华东师范大学，2013：67.
徐学福. 美国“探究教学”研究 30 年［J］. 全球教育展望，2001（8）：57.
徐学福. 美国《国家科学教育标准》中的探究［J］. 外国教育研究，2003，（3）：50-55.
姚焕英. 在实验教学中应大力推行微型实验. 中学化学教学参考，2000，（6）：28-29.
张成军. 中学生物学实验教学［M］. 北京：科学出版社，2009：96.
郑长龙. 关于科学探究教学若干问题的思考［J］. 化学教育，2006，（8）：6-7.

# 第二部分　实　践　篇

# 专题1　中学化学实验基本操作训练

## 实验一　粗食盐的提纯

### 一、实验目的

1. 练习称量、溶解、加热、过滤、蒸发、液体取用等化学实验的基本操作技能。
2. 理解过滤法分离混合物的原理。
3. 体会过滤的原理在生活、生产等社会实践中的应用。

### 二、实验原理

粗食盐中含有泥沙等不溶性杂质及 $Ca^{2+}$、$Mg^{2+}$、$K^{+}$、$SO_4^{2-}$ 等可溶性杂质，将粗食盐溶解于水后，用过滤的方法可以除去不溶性杂质。$Ca^{2+}$、$Mg^{2+}$、$SO_4^{2-}$ 等离子可以通过化学方法——加沉淀剂使之转化为难溶沉淀物，再过滤除去。$K^{+}$ 等其他可溶性杂质含量少，留在母液中。粗食盐提纯，就是要除去食盐水中的杂质，通过过滤操作进行固-液分离，得到的滤液通过蒸发浓缩可以得到食盐晶体。

### 三、实验用品

仪器和装置：托盘天平、称量纸、量筒、烧杯、玻璃棒、药匙、漏斗、漏斗架、铁架台（带铁圈）、蒸发皿、酒精灯、坩埚钳、胶头滴管、滤纸、剪刀、火柴。

试剂和材料：粗食盐、水、$BaCl_2$ 溶液、NaOH、$Na_2CO_3$、HCl、pH 试纸。

### 四、实验内容

#### 1. 粗食盐的称量与溶解

用量筒量取 30mL 水倒入烧杯中，用托盘天平称取 8g 粗食盐。将称取的粗食盐加入烧杯里的水中，加热并用玻璃棒不断搅拌，使其溶解。

2. 将可溶性杂质转化为难溶性杂质并过滤（图 2-1-1）

在煮沸的食盐水中，边搅拌边加入 1mol · $L^{-1}$ $BaCl_2$ 约 2mL，沉淀完全后过滤，保留滤液，弃去沉淀。在滤液中加 1mL 2mol · $L^{-1}$ NaOH 溶液和 3mL 1mol · $L^{-1}$ $Na_2CO_3$ 溶液，沉淀完全后继续小火加热至沸 2min，过滤，保留滤液，弃去沉淀。

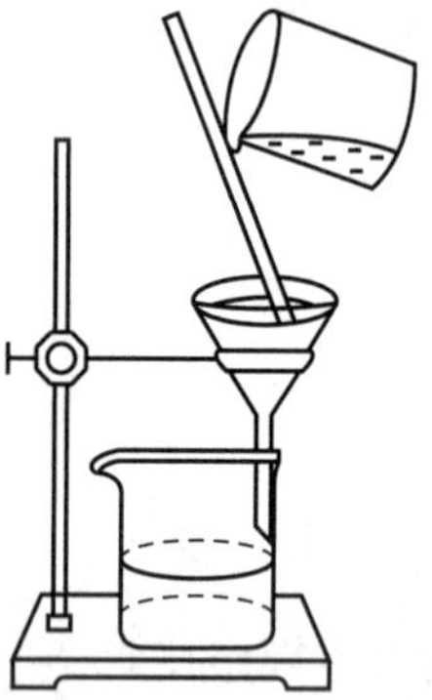
图 2-1-1　过滤操作

思考：滤液的主要成分是________，粗食盐中的________不溶于水、留在滤纸上。被分离过滤可除去粗食盐水中的________。

3. 调节溶液的 pH

在滤液中逐滴加入 2mol · $L^{-1}$ HCl 溶液，充分搅拌，并用玻璃棒蘸取滤液在 pH 试纸上试验，直到溶液呈酸性(pH＝2～3 为止)。

4. 蒸发

将蒸发皿放到铁架台的铁圈上，把滤液倒入蒸发皿中，用酒精灯加热，并用玻璃棒不断搅拌液体，待出现较多固体时停止加热。

思考：随着加热的进行，蒸发皿中液体的量________；当蒸发到一定程度时，蒸发皿底部有________析出，蒸发后得到的固体为________色。得到固体的主要成分是________。

5. 称量

待蒸发皿中的固体冷却至室温后，称量所得固体的质量。

固体质量为________ g，精食盐的产率为________。

## 五、思考题

1. 在粗食盐提纯实验中，最关键的操作是哪一步？这一操作成败的标志是什么？如果失败应如何补救？

2. 计算在 30mL 水中约能溶解粗食盐的质量。

3. 从实验中体会玻璃棒的几个用途，并用该实验举例说明。

4. 在取用固体药品时，多取的药品能不能放回原瓶？为什么？能不能用滤纸称量固体药品？为什么？

5. 从滴瓶中取用液体试剂时，能不能把滴管伸入所用的容器（如试管）中？为什么？

6. 在本实验中蒸发浓缩的目的是什么？如果不小心蒸干了，怎么办？

7. 本实验的教学目的是什么？

8. 本实验教学的重点和难点是什么？

# 实验二　溶液的配制

## 一、实验目的

1. 学会配制溶液的操作技能和方法。
2. 练习使用托盘天平、量筒、容量瓶等。
3. 加深对溶质的质量分数、物质的量浓度等概念的理解。

## 二、实验原理

一般溶液配制的步骤是：计算所需试剂的用量，再进行称量或量取、溶解、定容，最后贴上标签即可。溶液的配制按浓度要求不同，其配制方法也不同。中学常用的溶液浓度有质量分数和物质的量浓度。

（1）溶质的质量分数是溶液中溶质B的质量和溶液质量的比值，其计算公式为

$$b_e = m_{溶质}/m_{溶液} \times 100\%$$

例如，欲配制500g 20%的NaOH水溶液，其浓度20%是质量分数浓度。

配制溶液时，先按上述公式计算出所需NaOH的质量为100g(500g×20%)，水的质量为400g(500g−100g)，再分别称量或量取，最后将100g NaOH溶于400g水中即得到欲配制的溶液。

（2）物质的量浓度是用单位体积溶液中所含溶质B的物质的量来表示溶液组成的物理量，常用的单位有$mol \cdot L^{-1}$。溶液的物质的量浓度（$c$）、溶质B的物质的量（$n$）和溶液的体积（$V$）与溶质B的质量（$m$）之间存在以下关系（$M$为溶质的摩尔质量）：

$$n = c \times V \qquad m = c \times V \times M$$

例如，欲配制$0.1mol \cdot L^{-1}$的碳酸钠水溶液500mL，算出所需碳酸钠的质量为$5.3g(0.1mol \cdot L^{-1} \times 0.5L \times 106g \cdot mol^{-1})$；再用500mL容量瓶进行配制。

在用浓溶液配制稀溶液时，溶液的体积发生变化，但溶液中溶质的物质的量不变，即在溶液稀释前后，溶液中溶质的物质的量不变。存在如下数量关系：

$$c(浓) \cdot V(浓) = c(稀) \cdot V(稀)$$

若是粗略配制溶液，一般先计算出配制一定体积溶液所需固体溶质的质量（或者是所需浓溶液的体积），然后用台秤称取所需固体试剂（如果是溶液则用量筒量取），倒入烧杯中，再用量筒量取所需蒸馏水也倒入烧杯、搅拌，使固体完全溶解即得到所需溶液。将溶液倒入试剂瓶中，贴上标签，备用。

若是需要准确配制，则需要用分析天平准确称出溶质的质量（如果是溶液则用移液管移取），然后在干净烧杯中加适量的蒸馏水使其完全溶解，将溶液转移至容量瓶（与所配溶液体积相应）中，用少量蒸馏水洗涤烧杯 2～3 次，洗液也移入容量瓶中，再加蒸馏水至标线处，盖上塞子，将溶液摇匀即成所配溶液，最后将溶液移入试剂瓶中，贴上标签，备用。

## 三、实验用品

仪器和装置：托盘天平、烧杯（100mL）、量筒（10mL、100mL）、玻璃棒、药匙、容量瓶（100mL、250mL）、胶头滴管、试剂瓶。

试剂和材料：NaCl 固体、浓 $H_2SO_4$（18.4mol · $L^{-1}$）、$CuSO_4$ 固体、蒸馏水。

## 四、实验内容

### 1. 配制 100mL 质量分数为 5%的 NaCl 溶液

（1）计算试剂用量

需 NaCl 固体的质量为________ g，需蒸馏水质量为________ g，体积________ mL。

（2）进行溶液配制操作

a. 将用托盘天平称量好的 NaCl 固体倒入烧杯中。

b. 选用合适的量筒，量取所需体积的蒸馏水，并倒入盛有 NaCl 固体的烧杯中。

c. 用玻璃棒搅拌，直至 NaCl 固体全部溶解。

d. 把配制好的溶液倒入试剂瓶中，并贴上标签。

### 2. 配制 250mL 0.1mol · $L^{-1}$的 $CuSO_4$ 溶液

（1）计算试剂用量。需 $CuSO_4$ 固体________ g。

（2）称取所需的 $CuSO_4$ 固体，并倒入烧杯中。

（3）溶解：向盛有 $CuSO_4$ 固体的烧杯中加入少量蒸馏水，用玻璃棒搅拌使其溶解，转移到 100mL 容量瓶中，洗涤烧杯 2～3 次，定容、摇匀，配制成所要求浓度的溶液。

（4）转入准备好的试剂瓶，并贴好标签。

3. 配制 50mL 3mol·$L^{-1}$的 $H_2SO_4$ 溶液。

（1）计算试剂用量。需浓 $H_2SO_4$ ________ mL（浓 $H_2SO_4$ 的物质的量浓度一般是多少）。

（2）量取所需的浓 $H_2SO_4$。

（3）稀释：取少量蒸馏水于烧杯中，将量取的浓 $H_2SO_4$ 沿烧杯壁倒入水中，并不断用玻璃棒搅拌；待冷却后，把冷却的 $H_2SO_4$ 溶液转入 50mL 容量瓶中，洗涤烧杯 2～3 次，定容。

（4）将容量瓶中的溶液转入准备好的试剂瓶中，贴好标签备用。

## 五、思考题

1. 如何配制一定体积、一定物质的量浓度的溶液？简述操作过程。

2. 为什么要把浓 $H_2SO_4$ 沿烧杯壁慢慢倒入水中，能否将水倒入浓 $H_2SO_4$ 中，为什么？

3. 为什么要用蒸馏水洗涤烧杯内壁，并且将洗液也注入容量瓶？

4. 如果将烧杯中的溶液在转移时洒到容量瓶外，最后配制得到的溶液中溶质的实际浓度与要求的浓度发生了什么变化？

5. 你认为本实验操作的重点和难点有哪些？

6. 本实验在教学过程中主要培养学生哪些方面的实验技能？

# 实验三　用 $CCl_4$ 从碘水中萃取碘

## 一、实验目的

1. 掌握萃取、分液等实验操作的操作技能。

2. 复习氧化还原反应知识。

3. 理解萃取、分液方法分离混合物的化学原理。

## 二、实验原理

碘单质在 $CCl_4$ 中的溶解度是其在水中溶解度的 85 倍，并且 $CCl_4$ 与水互不相溶，因此可以用 $CCl_4$ 把碘单质从水中萃取出来。

碘水中碘元素主要以碘单质存在，还有部分以 $I^-$ 的形式存在，利用 $I^-$ 具有较强的还原性，可以使用氧化剂如 $H_2O_2$ 将其氧化生成碘单质。

$$H_2O_2 + 2H^+ + 2I^- = I_2 + 2H_2O$$

## 三、实验用品

仪器和装置：烧杯、试管、玻璃棒、分液漏斗、量筒、胶头滴管。

试剂：碘水、3% $H_2O_2$ 溶液、3mol·$L^{-1}$ $H_2SO_4$、淀粉溶液、$CCl_4$。

## 四、实验内容

（1）碘离子转化成碘单质：取约 20mL 碘水于烧杯中，加入几滴 $H_2SO_4$，再加入约 2mL 3% $H_2O_2$ 溶液，混匀，反应约 1min，观察现象。

（2）碘的检验：取 1mL 溶液于试管中，滴加几滴淀粉溶液，观察现象。

（3）萃取分液：将剩余的溶液转移到分液漏斗中，加入约 10mL $CCl_4$，振荡、静置、观察现象。然后将下层液体从下口转入烧杯，上层液体从上口倒出，取少量上层液体再加入几滴淀粉溶液，观察现象，并与未萃取前的现象进行比较。

（4）回收溶有少量碘的 $CCl_4$ 溶液。

# 实验四　由自来水制备蒸馏水

## 一、实验目的

1. 了解蒸馏操作的原理。
2. 掌握蒸馏分离混合物的方法。

## 二、实验原理

实验室中使用的纯水可以通过蒸馏的方法获得，称为蒸馏水。蒸馏是分离和提纯液体混合物常用的一种方法，其过程是将液体加热至沸，使液体变为蒸气，然后再将蒸气冷凝成液体，因此可以把混在液体中的其他杂质除去。

自来水通常用 $Cl_2$ 进行消毒杀菌，因此自来水中含有较多的 $Cl^-$，还溶有一些其他离子，通过蒸馏的方法，可以除去自来水中的 $Cl^-$ 及其他的杂质。溶液的电导率与溶液中离子的数量成正比，通过测量和比较自来水和蒸馏水的电导率，可以评价蒸馏提纯的效果。

## 三、实验用品

仪器和装置：蒸馏烧瓶、牛角管、锥形瓶、冷凝管、量筒、沸石、铁架台、石棉网、酒精灯、温度计、电导计、密度计。

试剂：自来水、稀 $HNO_3$ 溶液、$AgNO_3$ 溶液。

## 四、实验内容

### 1. 自来水的性质

观察自来水的外观并测量其密度：取 100mL 量筒中加入约 50mL 自来水，小心放入密度计，测量自来水的密度，记录数据。

### 2. 检验自来水中的 $Cl^-$

取适量自来水，加入适量的 $AgNO_3$ 溶液，观察现象，再加入适量稀 $HNO_3$ 溶液，观察现象。

### 3. 蒸馏

(1) 在蒸馏烧瓶中加入 100mL 自来水，加入几粒沸石，以防止加热时暴沸。

(2) 连接好蒸馏装置，在冷凝管中按图 2-1-2 所示方向通入冷却水。

(3) 小心加热，观察蒸馏烧瓶中发生的现象以及温度计示数的变化。当蒸馏水从冷凝管进入锥形瓶时，记录此时的温度。待收集到约 50mL 蒸馏水时，即停止加热，稍后关闭冷凝水。

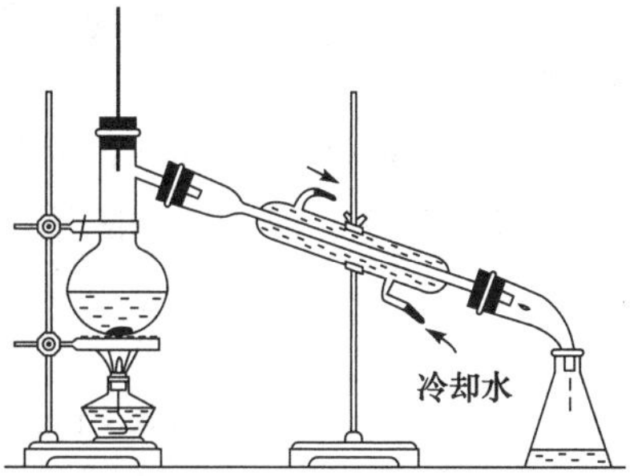

图 2-1-2　蒸馏自来水

### 4. 检验制得的蒸馏水

(1) 用与前面相同的方法检验蒸馏水中的 $Cl^-$，并进行比较。

(2) 测量蒸馏水的密度。

(3) 用电导计分别测量自来水和蒸馏水的电导率，分析蒸馏提纯的效果。

## 五、思考题

1. 萃取溶剂要满足什么条件才能从碘水中萃取出碘单质？已知碘在乙醇中的溶解度大于水，那么可以选用乙醇吗？为什么？

2. 下列各组混合物中，能用分液漏斗进行分离的是（　　）

A. 乙醇和水　B. 碘和 $CCl_4$　C. 水和 $CCl_4$　D. 汽油和植物油

3. 若要分离碘的 $CCl_4$ 溶液，得到碘单质和 $CCl_4$ 溶剂，可以采用什么方法和装置？

4. 在粗盐提纯的实验中，使用了蒸发方法；在制取蒸馏水的实验中，使用了蒸馏方法。试比较这两种方法有什么不同。

5. 通过萃取和蒸馏实验能培养学生的哪些实验技能?

6. 设计进行萃取实验教学的方案。

# 实验五　几种常见气体的实验室制备

## 一、实验目的

1. 掌握制取气体的一般方法。
2. 学习实验室制取 $O_2$、$H_2$、$Cl_2$ 的方法。
3. 掌握实验室制取气体的收集方法。

## 二、实验原理

反应原理主要考虑反应能否进行、反应的快慢、生成物的纯度以及原料的价格等。

(1) 制取 $O_2$：采用的是含氧化合物分解的方法。常用的药品是 $KMnO_4$、$KClO_3$、$H_2O_2$ 和 $MnO_2$，$MnO_2$ 一般用作催化剂。

$$10KMnO_4 \xlongequal{\triangle} 3K_2MnO_4 + 7MnO_2 + 6O_2\uparrow + 2K_2O$$

$$(2KMnO_4 \xlongequal{\triangle} K_2MnO_4 + MnO_2 + O_2\uparrow)$$

$$2KClO_3 \xlongequal{\triangle} 2KCl + 3O_2\uparrow \quad 2H_2O_2 \xlongequal{} 2H_2O + O_2\uparrow$$

(2) 制取 $H_2$：采用的是活泼金属和酸发生置换反应的方法。实验室常用 Zn 和稀 $H_2SO_4$。酸不用 $HNO_3$ 和浓 $H_2SO_4$ 等氧化性酸，因为没有 $H_2$ 生成；也不用 HCl，因为收集的气体中会混有 HCl；金属不用 Mg、Al，因为它们比较活泼，反应速率过快；也不用 Fe，因为它活动性弱，反应太慢。

$$Zn + H_2SO_4(稀) \xlongequal{} ZnSO_4 + H_2\uparrow$$

(3) 制取 $Cl_2$：采用的是浓 HCl 和 $MnO_2$ 发生氧化还原反应的方法。反应有一定的污染，应该在通风橱中进行。实验采用浓 HCl，生成的 $Cl_2$ 中肯定含有 HCl，所以要除杂。

$$MnO_2 + 4HCl(浓) \xlongequal{} MnCl_2 + 2H_2O + Cl_2\uparrow$$

气体的收集主要根据气体的性质而采用排水法或排空气法。

(1) $O_2$ 在水中溶解度小，密度又略大于空气，所以既可以采用排水法又可以采用向上排空气法。

(2) $H_2$ 在水中的溶解度很小，可以采用排水法，同时 $H_2$ 密度小于空气，可以选用向下排空气法。

(3) $Cl_2$ 可以和水反应并且在水中溶解度较大，不能用排水法收集；$Cl_2$ 的密度大于空气，可以选用向上排空气法。由于 $Cl_2$ 的污染性，还要做好尾气处理，用 NaOH 溶液吸收尾气。

## 三、实验用品

仪器和装置：硬质大试管、铁架台（带铁夹）、水槽、玻璃片、启普发生器、滴液漏斗、烧瓶、导管、酒精灯、托盘天平、集气瓶、石棉网、烧杯。

试剂：$KClO_3$、$MnO_2$、锌粒、稀 $H_2SO_4$、工业浓 HCl、10% NaOH 溶液。

## 四、实验内容

### 1. $O_2$ 的制备

取 3g $KClO_3$、1g $MnO_2$ 研碎后混合均匀、斜铺在大试管底部，用酒精灯加热，待大试管内空气排完，用排水法收集 $O_2$ 两瓶。

### 2. $H_2$ 的制备

在启普发生器中加入适量锌粒和适量的稀 $H_2SO_4$，待验纯后用排水法收集 $H_2$ 一瓶。

### 3. $Cl_2$ 的制备

按图 2-1-3 所示连接装置，先检验装置的气密性。在烧瓶中加入约 3g $MnO_2$ 粉末，从滴液漏斗慢慢注入 10mL 浓 HCl，缓慢加热，用向上排空气法收集 $Cl_2$ 两瓶，多余的气体用 10%NaOH 溶液吸收（注意：本实验应在通风橱中进行操作）。

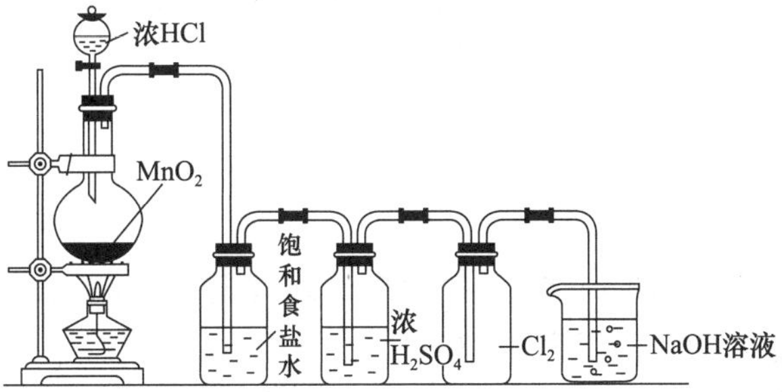


图 2-1-3　制取 $Cl_2$ 的装置

## 五、思考题

1. 在制取 $O_2$ 时有什么注意事项?

2. 如何进行 $H_2$ 的纯度检验?

3. 在制取 $Cl_2$ 时，分析各部分装置的作用，如果要验证 $Cl_2$ 是否有漂白作用，应该怎么做?

4. 通过制取 $O_2$、$H_2$、$Cl_2$ 的实验能培养学生的哪些实验技能?

5. 分析制取 $O_2$、$H_2$、$Cl_2$ 实验的教学重点和难点。

6. 设计进行 $Cl_2$ 制取实验的教学方案。

# 实验六　常见离子的检验

## 一、实验目的

1. 了解定性分析方法。

2. 掌握常见离子的检验方法。

3. 练习常见离子检验的实验操作技能。

## 二、实验原理

每种离子都有其特定的化学性质，可以利用离子的特定化学性质将它们区分开来，这就是离子检验。

## 三、实验用品

仪器和装置：试管、量筒（10mL）、滴管、铂丝、酒精灯、钴玻璃、pH 试纸。

试剂：$Na_2CO_3$ 溶液、$BaCl_2$ 溶液、稀 $HNO_3$、$NH_4Cl$ 溶液、NaOH 溶液、HCl、KCl 溶液、NaCl 溶液、$CaCl_2$ 溶液、草酸、乙酸、$AlCl_3$ 溶液、$FeCl_3$ 溶液、KSCN 溶液、$CuCl_2$ 溶液、氨水、$AgNO_3$ 溶液、$Na_2SO_4$ 溶液。

## 四、实验内容

**$Na^+$**：取铂丝先蘸取 HCl 灼烧 2～3 次后，观察火焰无颜色，再蘸取 NaCl 溶液，观察焰色，焰色反应呈黄色，则证明含有 $Na^+$。

**$K^+$**：同上方法清洗铂丝至火焰无色，蘸取 KCl 溶液，通过蓝色钴玻璃观察焰色，有紫色火焰，则证明含有 $K^+$。

**$Ca^{2+}$**：取4～5滴$CaCl_2$溶液，加适量草酸反应生成白色$CaC_2O_4$沉淀，加乙酸，沉淀不溶解。则证明含有$Ca^{2+}$。

**$Al^{3+}$**：取3mL $AlCl_3$溶液，逐滴加入NaOH溶液，先有白色絮状沉淀生成，接着白色絮状沉淀消失，证明含有$Al^{3+}$。

**$Fe^{3+}$**：取4～5滴$FeCl_3$溶液，加入适量KSCN溶液，溶液变成血红色，则证明含有$Fe^{3+}$。

**$Cu^{2+}$**：取1mL $CuCl_2$溶液，逐滴加入氨水，先有蓝色沉淀生成，接着沉淀溶解为深蓝色溶液，说明含有$Cu^{2+}$。

**$Cl^-$**：取5滴NaCl溶液，先加入$AgNO_3$溶液，有白色AgCl沉淀，再加入稀$HNO_3$，沉淀不溶解，则说明含有$Cl^-$。

**$SO_4^{2-}$**：取5滴$Na_2SO_4$溶液，加$BaCl_2$溶液，有白色沉淀生成，加入$HNO_3$，沉淀不溶解，则说明有$SO_4^{2-}$。

**$CO_3^{2-}$**：取4～5滴$Na_2CO_3$溶液，加入$BaCl_2$溶液，产生白色沉淀，再加入稀$HNO_3$，沉淀溶解，产生无色无味的气体，证明含有$CO_3^{2-}$。

**$NH_4^+$**：取4～5滴$NH_4Cl$溶液，加入适量NaOH溶液后加热，将湿润的pH试纸靠在试管口，试纸显碱的颜色，说明溶液含有$NH_4^+$。

# 实验七　酸碱中和滴定

## 一、实验目的

1. 了解进行定量分析的方法。
2. 学习酸碱中和滴定分析的过程和方法。
3. 练习使用酸碱滴定管、容量瓶和移液管。
4. 复习巩固物质的量浓度的相关计算。

## 二、实验原理

酸（A）与碱（B）发生中和反应：

$$a\text{A}+b\text{B}=\!=\!=c\text{C}+d\text{H}_2\text{O}$$

达到化学计量点时

$$n(\text{A})/n(\text{B})=\!=\!=a/b \quad c(\text{A})\cdot V(\text{A})=a/b\cdot c(\text{B})\cdot V(\text{B})$$

式中，$c(\text{A})$、$c(\text{B})$分别为A、B的浓度（$mol\cdot L^{-1}$）；$V(\text{A})$、$V(\text{B})$分别为A、B反应过程中所消耗的体积（L或mL）。因此，只要知道其中一种溶液的准确浓度和两者滴定时所消耗的体积就可以确定另一种溶液的浓度。

本实验以酚酞为指示剂，用NaOH溶液滴定HCl溶液，以甲基橙为指示剂，用HCl溶液滴定NaOH溶液，将两组实验结果进行对比。

## 三、实验用品

仪器：烧杯（50mL、100mL、500mL）、量筒（50mL）、酸式滴定管（50mL）、碱式滴定管（50mL）、锥形瓶（250mL）、移液管（25mL）、试剂瓶（500mL）、台秤、玻璃棒。

试剂：浓 HCl（$12mol \cdot L^{-1}$）、NaOH（s）、酚酞指示剂、甲基橙指示剂。

## 四、实验内容

### 1. 溶液的配制

1）粗略配制 $0.1mol \cdot L^{-1}$ NaOH 溶液

用 50mL 的烧杯在台秤上称取 1g 固体 NaOH，加入煮沸除去 $CO_2$ 的蒸馏水，搅拌使其溶解，转移至 250mL 的烧杯中，再加入蒸馏水稀释至烧杯的刻度线并搅拌均匀，转移至试剂瓶中并贴上标签。

2）粗略配制 $0.1mol \cdot L^{-1}$ HCl 溶液

用 $12mol \cdot L^{-1}$浓 HCl 溶液配制 250mL $0.1mol \cdot L^{-1}$ HCl 溶液，计算所需浓 HCl 的体积，用量筒量取所需体积的浓 HCl 倒入 500mL 的烧杯中，再加入蒸馏水稀释至烧杯的刻度线并搅拌均匀，转移至试剂瓶中并贴上标签。

### 2. 碱滴定酸

用 $0.1mol \cdot L^{-1}$ NaOH 溶液润洗已经洗净的碱式滴定管，再向滴定管装入 NaOH 溶液并超过“0”刻度线，赶出下端的气泡，调节滴定管内溶液的凹液面与“0”刻度线相切，准确读数并记录。

用 $0.1mol \cdot L^{-1}$ HCl 溶液润洗 25mL 的移液管，准确移取 25.00mL 的 HCl 溶液到 250mL 的锥形瓶中。加酚酞指示剂 2 滴，用 $0.1mol \cdot L^{-1}$NaOH 溶液滴定 HCl 溶液，接近终点时用蒸馏水冲洗锥形瓶内壁，再继续滴定，直至加入半滴 NaOH 溶液后变为淡红色，且在 30s 内不褪色即为终点，准确读取所消耗 NaOH 溶液的体积并记录（表 2-1-1）。按照上述的操作再滴定两次，3 次测定结果的相对平均偏差不大于 0.2%。

**表 2-1-1 碱滴定酸的实验记录**

| 滴定次数 | 1 | 2 | 3 |
|---|---|---|---|
| $V$（HCl）/mL | 25.00 | 25.00 | 25.00 |
| $V$（NaOH，初读数）/mL | | | |
| $V$（NaOH，终读数）/mL | | | |
| $V$（NaOH，平均值）/mL | | | |
| 相对平均偏差/% | | | |

3. 酸滴定碱

用 HCl 溶液润洗已经洗净的酸式滴定管，再向滴定管装入 HCl 溶液，赶出下端的气泡，调节滴定管内溶液的凹液面与“0”刻度线相切，准确读数并记录。

用 $0.1mol \cdot L^{-1}$ NaOH 溶液润洗 25mL 的移液管，准确移取 25.00mL NaOH 溶液到 250mL 锥形瓶中。加甲基橙指示剂 2 滴，用 HCl 溶液滴定至溶液由黄色变成橙色，准确读取所消耗 HCl 溶液的体积并记录（表 2-1-2）。按照上述的操作再滴定两次，3 次测定结果的相对平均偏差不大于 0.2%。

比较碱滴定酸、酸滴定碱实验中酸碱用量的不同。

**表 2-1-2　酸滴定碱的实验记录**

| 滴定次数 | 1 | 2 | 3 |
|---|---|---|---|
| $V$ (NaOH)/mL | 25.00 | 25.00 | 25.00 |
| $V$ (HCl，初读数)/mL | | | |
| $V$ (HCl，终读数)/mL | | | |
| $V$ (HCl，平均值)/mL | | | |
| 相对平均偏差/% | | | |

## 五、实验讨论

1. 取下列盐中的两种混合，加水溶解后，有沉淀生成，将沉淀分成两份，一份加 HCl 溶液，溶解，另一份加 $HNO_3$，也溶解。则可能是哪两种盐？

$BaCl_2$、$AgNO_3$、$Na_2SO_4$、$(NH_4)_2CO_3$、KCl

2. 含某种或某些阴离子的未知溶液，检验结果如下：

(1) 溶液呈酸性时，无气体产生；

(2) 加入 $BaCl_2$ 溶液，无沉淀生成；

(3) 加入 $AgNO_3$ 溶液，产生黄色沉淀，再加 $HNO_3$，沉淀不溶解；

(4) 酸性溶液使 $KMnO_4$ 溶液褪色，加入含碘单质的淀粉溶液，蓝色不褪去；

(5) 与 KI 溶液无反应。

由以上实验结果，推测可能存在哪些阴离子，说明理由，并给出证明的方法。

3. 能否在分析天平上准确称取固体 NaOH 直接配制标准溶液？为什么？

4. 在滴定分析中，滴定管、移液管为什么用操作溶液润洗？锥形瓶和容量瓶是否也要用操作溶液润洗？为什么？

5. 从倡导探究教学的理念出发，设计物质的检测实验教学方案。

6. 设计进行酸碱中和滴定实验的教学方案。

## 参考文献

韩润平. 化学实验员简明手册，化学分析篇 [M]. 北京：中国纺织出版社，2007.
刘胜强. 中学化学实验实用手册 [M]. 陕西：陕西师范大学出版社，2006.
王磊. 中学化学实验及教学研究 [M]. 北京：北京师范大学出版社，2009.
熊言林. 化学教学论实验 [M]. 合肥：安徽大学出版社，2004.

# 专题2　中学化学演示实验

## 实验一　氧气的制取及性质实验

氧气（oxygen gas 或 dioxygen，分子式 $O_2$）是氧元素最常见的单质形态，占空气总体积的21%，是自然界中生物体赖以生存的重要物质，其在工业生产、医药卫生等领域有着重要的作用。

**【请你从教师的角色思考】**

1.“$O_2$ 的性质”演示实验在相应教材中的地位和作用？

______________________________________________________________________

_____________________________________________________________________。

2. 新教师应该如何做好预备实验？

______________________________________________________________________

_____________________________________________________________________。

### 一、实验前讨论

1. $O_2$ 有哪些性质，如何证明空气中有 $O_2$ 存在？

2. 实验室制取 $O_2$ 的装置中，哪套装置能够帮助我们尽快地收集到 $O_2$，哪套更适合学生实验？

3. 生活中如何获得 $O_2$？

### 二、实验用品

**仪器**：硬质试管、带胶塞导气管、集气瓶、水槽、火柴、酒精灯、铁架台、铁夹、玻璃棒、镊子、燃烧匙、砂纸。

**药品**：$KClO_3$、$MnO_2$、$KMnO_4$、5%$H_2O_2$、新制饱和澄清石灰水、木炭、硫粉。

材料：蜡烛、铁丝。

### 三、实验内容

#### 1. $O_2$ 的实验室制取与收集

（1）$KClO_3$ 加热分解法

称取 9g $KClO_3$，在研钵中轻轻压碎（切不可研磨）和 3g $MnO_2$（事先在蒸发皿内焙烧处理过)，倒入研钵中混匀后装入大试管中（20mm×200mm），然后按图 2-2-1 把仪器装置好。

加热试管中的混合物，收集五瓶 $O_2$（其中一瓶要留五分之一体积的水）待用。

思考：为了顺利地完成下面的性质实验，需要用排空气法和排水法各收集几瓶 $O_2$？

____________________________________________。

（2）$KMnO_4$ 加热分解法：此方法所用的实验装置和 $KClO_3$ 加热分解法相同。但为了防止 $KMnO_4$ 因受热沿导气管逸出或堵塞导气管，可在试管口塞一小团棉花。

思考：如果 $KMnO_4$ 因受热沿导气管逸出会有何影响，如果 $KMnO_4$ 堵塞导气管又有何影响？

____________________________________________。

（3）$H_2O_2$ 分解法实验装置如图 2-2-2 所示，在锥形瓶或具支试管中加入 0.5～1.5g $MnO_2$ 并加入少量的水，将浓度为 10%～15%的 $H_2O_2$ 用分液漏斗逐滴滴入，使反应平稳地进行。

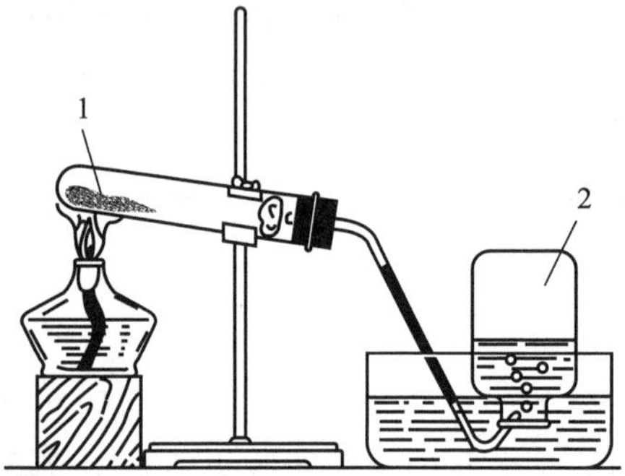


图 2-2-1 $O_2$ 制取实验装置

1. 混合物；2. $O_2$

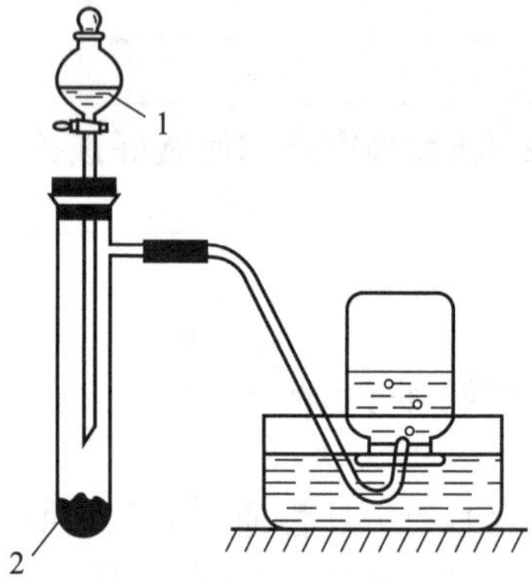


图 2-2-2 $O_2$ 制取实验装置

1. $H_2O_2$；2. $MnO_2$

| 实验编号 | 原理 | 现象 |
|---|---|---|
| (1) | | |
| (2) | | |
| (3) | | |

思考：请你从以上 3 个实验的时间、产率等角度思考哪个实验适合做演示实验，哪个实验适合做学生实验。

____________________________________________

____________________________________________。

## 2. 试验 $MnO_2$ 的催化作用

（1）在一个试管中加入 5mL 5% $H_2O_2$ 溶液，把带火星的木条（可以用香线来代替效果更好）伸入试管，木条是否复燃？

（2）微微加热装有 $H_2O_2$ 溶液的试管，有什么现象发生？把带火星的木条伸入试管，观察发生的现象。

（3）在另一个试管中加入 5mL 5% $H_2O_2$ 溶液，并加入少量 $MnO_2$，把带火星的木条伸入试管。观察发生的现象。

（4）待实验（3）的试管中没有气泡时，重新加入 1mL 5% $H_2O_2$ 溶液，观察发生的现象。如果再加 $H_2O_2$ 溶液，又有什么现象？

| 实验编号 | 原理 | 现象 |
|---|---|---|
| (1) | | |
| (2) | | |
| (3) | | |
| (4) | | |

结论：＿＿＿＿＿＿＿＿＿＿＿＿＿＿＿＿＿＿＿＿＿＿＿＿＿＿＿＿＿＿。

思考：通过以上实验操作，你认为实验（2）的装置在设计上是否有不足之处，如果有，请你提出改进措施及你的改进装置图。

## 3. $O_2$ 的性质实验

1）木炭在 $O_2$ 中燃烧

用坩埚钳夹取一小块木炭在酒精灯焰上烧红，并吹旺，放入燃烧匙里慢慢地伸入盛有 $O_2$ 的集气瓶中试验（图 2-2-3），观察木炭在 $O_2$ 中燃烧的情况。燃烧停止后用玻璃片盖好集气瓶待集气瓶稍稍冷却后，往瓶里倒进澄清石灰水，观察现象。鉴定燃烧产物 $CO_2$，要用新制的、饱和的、澄清的石灰水。

图 2-2-3
木炭在 $O_2$ 中燃烧实验装置

2）硫在 $O_2$ 中燃烧

在燃烧匙里放入少量硫粉，加热到发生燃烧，观察硫在空气里燃烧的现象。然后把燃烧着硫的燃烧匙，伸进盛有 $O_2$ 的集气瓶中，观察现象（图 2-2-4）。

3）铁丝在 $O_2$ 中燃烧

把细铁丝用砂纸打亮，然后绕成螺旋状，一端用木夹或镊子夹住，另一端系在一根火柴上，点燃火柴后，待火柴梗快要烧完时，立即连同燃烧匙伸进盛有 $O_2$ 的集气瓶中，观察现象。

4）蜡烛在 $O_2$ 中燃烧

将点燃的一小节蜡烛放在燃烧匙中，然后将燃烧匙和点燃的蜡烛一起伸进盛有 $O_2$ 的集气瓶中，观察蜡烛在 $O_2$ 中燃烧的情况（图 2-2-5）。燃烧停止后用玻璃片盖好集气瓶口，待集气瓶稍稍冷却后，往瓶里倒进澄清的石灰水，观察现象。集气瓶应干燥（用排气法收集 $O_2$），以便证明产物中有 $H_2O$ 生成。

图 2-2-4　硫在 $O_2$ 中燃烧实验装置

图 2-2-5　蜡烛在 $O_2$ 中燃烧实验

## 四、指导与建议

1. 用分解 $KClO_3$ 的方法制取 $O_2$，取用的 $KClO_3$ 和 $MnO_2$ 的质量比以 4∶1 为最佳，此时反应速率适中。$KClO_3$ 是一种强氧化剂，若混有少量可燃烧杂质（如纸屑、炭粉、硫粉等），在加热或摩擦情况下都会引起爆炸。为此，称量时要用干净的表面皿，不能采用一般的纸。$MnO_2$ 事先放在蒸发皿中灼烧过，以除去可能含有的有机物杂质和炭屑。将 $KClO_3$ 和 $MnO_2$ 混合时可以用玻璃棒慢慢搅匀，切不可混研。在制 $O_2$ 过程中，若有小爆炸及火星闪光也应立即停止加热。

2. $KMnO_4$、$KClO_3$ 和 $MnO_2$ 的混合物要平铺在试管中（不超过试管容积的 1/3），不要堆积在试管的底部，防止气流冲散固体粉末。加热时，灯焰应该从试管前部往试管底部移动，以防止剧烈反应时将固体反应物喷散。

3. 导气管口开始放出的气泡成分主要是空气，不宜收集让其排尽。只有当出现连续均匀的气泡时才可收集。

4. 做 $O_2$ 的性质实验时，一般应将燃烧物从瓶口慢慢伸向瓶底，以充分利用全部气体，延长燃烧时间，同时也避免集气瓶局部受热炸裂。因此，燃烧匙杆上可穿一个硬纸片，这样燃烧匙伸进集气瓶时盖子自动盖上，以减少 $O_2$ 外逸。

5. 鉴定燃烧产物 $CO_2$ 的石灰水，必须是新制的、饱和的、澄清的。石灰水放置过久，其中的 $Ca(OH)_2$ 会与空气中的 $CO_2$ 起反应而失效。浓度过小的石灰水遇到较多的 $CO_2$ 容易生成可溶性的 $Ca(HCO_3)_2$，使开始时出现的浑浊，一会儿又变得澄清了。

6. 因 $SO_2$ 有毒，故实验中硫的用量尽可能要少，能观察到实验现象既可，可用在酒精灯焰上预热的玻璃棒粘附少量的硫粉快速伸入集气瓶，代替用燃烧匙放入硫粉进行性质实验（集气瓶中应预留少量水）。

7. 做铁丝燃烧实验时，铁丝要细，并事先用砂纸擦去铁锈（去锈是除去表面的氧化物），再烧红。最好将铁丝绕成螺旋形（绕成螺旋形是为了延长冷却的时间），使现象更明显。为防止生成炽热的 $Fe_3O_4$ 落入瓶底，使瓶底局部受热而破裂或熔粘在瓶底上，应该在集气瓶底留 1/4 的水或铺一层细沙（细沙的隔热效果更好）。

## 五、问题与研究

### 1. $MnO_2$ 的催化机理

对于 $MnO_2$ 对 $KClO_3$ 的催化作用，目前还没有肯定的解释。

解释 1：

$$2KClO_3 + 2MnO_2 = 2KMnO_4 + Cl_2 + O_2\uparrow$$

$$2KMnO_4 = K_2MnO_4 + MnO_2 + O_2\uparrow$$

$$K_2MnO_4 + Cl_2 = 2KCl + MnO_2 + O_2\uparrow$$

这一机理能较好的解释为什么实验室制取 $O_2$ 时会闻到刺激性气味（有 $Cl_2$ 产生），并看到白色烟雾（产生的 KCl 以微粒分散在 $O_2$ 中形成烟，产生的 HCl 与水蒸气结合形成雾）。

解释 2：

$$2KClO_3 + 4MnO_2 \xlongequal{\triangle} 2KCl + 2Mn_2O_7$$

$$2Mn_2O_7 \xlongequal{\triangle} 4MnO_2 + 3O_2\uparrow$$

解释 3：

$$2KClO_3 + 9MnO_2 \xlongequal{\triangle} 2KCl + 3Mn(MnO_4)_2$$

$$Mn(MnO_4)_2 \xlongequal{\triangle} 3MnO_2 + O_2\uparrow$$

### 2. $H_2O_2$ 制 $O_2$

在检验 $MnO_2$ 的催化作用实验中，无论是用加热 $H_2O_2$ 制 $O_2$ 还是 $MnO_2$ 催化 $H_2O_2$ 制 $O_2$，把带火星木条伸入试管口都很难看到带火星的木条复燃，其原因是产生的 $O_2$ 从溶液中逸出时，也有大量的水蒸气从溶液中逸出，使得带火星的木条不仅不会复燃，反而会熄灭。因此，在试管上方装一个干燥管效果比较好，如图 2-2-6 所示。

此外，在 $MnO_2$ 催化 $H_2O_2$ 制 $O_2$ 的试管上方装一个干燥管，即可直接做 $O_2$ 性质实验，且一套装置可连续做多个 $O_2$ 性质实验，如图 2-2-7 所示。

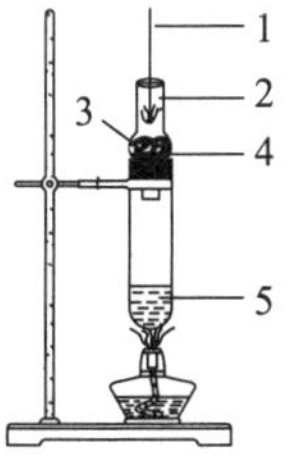


图 2-2-6　加热 $H_2O_2$ 制备 $O_2$ 装置改进

1. 带火星木条；2. 干燥管；3. 干燥剂；4. 玻璃棉；5. $H_2O_2$

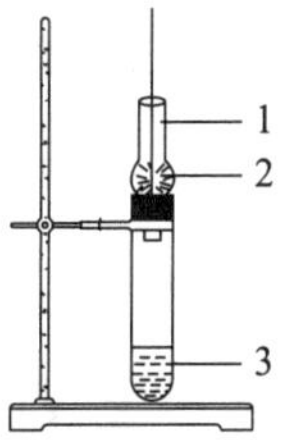


图 2-2-7　$O_2$ 性质装置改进

1. 干燥管；2. 木炭；3. $H_2O_2$、$MnO_2$

**【小结】** 通过该实验你有什么收获，你的实验数据与你所查到理论数据有什么区别？如果有区别，请思考原因，并提出改进方法，以便使你的课堂演示更成功。

______________________________________________________________________

______________________________________________________________________

______________________________________________________________________

______________________________________________________________________。

# 实验二　氢气的制取及性质实验

氢气（hydrogen）是世界上已知的最轻的气体。它的密度非常小，只有空气的 1/14，即在标准大气压和 0℃下，$H_2$ 的密度为 0.0899g/L。所以 $H_2$ 可作为飞艇的填充气体（由于 $H_2$ 具有可燃性，安全性不高，飞艇现多用氦气填充）。$H_2$ 主要用作还原剂。

**【请你从教师的角色思考】**

1. 查阅初中课本，了解本实验前后都安排了哪些相关的实验，应该如何进行本实验的教学设计？

______________________________________________________________________

______________________________________________________________________。

2. $H_2$ 是一种易燃、易爆气体，在 $H_2$ 的制取及性质实验中如何保证实验的安全，如何结合本实验对学生进行安全和危险的辩证观点教育？

______________________________________________________________________。

## 一、实验前讨论

1. 启普发生器的使用原理是什么，它有哪些优点？
2. 如何探究制取 $H_2$ 的最佳条件？
3. 谈谈你所认识的金属与酸反应？

## 二、实验用品

**仪器**：启普发生器、小烧杯、塑料瓶、木条、硬质试管、小试管、铁架台、酒精灯。
**药品**：锌粒、稀 $H_2SO_4$、CuO、甘油、无水 $CuCl_2$。
材料：洗衣粉（或肥皂）。

## 三、实验内容

### 1. 启普发生器的安装和使用以及实验室制取 $H_2$

1）安装

实验室里制取 $H_2$ 通常是在启普发生器中用锌粒与稀 $H_2SO_4$（1∶4）反应制得。其

反应方程式是

$$Zn + H_2SO_4 = ZnSO_4 + H_2\uparrow$$

启普发生器是由上部的球形漏斗 1 和下部的容器 2（玻璃球体和半球体）和导气管 3 所组成。球体有两个开口，正上方开口是球形漏斗插入的孔道，上侧口是气体的出口（配有导气管的橡胶塞）。半球体有一个下侧口是排废酸用的，用玻璃磨砂塞或橡胶塞塞紧并拴住（图 2-2-8）。

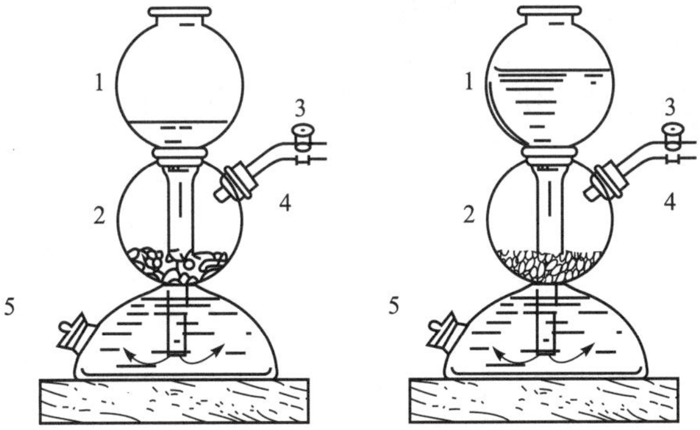


图 2-2-8　启普发生器结构

1. 球形漏斗；2. 容器；3. 导气管 4. 上侧口；5. 下侧口

将发生器各部件洗净，擦干并在磨砂处和活塞处薄薄地涂上一层凡士林，装好、旋转、呈均匀透明状，以防漏气或漏液。

2）检查气密性

先打开导气管活塞，从球形漏斗处加水没过球形漏斗最下端，关闭活塞，继续加水至液面到达球形漏斗体积的容积一半处为止。稍等一会，如果水面不下降，证明启普发生器不漏气，把水放掉重新安装；如果水面下降，说明漏气，可以用肥皂液找到漏气处。

3）装锌

拔去上侧口的橡胶塞，在球体和半球体之间的连接处从上侧口加入一层玻璃丝或棉花使锌粒既不掉下半球体而 $H_2SO_4$ 又能通过；也可以使用橡皮圈（橡皮圈应打孔，周围小孔供 $H_2SO_4$ 上下流动，中间大孔留插球形漏斗用），防止锌粒掉下去。然后，用药匙加入粗锌粒。

4）装酸

先扭开导气管活塞，然后将稀 $H_2SO_4$ 从球形漏斗中加入至浸没锌粒为止，关闭活塞待用。如果要节约 $H_2SO_4$ 的用量，可以在容器的半球体内加入一些碎玻璃或玻璃珠。

5）检查 $H_2$ 纯度

打开导气管活塞，用向下排空气法收集一小试管 $H_2$，用拇指堵住试管口，管口向下移动到火焰处，进行点燃。如果有尖锐的爆鸣声证明试管中的 $H_2$ 混有空气，这时需要再进行试纯，直至只发出轻微的“噗”声为止。若进行第二次试纯时，必须堵住小试管一会儿或更换一个试管，防止试管内有燃烧的 $H_2$ 火焰存在，再拿到导管口收集 $H_2$

时，会引起管口处的 $H_2$ 燃烧，这时若启普发生器中混有空气就会引起启普发生器爆炸。这一点要特别注意。

6）排酸

启普发生器用过后应排掉废酸。首先关闭导气管活塞，再用橡胶塞塞住球形漏斗口，然后右手握住启普发生器的球体（不能握球形漏斗）把下侧口放在大口接收器（废液缸或大烧杯）之上，左手拔去半球体下侧口的活塞，让酸液慢慢流出来。然后将锌粒、玻璃丝或橡皮圈洗净。再用清水把启普发生器洗净，并在有磨砂处垫上纸片或涂上凡士林，以防粘结。如中途需要加酸，可以在排完废酸后，再塞紧塞子，加入新的酸液。

思考：根据启普发生器的使用原理，试设计尽可能多的简易装置代替启普发生器？

思考：根据启普发生器的使用原理，在中学阶段还有哪些气体可用启普发生器制取？

________________________________________________________________

________________________________________________________________。

## 2. $H_2$ 的性质实验

1）$H_2$ 密度与空气密度的比较

在启普发生器的导气管上装上一个装有无水 $CaCl_2$ 的干燥管。在干燥管口较大的一头装上带有直玻璃管的橡胶塞，再在干燥管小端口连接一段 10cm 左右的橡皮管。用橡皮管蘸取肥皂液后慢慢打开启普发生器上的活塞，控制气流速度，吹出气泡，当肥皂泡足够大时，再轻轻摆动橡皮管，肥皂泡即离开橡皮管而上升，并用火柴点燃（图 2-2-9）。

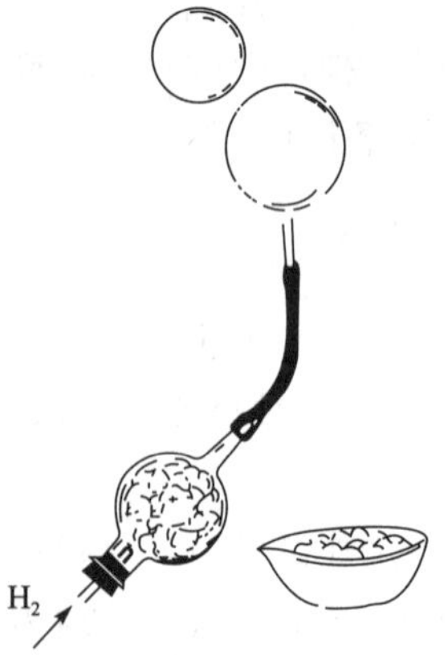


图 2-2-9　$H_2$ 吹肥皂泡实验装置

2）$H_2$ 与空气爆鸣

取一个一端开口、另一端钻有小孔的塑料筒，以纸棒塞住，倒立于桌面。然后从塑料筒大口处迅速地通入 $H_2$，3～4min 估计收集的 $H_2$ 已纯，拿开 $H_2$ 导管和 $H_2$ 发生器，立即点燃长木条，取出纸棒，用燃着的长木条接触筒上小孔逸出的 $H_2$，观察并思考发生的现象及其原因。

3）$H_2$ 在空气中燃烧

在启普发生器的导气管上，先装上一个装有无水 $CaCl_2$ 的干燥管，上接一个铝制尖嘴管，验纯后，点燃 $H_2$，观察 $H_2$ 燃烧现象。再在火焰的上方罩一冷而干燥的烧杯，观察现象(图 2-2-10)。

4) $H_2$ 还原 CuO

取干燥的大试管一个，装入少量 CuO 粉末，使其平铺在接近试管底部的一侧，用铁夹固定在铁架台上，并使试管口稍向下，将 $H_2$ 通入大试管中，排尽空气，在装有 CuO 的位置加热，观察现象。反应结束后，移去酒精灯，再继续通 $H_2$ 至试管冷却（图 2-2-11)。

图 2-2-10　$H_2$ 在空气中燃烧的实验装置

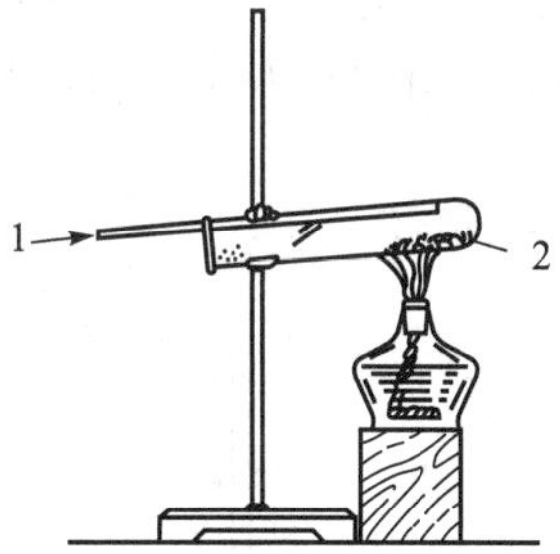


图 2-2-11　$H_2$ 还原 CuO 的实验装置

1. $H_2$；2. CuO

思考：通 $H_2$ 的玻璃管要伸到大试管的底部，为什么？

________________________________________

________________________________________。

5) $H_2$ 与 $O_2$ 的爆鸣

采用图 2-2-12 装置，进行爆鸣实验：向肥皂液中通入氢氧（2∶1）混合气体，成泡后，关闭止水夹，移走该装置，再用燃着的火柴点燃肥皂泡，发出很响的爆鸣声。

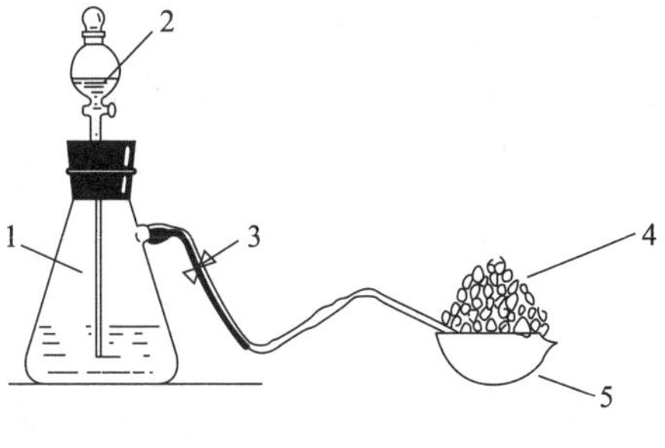


图 2-2-12　氢氧混合爆鸣气产生装置

1. 氢氧混合气体；2. 水；3. 止水夹；4. 肥皂液；5. 蒸发皿

## 四、指导与建议

1. 点燃 $H_2$ 之前，一定要检验 $H_2$ 的纯度，否则有爆炸的危险。因为在 $H_2$ 和空气的混合物中，当含氢的体积在 4%～74.2%的范围遇到火就会立即爆炸。当用试管采取向下排空气法收集 $H_2$ 检验后，若需再次检验，则需要更换一个试管重新收集检验或用拇指按住试管口一会儿再收集。因为第一次检验后，试管内可能还有 $H_2$ 在燃烧，由于 $H_2$ 燃烧的火焰颜色为淡蓝色，光线较强时很难观察到，因此将燃有 $H_2$ 的试管立即拿去收集 $H_2$ 将会引燃导气管和容器中的气体。

2. 使用启普发生器时，要将启普发生器远离火源，防止 $H_2$ 不纯而引起爆炸。

3. 在做 $H_2$ 还原氧化铜的实验中，加热前应先检验 $H_2$ 的纯度，再通入 $H_2$ 把试管内的空气排尽，然后才能加热。在停止加热后，要继续通入 $H_2$ 至试管冷却。

4. 为了加快锌与稀 $H_2SO_4$ 的反应，通常使用粗锌，因为粗锌含有杂质，超电势较小，所含的杂质微粒可与锌形成许多微小的原电池能够加速反应进行。如果实验室使用的是纯度较高的锌，可加少量 $CuSO_4$ 溶液或加一些铜丝，也可形成微电池，从而加快反应速率。

5. 做好 $H_2$ 吹肥皂泡实验的关键是配好肥皂液，配制的方法有以下几种：在蒸发皿中用肥皂 0.4g（或洗衣粉 1g），加约 10mL 蒸馏水，再加 5～10 滴甘油调制而成肥皂液；或取 2mL 洗洁精和 3mL 水混合而成。

6. $H_2$ 还原氧化铜反应后的试管，可用稀 $HNO_3$ 并微热洗涤可以除去铜。

7. 爆鸣实验中 $H_2$ 与 $O_2$ 的最佳混合比为 2∶1。可以使用 1.5～2.5mol · $L^{-1}$ 的 NaOH 溶液作为电解液，电解水即可制得所需的混合气体。

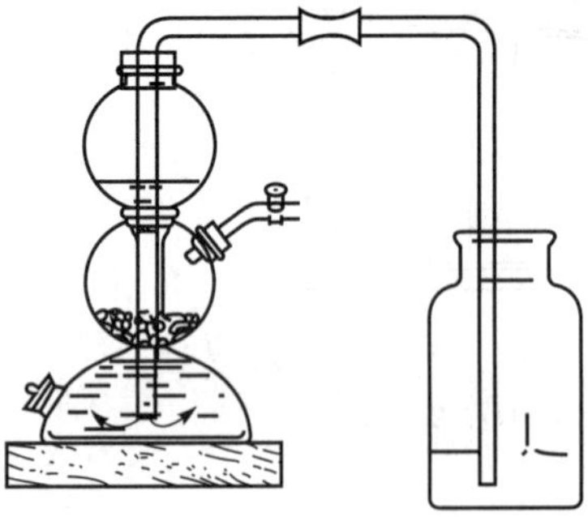

图 2-2-13　向上排废酸装置

8. 吸取启普发生器内废酸装置

从启普发生器内排除废酸，可按图 2-2-13 装置排酸十分简便。其方法如下。

（1）插入导管，塞紧上方单孔橡胶塞，并使导管接触启普发生器底部。

（2）关闭玻璃旋塞，当废酸和锌粒稍稍反应，把废酸压入导管，流入废储酸瓶中，立即打开玻璃旋塞。

（3）储酸瓶一定要放在比启普发生器低的地方。

（4）当废酸排出后，导管内仍有少量余酸，为了不使余酸洒在外面，提起导管即可。

此装置的优点在于：排酸安全、简便，锌粒相对地可多装些。若酸装多了，也可用此装置取出多余的酸。

**【小结】** 通过该实验你有什么收获，你的实验数据与你所查到理论数据有什么区别？如果有区别，请思考原因，并提出改进方法，以便使你的课堂演示更成功。

________________________________________

________________________________________。

## 实验三　二氧化碳的制取及性质实验

二氧化碳（$CO_2$）是空气中常见的化合物，约占空气体积的 0.03%，是自然界中植物进行光合作用不可缺少的物质之一。$CO_2$ 在生活中的用途广泛，除了我们熟悉的灭火、增加饮料口感、用于人造雨外，也可用作焊接用的保护气体，用于制碱工业和制糖工业，用于汽车、轮船、航空、太空与电子工业等。$CO_2$ 是温室气体之一，它允许可见光自由通过，但会吸收红外线与紫外线，这可以把来自太阳的热能锁起来，不让其流失，如果大气中的 $CO_2$ 含量过多，热量更难流失，地球的平均气温也会随之上升。

**【请你从教师的角色思考】**

1. 关于 $CO_2$ 的制取如何组织课堂探究？

________________________________________

________________________________________。

2. 在实验过程中应该如何引导学生进行观察和思考？

______________________________________________________________________

______________________________________________________________________。

## 一、实验前讨论

1. 能否用启普发生器来制取 $CO_2$？
2. 如果想要得到干燥、纯净的 $CO_2$，应当如何设计气体的收集？
3. 为什么用稀 HCl 而不用稀 $H_2SO_4$ 或稀 $HNO_3$ 来制取 $CO_2$？

## 二、实验用品

**仪器**：烧杯、锥形瓶、长颈漏斗、大试管、双孔胶塞、集气瓶（附毛玻璃片）、酒精灯、分液漏斗、玻璃水槽、矿泉水瓶。

**药品**：石灰石、HCl、石蕊试液、石灰水、镁条、$AgNO_3$、氨水。

**材料**：蜡烛、铁片。

## 三、实验内容

### 1. $CO_2$ 的制取

向锥形瓶中加入适量的大理石或石灰石，按图 2-2-14 连接装置后，向长颈漏斗中加入适量的稀 HCl，即产生大量的气泡，用向上排空气法收集四瓶气体（三瓶用集气瓶收集、一瓶用矿泉水瓶收集），用燃着的木条验满。

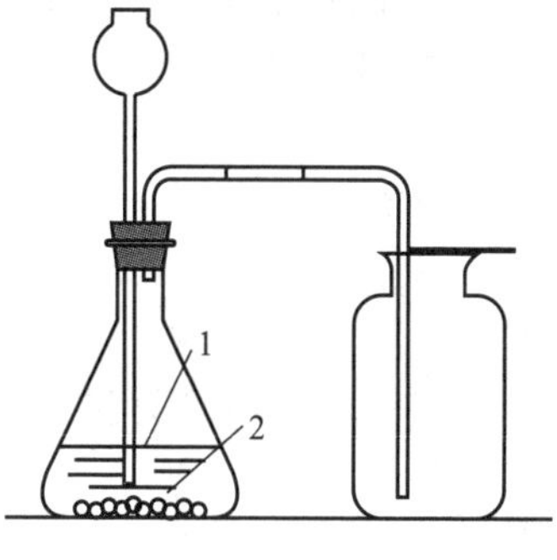

图 2-2-14　实验室制取 $CO_2$

1. 稀 HCl；2. 石灰石

思考：(1) 请你设计多种装置来制取 $CO_2$ 气体。

| |
|---|
| |

(2) 请将你设计的制取 $CO_2$ 的装置与你同学的设计进行比较，思考装置的优劣，并重新优化装置。

2. $CO_2$ 的性质

（1）在托盘天平的左边放一个空的集气瓶，用砝码平衡后，把一瓶 $CO_2$ 气体倒入空瓶中，排出里面的空气。观察天平是否仍然平衡。

（2）向紫色石蕊试液中通入 $CO_2$ 气体，观察溶液颜色的变化。将试管加热，又发生什么变化？

（3）向澄清石灰水中通入 $CO_2$ 气体，观察石灰水发生什么变化。继续通入 $CO_2$，又发生什么变化？

（4）取约 15cm 长的镁条一根，用砂纸打磨后，用坩埚钳夹持在酒精灯上点燃后，立即伸入充满 $CO_2$ 气体的集气瓶中，观察现象。

（5）向收集满 $CO_2$ 气体的质地较软的矿泉水瓶中加入约 1/3 体积的水，立即旋紧瓶盖，振荡，观察现象（图 2-2-15）。

（6）如图 2-2-16 所示，将一条铁皮弯成阶梯形，在每层上固定一支小蜡烛，点燃后，将 $CO_2$ 气体沿着烧杯壁靠小梯子最低的一侧慢慢倒入烧杯中，观察现象。

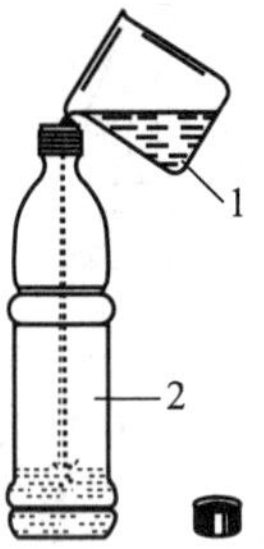


图 2-2-15 $CO_2$ 溶解性实验

1. 水；2. $CO_2$

图 2-2-16 倾倒 $CO_2$

| 实验编号 | 原理 | 现象 |
|---|---|---|
| (1) | | |
| (2) | | |
| (3) | | |
| (4) | | |
| (5) | | |
| (6) | | |

## 四、指导与建议

1. 制取 $CO_2$ 应用大理石或石灰石，不要用白云石，白云石中含有 $MgCO_3$，反应较慢。也不要用稀 $H_2SO_4$，稀 $H_2SO_4$ 易生成 $CaSO_4$，形成包裹现象，不利于反应进行。

2. $CO_2$ 溶于水生成 $H_2CO_3$，但是实际上 $CO_2$ 溶于水以后，只有其中的 1%与水结合成 $H_2CO_3$，其余部分仍以 $CO_2$ 分子溶在水中。$H_2CO_3$ 是不稳定的，只存在于水溶液中，从来也没有以纯酸的形式分离出来。

3. $CO_2$ 不能支持燃烧是指不能支持普通燃料或可燃性物质的燃烧而言的。有些活动性强的金属如镁条，点燃后放入 $CO_2$ 中能够继续燃烧：

$$2Mg + CO_2 \xrightarrow{点燃} 2MgO + C$$

因此，我们通常说的 $CO_2$ 不能支持燃烧是有条件的。

4. 镁条在 $CO_2$ 中燃烧生成的碳粒很小，比较难观察，如在燃烧后加入一些稀 HCl，把氧化镁溶解掉，黑色的碳粒可以看得更清楚些。

5. $CO_2$ 熄灭蜡烛火焰的实验，倾倒 $CO_2$ 时，集气瓶口的玻璃片不要拿掉，只需露出瓶口的三分之一左右，并缓慢倾倒，使 $CO_2$ 气流沿烧杯内壁流下，先聚集在底部，然后逐渐上升，把杯内空气自下而上排出，蜡烛自下而上依次熄灭，能取得满意的实验效果。

**【小结】** 通过该实验你有什么收获，你的实验数据与你所查到理论数据有什么区别？如果有区别，请思考原因，并提出改进方法，以便使你的课堂演示更成功。

________________________________________

________________________________________

________________________________________

________________________________________。

## 实验四　氯气的制取及性质实验

氯气（$Cl_2$）可以作为一种廉价的消毒剂，一般的自来水及游泳池就常采用它来消毒。但由于 $Cl_2$ 的水溶性较差，且毒性较大，放出特殊气味，容易产生有机氯化合物，故常使用二氧化氯（$ClO_2$）代替 $Cl_2$ 作为水的消毒剂（如中国、美国等）。此外，$Cl_2$ 还可用于制造 HCl 和漂白粉、制造氯代烃。也可以用于制造多种农药、制造氯仿等有机溶剂，所以 $Cl_2$ 是一种重要的化工原料。

**【请你从教师的角色思考】**

1. "$Cl_2$ 的制取及性质实验"在相应教材中的地位和作用。

________________________________________

________________________________________。

2. 思考如何设计一个实验探究，探讨 $Cl_2$ 发生装置的选择。

______________________________________________________________________________

______________________________________________________________________________。

## 一、实验前讨论

1. 如何制取干燥、纯净的 $Cl_2$，并防止多余的 $Cl_2$ 扩散到空气中？

2. 如何检查实验室制取 $Cl_2$ 装置的气密性？

3. $Cl_2$ 有毒，能否从绿色化学实验角度思考，设计制备 $Cl_2$ 及检验性质的微型实验装置？

## 二、实验用品

**仪器**：分液漏斗、圆底烧瓶（附单孔橡胶塞）、试管、量筒、燃烧匙、玻璃水槽（圆形）、烧杯、集气瓶（附毛玻璃片）、铁架台（附铁圈、铁夹）、干燥管、启普发生器、乙形玻璃管、药匙、石棉网、镊子、酒精灯。

**药品**：$MnO_2$、浓 HCl、$KMnO_4$、饱和食盐水、无水氯化钙、稀 $H_2SO_4$、钠、细铜丝、红磷、镁条（长 10～15cm）、锌、蓝色石蕊试纸。

## 三、实验内容

### 1. $Cl_2$ 的制取与收集

1）$MnO_2$ 与浓 HCl 反应法

$$MnO_2 + 4HCl（浓）\xlongequal{\triangle} MnCl_2 + Cl_2\uparrow + 2H_2O$$

制取 $Cl_2$ 的装置如图 2-2-17 所示，使用时首先检查装置是否漏气，然后在圆底烧瓶内放入 15g $MnO_2$，连接好装置。将 30mL 浓 HCl 放入分液漏斗，从分液漏斗慢慢加入 30mL 浓 HCl，缓缓加热烧瓶。必须注意温度不能过高（如果温度超过 90℃，就会使 HCl 中的 HCl 气体挥发出来，使制得的 $Cl_2$ 不纯，影响实验效果）。用向上排气法收集 4 瓶 $Cl_2$，用排饱和食盐水溶液的方法收集两瓶 $Cl_2$ 待用。每瓶 $Cl_2$ 收集完毕，集气瓶口必须用毛玻璃片盖住，以防 $Cl_2$ 扩散。

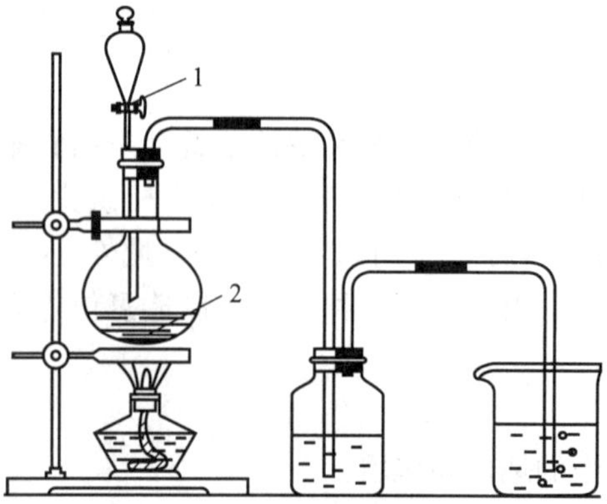

图 2-2-17　实验室制取 $Cl_2$

1. HCl；2. $MnO_2$

思考：如果用向上排气法收集 $Cl_2$，

要想得到较纯净且干燥的 $Cl_2$ 应采用什么方法？

________________________________________

________________________________________

________________________________________

________________________________________。

2）$KMnO_4$ 与浓 HCl 反应法

$$2KMnO_4 + 16HCl(浓) = 2KCl + 2MnCl_2 + 8H_2O + 5Cl_2\uparrow$$

该反应装置与 $MnO_2$ 和浓 HCl 反应装置类似（不需要加热），在短时间内能产生大量的 $Cl_2$，可以通过控制滴加浓 HCl 的量来调节反应速率。反应速率过快时，停止滴加 HCl。因为反应太剧烈时会生成 $Mn_2O_7$，该氧化物不稳定，极易分解而引起爆炸。

思考：下面的性质实验哪些需要用向上排气法收集的 $Cl_2$，哪些需要用排饱和食盐水溶液的方法收集的 $Cl_2$。

________________________________________

________________________________________。

## 2. $Cl_2$ 的化学性质

1）$Cl_2$ 与金属钠的反应

取黄豆粒大的一块钠，用滤纸吸去表面的煤油，切去外层的氧化物，放在玻璃燃烧匙里加热，待钠刚开始燃烧，就立即连玻璃燃烧匙带钠伸进盛 $Cl_2$ 的集气瓶中，观察发生的现象。

2）$Cl_2$ 与金属铜的反应

将铜丝（粗的用一根绕成螺旋形，细的用一束）待灼热后，立即伸入盛有 $Cl_2$ 的集气瓶中（此集气瓶里应放入少量水）。用毛玻璃片盖住瓶口，振荡，观察所得溶液的颜色，再加入少量的水，观察所得溶液的颜色又发生什么变化。

思考：集气瓶里应放入少量水而不能加入食盐水，为什么？

________________________________________

________________________________________。

3）$Cl_2$ 与红磷的反应

方法 1：把小半药匙红磷放在燃烧匙里，点燃后伸进盛有 $Cl_2$ 的集气瓶中，观察现象。

方法 2：用酒精灯焰上预热的玻璃棒粘附少量的磷粉，伸进盛有 $Cl_2$ 的集气瓶里，观察现象。（哪个方法更好？）

4）$H_2$ 在 $Cl_2$ 中燃烧

用启普发生器制取 $H_2$（为了得到干燥 $H_2$，中间连一个干燥管，内装无水氯化钙）。用尖嘴导气弯管导出，验纯后点燃，将尖嘴导气弯管缓缓地伸入装有 $Cl_2$ 的集气瓶中，观察火焰的颜色和酸雾的产生（图 2-2-18）。反应完毕后，取出尖嘴导气弯管，向集气瓶内注入少量紫色石蕊试液，盖上毛玻璃片，摇动集气瓶，观察现象。

5）$Cl_2$ 和 $H_2$ 混合爆炸

把新收集的一瓶 $Cl_2$（125mL）和一瓶 $H_2$（125mL）隔着玻璃片口对口地对着抽出瓶口间的毛玻璃片，上下颠倒几次，使 $Cl_2$ 和 $H_2$ 充分混合，在两瓶口间插入两块塑料片，然后把两瓶氢氯混合气体分开，在离瓶约 2～3cm 处点燃双层镁条 10～20s，观察现象，如图 2-2-19。

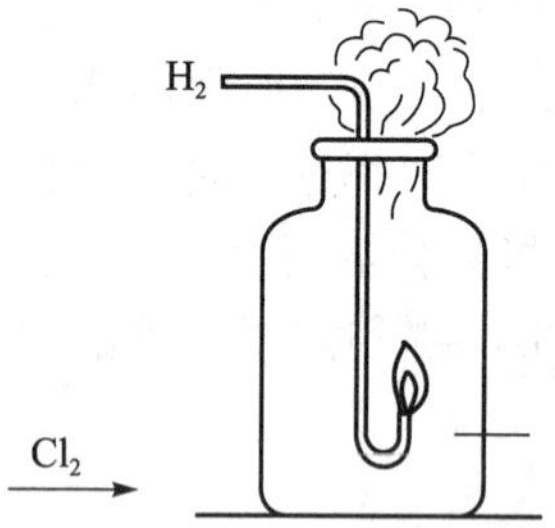


图 2-2-18　$H_2$ 在 $Cl_2$ 中燃烧的实验装置

1. $H_2$；2. $Cl_2$

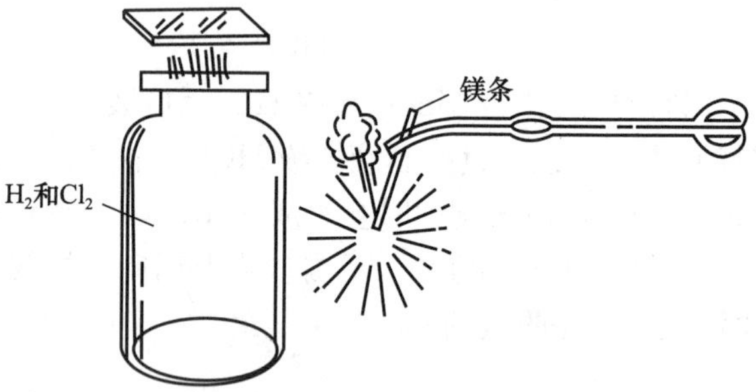


图 2-2-19　$H_2$ 和 $Cl_2$ 的光化反应

思考：同样的反应物，不同的实验现象，对比实验（4）、（5），你有什么收获，说明什么问题，你还能举出相似的例子吗？

________________________________________________________________

________________________________________________________________。

请记录观察到的现象及对实验现象做出合理的解释于下表中：

| 实验 | 现象 | 解释现象 |
|---|---|---|
| $Cl_2$ 与金属钠 | | |
| $Cl_2$ 与金属铜 | | |
| $Cl_2$ 与红磷 | | |
| $Cl_2$ 与 $H_2$（纯） | | |
| $Cl_2$ 与 $H_2$（混合） | | |

## 四、指导与建议

1. 实验室制取干燥、纯净的 $Cl_2$ 装置中有多个导气管的连接点，可以分段检验其气密性，气密性良好才能开始实验。收集 $Cl_2$ 的集气瓶要用毛玻璃片盖住，以防止 $Cl_2$ 逸出。$Cl_2$ 有毒，在实验时注意用稀的 NaOH 溶液吸收多余的 $Cl_2$。

2. 铜在 $Cl_2$ 中燃烧：不宜用排饱和食盐水法收集 $Cl_2$，$Cl^-$ 过多会干扰实验现象。棕黄色烟是 $CuCl_2$ 颗粒，很浓的 $CuCl_2$ 溶液含 $[CuCl_4]^{2-}$，呈现黄绿色，浓 $CuCl_2$ 溶液呈现绿色，稀 $CuCl_2$ 溶液呈现蓝色，含 $[Cu(H_2O)_6]^{2+}$。

3. 做 $Cl_2$ 和 $H_2$ 混合爆炸实验：

(1) $Cl_2$ 和 $H_2$ 混合时小心强光照射，以避免气体发生反应。

(2) 该实验 $H_2$ 不能存放过久，且必须用胶塞塞住集气瓶，防止 $H_2$ 跑掉。

(3) $Cl_2$ 和 $H_2$ 的纯度要高，为此，可以用排饱和食盐水法进行收集，因为普通自来水中溶有较多的 $O_2$、$CO_2$ 等气体。

(4) $H_2$ 与 $Cl_2$ 混合后，$H_2$ 的爆炸极限为 9.8%～52.8%，当 $Cl_2$ 的体积分数小于 47.2%就不会发生爆炸。如果用排水法收集 $Cl_2$ 和 $H_2$，按 1∶1 的体积比混合，由于 $Cl_2$ 在水中的溶解度或实验误差，$Cl_2$ 的体积分数可能低于 47.2%，导致实验失败，因此可以用排饱和食盐水法进行收集。

4. 实验应在通风橱内或通风处进行，必要时带上防毒口罩。如果不慎吸入较多 $Cl_2$，可吸入等体积乙醇和 10%氨水的混合液的蒸气来解毒。单独吸入乙醇和氨水蒸气亦可。

5. 验证 $Cl_2$ 的漂白作用，可以做如下改进：将长 15～20cm、直径 6～9mm 的硬质玻璃管制成角度略大于直角的形状，从短管口处加入少量的 $MnO_2$，长管口用小胶塞塞住。从短管口滴入 3～5 滴浓 HCl，在灯焰上稍稍加热，观察 $Cl_2$ 的生成和颜色，产生的气体可使湿润的有色纸条脱色，如图 2-2-20。

图 2-2-20　$Cl_2$ 的漂白作用

该实验具有安全、迅速、简单、药品和器材消耗量少的特点，更重要的是可大大减轻实验过程中对环境带来的污染。

6. 钠在 $Cl_2$ 中燃烧要注意以下几点：①集气瓶要干燥；②钠表面的煤油要用滤纸吸干净，否则煤油燃烧产生的黑烟影响实验的观察；③钠屑要处理掉（燃烧或与水反应均可）。

7. 钠与 $Cl_2$ 的反应，可以做如下改进：将黄豆粒大的钠放在石棉网上，加热，钠熔化后撤火，将充满 $Cl_2$ 的集气瓶，扣在有熔化态钠的石棉网上，钠与 $Cl_2$ 反应立即燃烧起来，火焰呈黄色，燃尽后取下集气瓶，观察石棉网上生成的白色 NaCl 固体（图 2-2-21）。

8. $Cl_2$ 与 $H_2$ 爆鸣实验的探究（微型化学实验）：按图 2-2-22 装置，进行如下操作。

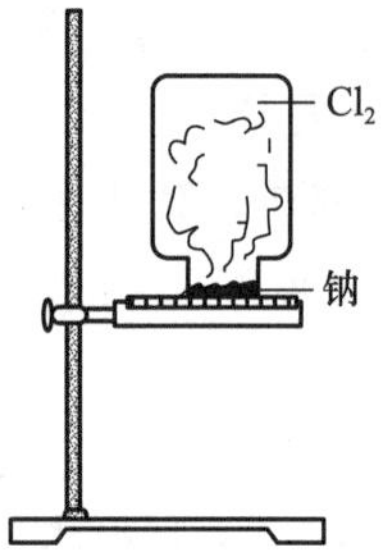


图 2-2-21　钠在 $Cl_2$ 中燃烧

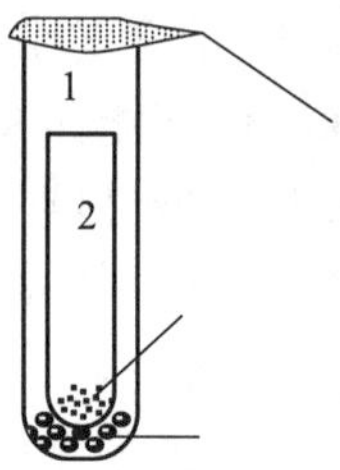


图 2-2-22　$Cl_2$ 与 $H_2$ 爆鸣实验

(1) 试管 1 中装几粒锌粒，试管 2 中装适量 $KMnO_4$，将试管 2 放进试管 1 中，固定在铁架台上。

(2) 用胶头滴管吸取浓 HCl，先向试管 2 中滴几滴浓 HCl，待看到有黄绿色的 $Cl_2$ 从试管 2 上升后，向试管 1 中滴几滴浓 HCl，然后迅速用一小片湿滤纸盖住试管 1 管口。

(3) 将坩埚钳夹持的双片镁条用酒精灯点燃后，快速靠近试管 1 的外壁。加浓 HCl 后，可看到黄绿色的 $Cl_2$ 从试管 2 上升后，再沿试管 1 向下与无色的 $H_2$ 混合；镁条照射后，会听到尖锐的爆鸣声，看到湿滤纸片被掀翻，并在试管口产生少量白雾。

在进行该实验时要注意以下两点：

(1) 镁条一定要两片紧贴同时点燃（产生足够的能量），并且一定要靠近试管 1 的外壁处（使尽可能的强光照射到混合气上）。

(2) 试管 2 中先产生 $Cl_2$，试管 1 中后产生 $H_2$，产气的顺序不能颠倒，才能使两种气体混合均匀（$Cl_2$ 比 $H_2$ 重）。

**【小结】** 通过该实验你有什么收获，你的实验数据与你所查到理论数据有什么区别？如果有区别请思考原因，并提出改进方法，以便使你的课堂演示更成功。

________________________________________

________________________________________

________________________________________

________________________________________。

## 实验五　钠及其化合物的性质

钠是一种质地软（可以用普通餐刀切割）、轻、蜡状而极有伸展性的银白色的ⅠA 族碱金属元素，钠的化学性质很活泼，能与空气中多种物质反应，因此自然界中不会存在单质钠。钠在很多种重要工业化工产品的生产中得到广泛应用，钠钾合金可以用作核反应堆的冷却材料、有机合成的还原剂。可用于制造 NaCN、维生素、香料、染料、钠汞齐、四乙基铅、金属钛等，还可用于石油精制等方面。钠可用在钠蒸气灯中，尤其在内燃机用的制冷阀中作为一种传热剂。

钠的化合物广泛应用在医药、农业和摄影器材中。NaCl 就是餐桌上的食盐。

$Na_2O_2$ 在工业上常用作漂白剂、杀菌剂、消毒剂、去臭剂、氧化剂等。$NaHCO_3$ 用作食品工业的发泡剂、汽水和冷饮中 $CO_2$ 的发生剂、黄油的保存剂。可直接作为制药工业的原料，用于治疗胃酸过多。

**【请你从教师的角色思考】**

1. 钠与水的反应是教学的重点，你计划如何讲解？

________________________________________________________________________

________________________________________________________________________。

2. 钠与水反应产生了什么气体，请你设计多种实验验证并选出最佳方案。

________________________________________________________________________

________________________________________________________________________。

## 一、实验前讨论

1. $Na_2CO_3$ 和 $NaHCO_3$ 在性质上有什么区别？

2. 在吹气生火实验中，仅是 $Na_2O_2$ 与 $CO_2$ 二者反应吗？水分有没有起到作用？怎样证明？

3. 钠着火了如何处理，为什么？

## 二、实验用品

**仪器**：燃烧匙、酒精灯、烧杯、试管、玻璃管、滴管、带铁夹的铁架台。

**药品**：蒸馏水、煤油、澄清石灰水、酚酞试液、钠、$Na_2O_2$、$Na_2CO_3$、$NaHCO_3$、稀 HCl。

**材料**：镊子、小刀、脱脂棉。

## 三、实验内容

### 1. 钠与 $O_2$ 的反应

用镊子从试剂瓶中取出小块金属钠，并用滤纸吸干其表面的煤油，用刀切去钠的外皮，观察颜色后放于玻璃片上，迅速盖上另一块玻璃片，挤压玻璃片使钠块成为片状。再取一块钠，刀切去钠的外皮，并注意断面上所发生的变化（将其与片状的钠对比，现象更明显）。

取一块钠，先用滤纸吸干其表面的煤油，用刀切去钠的外皮，放在坩埚里加热，观察观象。

思考：从金属钠与 $O_2$ 在不同条件下的反应中，你得到了什么结论，你能举出类似的例子吗？

______________________________________________________________

______________________________________________________________

______________________________________________________________。

2. 钠与水的反应

如图 2-2-23，在烧杯中加一些水，滴入几滴酚酞溶液，然后投进一小块金属钠（绿豆大小），立即用玻璃片盖住烧杯，仔细观察现象。

图 2-2-23　钠和水反应

3. $Na_2O_2$ 与水反应

向 1 个洁净干燥的试管中加入一药匙 $Na_2O_2$ 固体粉末，然后再向试管中滴加蒸馏水，立即用拇指堵住试管口，用手指轻轻摸一摸试管外壁，并用带火星的木条检验，最后向反应后的溶液中滴加酚酞溶液，总结实验现象。

4. $Na_2CO_3$ 和 $NaHCO_3$

1）溶解度及酸碱性比较

取两个试管分别加入 1g $Na_2CO_3$ 和 $NaHCO_3$，各滴加 1mL 蒸馏水，观察现象。片刻后再加入 10mL 蒸馏水，分析比较两者的溶解性。2min 后分别滴加几滴酚酞，观察现象。

2）与酸反应

分别向两个干净的大试管中各加入一药匙 $Na_2CO_3$ 和 $NaHCO_3$，然后分别滴加 $6mol \cdot L^{-1}$稀 HCl 5mL，比较两个试管中放出 $CO_2$ 气体的快慢程度。

思考：如何证明 $Na_2CO_3$ 和 $NaHCO_3$ 与 HCl 反应，谁产生的气体多？

______________________________________________________________

______________________________________________________________

______________________________________________________________

______________________________________________________________。

3）热稳定性

按图 2-2-24 装置，把 2g $Na_2CO_3$ 放入试管中，并往烧杯中倒入新制的澄清石灰水，加热，观察澄清的石灰水是否变浑浊。把试管拿掉，换一个盛有同样体积 $NaHCO_3$ 的试管，加热，再观察澄清石灰水是否变浑浊。

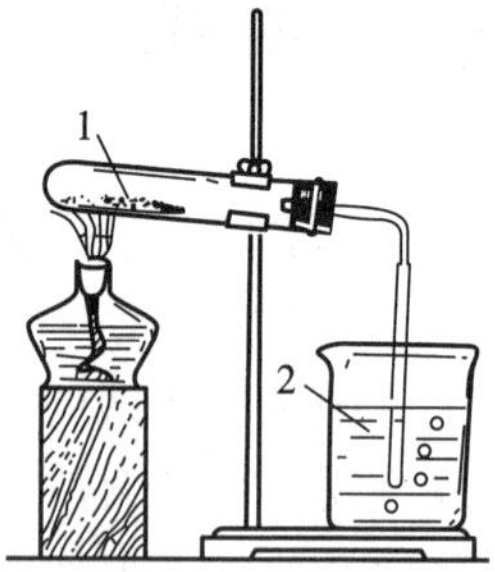


图 2-2-24　$Na_2CO_3$ 和 $NaHCO_3$ 受热装置

1. $Na_2CO_3$（$NaHCO_3$）；
2. 澄清石灰水

| 实验 | 现象 | 解释现象 |
| --- | --- | --- |
| 钠与 $O_2$ 的反应 | | |
| 钠与水的反应 | | |
| $Na_2O_2$ 与水反应 | | |
| $Na_2CO_3$ 和 $NaHCO_3$ 溶解度及酸碱性比较<br>$Na_2CO_3$ 和 $NaHCO_3$ 与酸反应 | | |
| $Na_2CO_3$ 和 $NaHCO_3$ 的热稳定性 | | |

## 四、指导与建议

1. 勿用手直接接触金属钠，钠会与手中的水分反应放出大量的热，将手灼伤，生成的强碱也会腐蚀皮肤。若不小心接触钠应该用干抹布将钠拭去并擦干净，然后用乙醇洗，擦拭醋。

2. 观察钠的金属光泽还可以用以下方法。

(1) 取两个口径不同而长短适当的试管，一个试管较小，可以紧密地放到另一个试管中而不留下较多空隙。先在口径较大的试管中注入 1mL 洁净的煤油，取金属钠一小块（黄豆大小），除去表面已经发生变化的部分，露出金属光泽，放入盛有煤油的试管中。在试管底部缓缓加热，待钠熔化后，插入较小口径的试管，把钠压挤在两个试管之间，成为一个薄层，钠的颜色和光泽就清楚地显现出来。然后在两个试管口间的缝隙涂上石蜡，以隔绝空气。这样可使钠的光泽在较长的时间内不致消失。

(2) 选取一根管壁较薄的玻璃管，用布包裹着玻璃管像使用钻孔器一样，慢慢地钻入大的钠块里，使管中填有一段银白色的金属钠。用玻璃棒把钠推到管的中央，然后用蜡封好玻璃管的两端，样品可以长期保存和使用。

3. 钠的燃烧实验在坩埚里进行比较规范。在石棉网上或蒸发皿里进行也比较安全，而且现象的能见度较大。如在火焰上方罩一个干燥的小烧杯，还可以看到烧杯壁上附着的淡黄色的 $Na_2O_2$。做此实验时应注意，钠开始燃烧后立即撤掉酒精灯。

4. 钠与水的反应若在烧杯中进行，烧杯口上应盖一张塑料片，以防钠反应时钠块或液体飞溅伤人。

5. 钠与水的反应：钠的量一定要少，多了就会剧烈燃烧甚至爆炸，水适当多一点，有利于热交换。实验室保持良好的通风，使产生的 $H_2$ 及时散开。

6. 钠与 $O_2$ 反应可作如下改进：按图 2-2-25 装置，加热试管里的 $KMnO_4$ 固体使其分解，再给弯管（弯管直径应粗一些）里的钠加热，可看到钠剧烈燃烧，发出亮黄色的火焰，同时生成淡黄色的 $Na_2O_2$。

7. 钠与水反应：如图 2-2-26 所示，在试管中水面上加一层 2～3cm 厚的煤油，将一小块钠（3～4mm 见方）放进试管，由于 $\rho_{煤油}<\rho_{钠}<\rho_{水}$，所以钠将沉于煤油而浮于水面，但不要使钠块顶部露在煤油外。

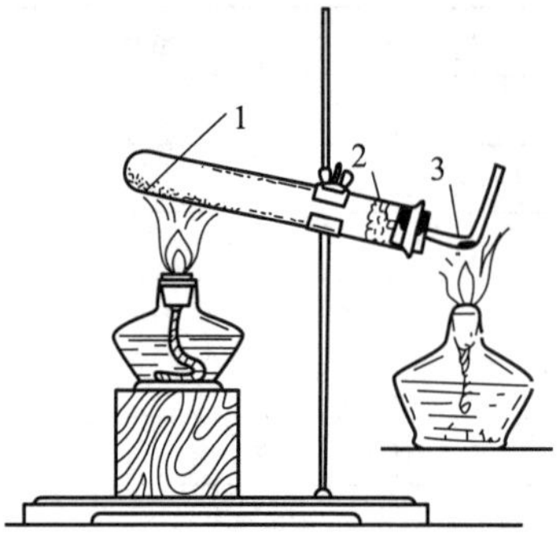


图 2-2-25　钠与 $O_2$ 反应的实验装置

1. $KMnO_4$；2. 脱脂棉；3. 金属钠

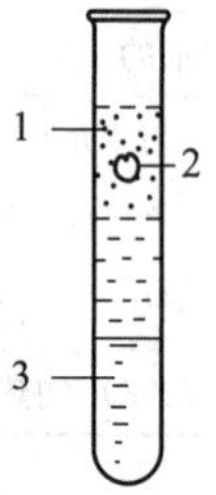


图 2-2-26　钠与水反应的实验装置

1. 煤油；2. 钠；3. 水

8. $Na_2O_2$ 与水、$CO_2$ 的反应：在一小团脱脂棉上，放两药匙 $Na_2O_2$ 粉末，然后包起来，留有一个小缝隙，放在蒸发皿里，用胶头滴管向脱脂棉的缝隙内的 $Na_2O_2$ 上慢慢滴几滴水，一会儿，脱脂棉便燃起来。此实验证明：$Na_2O_2$ 和水反应能放出 $O_2$ 且是放热反应。

在以上实验中改用玻璃管对着 $Na_2O_2$ 吹气，棉花也会燃烧起来，这时 $Na_2O_2$ 能和呼出的 $CO_2$ 反应放出 $O_2$，且放出热量。

在做以上实验时要注意，切勿用手去包裹放有 $Na_2O_2$ 的脱脂棉，以防空气中水蒸气含量过高，$Na_2O_2$ 与水蒸气反应放出热量使脱脂棉燃烧。

**【小结】** 通过该实验你有什么收获，你的实验数据与你所查到理论数据有什么区别？如果有区别，请思考原因，并提出改进方法，以便使你的课堂演示更成功。

________________________________________________

________________________________________________

________________________________________________

________________________________________________。

## 实验六　铁与水蒸气反应

研究金属与水的反应是研究金属化学性质的重要手段。较高温度下铁粉能与水蒸气反应是证明铁为一种较活泼金属的有力证据。

**【请你从教师的角色思考】**

1. 你认为该实验成功的关键是什么？

________________________________________________

________________________________________________。

2. 为了保证课堂演示的最佳效果，你有什么改进意见？

________________________________________________

________________________________________________。

## 一、实验前讨论

1. 铁和水蒸气的反应生成的 $Fe_3O_4$ 与 $H_2$ 为什么不反应？
2. 如何检验铁与水反应生成的产物为 $Fe_3O_4$？
3. 铁与水蒸气反应与钠、镁、铝与水反应的区别在哪里，说明什么问题？

## 二、实验用品

**仪器：**木条、硬制试管、带铁夹的铁架台、酒精灯、蒸发皿、带直角导管的单孔橡胶塞、药匙、防风罩。

**药品：**铁粉、洗洁剂、湿棉花团。

## 三、实验内容

按图 2-2-27 组装实验装置，向大试管底部放一湿棉花团，湿棉花团以不自动流水为宜，在酒精灯上安放防风罩，这是为了更好地集中火苗，提高酒精灯加热的温度，用药匙取新还原铁粉适量，放入大试管中部，并尽可能靠近湿棉花团，向蒸发皿中加入少量的水，并加入少量肥皂液。夹好大试管，塞好橡胶塞，将玻璃导管口插入蒸发皿里的肥皂液液面以下。先给大试管均匀加热，后固定在靠近湿团棉花附近的铁粉加热，可以看到蒸发皿液面产生气泡并不断扩大，伸入一根点燃的木条于气泡上方，观察发生的现象。

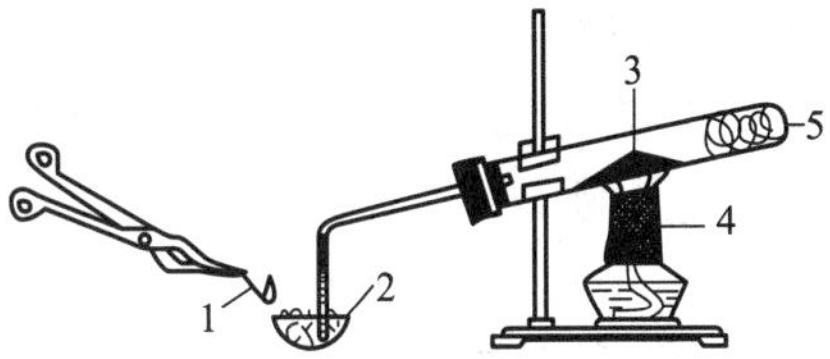

图 2-2-27　铁与水蒸气反应装置图

1. 火柴；2. 肥皂液；3. 还原铁粉；4. 防风罩；5. 湿棉花

思考 1：为什么不能让湿棉花团流水？

______________________________________________________________________

______________________________________________________________________。

思考 2：为什么刚开始肥皂泡破裂很难看到火焰？

______________________________________________________________________

______________________________________________________________________。

## 四、指导与建议

1. 为了让酒精灯提供高温条件，也可以在酒精灯火焰周围罩上一个铜网，原理是不让产生的热量扩散，从而形成高温。不过这种装置实验时间不能太长，否则会导致酒精灯温度过高，酒精灯内酒精挥发快，易形成爆炸混合物。

2. 水蒸气与铁粉的距离越近，实验越易成功。因为水蒸气在输送的过程中易冷凝成水，反而使试管易破裂。

3. 铁粉要尽可能地铺薄、铺均匀，才能使反应完全，实验现象明显。

4. 加热一会儿后再将导管插入肥皂液中，因为实验初期出来的是空气。肥皂液不宜太稀，否则吹起的 $H_2$ 泡太小，点燃时难以有较大的爆鸣声。实验结束时，应先从肥皂液中撤出导管，再移去酒精灯，以防产生倒吸现象。

5. 铁粉与水蒸气反应时，水蒸气的温度是该实验成功的关键，水蒸气的温度越高，实验越易成功。该实验还可以利用以下方法代替湿棉花团提供水蒸气。

(1) 利用胆矾的受热来提供反应中需要的水蒸气。

(2) 用湿沙子代替湿棉花来实验，是由于沙子导热性比棉花好，所以沙子升温快，故能提供更高温度的水蒸气与铁粉反应。

(3) 利用粉笔作为载体进行实验。

a. 将几支粉笔研碎成粉末状，用药匙取 3 匙粉笔末在小烧杯中，滴加 5 滴蒸馏水，用洁净的玻璃棒搅拌。

b. 用洁净的药匙取 5 匙还原铁粉与湿润后的粉笔颗粒充分混合，用玻璃棒搅拌均匀。

c. 用纸槽将混合好的反应物送入大试管底部，用胶头滴管再滴加 3～5 滴蒸馏水，适当平铺均匀。

d. 先均匀加热大试管，再集中加热试管底部的粉笔颗粒，1min 后可以观察到 $H_2$ 肥皂泡不断冒出。

## 五、实验改进

改进装置如图 2-2-28 所示，具有以下优点。

(1) 试管底部吹制成球形，有利于盛放较多胆矾，增大了受热面积，保证了反应中水蒸气的充分供应，同时试管口也不必向下倾斜，也防止了液态水流至试管中部引起试管破裂的危险。

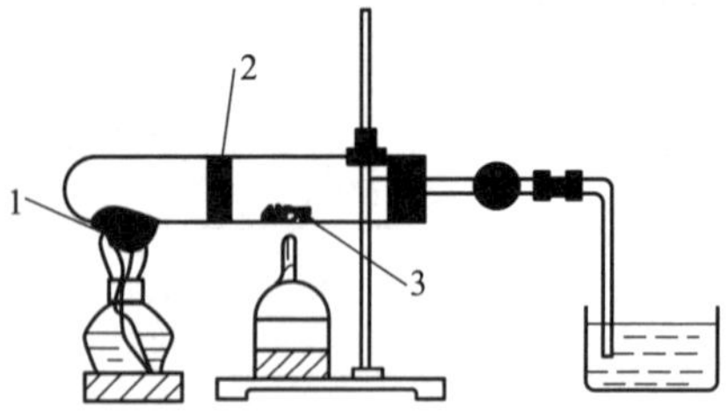

图 2-2-28　铁与水蒸气反应的改进装置图

1. 胆矾；2. 石棉；3. 还原铁粉

(2) 尖嘴导管中部球泡内装的是无水 $CaCl_2$，用于吸收水分，保证了管口处 $H_2$ 的顺利燃烧，进一步增强了实验效果。

(3) 反应速率快，从点火到水槽中有连续气泡产生只需 1min，用排水法收集 15mL $H_2$ 只需 20s，在尖嘴导管处点火，$H_2$ 可持续燃烧达 3min 之久，然后火焰慢慢变小，1min 后熄灭。整个实验用时 5.5min，完全符合演示实验要求。

**【小结】** 通过该实验你有什么收获，你的实验数据与你所查到理论数据有什么区别？如果有区别，请思考原因，并提出改进方法，以便使你的课堂演示更成功。

______________________________________________________________

______________________________________________________________

______________________________________________________________。

# 实验七　甲烷的制取及性质实验

甲烷化学式 $CH_4$，是最简单的烃（碳氢化合物）。$CH_4$ 在自然界分布很广，是天然气、沼气、油田气及煤矿坑道气的主要成分。它可用作燃料及制造 $H_2$、炭黑、CO、乙炔、HCN 及甲醛等物质的原料。同时它也是一种温室气体，其暖化能力比 $CO_2$ 高 25 倍。这是因为大气中已经具有相当多的 $CO_2$，以至于许多波段的辐射早已被吸收殆尽了；因此大部分新增的 $CO_2$ 只能在原有吸收波段的边缘发挥其吸收效应。相反地，一些数量较少的温室气体（包括 $CH_4$ 在内），所吸收的是那些尚未被有效拦截的波段，所以每多一个分子都会提供新的吸收能力。

**【请你从教师的角色思考】**

1. 有机物是人类赖以生存的重要物质基础，它们的开发利用大大地提高了人类的生活质量并且改变了人类的生活方式，$CH_4$ 作为最简单的有机物，有关它的制取和性质实验对其他有机物的学习有什么作用？

______________________________________________________________

______________________________________________________________。

2. $CH_4$ 与 $Cl_2$ 实验成败的关键是什么？

______________________________________________________________

______________________________________________________________。

## 一、实验前讨论

1. 在制备 $CH_4$ 的反应中，氧化钙有什么作用？

2. $CH_4$ 通入酸性 $KMnO_4$ 溶液和溴水后，如果溶液褪色，原因是什么，如果只有溴水褪色，$KMnO_4$ 溶液不褪色，原因又是什么？

3. $CH_4$ 跟 $Cl_2$ 发生取代反应后，用一个醮有浓氨水的玻璃棒接近瓶口或慢慢插入瓶内若出现轻微的爆炸，原因是什么？

## 二、实验用品

**仪器**：硬质试管、研钵（附研杵）、蒸发皿、玻璃棒、玻璃水槽、集气瓶、毛玻璃片、小试管、带铁夹的铁架台、烧杯。

**药品**：无水乙酸钠（A. R.）、NaOH、$KMnO_4$、CaO、$Ca(OH)_2$、溴水、浓 HCl、$MnO_2$、浓氨水、酸性 $KMnO_4$ 溶液。

**材料**：注射器、塑料瓶、带电子枪的塞子。

## 三、实验内容

### 1. $CH_4$ 的制取

1）试剂的预处理

实验室制取 $CH_4$ 常用无水乙酸钠与碱石灰反应。无水乙酸钠极易吸水，使用时，应先放在铁蒸发皿中加热灼烧，灼烧后乙酸钠熔化，需不断搅拌，放出气泡（水蒸气）。到气泡很少时，停止加热，冷却后将无水乙酸钠倒入研钵内研成粉末盛放在干燥的试剂瓶中，塞紧瓶塞，必要时可保存在干燥器里备用。有时由于加热过度，得到的固体是灰黑色，仍可以用。市售碱石灰中，NaOH 含量约占 70%，不适宜用于制取 $CH_4$，实验时应再加入一定量的 NaOH 固体。

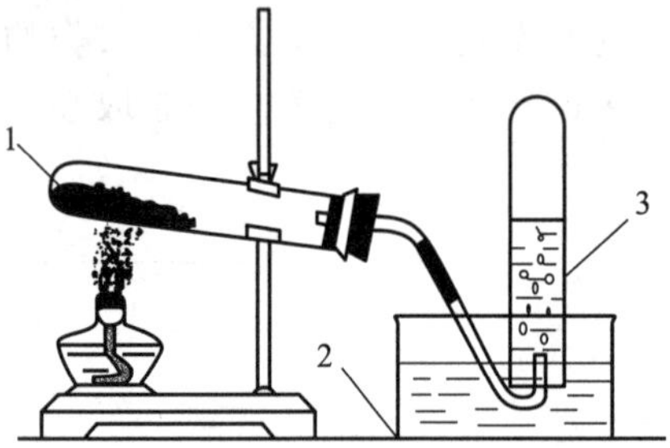

图 2-2-29 制取 $CH_4$ 实验装置
1. 混合物；2. 水；3. $CH_4$

2）$CH_4$ 的制取

取经过预处理的无水醋酸钠 6g、碱石灰 3g 和 NaOH 固体 3g 充分研磨混合。将混合药品装入干燥的玻璃试管里，管口略向下倾斜，塞上带有导管的橡胶塞并固定。装置如图 2-2-29 所示。预热 1min，再对试管底部加热 1～2min，即有大量 $CH_4$ 生成。这时，用排水法收集 $CH_4$ 气体。

思考：在制备 $CH_4$ 时会产生哪些杂质气体，如何除去 $CH_4$ 中的杂质气体？

________________________________________

________________________________________。

### 2. $CH_4$ 的性质

1）与 $KMnO_4$ 反应

用酒精灯加热制取 $CH_4$ 装置上的硬质试管中反应物，并将逸出的 $CH_4$ 经导气管通入盛有 2mL 0.002mol·$L^{-1}$ 酸性 $KMnO_4$ 溶液的试管中，观察试管中溶液的颜色是否褪色。

2）与溴水反应

用酒精灯加热制取 $CH_4$ 装置上的硬质试管中反应物，并将逸出的 $CH_4$ 经导气管通入盛有 2mL 浅黄色的溴水的试管中，观察试管中溶液的颜色是否褪色。

3）$CH_4$ 与 $Cl_2$ 的取代反应

用排饱和食盐水法收集 2/3 体积的 $Cl_2$ 于 125mL 集气瓶中备用。将收有 2/3 体积

$Cl_2$ 的集气瓶再用排饱和食盐水法收集 1/3 体积 $CH_4$ 气体，取出导气管，停止加热，用毛玻璃片盖好集气瓶后取出，并放在散射光处（移到窗口或室外，使其受太阳光照射，但要避开日光直射或用光源照射，如 1000W 碘钨灯、100W 白炽灯、8W 日光灯）3～5min，观察气体颜色的变化。用一个醮有浓氨水的玻璃棒接近瓶口或慢慢插入瓶内，观察现象。

思考：你还有什么方法验证 $CH_4$ 跟 $Cl_2$ 发生了反应，请画出装置图?

4）可燃性

检验 $CH_4$ 纯度后，将导管换成尖嘴玻璃管，点燃 $CH_4$。并在 $CH_4$ 火焰上方罩上一个干燥的烧杯，观察 $CH_4$ 燃烧时火焰的颜色和烧杯内壁有什么现象，然后再换一个内壁用石灰水润湿了的烧杯，罩在 $CH_4$ 火焰上，观察并解释所观察的现象。

5）与空气混合爆炸

利用注射器向干燥的 500mL 塑料瓶中通入 50mL $CH_4$，塞上带有电子枪的塞子后，颠倒几次，使 $CH_4$ 和空气充分混合，然后扳动扳机，观察并解释所观察的现象。

| 实验 | 现象 | 解释现象 |
|---|---|---|
| $CH_4$ 与 $KMnO_4$ 溶液 | | |
| $CH_4$ 与溴水 | | |
| $CH_4$ 与 $Cl_2$ | | |
| $CH_4$ 可燃性 | | |
| $CH_4$ 与空气混合爆炸 | | |

## 四、指导与建议

1. 制取 $CH_4$ 成败的关键是无水乙酸钠和碱石灰必须预先加以灼烧脱水处理。加热反应混合物温度开始要高，最好选用粗芯的酒精灯加热，一旦气体产生，温度要降低，可采取升高试管或降低酒精灯火焰，以减少副产物的生成。

2. 若做溴水验证实验，通入 $CH_4$ 气体的时间不宜过长，否则因溴易挥发，它可能被 $CH_4$ 气流带走，溶液也会褪色。

3. 点燃 $CH_4$ 之前，必须检查 $CH_4$ 的纯度。因为 $CH_4$ 与空气混合物中 $CH_4$ 占 5%～15%，或 $CH_4$ 与 $O_2$ 混合物中 $CH_4$ 占 5.4%～59.2%时，遇火会发生爆炸。

4. 收集 $CH_4$ 和 $Cl_2$ 时，最好采用排饱和食盐水法，两种气体混合后的集气瓶应注意避开直射光。

## 五、问题与研究

### 1. $CH_4$ 的制取

利用乙酸钠与 NaOH 在加热情况下反应制得 $CH_4$。

$$CH_3COONa + NaOH \xrightarrow{\Delta} Na_2CO_3 + CH_4\uparrow$$

实验室中却用碱石灰与乙酸钠在加热情况下反应制得 $CH_4$。碱石灰是由 NaOH 溶液和生石灰按一定比例制得的，其中生石灰与水参加反应生成氢氧化钙。在这里所起的作用有 4 个方面。

(1) CaO 有吸水和吸收生成的 $CO_2$ 作用。

(2) $Ca(OH)_2$ 用作稀释剂，以防 NaOH 在高温下对玻璃的腐蚀。

(3) 固态 NaOH 的熔点是 318.4℃，乙酸钠熔点是 324℃。加热时容易熔化，氢氧化钙可以防止熔化的 NaOH、乙酸钠流动。

(4) 氢氧化钙可以使混合物疏松，生成的 $CH_4$ 气体容易逸出。

### 2. $CH_4$ 反应机理

本实验的反应是一级均裂脱羧反应，即游离基反应，其链的引发和传递过程是

$$CH_3COONa \longrightarrow \cdot CH_3 + \cdot COONa$$

$$\cdot CH_3 + NaOH \longrightarrow CH_4 + \cdot ONa$$

$$\cdot ONa + CH_3COONa \longrightarrow \cdot CH_3 + Na_2CO_3$$

水是一种极性试剂，会阻止游离基反应的进行。如果反应的混合物中含水量较高，加热时还会造成难达到反应温度，从而使 $CH_4$ 气体产量少、速率慢。

### 3. $CH_4$ 与 $Cl_2$ 作用

$$CH_4 + Cl_2 \longrightarrow CH_3Cl + HCl$$

$$CH_3Cl + Cl_2 \longrightarrow CH_2Cl_2 + HCl$$

$$CH_2Cl_2 + Cl_2 \longrightarrow CHCl_3 + HCl$$

$$CHCl_3 + Cl_2 \longrightarrow CCl_4 + HCl$$

## 六、实验改进

### 1. $CH_4$ 取代反应的改进

(1) 用排饱和食盐水的方法，在一个干净试管的中收集好 $Cl_2$ 和 $CH_4$ 的混合气体

（体积比约为 4∶1）。

（2）用带导管的橡胶塞塞好试管，再用止水夹夹好胶管防止气体泄漏。

（3）将导管伸入装有紫色石蕊试液的小烧杯，在暗处打开止水夹，观察现象。

（4）将整套装置移至室外光亮处 1～2min，再观察。

a. 液面的变化。

b. 紫色石蕊试液升入试管后颜色是否有所改变。

c. 试管内剩余混合气体颜色是否有所变化。

d. 试管内壁以及液面是否有新的物质生成。

e. 静置一段时间，观察液面的最终位置。

该套装置在操作时不易漏气，且能对比光对反应的影响。

### 2. $CH_4$ 燃烧火焰颜色观察的改进

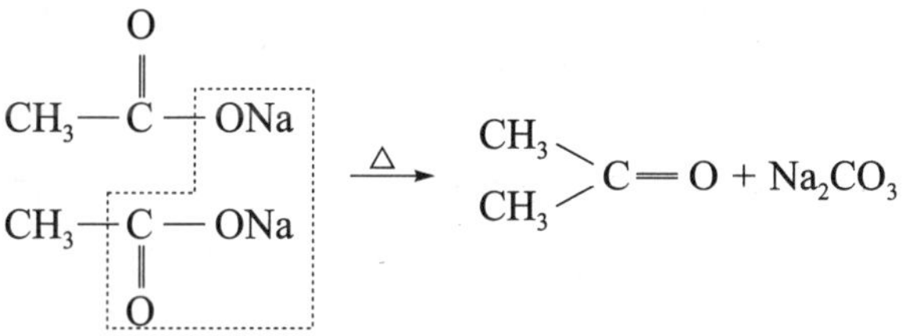

实验室制取 $CH_4$ 时如果加热过猛，或 NaOH 用量不足时，会发生两分子乙酸钠分解为丙酮的副反应。当丙酮蒸气混入 $CH_4$ 气体中，燃烧时的火焰就夹带黄色，纯净 $CH_4$ 的火焰呈淡蓝色。

因此要在性质实验前增加除丙酮蒸气的装置。因丙酮易溶于水，所以可用水洗气把丙酮蒸气除去，最后观察火焰时就比较真实。

### 3. 可燃性实验改进

（1）将导气管浸于水槽的水面下，导气管出口的上面倒立一个小漏斗，漏斗管口连有带尖嘴的玻璃管，先使漏斗的空气排净后，再在尖嘴口点燃。这样产生的 $CH_4$ 气流比较平稳，燃烧时火焰不间断，同时点燃时也比较安全，比较适合于学生操作。

（2）在导气管中段连接一弯管（图 2-2-30），可以使气流更加平稳。同时弯管可固定在水槽边缘，便于检验燃烧产物。

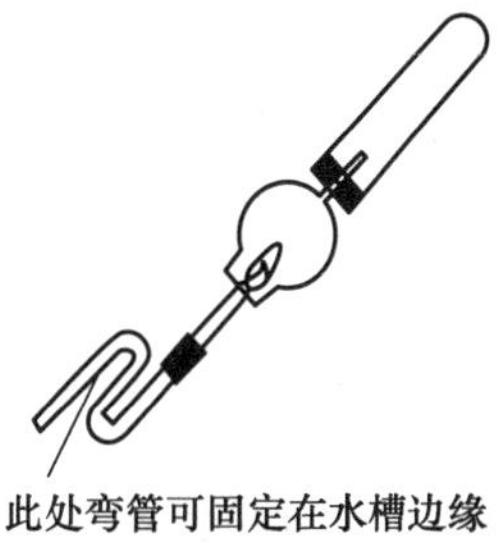


图 2-2-30　检验气体装置

**【小结】** 通过该实验你有什么收获，你的实验数据与你所查到理论数据有什么区别？如果有区别，请思考原因，并提出改进方法，以便使你的课堂演示更成功。

______________________________________________

______________________________________________

____________________________________________________________

____________________________________________________________。

## 实验八　乙烯、乙炔的制取及性质实验

乙烯是世界上产量最大的化学产品之一，乙烯工业是石油化工产业的核心，乙烯产品占石化产品的70%以上，在国民经济中占有重要的地位。世界上已将乙烯产量作为衡量一个国家石油化工发展水平的重要标志之一。乙烯是合成纤维、合成橡胶、合成塑料（聚乙烯及聚氯乙烯）、合成乙醇（酒精）的基本化工原料，也用于制造氯乙烯、苯乙烯、环氧乙烷、乙酸、乙醛、乙醇和炸药等，还可用作水果和蔬菜的催熟剂，是一种已证实的植物激素。

乙炔俗称风煤、电石气，是炔烃化合物系列中体积最小的一员，主要作工业用途，特别是烧焊金属方面。乙炔在室温下是一种无色、极易燃的气体。在空气中爆炸极限2.3%～72.3%。在液态和固态下或在气态和一定压力下有猛烈爆炸的危险，受热、震动、电火花等因素都可以引发爆炸，因此不能在加压液化后储存或运输。

**【请你从教师的角色思考】**

1. 乙烯、乙炔是不饱和烃中最简单的代表物质，在教学中占有重要的位置，如果你是教师，如何设计和组织实验，使学生能够更好地理解烯烃和炔烃的共性和特性？

____________________________________________________________

____________________________________________________________。

2. 乙烯、乙炔演示实验如何做到绿色、环保、安全？

____________________________________________________________

____________________________________________________________。

### 一、实验前讨论

1. 在制备乙烯的反应中，浓 $H_2SO_4$ 有什么作用？

2. 制备乙烯时，为什么要猛火加热，使反应物迅速升温至170℃？

3. 乙炔比乙烯更不饱和，为什么它们使溴水和 $KMnO_4$ 溶液褪色的速度反而是乙炔比乙烯慢？

4. 碳化钙与水反应是固体与液体不加热的反应，为什么不能用启普发生器制取乙炔？

5. 沸石在制取乙烯时起到什么作用？

### 二、实验用品

**仪器**：圆底烧瓶、试管、平底烧瓶、大试管、温度计、集气瓶（附毛玻璃片）、酒精灯、分液漏斗、玻璃水槽。

**药品**：乙醇、浓 $H_2SO_4$、电石、$KMnO_4$、液溴、$AgNO_3$、氨水、饱和食盐水。
**材料**：碎瓷片、塑料瓶、木条、铝箔、棉花。

## 三、实验内容

### 1. 乙烯的制取和性质

#### 1）乙烯的制取

取一个干燥、洁净的圆底烧瓶，在圆底烧瓶内加入少许碎瓷片，注入 10mL 乙醇，然后将 30mL 浓 $H_2SO_4$ 慢慢地边振动边加入乙醇中，用配有一支量程为 200℃温度计和导气管的双孔橡胶塞塞紧管口，导气管依次与盛有浓 $H_2SO_4$ 和 10% NaOH 溶液的洗气瓶连接，温度计水银球浸没在乙醇和浓 $H_2SO_4$ 的混合液中。按照图 2-2-31 所示把仪器连接好。然后用强火加热使混合液体温度迅速升到 160℃，使用温火加热，使温度范围控制在 160～170℃，当烧瓶内空气排尽后，用排水法收集乙烯气体。

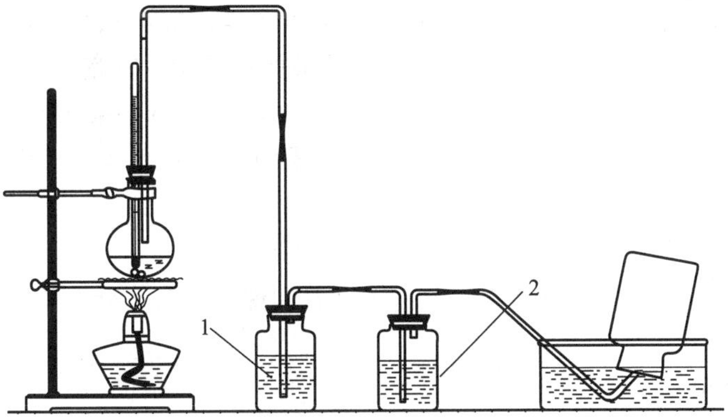


图 2-2-31　乙烯的制取实验装置
1. 浓 $H_2SO_4$；2. 10% NaOH

思考：洗气瓶中的浓 $H_2SO_4$ 和 NaOH 的作用。

______________________________________________________________________

_____________________________________________________________________。

#### 2）乙烯的性质

乙烯的制取和性质实验是连续操作的，事先必须做好一切准备，充分利用乙烯气体。

(1) 将乙烯通入盛有 2mL 3%溴水的试管中，观察试管中溶液颜色变化的情况。或在充满乙烯的集气瓶中，注入少量的溴水，盖上涂有凡士林的毛玻璃片，振荡，观察集气瓶中溶液颜色变化的情况。

(2) 将乙烯通入盛有 2mL 经酸化过的 0.05% $KMnO_4$ 溶液的试管中，观察试管中溶液颜色变化的情况。

（3）在导气管管口接一个尖嘴玻璃管，点燃已验纯的乙烯，观察乙烯燃烧时的火焰情况。

（4）用排水法收集乙烯于 125mL 集气瓶中，移去导气管，停止加热。将集气瓶从水槽中取出正立，抽走毛玻璃片，点燃乙烯，观察现象。随着乙烯燃烧的进行，火焰逐渐进入集气瓶内。再向集气瓶内注水，以便把乙烯排出，观察乙烯在瓶内和瓶口的燃烧现象。

2. 乙炔的制取和性质

1）乙炔的制取

取一个干燥、洁净的平底烧瓶（250mL），放入 5～6 块豌豆大小的电石，用配有一个盛有分液漏斗和导气管的双孔橡胶塞塞紧管口，分液漏斗中加入饱和食盐水，如图 2-2-32 所示，向平底烧瓶中滴入饱和食盐水，控制好分液漏斗的滴液速度，使反应不要太快，待试管内的空气排尽后，用排水法收集乙炔。

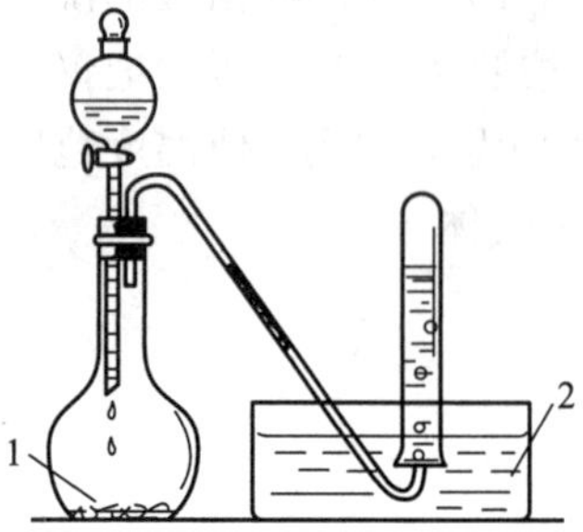


2-2-32　制取乙炔的实验装置

1. 电石；2. 水

2）乙炔的性质

（1）将乙炔通过盛有 5mL 0.5%溴水和 5mL 0.05%酸性 $KMnO_4$ 溶液的试管中，观察发生的现象。

（2）用试管取 2mL 2%硝酸银溶液，滴入过量的 10%氨水（使生成的沉淀刚好消失）后，通入乙炔，观察发生的现象。

（3）取一个小塑料瓶，用排水法收集 1/3 容积乙炔和 2/3 容积 $O_2$，用玻璃盖盖好，正立于实验台上，然后拿掉玻璃片，迅速用燃着的细长木条点燃混合气体。

## 四、指导与建议

1. 在制取乙烯时，应注意以下 5 个问题。

（1）要检查装置的气密性，以防加热时由于漏气而引起燃烧甚至发生爆炸。

（2）配制乙醇浓 $H_2SO_4$ 混合液时，应先加乙醇再将浓 $H_2SO_4$ 缓缓地加入，并不断搅拌，不可先加浓 $H_2SO_4$ 再加乙醇。

（3）生成硫酸氢乙酯的反应是可逆的（详见五、问题与研究），反应混合物中会有乙醇的存在。当加热温度在 150℃以上时，乙醇会与生成的乙烯一同逸出。在实验中为了尽可能使平衡向正反应方向移动以减少乙醇的逸出，通常是加入过量的 $H_2SO_4$，使浓 $H_2SO_4$ 与乙醇的体积比为 3∶1。

（4）乙醇与浓 $H_2SO_4$ 的混合物在加热到 130～140℃时，会生成乙醚。

$$C_2H_5OH + HOC_2H_5 \xrightarrow{130\sim140℃} CH_3CH_2OCH_2CH_3 + H_2O$$

因此，应集中加热，使反应物温度迅速从 130℃升到 170℃，以尽量减少乙醚的产生。同时，在升温到 170℃以前所产生的气体不要收集。

(5) 沸石、碎瓷片、沙子或其他惰性固体是硫酸氢乙酯分解成乙烯的催化剂。因此，在反应器中加一些沸石等，不但可以防止反应混合物在受热时产生暴沸现象，而且可以起催化作用。

2. 浓 $H_2SO_4$ 既是脱水剂，又是氧化剂。在反应中它可使乙醇等有机物氧化，最后生成碳、CO 和 $CO_2$（这时反应物变黑），而本身被还原为 $SO_2$ 混杂在乙烯中。$SO_2$ 能使溴水或 $KMnO_4$ 溶液褪色。因此通过 NaOH 溶液或碱石灰再处理，可以除去其中的 $CO_2$ 和 $SO_2$，剩下的 CO 对乙烯的性质实验无多大妨碍。

3. 制取乙炔时要用较大的碳化钙粒子，最好有蚕豆大小使它与水的接触面积不要太大，防止反应太猛烈而产生大量泡沫，堵塞导管或从导管喷出。为了使反应缓慢地进行，常用饱和食盐水与碳化钙反应。尽管碳化钙与水反应是固体与液体不加热的反应，但不能用启普发生器制取乙炔。

4. 乙烯或乙炔与空气的混合物在爆炸范围内遇火，会发生猛烈的爆炸（乙烯：3.0%～33.5%，乙炔：2.3%～82%）。为了安全起见，最好先做与溴水和 $KMnO_4$ 溶液反应的实验，让发生器中的空气全部排出后，再在导气管点燃。点燃前仍应检查气体的纯度。

5. 乙烯和乙炔加成反应实验所用的溴水和氧化反应所用的 $KMnO_4$ 溶液都不宜过浓，溴水用 0.5%的较合适，$KMnO_4$ 溶液可以用 0.01～0.05%的，并先加几滴 $H_2SO_4$ 使 $KMnO_4$ 溶液酸化，以利于氧化反应的进行。用量不宜过多，2～3mL 就可以，这样反应现象明显，还可以防止因气流过急而使混合液冲出试管。

6. 乙炔本身是无色、无臭、无味的气体，但用电石与水反应生成的乙炔，往往有强烈的刺激性臭味。这是由于电石中含有少量的硫化钙、磷化钙、砷化钙等杂质，它们与水反应生成对应的氢化物 $H_2S$、$PH_3$、$AsH_3$ 混在乙炔中之故。这些气体产生，既有恶臭又有毒，要防止逸散在实验室里。实验完毕，最好在通风橱内或室外拆卸仪器。

## 五、问题与研究

### 1. 乙烯的制取

用乙醇与浓 $H_2SO_4$ 共热脱水来制备乙烯，其反应过程中先生成硫酸氢乙酯，在 150℃以上硫酸氢乙酯开始分解而产生乙烯。

$$CH_3CH_2OH + H{-}O{-}SO_2{-}OH \xrightarrow{100℃} CH_3CH_2{-}O{-}SO_2{-}OH + H_2O$$

$$CH_3CH_2{-}O{-}SO_2{-}OH \xrightarrow{>150℃} CH_2{=}CH_2\uparrow + H_2SO_4$$

### 2. 乙烯的性质

(1) 乙烯与溴水作用

$$CH_2{=}CH_2 + Br_2 \longrightarrow BrH_2C{-}CH_2Br$$

（2）乙烯与 $KMnO_4$ 溶液作用

在酸性溶液中，$KMnO_4$ 溶液由紫红色褪为无色。

$$5H_2C{=}CH_2 + \underset{\text{（紫红色）}}{2MnO_4^-} + 2H_2O + 6H^+ \xrightarrow{H_2SO_4} 5\,\begin{array}{c}H_2C{-}CH_2\\ |\quad\ \ |\\ OH\ \ OH\end{array} + \underset{\text{（肉色、浓度小时，接近无色）}}{2Mn^{2+}}$$

当溶液的酸度不够时，$MnO_4^-$ 可能还原为 $MnO_2$ 褐色沉淀。

$$3H_2C{=}CH_2 + 2MnO_4^- + 4H_2O \xrightarrow{H_2SO_4} 3\,\begin{array}{c}H_2C{-}CH_2\\ |\quad\ \ |\\ OH\ \ OH\end{array} + 2OH^- + 2MnO_2\downarrow$$

当 $KMnO_4$ 的浓度过大时，$MnO_4^-$ 被还原而生成的 $Mn^{2+}$ 又可能与过剩的 $MnO_4^-$ 发生氧化还原反应而析出 $MnO_2$。

$$3Mn^{2+} + \underset{\text{（紫红色）}}{2MnO_4^-} + 2H_2O \longrightarrow \underset{\text{（褐色）}}{5\,MnO_2\downarrow} + 4H^+$$

如果反应强烈，生成的乙二醇可进一步被氧化，导致碳碳键断裂，生成羧酸或二氧化碳等。

（3）乙烯与空气中的 $O_2$ 氧化作用

$$CH_2{=}CH_2 + 3O_2 \xrightarrow{\text{点燃}} 2CO_2 + 2H_2O$$

## 3. 乙炔的制取

乙炔的实验室制法与工业制法相同，都是用电石（碳化钙）与水反应。

$$CaC_2 + 2H_2O = Ca(OH)_2 + C_2H_2\uparrow$$

## 4. 乙炔的性质

（1）乙炔与溴水作用，发生加成反应。

（2）乙炔与 $KMnO_4$ 溶液作用，是随条件的不同，生成不同的产物。

在中性溶液中，$MnO_4^-$ 可能还原为 $MnO_2$ 褐色沉淀。

$$2HC{\equiv}CH + \underset{\text{（紫色）}}{4KMnO_4} + 2H_2O \longrightarrow 2\,\begin{array}{c}HC{-}CH\\ \|\quad\ \|\\ O\quad\ O\end{array} + 4KOH + \underset{\text{（褐色）}}{4MnO_2}$$

或

$$3HC{\equiv}CH + 10KMnO_4 + 2H_2O \longrightarrow 10KOH + 6CO_2\uparrow + 10MnO_2\downarrow$$

在酸性溶液中，$KMnO_4$ 溶液由紫红色褪为无色。

$$5HC{\equiv}CH + 8KMnO_4 + 12H_2SO_4 \longrightarrow 5\,\begin{array}{c}COOH\\ |\\ COOH\end{array} + 8MnSO_4 + 4K_2SO_4 + 12H_2O$$

或

$$HC\equiv CH + 2KMnO_4 + 3H_2SO_4 \longrightarrow 2MnSO_4 + K_2SO_4 + 2CO_2\uparrow + 4H_2O$$

（3）乙炔的燃烧

$$2CH\equiv CH + 5O_2 \xrightarrow{\text{点燃}} 4CO_2 + 2H_2O$$

（4）乙炔与银氨溶液作用

$$HC\equiv CH + 2[Ag(NH_3)_2]^+ \longrightarrow 2NH_4^+ + 2NH_3 + AgC\equiv CAg\downarrow \text{（白色）}$$

## 六、实验改进

### 1. 乙炔的制取

制取少量乙炔时，可在试管中放入少量的水，中间放一些脱脂棉，脱脂棉上面放几块用铝箔包住的电石，铝箔上扎一些小孔调节铁架台使试管倾斜后，水与铝箔接触，发生反应。然后通过调节试管的倾斜度控制反应的速度。当产生的气体已经满足实验要求时，将试管竖直放置，反应停止（图 2-2-33）。

该实验能适当减慢乙炔生成的速度，防止生成的氢氧化钙堵塞导气管，并可控制乙炔生成的量。

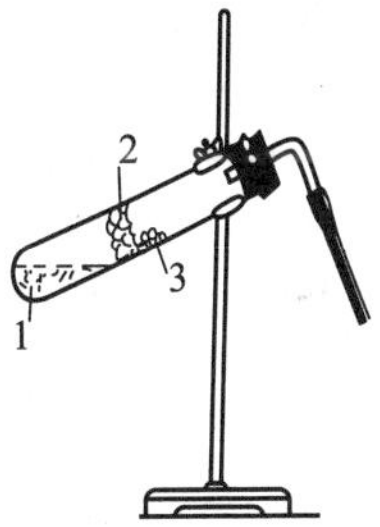


图 2-2-33　制取乙炔的简易实验装置

1. 水；2. 脱脂棉；3. 电石

### 2. 乙烯、乙炔性质实验的改进

乙烯、乙炔通入溴水时，溴直接暴露在空气中挥发出溴蒸气（有毒），可将溴的 $CCl_4$ 溶液加入小试管后，再加入适量的 $KMnO_4$ 溶液封住有机层，防止溴的挥发，此时可看到明显的分层，上层为紫红色，下层为橙色。将乙烯、乙炔通入时可看到两者褪色。

**【小结】** 通过该实验你有什么收获，你的实验数据与你所查到理论数据有什么区别？如果有区别，请思考原因，并提出改进方法，以便使你的课堂演示更成功。

______________________________________________________________________

______________________________________________________________________

______________________________________________________________________

______________________________________________________________________。

# 教学示例：胶体的制备与性质

## 一、实验目的

1. 了解胶体的制备及胶体的性质。
2. 掌握胶体的制备、性质实验的操作技能。

3. 掌握胶体制备的最佳条件。

## 二、实验材料

烧杯、试管、激光笔、低压直流电源、石墨电极、酒精灯、半透膜、玻璃棒、U形管、饱和 $FeCl_3$ 溶液、$AgNO_3$ 溶液、$KNO_3$ 溶液、NaCl 溶液、KI 溶液、1%明胶溶液、蒸馏水、碘水、可溶性淀粉。

## 三、教学过程

| 教学环节 | 教师活动 | 学生活动 | 设计意图 |
|---|---|---|---|
| 情景引入 | 【引入】胶体是一种分散质粒子直径介于粗分散体系和溶液之间的一类分散体系，胶体粒子的直径一般为 1～100nm，这是一种高度分散的多相不均匀体系<br>常见的胶体有 $Fe(OH)_3$ 胶体、$Al(OH)_3$ 胶体、硅酸胶体、淀粉胶体、蛋白质胶体、豆浆、墨水、涂料、肥皂液、AgI、$Ag_2S$、$As_2S_3$、有色玻璃、果冻、鸡蛋清、血液等<br>胶体在自然界尤其是生物界普遍存在，它与人类的生活及环境有着密切的联系，应用很广，如盐卤点豆腐、污水的净化、高压除尘、$FeCl_3$ 溶液用于伤口止血等<br>【复习提问】请思考：胶体有哪些性质，上边列举的胶体的应用是由胶体的哪些性质决定的 | 师范生思考并讨论（1）胶体的性质：丁达尔现象、布朗运动、电泳现象、胶体的沉聚等；（2）性质与应用的关系 | 回忆胶体的相关知识有利于师范生更好地完成和理解胶体的制备、性质实验 |
| 学生讲述实验内容，教师补充 | 【活动】分别请两位师范生模拟中学课堂教学讲述胶体的制备、性质实验的操作方法及注意事项<br>【讲述】教师根据师范生所讲内容进行纠正及补充 | 其他师范生思考并讨论两位小老师的讲解合理及不足之处 | 让师范生讲述实验内容有助于他们掌握中学课堂教学的方法、提高口语表达能力。同时，师范生之间进行比较更容易发现自己的不足 |
| 投影实验步骤 | 【投影展示】1. 胶体的制备（见附录）<br>2. 胶体的性质（见附录） | 每位师范生独自完成实验 | 掌握胶体的制备、性质实验的操作技能 |
| 实验探究 | 【实验探究】（1）课本中描述 $Fe(OH)_3$ 胶体制备过程如下：将在烧杯中的 20mL 蒸馏水加热至沸腾，向沸水中逐滴加入 1～2mL $FeCl_3$ 饱和溶液。继续煮沸至溶液呈红褐色，停止加热<br>其中蒸馏水加热至沸腾、逐滴加入 $FeCl_3$ 饱和溶液、$FeCl_3$ 的用量此三者哪个是制备 $Fe(OH)_3$ 胶体的必要条件<br>（2）做电泳实验时要在 $Fe(OH)_3$ 胶体上面加入稀硝酸钾溶液，如何滴加才不会搅浑溶液，保持硝酸钾溶液与 $Fe(OH)_3$ 胶体保持有清晰的界面 | 4～6 位师范生为一小组完成实验 | （1）培养师范生的探究意识；（2）使师范生对知识的理解更深刻；（3）通过合作实验的模式使师范生更容易掌握合作探究的方法，同时能够发现在合作探究中容易出现哪些问题，便于师范生今后指导学生进行实验探究 |

续表

| 教学环节 | 教师活动 | 学生活动 | 设计意图 |
|---|---|---|---|
| 知识拓展 | 【提问】如何制备以下胶体（课前提前布置学习任务）<br>（1）AgI 胶体的制备<br>（2）硅酸胶体的制备 | 描述并完成相关实验 | 培养师范生独立查找资料的能力（有些实验中学课本中并没有出现，但是在课堂上展示这些实验有助于帮助中学生更好地理解教材，所以师范生必须具有独立查找资料的能力） |
| 反思总结 | 【提问】通过该实验你有什么收获，你的实验数据与你所查到理论数据有什么区别？如果有区别，请思考原因，并提出改进方法，以便使你的课堂演示更成功 | 学生思考并讨论 | 培养师范生进行自我总结和自我评价的能力，养成良好的学习习惯，并为今后更好地完成课堂演示做好准备 |

## 四、附录

### 1. $Fe(OH)_3$ 胶体的制备

在小烧杯中加入 20mL 蒸馏水，加热至沸，然后在沸水中逐滴加入饱和 $FeCl_3$ 溶液 1～2mL，继续煮沸，待溶液呈红褐色后，停止加热即得 $Fe(OH)_3$ 胶体。

### 2. 淀粉胶体的制备

将 1g 可溶性淀粉溶解于 50mL 蒸馏水中，加热沸腾，冷却即得淀粉胶体。

### 3. 胶体的性质

（1）丁达尔现象。把盛有 $Fe(OH)_3$ 胶体、$CuSO_4$ 溶液、蒸馏水的烧杯置于暗处，利用激光器产生的激光束或激光笔照射烧杯中的液体，在与光束垂直的地方进行观察，并解释产生的现象。

（2）渗析。如图 2-2-34 把淀粉胶体和 NaCl 溶液混合成的液体加入用半透膜制成的袋子中，再将袋子浸入盛在烧杯里的水中，静置 2min，然后用两个试管各取烧杯中的液体少许，向一个试管加入少量 $AgNO_3$ 溶液，向另一个试管加入少量碘水，观察现象。从半透膜袋子中吸取少量液体加入第三个试管中，滴加少量碘水，观察现象。

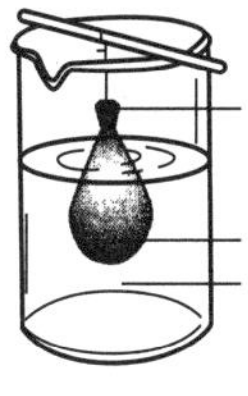

图 2-2-34　渗析

（3）胶体的电泳。如图 2-2-35 将 100mL 蒸馏水放在烧杯中加热至沸，加入 0.4g $FeCl_3$ 固体，溶解后再加入 6.3g 尿素，冷却后注入 U 形管中，然后在 U 形管的两端胶体溶液的

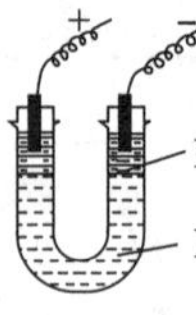

图 2-2-35　胶体的电泳

上面沿管壁分别缓慢注入 0.01mol · $L^{-1}$ $KNO_3$ 溶液约 1cm 高，插入两个石墨电极使之浸入 $KNO_3$ 溶液中，通入 24V 左右的直流电约 10min，观察阳极区和阴极区附近胶体颜色的变化。

（4）胶体的凝聚。在三个试管中分别加入 3mL $Fe(OH)_3$ 溶胶、$Fe(OH)_3$ 溶胶、硅酸溶胶，再向第一个试管中加入 NaCl 溶液，振荡，观察现象，再向第二个试管中加入硅酸溶胶，振荡，观察现象，加热第三个试管，观察现象。

（5）胶体的保护。用三个试管各取 3mL $Fe(OH)_3$ 溶胶，分别加入 1mL 1%明胶（动物胶）溶液，充分振荡，再分别向第一个试管中加入 NaCl 溶液、第二个试管中加入硅酸溶液，振荡，观察现象，加热第三个试管，观察现象。

## 参考文献

李广洲，陆真. 化学教学论实验 [M]. 第二版. 北京：科学出版社，2001.

熊言林. 化学教学论实验 [M]. 合肥：安徽大学出版社，2007.

马建峰. 化学实验教学论 [M]. 北京：科学出版社，2012.

任跃红. 中学化学实验研究 [M]. 北京：中国石化出版社，2011.

刘知新. 化学教学论 [M]. 第二版. 北京：高等教育出版社，2004.

人民教育出版社课程教材研究所，化学课程教材研究开发中心. 化学九年级（上册）[M]. 第二版. 北京：人民教育出版社，2012.

人民教育出版社课程教材研究所，化学课程教材研究开发中心. 教师教学用书 [M]. 北京：人民教育出版社，2012.

人民教育出版社课程教材研究所，化学课程教材研究开发中心. 化学 1（必修）[M]. 第二版. 北京：人民教育出版社，2006.

沙哈施利. 化学演示实验：化学教师手册 [M]. 王冠博，马玉国，译. 北京：北京大学出版社，2013.

王磊. 中学化学实验及教学研究 [M]. 北京：北京师范大学出版社，2009.

熊言林. 化学教学论实验 [M]. 合肥：安徽大学出版社，2004.

# 专题3 中学化学探究性实验

## 实验一 蜡烛及其燃烧的探究

### 一、实验目的

1. 学会引导学生观察身边的化学现象，能从化学的角度探究现象并给予解释。

2. 扮演学生角色，通过研究蜡烛在点燃前、燃烧时、熄灭后三个阶段中所表现出的物理性质和化学性质，体会实验探究的乐趣，提高化学学习的兴趣和求知欲。

3. 真正体验从生活走向化学，再从化学走向生活的过程。

4. 扮演教师角色，能把握本实验的重点内容，顺利完成本实验的教学试讲。

### 二、实验前的讨论与思考

蜡烛是人们日常生活中经常使用的一种物品，蜡烛的燃烧是生活中的一种常见现象。现代使用的蜡烛烛身主要成分通常为石蜡，烛芯通常为棉线。如果你观察一支正在燃烧的蜡烛，你会发现什么？你会看到明亮的火焰，你会感到发热。假如燃烧的是香型蜡烛，你还能闻到香味。你会发现随着燃烧的进行，蜡烛将变得越来越小，直到不能燃烧时为止。在这一过程中，既有物理变化，又有化学变化。在这个实验中，你将探究蜡烛在点燃前、燃烧时、熄灭后三个阶段中所表现出的物理变化和化学变化。

1. 什么是物理变化？

______________________________

2. 什么是化学变化？

______________________________

### 三、问题与猜想

蜡烛在点燃前、燃烧时、熄灭后三个阶段中各发生了哪些物理变化与化学变化？你能设计实验证明吗？

### 四、实验用品

蜡烛（大、小）、火柴、烧杯（50mL）2个、酒精灯、玻璃板、玻璃管（直径1cm，长5cm）3个、25mL石灰水溶液、秒表、夹子。

## 五、实验过程

（1）点燃前：观察蜡烛的颜色、状态、形状和硬度等，并嗅气味；从蜡烛上切下一块，把它放入水中，观察它是否溶于水，是浮在水面还是沉入水底。说明蜡烛的密度比水小还是大。

（2）点燃蜡烛：点燃蜡烛，然后在金属盘中心滴入 2～3 滴熔化的蜡烛油，趁蜡烛油还未变硬之前，迅速将蜡烛压在蜡油上。如果蜡烛的燃烧较慢，则请另换一支新蜡烛。

（3）观察蜡烛火焰几分钟，注意什么在燃烧，燃烧在哪里进行？请注意火焰的不同部位。将观察结果分别记录在表 2-3-1 和表 2-3-2 中。

**表 2-3-1　对蜡烛燃烧实验现象的描述**

| 实验内容 | 实验现象 |
|---|---|
| 观察一支蜡烛 | |
| 点燃蜡烛观察现象 | |
| 燃烧 1min 后观察现象 | |
| 燃烧 3min 后观察现象 | |
| 燃烧 5min 后观察现象 | |
| 熄灭蜡烛观察现象 | |
| 熄灭 1min 后观察现象 | |

分析表 2-3-1 记录的现象，哪些是物理现象？哪些是化学现象？并填入表 2-3-2 中。

**表 2-3-2　证明蜡烛燃烧发生的变化**

| 现象类别 | 实验现象 | 现象产生原因 |
|---|---|---|
| 物理现象 | | |
| | | |
| | | |
| 化学现象 | | |
| | | |
| | | |

为了更好地让学生理解物理变化和化学变化，请你继续完成以下实验，并体会实验设计的目的，思考并评价以下实验是否能增强实验效果、提高实验教学功能，实现实验教学目的（表 2-3-3）。

**表 2-3-3　蜡烛燃烧现象的观察与探究**

| 实验步骤 | 实验现象 | 现象解释 | 实验设置的目的 | 实验效果 |
|---|---|---|---|---|
| 在 150mL 烧杯中加入自来水，擦干杯外的水珠，然后用夹子夹住烧杯，将其放在蜡烛火焰上方 3～5cm 处，观察现象 | | | | |

续表

| 实验步骤 | 实验现象 | 现象解释 | 实验设置的目的 | 实验效果 |
|---|---|---|---|---|
| 取一干冷小烧杯罩在蜡烛火焰上方，观察现象 | | | | |
| 取一干冷小烧杯，在烧杯内壁均匀涂上少量澄清石灰水，罩在蜡烛火焰上方，观察现象 | | | | |

## 六、分析与讨论

1. 燃烧所需的条件之一是燃料，根据你的观察，你认为燃烧还需要什么条件？为什么？

2. 推测一下蜡烛燃烧可能生成什么物质。你是如何得到这一结论的？

## 七、知识迁移与应用

我们可以用文字表达式来描述蜡烛燃烧发生的化学反应过程。例如：产生蛋黄酱的化学反应可以描述如下：

$$鸡蛋+醋+色拉油 \rightarrow 蛋黄酱$$

表达式左边写反应物，右边写生成物。请你写出蜡烛在 $O_2$ 中燃烧时所发生反应的表达式。

______________________________

## 八、进一步探索

**探索一：蜡烛燃烧时真正发生燃烧的是什么物质？**

| 实验内容 | 实验现象 | 结论 | 作出结论的依据 |
|---|---|---|---|
| 在黏土中插入两支蜡烛，点燃其中一支，在距第一支 2～4cm 点燃第二支蜡烛，慢慢吹灭第一支蜡烛的火焰，然后迅速使第二支的火焰进入由第一支蜡烛产生的烟雾中，注意不要使火焰碰到第一支蜡烛的灯芯 | 观察当第二支蜡烛的火焰移入第一支蜡烛产生的烟雾中时发生的现象：____ ______ ______ | | |

**探索二：关于蜡烛完全燃烧与不完全燃烧的探究**

燃烧物中的碳、氢、硫等元素燃烧后分别生成 $CO_2$、$H_2O$、$SO_2$ 等，转变成 CO 等不完全燃烧产物的比例非常小，可忽略不计时的燃烧现象称为完全燃烧。蜡烛完全燃烧的产物主要是 $CO_2$ 和水，我们在前面的实验已经验证（前面实验中的燃烧状况是正常燃烧，不一定是完全燃烧，燃烧现象与燃烧环境和蜡烛自身的品质有关，但在中学教学中不作严格区分）蜡烛不完全燃烧时的现象与产物和完全燃烧时都有所不同。请你完成以下实验，并对实验现象进行记录与分析。

| 实验内容 | 实验现象 | 分析与结论 |
| --- | --- | --- |
| 将一玻璃片盖在燃烧蜡烛的火焰上方，观察实验现象<br>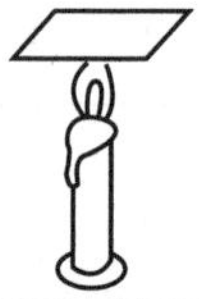 | | |
| 将一玻璃管伸入蜡烛燃烧的焰芯，改变玻璃管伸入焰芯的位置<br><br>观察实验现象：<br>将燃烧的火柴靠近玻璃管上端，观察实验现象<br>改变玻璃管伸入火焰的位置，观察实验现象<br>用燃烧的火柴放在不同位置的玻璃管上端，观察实验现象 | | |

**探索三：蜡烛火焰温度的探究**

将一根火柴梗水平放入蜡烛燃烧的火焰中（如下所示），可根据火柴梗被烧灼的程度证明蜡烛火焰分为焰心、内焰和外焰三层，且三层的温度逐层递增。试完成这一实验，你还有别的实验方案能证明此结论吗？请提出你的方案，并进行实验。

| 实验内容 | 实验现象 | 分析与结论 |
| --- | --- | --- |
| 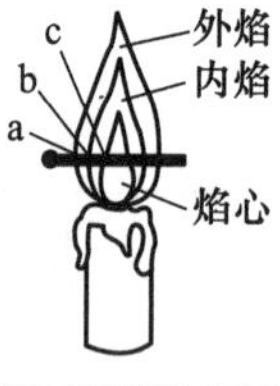 | | |

## 九、资料链接

### 法拉第与《蜡烛的故事》①

英国化学家和物理学家法拉第在1840～1860年间以蜡烛为主题，对青少年发表了

① 法拉第. 圣诞科学讲座［M］. 黎金，译，长沙：湖南教育出版社，1999.

一系列演讲，演讲的内容从蜡烛的制造谈起，围绕蜡烛燃烧时经历的化学过程，详尽地阐述了氢、氧、氯、水、空气、碳与$CO_2$等这些日常生活中无时不与我们同在的物质。法拉第利用蜡烛将自然的奥秘揭示给世人，其演讲的内容后来被编成一本书——《蜡烛的化学史》(*Chemical History of a Candle*)，书中篇章包括蜡烛的组成、蜡烛的燃烧，以及氢、氧、水、$CO_2$的物理化学性质，还有大气的组成。

下面从书中摘取部分篇章片段，从中感受法拉第对蜡烛的情节故事。

## 1. 蜡烛的制作

首先谈到蜡烛的制造过程，我们一般所见到的蜡烛都是用蜡做的。其实，蜡烛还可以用许多不同材料来做。尤其在一两百年前，蜡烛是最重要的照明工具，人类曾尝试以不同的方法制造蜡烛，例如，有由牛脂或抹香鲸的油脂做成的，也有用蜂蜜中的黄蜡精制而成的，或以爱尔兰油沼地取来的石蜡制造的。由油脂提炼材料的方法，可能是盖-吕萨撒克（Gay Lussac）所发展出来的。

因为蜡烛可以熔化，我们也许会想象这些蜡烛是用模子做出来的。其实不然，例如用石蜡做的火烛，就无法用模子做出来，它是经由一种特别的手续制造的。但由动物脂肪做的蜡烛，却可以铸造。石蜡做的蜡烛，是用一种特别的方法制造的。第一步将许多棉线挂起来，底部用金属片盖住，这一部分不会被蜡涂上。挂线架可以旋转，在转动时，工人将熔化的蜡一层层浇上，待冷却后再继续浇，直到在线盖了厚厚的蜡为止，这时再把它们拿下，用石板磨圆。锥形的蜡顶是用特制管做的，底部则切掉磨平。这些工作十分细致，因此蜡烛可以做成一样大小，如一磅四支、六支等数目。

## 2. 蜡烛的燃烧

蜡烛和油灯燃烧有不同之处。油灯是燃烧液体的灯油，而蜡烛则是燃烧固体的蜡，到底蜡烛是怎样将固体化成液体再进一步燃烧呢?

油灯都具备油槽，蜡烛是固体，因此不需要容器。蜡烛燃烧时，在顶端会形成一个杯槽，杯槽内装满了熔化的蜡油，这就相当于油槽。而杯槽中的蜡一直熔化到接近火焰燃烧的部分，这和油灯的燃烧情况类似。蜡烛燃烧时，火焰只在灯芯烧着，可能很多人会问，为什么火焰不会沿线烧下来？这是因为在燃烧过程中，还包括一个蜡油气化的过程，若没有气化，液态蜡油是会把火弄熄的！在蜡烛或油灯的燃烧过程中，燃油都是借毛细作用，自油槽中沿烛芯向上送到火焰燃烧的部分，当燃油抵达上端时，就开始气化。

毛细作用力把燃料带到可燃烧之处，而且储存在那里。举一个关于毛细作用的例子，当你将干净的手指插入热水中，水会沿指缝爬上手指到略为高出水面的地方，或许你并没有注意到这些现象。

如右图所示，把一条盐柱放在盘中，再将饱和盐水倒入盘内。因为溶液已饱和，所以盐不可能再溶解，因此盘内溶液的变化，不可能是由于盐柱溶化造成的。与蜡烛比起来，盘子是蜡烛本体，盐柱是灯芯，溶液是烛油。之后将溶液染黑，你可以观察到这黑色流体慢慢爬上盐柱，一直到顶（只要盐柱不倒下）。假如这溶液是可燃的，同时在盐柱上加上灯芯，它就会燃烧起来，这就和蜡烛燃烧完全一样了。

### 3. 烛焰的结构

将一个玻璃弯管插入火焰中较暗的那一区域，不吹动蜡烛，保持烛火的稳定，你会发现一旦将弯管插入暗区，马上就有东西自管的另一端冒出。如果用一个烧杯收集这些冒出来的东西，可以看到有些东西像是有重量似的落到杯底，这其实是蜡蒸气，就是我们把蜡烛吹熄时所闻到的那股味道。

蜡烛燃烧的就是这些蒸气。为了更清楚地说明这点，你可以吹熄蜡烛，再点燃蜡烛熄灭时冒出来的蒸气。或者按照上面的步骤，在一个烧杯内收集大量凝结的蜡蒸气，再用油灯把它烧热，会看到凝结的蜡先化成液体，然后开始冒出一点烟来，接着就会有蒸气产生，持续加热会有更多东西冒出来，甚至可以把蜡蒸气倒到一个平底盘上，然后点火引燃。这些蒸气就是在蜡烛中间较暗部位的蜡蒸气。

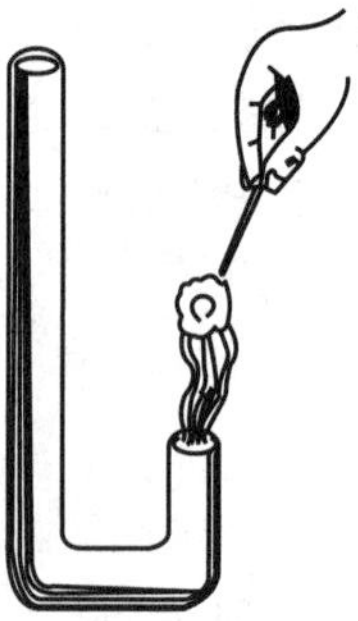

为了确认这点，我们再做一个实验，来试烧这些来自蜡烛中间部位的蒸气。用一个玻璃管把蒸气引出来（右图），然后在玻璃管的另一端点火，你可以看到有熊熊的火焰冒出。但是如果把玻璃管放在蜡火中燃烧完全的部分，也就是火焰的上部，没有了蒸气，玻璃管另一端也就没有火焰了。

为什么会这样？这是因为在火焰中心或灯芯部位，有许多易燃的气体，而火焰外围有燃烧所需的空气，两者之间混合处就是发生剧烈化学反应的地方，空气与燃料彼此相互作用，蒸气被耗尽了，同时也产生了光亮。

### 4. 烛焰的亮度

蜡烛曾是一种重要的照明工具，它很亮，但温度不高；而同样来自氢氧焰的火炬，温度很高却不亮。法拉第对这两种火焰的差异，做了相当生动的解释。

像铁屑之类的物质，当它们没有经过气化过程就燃烧时，它们会变得很亮。其实对任何物质都一样，只要是固体，不论它们烧着与否，加热后都会变得很亮。蜡烛的光亮也是因为火焰中含有许多微小的固态粒子而造成的。固体粒子的存在与否，才是亮与不亮的主要原因！

先前的实验证明火焰含有碳粒，这是蜡烛大放光明的原因。我们可以找一个没有碳粒的火焰来比较，有一种物质称为氧，它可以与氢烧起来形成氢氧焰，它们虽然是气体，却能产生比蜡烛更多的热量，由于缺少粒子，它的火焰并不亮。但是若在其中放入一些固体，就会很亮，如取一块石灰放入火焰中，可以看到它很快就会变得非常亮（其实石灰并不会燃烧，而且一直是保持固态的）。氢与氧燃烧的火焰会产生很多的热，但一点都不亮，要光亮并不需要热，需要的是固体粒子。氢氧焰中石灰块产生的光芒，几乎与日光相等。

# 实验二　模拟探究酸雨

## 一、实验目的

1. 学会模拟酸雨的形成和进行酸雨的危害实验。

2. 扮演学生角色切身感受酸雨的形成和酸雨的危害，意识到保护环境的重要性、迫切性。

3. 扮演教师的角色顺利完成本实验的教学试讲。

## 二、实验前的讨论与思考

空气中的水分包含着许多污染物，当这些水分以雨或雪的形式降到地表，污染物就从空气转移到地表中。在许多情况下，这个过程是有益的，因为它减轻了空气污染，如果空气中的污染物是氧化氮和氧化硫，那么降落到地表的就是酸雨。

怎样测试雨水是否具有酸性？很简单，只要把一张特殊处理过的试纸放在雨水中，然后将试纸与pH比色卡进行比较。pH比色卡以数值0～14来衡量一种物质的酸性或碱性。纯净水呈中性，pH为7。pH越小，酸性越强。柚子、柠檬、醋等酸味食物都是酸性的。

在这个实验中，你将pH试纸来检测一些普通物质的pH，以及酸性对一些建筑物如楼房、雕塑等的影响。

1. 酸雨中可能含有哪些酸？

2. 形成酸雨的污染物来源主要有哪些？

## 三、问题与猜想

酸雨对建筑材质有什么影响？

## 四、实验用品

蒸馏水、pH试纸、柠檬汁、8个100mL烧杯、白醋、有刻度的玻璃杯、碳酸盐水溶液、石灰石、沙石、大理石、花岗岩样品各2块、天平。

## 五、实验过程

### 1. 模拟酸雨

（1）请在调查之前先通读整个实验步骤。

（2）设计一个酸雨对建筑材质影响的实验。首先，要确定用什么来代表酸雨。试验多种溶液，用 pH 试纸测试各种溶液的酸性，找出最适合代表酸雨的溶液。在数据表中记下数据。

（3）确定一种溶液作为对照，对照的 pH 与典型的雨水相同（5～5.6）。把数据填入下表。

| 酸雨模型（描述） | 酸雨模型（pH） | 对照（描述） | 对照（pH） |
|---|---|---|---|
| | | | |

### 2. 测试酸雨对材质的腐蚀性

（1）楼房、纪念碑等建筑物都是由什么材料建成？确定准备测试哪种建筑材料，怎样测试，在纸上写下你的实验步骤。

（2）利用下表记录观察结果，并给数据表加上标题。计划今天和明天两天的观察，另外绘制一份数据表以记录明天的数据。

| 日期：________ | 建筑材料 | | | |
|---|---|---|---|---|
| | | | | |
| 酸雨模型 | | | | |
| 对照 | | | | |

（3）请将你的实验方案提交给老师审阅通过再进行实验。

（4）预测哪种建筑材料受酸雨的腐蚀严重些，请说明理由。

## 六、分析与讨论

1. 你观察到有建筑材料立刻与酸雨发生反应吗？如果有，是哪些材料？
2. 哪种建筑材料经过一天后改变最大？怎样来衡量这种改变？
3. 哪种建筑材料改变最小？怎样衡量这种改变？
4. 酸雨对测试的楼房、纪念碑等建筑物的材料有什么影响？

## 七、知识迁移与应用

1. 如果调制的酸雨溶液酸性更强一些，实验结果会怎样？如果酸性弱一些呢？

2. 埃及的克娄巴特拉方尖碑是巨大的主尖石塔，每座大约 200t，由红色的花岗岩组成，表面雕刻着象形文字。其中一座克娄巴特拉方尖碑于 1880 年从埃及用船工运到纽约，如今，位于纽约的方尖碑表面的象形文字已经消失，而位于埃及沙漠的另一座类似的方尖碑尽管历经 3000 年，文字依旧很清晰。为什么会出现这种情况?

## 八、进一步探索

**新问题**：如果酸雨落入池塘，对池塘中的浮萍（一种水生植物）有什么影响?

**实验内容**：你认为酸雨对浮萍有什么影响？请写下你的预测以及你预测的实验方法、步骤，把方案提交老师审阅通过后再进行实验。

**实验观察**：详细记录实验数据。

**分析与讨论**：

1. 酸雨对浮萍有影响吗？用你在调查过程中收集的数据来说明。

2. 酸雨对池塘中生活着的其他植物和动物有什么影响?

## 九、资料链接

### 链接 1. "模拟酸雨"实验探究简易方法①

**【实验内容】** 实验共包含"硫在空气中燃烧"、"硫在 $O_2$ 中燃烧"、"$SO_2$ 溶于水"和"测定 $SO_2$ 水溶液的 pH" 4 个小实验。

**【实验用品】** 250mL 锥形瓶（加塞后的实际容积约 320mL）、配套的单孔橡胶塞、小气球、酒精灯、玻璃棒、pH 计（或精密 pH 试纸）；石英燃烧匙（全部用石英材料做成，其柄又是导气管，可作气体、液体的通道）。

**【实验步骤】**

(1) 将少量镁带、紫罗兰花瓣（非春季时紫罗兰不开花，可选其叶片）、汉白玉片等放入锥形瓶底部，然后用向上排空气法在锥形瓶中集满 $O_2$。

(2) 将石英燃烧匙插入橡胶塞，并在柄的顶端套上小气球（既封闭反应体系，又调节体系内的压强）；取足量的硫粉放入燃烧匙，用酒精灯引燃，然后快速将燃烧匙伸入锥形瓶内，同时塞紧橡胶塞，全套装置如图 2-3-1 所示可以观察到硫粉在 $O_2$ 中剧烈燃烧（S 与 $O_2$ 点燃生成 $SO_2$），发出明亮的蓝紫色火焰，小气球迅速膨胀；燃烧结束后，小气球又逐渐变小（因为 $O_2$ 与 $SO_2$ 是等体积转化的，而且部分 $SO_2$ 会溶于花瓣汁液中）。

片刻后观察锥形瓶内的物品，发现紫罗兰花瓣变为浅白色，并呈现明显的被伤害状，这是因为高浓度的 $SO_2$ 具有较强的漂白性，也说明 $SO_2$ 对植物具有较强的危害性。

---

① 李德前，李为才，张玲. 初中化学教材中"酸雨模拟"探究实验的改进 [J]. 化学教育，2011，(7)：58-59.

(3) 待锥形瓶冷却，将其倒立水中（图 2-3-2，夹持装置略），然后拔掉小气球，很快形成喷泉。引导学生分析形成喷泉的原因：当导气管（即燃烧匙柄，下同）插入水中时，导气管中的 $SO_2$ 接触到水就会快速、持续地溶解（1mL 水大约能溶 40mL$SO_2$），使锥形瓶中压强不断减小，于是烧杯中的水沿着导气管快速上升，从而形成持续性的喷泉。

图 2-3-1　模拟酸雨实验探究简易装置图

图 2-3-2　$SO_2$ 溶于水形成喷泉

(4) 喷入锥形瓶中的水约 100mL 时，即可用小气球在水下封闭导气管（若喷入的水过多，瓶内液体酸性不强、腐蚀反应不明显，也影响下一步的实验），然后将锥形瓶正立并振荡几下，以使 $SO_2$ 完全溶解；再拔掉橡胶塞（会有空气进入，只要立即测定 pH，对结果影响不大），马上用 pH 计测量瓶内液体的 pH，约为 1.6（这是多次实验的平均值，下同），说明瓶内液体是 pH 小于 5.6 的酸液。

**【进一步思考与交流】**

1. 推测实验将发生什么样的反应，观察到什么现象。并请说明理由

2. 请你评价上述简易方法的优点。

链接 2：揭秘酸雨馆（资料来源：中国科普博览 http://www.kepu.net.cn/gb/earth/acidrain/control/index.html）

# 实验三　硬水硬度的测定

## 一、实验目的

1. 学会引导学生观察身边的化学现象，能从化学的角度探究现象并给予解释。

2. 扮演学生角色，设计硬水硬度测定的探究实验方案，体验从生活走向化学，再从化学走向生活。

3. 扮演教师角色，通过实验方案的设计与实施，准确把握本实验的教学试讲。

## 二、实验前的讨论与思考

如果水中含有较高浓度的 $Ca^{2+}$ 和 $Mg^{2+}$，这种水称为硬水。如果水中的 $Ca^{2+}$ 和

$Mg^{2+}$浓度很低或基本上被$Na^{+}$取代，这种水称为软水。硬水是家庭生活中最常见的问题之一。硬水能生成沉积物，堵塞供水管，损坏加热器具（如水壶）。硬水是由什么引起的呢？实际上，自然界的水都不纯净，其中含有像钙、镁化合物。这些物质在水中生成离子。离子是带电的原子或原子团。水的硬度就是因水中含有离子引起的。

如果将肥皂加入水中，水中的离子就会与肥皂反应生成浮垢。由于所有的肥皂有一大部分生成了浮垢，所以用于生成肥皂泡沫的肥皂就相对减少了，这样，洗同样的衣服，需要肥皂的量也就增大了。根据洗衣时肥皂泡沫的多少，我们可以大致推测水硬度的大小。今天，我们将带着以下问题在实验室尝试探究测试水的硬度。

1. 为什么肥皂可以使水和油混合？

2. 为什么水中的离子能和肥皂分子相互作用生成浮垢？

## 三、问题与猜想

如何测定水的硬度？

## 四、实验用品

蒸馏水、自来水、试管（3或4个）、量筒、塑料滴管、烧杯（100mL）、一长条肥皂、洗手液、标准硬水样品。

## 五、实验过程

（1）实验前，请仔细阅读实验操作方案与要求。

（2）两人一组，研究测定水的硬度，可以思考以下问题。

a. 测定哪种水？

b. 实验时应该控制什么变量？

c. 如果用肥皂来测定，那么应该如何衡量水的硬度？注意实验时所用的肥皂量相同。

d. 估计实验时可以观察到的现象。既可以用“观察与记录”中的数据表，也可以自己另制作一张数据表记录数据。

（3）在选定几种实验样品后，预测一下哪种样品的硬度最大，哪种次之，并说明你的理由。

（4）将你的实验方案写在另一张纸上，经老师审阅同意后，开始实验。请注意，实验时穿好实验服，戴上护目镜。

（5）观察与记录

| 水的种类和肥皂 | 现象 | |
|---|---|---|
| | 刚混合时 | 混合1min后 |
| 蒸馏水 | | |
| 自来水 | | |
| 自选样品 | | |

## 六、分析与讨论

1. 肥皂是如何用来表明水的硬度的?
2. 将所测样品根据其硬度从大到小排列起来。
3. 实验结果与你的预测相吻合吗? 请对你的实验结果进行分析。

## 七、知识迁移与应用

1. 所有的试管中都生成了泡沫吗? 如果不是，说明原因。
2. 蒸馏水中是不能溶有氯化钙的，还有哪些离子也是不能有的?
3. 如果洗衣店里使用硬水，会产生什么后果?
4. 如果需要将硬水软化，你将怎么做?

## 八、进一步探索

1. 收集洗衣店所用洗液和肥皂上的标签，列出上面所注明的成分。注意其中的特别说明。通过查阅化学文献，寻找更多的可用于洗涤的化学品。

2. 如果没有软水，你如何才能将衣服洗干净? 充分考虑后，请设计一个实验方案来验证你的想法。

## 九、资料链接

### 关于硬水

1. 什么是硬度和水垢?

水的总硬度指水中钙、镁离子的总浓度，以每升水中碳酸钙的毫克数表示。总硬度分为碳酸盐硬度和非碳酸盐硬度两种。碳酸盐硬度是指由钙、镁的碳酸氢盐 $Ca(HCO_3)_2$、$Mg(HCO_3)_2$ 所形成的硬度，还有少量的碳酸盐硬度，碳酸氢盐硬度经加热之后分解成沉淀物从水中除去，故也称暂时硬度。非碳酸盐硬度是指由钙、镁的硫酸盐、氯化物和硝酸盐等盐类所形成的硬度，这类硬度不能用加热分解的方法除去，故也称永久硬度，如 $CaSO_4$、$MgSO_4$、$CaCl_2$、$MgCl_2$、$Ca(NO_3)_2$、$Mg(NO_3)_2$ 等。暂时硬度较高的自来水经煮沸后会有白色 $CaCO_3$ 析出或水表面有“白蒙蒙”，即人们所说的水垢，可以漂浮或沉积在水底，日积月累也会附着在容器的内壁。

2. 硬度对健康的影响

我国《生活饮用水卫生标准》(GB 5749—2006) 标准的制定原则是保证终身饮用安全。世界卫生组织定义，“终身”是按人均寿命 70 岁，每人每天饮水 2L 计算。“安全”是指终身饮用不会对健康产生危害。美国马丁·福克斯博士所著《长寿需要健康的水》一书中直截了当地指出健康水的标准是：含有一定的硬度（理想是170mg·$L^{-1}$左右），要有一定量的溶解性总固体（理想是300mg·$L^{-1}$左右）和pH偏碱性（7.0以上）。

水的硬度对人们健康的危害至今还未见报道，相反国内外有研究表明自来水硬度高与心血管发病率低有关。美国约瑟华I. 巴兹勒、温克勒G. 威葆格、J. 威廉．依莱合著的《饮用水水质对人体健康的影响》一书对硬度和健康是这样说的："饮用水硬度可以防治心血管病的一个原因是因为这些矿物元素可以补充维持心脏和血管正常功能必不可少的成分。在这方面，镁的作用越来越受关注。人体的许多日常功能都需要镁的参与，神经和肌肉细胞需要镁以维持其细胞膜鞘的正常功能来维持电信号的传递。镁浓度低还可能导致心跳不正常、脉搏紊乱、血管痉挛、关键器官供血不足，在这种情况就可能发生心脏病甚至猝死。水的硬度中另一种有助于减少心脏病和中风的元素是钙。一些研究表明在防治心血管病方面，饮用水中的钙和镁有相同的作用。但与镁不同，钙的作用是间接的。"

饮用水中的钙可以减少心脏病和中风的机理在于钙对高血压的影响。一些研究发现钙的摄入量低导致血压升高；相反，如果通过饮食补充足够的钙，高血压患者的血压得到降低。目前对钙降低血压的机理还不清楚，但有一点是清楚的，即钙对血管壁的肌肉细胞的收缩性有很大的影响。无论如何，目前关于饮用水硬度与心血管病的关系的研究结果已足以说明有必要进一步进行这方面的科学研究。一些研究发现终身维持对钙的高摄取可以保持骨组织的密度、减少骨折的发生，可是目前还没有专门研究饮用水中的钙对维持人体终身钙平衡的贡献，但有理由相信，在那些钙的摄取量不太清楚或者其他因素导致骨质疏松容易发生的地区（如冬季时间较长而阳光不足的），从饮用水中摄取足够的钙就显得尤其重要。

3. 硬水的软化方法

概念：降低水中$Ca^{2+}$、$Mg^{2+}$、镁离子的含量，称为硬水的软化。

软化硬水常用以下方法。

(1) 加热煮沸法：只能降低水的暂时硬度，不能降低永久硬度。

(2) 药剂软化法（石灰纯碱法）：利用加入药剂的方法来降低水中$Ca^{2+}$、$Mg^{2+}$的含量。

(3) 离子交换法：离子交换剂包括天然或人造沸石、磺化煤和离子交换树脂等物质。

磺化煤使硬水软化的原理：当硬水通过磺化煤时，硬水里的$Ca^{2+}$和$Mg^{2+}$与磺化煤的$Na^+$发生离子交换，生成$CaR_2$和$MgR_2$，因而实现溶液中的$Ca^{2+}$、$Mg^{2+}$离子含量的降低（硬水软化）。其方程式为

$$2NaR + Ca^{2+} = CaR_2 + 2Na^+$$

$$2NaR + Mg^{2+} = MgR_2 + 2Na^+$$

当水滴在大气中凝聚时，会溶解空气中的$CO_2$形成$H_2CO_3$。$H_2CO_3$最终随雨水落到地面上，然后渗过土壤到达岩石层，溶解石灰（$CaCO_3$和$MgCO_3$）产生暂时硬水。一些地区的溶洞和溶洞附近的硬水就是这样形成的。

硬水有许多缺点：①和肥皂反应时产生不溶性的沉淀，降低洗涤效果（利用这点也可以区分硬水和软水）。②工业上，钙盐镁盐的沉淀会造成锅垢，妨碍热传导，严重时还会导致锅炉爆炸。由于硬水问题，工业上每年因设备、管线的维修和更换要耗资数千万元。③硬水的饮用还会对人体健康与日常生活造成一定的影响。没有经常饮硬水的人偶尔饮硬水，会造成肠胃功能紊乱，即“水土不服”；用硬水烹调鱼肉、蔬菜，会因不易煮熟而破坏或降低食物的营养价值；用硬水泡茶会改变茶的色香味而降低其饮用价值；用硬水做豆腐不仅会使产量降低、而且影响豆腐的营养成分。

那么硬水毫无是处了吗？不对，否则怎么会有那么多的人买矿泉水喝呢。原来钙和镁都是生命必需元素中的宏量金属元素。科学家和医学家调查发现，人的某些心血管疾病，如高血压和动脉硬化性心脏病的死亡率，与饮水的硬度成反比，水质硬度低，死亡率反而高。其实，长期饮用过硬或者过软的水都不利与人体健康。我国规定：饮用水的硬度不得超过 25 度。

硬水经过处理后可以转化为软水。下面介绍硬水软化的三种主要方法。

(1) 煮沸法（只适用于暂时硬水）：煮沸暂时硬水时的反应如下

$$Ca(HCO_3)_2 = CaCO_3\downarrow + H_2O + CO_2\uparrow$$

$$Mg(HCO_3)_2 = MgCO_3\downarrow + H_2O + CO_2\uparrow$$

由于 $CaCO_3$ 不溶，$MgCO_3$ 微溶，所以碳酸镁在进一步加热的条件下还可以与水反应生成更难溶的氢氧化镁：

$$MgCO_3 + H_2O = Mg(OH)_2\downarrow + CO_2\uparrow$$

由此可见水垢的主要成分为 $CaCO_3$ 和 $Mg(OH)_2$。

(2) 石灰——纯碱法（工业用）：在这种方法中，暂时硬度加入石灰就可以完全消除，$HCO_3^-$ 都被转化成 $CO_3^{2-}$。而镁的永久硬度在石灰的作用下会转化为等物质的量的钙的硬度，最后被去除。反应过程中，镁都是以 $Mg(OH)_2$ 的形式沉淀，而钙都是以 $CaCO_3$ 的形式沉淀。

$$Ca^{2+}(aq) \xrightarrow{\text{石灰-苏打法}} CaCO_3(s)$$

$$Mg^{2+}(aq) \xrightarrow{\text{石灰-苏打法}} Mg(OH)_2(s)$$

(3) 离子交换法：这种方法中用到的离子交换剂，有无机和有机两种。无机离子交换剂，如沸石等；有机离子交换剂包括碳质离子交换剂——磺化酶，阴阳离子交换树脂等。而且一般的离子交换剂在失效后还可以再生。

# 实验四　补铁剂中铁含量的测定

## 一、实验目的

1. 扮演学生角色，通过查阅资料学会探究性实验的设计与实施。
2. 了解目视比色法的原理，并能用目视比色法测定补铁剂中铁的含量。
3. 了解目前国内补铁制品，从生活走进化学，再从化学回到生活，进一步认识化学对人类生活的重要作用。

4. 扮演教师角色，通过实验设计与探究准确把握本实验的重点与难点，顺利完成本实验的教学试讲。

## 二、实验前的讨论与思考

铁是人体中的营养元素之一，是人体必需的微量元素，是合成血红蛋白的重要原料，如果人体内缺乏铁则会引起缺铁性贫血，使身体内很多含铁酶的活性降低，影响多种代谢过程。因此患缺铁性贫血者则需要补充铁质。如果患了缺铁性贫血，该怎样科学补铁？补铁的方法通常有食补、药补、保健品补铁，随着现代科技的迅猛发展，人民生活水平的日益提高，吃保健品的人越来越多，对于各种各样的补铁保健品，你有什么办法能知道其中铁的含量是否与说明书中基本一致呢？补铁制品中铁元素以什么价态存在呢？今天我们将在实验室中做一次探究性实验来回答上述问题，寻求解决问题的答案。

## 三、问题与猜想

1. 补铁制品中铁元素以什么价态存在？

2. $Fe^{2+}$和$Fe^{3+}$在性质上有什么不同？你将利用哪些方法确定补铁剂中铁元素的价态？

3. 选用什么样的补铁制品更方便检测铁的含量？为什么？

4. 如何检测补铁制品中铁的含量？

关于铁元素的价态与补铁制品，你已经知道了什么？

通常补铁药物中含有正二价的铁元素，如$FeSO_4$、葡萄糖酸亚铁、乳酸亚铁、琥珀酸亚铁、血红素铁等。$Fe^{2+}$经氧化可变为$Fe^{3+}$。$Fe^{3+}$与$SCN^-$溶液反应生成$Fe(SCN)_3$等血红色物质，溶液呈现红色，并且溶液中$Fe^{3+}$和$SCN^-$的浓度越高，溶液的红色就越深。

## 四、实验原理

在一定条件下，有色溶液的颜色越深，其浓度就越大。故可以通过比较溶液颜色深浅的方法来测定有色物质的含量，这种方法称为比色分析法。比色法可分为目视比色法和分光光度法。通过眼睛观察比较待测溶液与标准溶液颜色深浅来确定物质含量的方法，称为目视比色法。若待测溶液与某标准比色液的颜色深浅相同，则说明两个比色管中溶液的浓度相等；若待测溶液颜色介于相邻两个标准比色液之间，则待测溶液的浓度约为相邻两个标准比色液浓度的算术平均值。

## 五、实验用品

仪器：10mL吸量管2个、2mL吸量管2个、25mL比色管12个、100mL容量瓶3

个、100mL 烧杯 2 个、50mL 烧杯 2 个、10mL 量筒 1 个、胶头滴管 2 个、玻璃棒、洗瓶 1 个、试管架、药匙、滤纸、铁架台（带铁圈）、普通漏斗。

药品：补铁剂、5% $H_2O_2$ 溶液、5% KSCN 溶液、$FeCl_3$ 标准溶液（0.01mol · $L^{-1}$）、蒸馏水、1∶1 $HNO_3$、活性炭。

## 六、实验过程

### 1. 配制标准比色溶液

（1）用 10mL 吸量管量取 10mL 0.01mol · $L^{-1}$ $FeCl_3$ 标准溶液于 100mL（体积记为 $V_0$，浓度记为 $c_0$）容量瓶中，加入蒸馏水定容至刻度，摇匀。

（2）分别取 2.00mL、3.00mL、4.00mL、5.00mL、6.00mL、7.00mL（体积记为 $V_1$）配制好的 $FeCl_3$ 标准溶液于（25mL）比色管中，加入 2mL 5% KSCN 溶液，蒸馏水稀释至 25mL（体积记为 $V_2$），摇匀，待用，可观察到溶液颜色为浅血红色。

### 2. 配制样品溶液

（1）取两瓶补铁剂（10mL · 瓶$^{-1}$）（体积记为 $V_3$）放入 50mL 烧杯中用蒸馏水洗涤糖浆瓶 2～3 次，并将洗液倒入烧杯，用量筒加入 2mL 1∶1 $HNO_3$ 酸化。

（2）往烧杯中加入 4mL 5% $H_2O_2$ 溶液，使 $Fe^{2+}$ 全部转化为 $Fe^{3+}$，用玻璃棒搅拌 2min，至无气泡产生，以除去过量的 $H_2O_2$。

（3）加入约 2g 活性炭，搅拌，用普通漏斗过滤，洗涤烧杯 2 次并过滤洗液，过滤完后用蒸馏水洗涤活性炭 2 次，得滤液。

（4）用玻璃棒引流，将所得溶液转移至 100mL 容量瓶中，洗涤烧杯和玻璃棒 2～3 次，并将洗液转移至容量瓶，加入蒸馏水至距刻度线 2～3cm 处，改用胶头滴管定容，配成 100mL 的样品溶液（体积记为 $V_4$）。

### 3. 配制待测溶液

用 10mL 吸量管分别量取 2.00mL、5.00mL、8.00mL（体积记为 $V_5$）样品溶液于比色管中，分别加入 2mL 5% KSCN 溶液，蒸馏水稀释至 25mL（体积记为 $V_6$），摇匀，待用，可观察到溶液颜色为浅红褐色。

### 4. 比色

将待测比色液与标准比色液进行比较，与待测比色液颜色一致（或相近）的标准比色液的浓度即为待测溶液的浓度（$c$）。

5. 数据处理

将实验数据记录在下表中，计算补铁剂中铁的含量。

| | | |
|---|---|---|
| 标准比色溶液 | $V_0$/mL | |
| | $c_0$/(mol · $L^{-1}$) | |
| | $V_1$/mL | |
| | $V_2$/mL | |
| 样品溶液 | $V_3$/mL | |
| | $V_4$/mL | |
| 待测溶液 | $V_5$/mL | |
| | $V_6$/mL | |
| | $c$/(mol · $L^{-1}$) | |
| 测定结果<br>（以样品中铁元素的质量表示） | 计算公式：________________<br>铁元素的质量/瓶： | |

$M$(Fe)：铁元素的相对原子质量；$m$(Fe)：每瓶补铁剂含铁元素的质量（g）；$V_1$：量取配制好的标准 $FeCl_3$ 溶液的体积；$V_2$：稀释 $V_1$ 至比色管的刻度（25mL）；$V_4$：将两瓶补铁剂定容后的体积；$V_5$：量取的待测溶液的体积；$V_6$：稀释 $V_5$ 至比色管的刻度（25mL）；$c_0$：10mL 0.01mol/L 的标准 $FeCl_3$ 溶液配成 100mL 后的浓度。

## 七、分析与讨论

1. 在上述实验中，如果补铁剂的颜色较深，需要进行脱色处理，为什么？
2. 请分析导致本实验误差的主要原因及减小误差的方法。
3. 根据你设计的探究性实验方案，你能用化学用语归纳本实验涉及的主要反应吗？

## 八、知识迁移与应用

1. 三价铁溶液易水解，是否会影响其含量的测定？实验中应怎么处理？
2. 过量的氧化剂 $H_2O_2$ 对铁含量的测定是否有影响？为什么？
3. 取少量的某品牌的补铁剂于烧杯中溶液成黄色，加入 3 滴 5% KSCN，溶液颜色不改变，加入约 1mL 5% $H_2O_2$ 溶液，充分搅拌，溶液颜色不改变，往溶液中滴加几滴稀 HCl 后，溶液立即变为血红色，为什么？

## 九、进一步探索

1. 如果需要测定的是固体补铁剂，你将如何测定？请设计并阐述你的方案。
2. 以下为某种品牌补铁剂的成分表，请阅读并回答相关的问题：

配料表：
纯净水、维生素 C、XXX 铁、阿斯巴甜、苹果酸、苹果、香料
（注：“XXX”为隐去的文字）

（1）请推测补铁剂中铁元素的存在价态，并说明原因。

（2）你认为补铁剂中维生素 C 起什么作用。

3. 通过前面的实验，对你今后进行测定补铁剂中铁元素含量的实验有哪些启示？由此提醒你在实验过程中应该注意哪些问题？并说明原因。

## 十、资料链接

### 利用色度计测定铁元素的含量①

**【实验原理】**

将食物灼烧完全炭化后用酸液浸取，可以将食物中的铁元素转化为 $Fe^{3+}$ 溶液，$Fe^{3+}$ 与 KSCN 反应生成深红色的 $[Fe(SCN)]^{2+}$。$[Fe(SCN)]^{2+}$ 可以吸收蓝色光（所以溶液的颜色为红色），$[Fe(SCN)]^{2+}$ 的浓度越大（溶液的颜色越深），对光的吸收程度越大，即透光率（$T$）越小。透光率与配离子浓度符合以下关系式：

$$\lg(1/T) = Kc$$

式中，$T$ 为透光率，可以用色度计测定；$K$ 为一常数，它与溶液的性质和溶液液层的厚度有关；$c$ 为溶液的浓度（$mol \cdot L^{-1}$）。

用比色皿分别盛装浓度不同的 $[Fe(SCN)]^{2+}$ 标准溶液，放入色度计中测量它们的透光率，计算出相应的 $\lg(1/T)$ 值，绘制 $\lg(1/T)$-$c$ 曲线（图 2-3-3），即质量标准曲线。

测定从食物中转化得到的 $[Fe(SCN)]^{2+}$ 溶液的透光率，计算相应的 $\lg(1/T)$ 值，即可在标准曲线上查到对应的浓度 $c$。

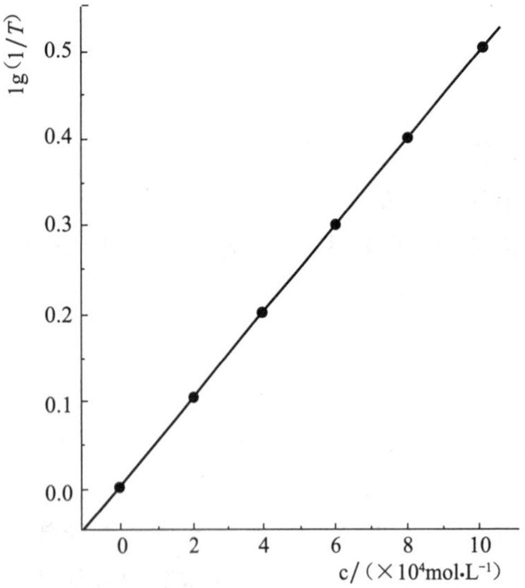

图 2-3-3　标准曲线

**【实验用品】**

仪器：色度计、数据采集器、坩埚、容量瓶、电炉或酒精灯。

---

① 魏锐，王磊，刘强，等. 含铁物质中铁元素含量的测定——基于传感技术的实验设计 [J]. 化学教育，2006，(7)：50-53.

试剂：红枣、2mol · $L^{-1}$ $HNO_3$、浓 $HNO_3$、KSCN 饱和溶液、$[Fe(SCN)]^{2+}$。

标准溶液（浓度分别为 0.0002mol · $L^{-1}$、0.0004mol · $L^{-1}$、0.0006mol · $L^{-1}$、0.0008mol · $L^{-1}$、0.001mol · $L^{-1}$）。

**【实验步骤】**

1. 数据采集器的设置与色度计的校正

连接色度计和数据采集器（图 2-3-4），色度计选用蓝色滤光片。在比色皿中加入蒸馏水，放入色度计中，开始数据采集，调节色度计旋钮，使数据采集器示数为 100%。

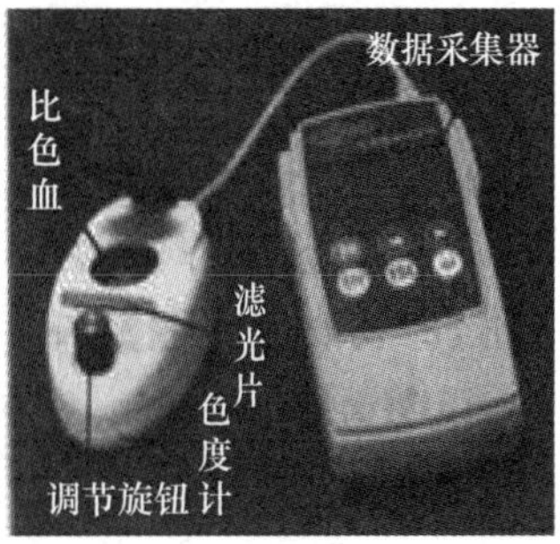

图 2-3-4　色度计和数据采集器

2. 绘制标准曲线

(1) 取一个洁净的比色皿，装入 0.0002mol · $L^{-1}$ $[Fe(SCN)]^{2+}$ 标准溶液，测量其透光率，并记录数据采集器示数。

(2) 重复上步操作 3 次，取平均值，即该浓度标准溶液的透光率。

(3) 按照上述方法分别测定 0.0004mol · $L^{-1}$、0.0006mol · $L^{-1}$、0.0008mol · $L^{-1}$、0.001mol · $L^{-1}$ $[Fe(SCN)]^{2+}$ 标准溶液的透光率。

(4) 计算每种浓度溶液对应的 $\lg(1/T)$，用计算机或坐标纸绘制 $\lg(1/T)$-$c$ 标准曲线。

| 浓度/ [$\times 10^{-4}$ (mol · $L^{-1}$)] | 透光率 ($T$) | | | | $\lg(1/T)$ |
|---|---|---|---|---|---|
| | 1 | 2 | 3 | 平均值 | |
| 2 | | | | | |
| 4 | | | | | |
| 6 | | | | | |
| 8 | | | | | |
| 10 | | | | | |

3. 食物中铁元素含量的测定

(1) 取红枣（或其他食物）25g，用手将其撕成小块，放入坩埚中用电炉（或酒精灯）灼烧，使之完全炭化。

(2) 用 3mL 2mol · $L^{-1}$ 的 $HNO_3$ 溶解，过滤，再用少量稀 $HNO_3$ 洗涤滤渣 2～3 次，将溶液转移到 100mL 的容量瓶中定容。

(3) 取出 10mL 样品溶液，再滴加几滴饱和 KSCN 溶液（与配制标准溶液时加入的 KSCN 溶液的量相同），混合均匀（整个过程都不要让样品接触铁器，如使用坩埚钳、镊子等要用纸包上后再使用）。

(4) 在洁净的比色皿中装入待测溶液，测量其透光率，并记录数据采集器示数。

(5) 重复上步操作 3 次，取平均值，计算对应的 $\lg(1/T)$，通过标准曲线查出 $Fe^{3+}$ 的浓度，再根据 $Fe^{3+}$ 浓度计算红枣中铁元素的含量。

（6）数据记录与处理

| 透光率（$T$） | | | | $\lg(1/T)$ | $Fe^{3+}$浓度 | 铁含量 |
|---|---|---|---|---|---|---|
| 1 | 2 | 3 | 平均值 | | | |
| | | | | | | |

**【注意事项】**

（1）由于 $FeCl_3$ 溶液有明显的黄色，会影响数据的测量，因此本实验使用 $Fe(NO_3)_3$ 配制标准溶液。如果溶液酸性不够强，$Fe^{3+}$ 会水解生成有色物质，影响溶液透光率的检测以及 $Fe^{3+}$ 与 $SCN^-$ 的配位反应，因此要用 $HNO_3$ 对标准溶液和待测样品溶液进行酸化。

（2）为了使 $SCN^-$ 远远过量于 $Fe^{3+}$，因此向 $Fe^{3+}$ 溶液中滴加饱和 KSCN 溶液，KSCN 溶液的加入量以再滴加 1 滴后，溶液的颜色观察不到变化为宜。饱和 KSCN 溶液的用量相对于 $Fe^{3+}$ 是过量的，因此 $[Fe(SCN)_5]^{2-}$ 的浓度近似等于 $Fe^{3+}$ 的初始浓度。注意样品溶液与标准溶液中加入的饱和 KSCN 溶液的量应该是相同的。

（3）色度计测得数值的单位为“%”，将数据代入公式进行计算时应注意，如读数为 80.1%，则应代入 0.801 计算。

（4）食物样品应充分炭化，如果食物灰渣浸取液过滤后仍显色，说明炭化不充分，会影响后面的检测，可用活性炭进行脱色处理。

# 实验五　维生素 C 含量的测定

## 一、实验目的

1. 通过查阅文献资料，了解维生素 C 的测定方法。
2. 学会选择切合实际的方法独立设计测定维生素 C 含量的探究实验方案。
3. 掌握碘标准溶液的配制与标定方法，熟悉碘量法的操作步骤及注意事项。
4. 扮演教师角色准确把握维生素 C 含量测定探究实验的重点、难点，并能顺利完成本实验的教学试讲。

## 二、实验前的讨论与思考

我们每天都要通过食物摄入各种各样的维生素，维生素是对动物的健康、生长、繁殖和生活所必需的有机物质，是生命的要素。维生素 C（又称抗坏血酸）普遍存在于新鲜的水果和蔬菜中，特别是枣、辣椒、苦瓜、柿子叶、猕猴桃、柑橘等食品中含量尤为丰富，它也是一种对人类而言至关重要的物质。人体缺乏维生素 C 将导致坏血病，维生素 C 还能防治传染性疾病，甚至癌症。所以，对于食品饮料、医药、医疗等行业，都要测定食品、饮料、药品以及血液中的维生素 C 含量。准确测定维生素 C 含量，对饮食健康、医疗保健都具有十分重要的意义。维生素C具有很强的还原性，在空气中易被氧化，可被 $I_2$ 定量氧化。目前研究维生素C测定方法的报道较多，如滴定法、光度分析法、高效液相色谱法等，各种方法各有特点。特别是高效液相色谱法是近年来发展较快的一种方法。今天，我们将在实验里体验一次检测维生素C含量的探究过程，利用所学知识你能找出一种简单、快捷的方法，并设计出相关实验方案测定维生素C的含量。

## 三、问题与猜想

1. 你将通过什么方法或途径确定你的探究问题?
2. 你认为可以选择哪些材料更方便测量维生素C的含量?
3. 根据以上信息，你能设计一个探究性实验测定维生素C的含量吗?
4. 你的探究实验内容和步骤是什么?

关于维生素C你已经知道什么?

维生素C是含有内脂结构的多元醇类，其特点是具有可解离出 $H^+$ 的烯醇式羟基，因而其水溶液有较强的酸性。维生素C可脱氢而被氧化，有很强的还原性。淀粉溶液遇到碘会变成蓝紫色，这是淀粉的特性。维生素C能与蓝紫色溶液中的碘发生作用，使溶液变成无色。通过这个原理，可以用来检验一些蔬菜中的维生素C。

## 四、实验原理

维生素C分子中含有还原性的二烯醇基，能被 $I_2$ 定量氧化成二酮基。由于反应速率较快，可以直接用 $I_2$ 标准溶液滴定。在实验中可用 $I_2$ 标准溶液直接测定维生素C等一些还原性物质。通过消耗 $I_2$ 溶液的体积及其浓度即可计算试样中维生素C的含量，这种方法也称直接碘量法。直接碘量法可测定药片、注射液、蔬菜、水果中维生素C的含量。

如果在实验中［利用碘离子的还原作用与氧化物质生成游离的碘，再用还原剂（$Na_2S_2O_3$）的标准溶液滴定从而测出氧化性物质含量］先加过量的碘标准溶液与待测液反应完全，用 $Na_2S_2O_3$ 滴定过量的碘，仍以淀粉溶液为指示剂，再用 $Na_2S_2O_3$ 溶液滴定至蓝色刚好消失也可测出维生素C的含量，这种方法称为间接碘量法。

## 五、实验用品

仪器：50mL酸碱滴定管、分析天平、托盘天平、250mL锥形瓶、100mL容量瓶、20mL移液管、烧杯、研钵、玻璃棒、铁架台、电炉。

试剂：$Na_2S_2O_3 \cdot 5H_2O$ 晶体、$Na_2CO_3$ 固体、$I_2$ 固体、KI固体、稀HCl、维C银翘片、冰醋酸、1%淀粉溶液。

## 六、实验过程

### 1. 试剂配制

1） 0.10mol · $L^{-1}$ $Na_2S_2O_3$ 标准溶液的配制

用分析天平准确称取 2.480g $Na_2S_2O_3 \cdot 5H_2O$ 于 100mL 烧杯中，加入少量的 $Na_2CO_3$ 固体，再加入新煮沸并冷却了的蒸馏水，使其全部溶解，然后转移至 100mL 容量瓶中定容。盖上玻璃塞，摇匀，转移到棕色瓶中，备用。

2） $I_2$ 标准溶液的配制

用托盘天平称取约 2.6g 碘和 7.2g KI 于研钵中混合研磨，然后转移到 200mL 烧杯中，再加入 50mL 蒸馏水和 3～4 滴稀 HCl，溶解完全后加水至刻度线，然后转移至棕色试剂瓶中，盖好盖子，摇匀，备用。

### 2. $I_2$ 标准溶液的标定

用 20mL 移液管移取 20.00mL $I_2$ 溶液，然后用 0.10mol · $L^{-1}$ $Na_2S_2O_3$ 标准溶液进行滴定。滴定至溶液突变为无色，且 30s 内不褪色为滴定终点，记录此时消耗的 0.10mol · $L^{-1}$ $Na_2S_2O_3$ 标准溶液的体积。平行滴定三次，求平均值。

### 3. 维 C 银翘片中维生素 C 含量的测定

取 4～5 片维 C 银翘片于研钵中研碎，然后称取约 $m_0=1.5$g 维 C 银翘片粉末于锥形瓶中（称量精确到小数点后 3 位），加入约 2mL 冰醋酸，再加 50mL 新煮沸并冷却了的蒸馏水溶解，最后加入约 3mL 1%淀粉溶液。然后用上述标定好的 $I_2$ 标准溶液进行滴定，至溶液突变成浅蓝色，且 30s 内不褪色即为滴定终点，记录此时消耗的 $I_2$ 标准溶液的体积。平行滴定三次，计算维生素 C 的含量，然后取其平均值。

数据处理：需要根据上述实验内容完成表 2-3-4 和 2-3-5 的相关内容。

**表 2-3-4　$I_2$ 标准溶液的标定**

| 变量 \ 实验编号 | 1 | 2 | 3 |
| --- | --- | --- | --- |
| $V$（$Na_2S_2O_3$ 滴定前）/mL | | | |
| $V$（$Na_2S_2O_3$ 滴定后）/mL | | | |
| $V(Na_2S_2O_3)$/mL | | | |
| $c(I_2)=c(Na_2S_2O_3) \cdot V(Na_2S_2O_3) \cdot 10^{-3}$ | | | |
| 平均值 | | | |

表 2-3-5　维 C 银翘片中维生素 C 含量的测定

| 变量 \ 实验编号 | 1 | 2 | 3 |
| --- | --- | --- | --- |
| $m_0$（维 C 银翘片粉末质量）/g | | | |
| $V$（$I_2$ 滴定前）/mL | | | |
| $V$（$I_2$ 滴定后）/mL | | | |
| $V(I_2)$/mL | | | |
| $m_{Vc}=c(I_2)\cdot V(I_2)\cdot 10^{-3}$ | | | |
| 平均值 | | | |

## 七、分析与讨论

1. 请你根据上述实验原理和现象分析，写出直接碘量法和间接碘量法的主要反应方程式。

2. 根据上述实验体验，如果要想取得更好的实验效果，你能说说实验中的注意事项吗？

## 八、知识迁移与应用

1. $Na_2S_2O_3$ 溶液和 $I_2$ 溶液为什么要保存在棕色瓶中？

2. 维生素 C 为什么要在酸性条件中滴定，而 $Na_2S_2O_3$ 溶液却要在碱性条件中保存？

3. 如果在研磨及称量维 C 银翘片粉末过程中，操作时间过久，对维生素 C 的测定有什么影响？

4. 本实验中称取 1.5g 左右的维 C 银翘片粉末，为什么称量要精确到小数点后 3 位？

## 九、进一步探索

1. 请你查阅资料，分析探索在测定维 C 银翘片中维生素 C 含量时，去糖衣和不去糖衣对维 C 银翘片中维生素 C 含量测定有无影响？

2. 小华和小芳两位同学在一次讨论用水果补充维生素的讨论中出现了意见分歧，小华认为柚子中的维生素 C 比猕猴桃中的多，小芳却认为恰恰相反。到底柚子和猕猴桃哪个所含的维生素 C 更多？请你设计一个关于水果中维生素 C 含量测定的探究性实验方案，并说明你的方案依据。

## 十、资料链接

**链接 1：**

一个探究性实验教学课题的拓展

——果汁饮料中维生素 C 含量的测定①

课题选自：苏教版高中化学选修教材《实验化学》专题 6“物质的定量分析”中“水果中维生素 C 含量的测定”的定量分析实验，该实验提供了具体的实验原理与实验过程，要求定量的测定水果中的维生素 C 含量。

1. 课题实施

1）分组活动

组 1：调查本班同学中常饮用和市场上在售的果汁类饮料品牌，了解它们的主要成分及价格。

所选取的试样 1 为某品牌白葡萄汁饮品，净含量 500mL，2.5 元/瓶，生产日期为 2006 年 5 月 20 日；试样 2 为某品牌水晶葡萄汁饮品，净含量 310mL，2.0 元/瓶，生产日期为 2006 年 6 月 2 日；试样 3 为某品牌橙汁饮品，净含量 335mL，3.0 元/瓶，生产日期为 2006 年 7 月 15 日。

组 2：查阅文献或网络以获取维生素 C 的化学组成，主要理化性质等。维生素 C 又称抗坏血酸，是一种水溶性维生素。分子式：$C_6H_8O_6$；结构式：

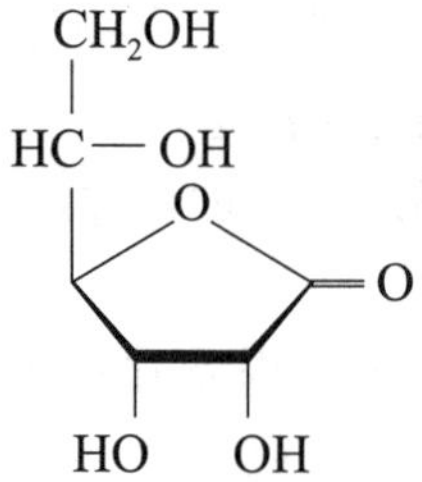


广泛存在于新鲜水果及蔬菜中。人体不能合成维生素 C，必须从食物中获取。当人体缺乏维生素 C 时易患坏血病。适量饮用饮料可以补充维生素 C。

**表 2-3-6　各年龄段每日摄入维生素 C 参考量**

| 年龄段 | 婴幼儿 | 儿童 | 青少年 | 成人 | 孕妇 |
|---|---|---|---|---|---|
| 摄入量/mg | 30 | 40 | 50 | 60 | 80 |

组 3：通过查阅资料，在教师的指导下确定合适的实验测定方法。

根据资料，测定维生素 C 的常见方法有滴定法、荧光法、高效液相色谱法和气相

① 唐立锋．一个探究性实验教学课题的拓展——果汁饮料中维生素 C 含量的测定［J］．化学教学，2008，(2)：37-38.

色谱法等。结合学生已有的知识和高中的实际情况，我们选择了简单而易于操作的滴定法。

**表 2-3-7 各种维生素 C 测定方法的仪器要求**

| 测定方法 | 荧光法 | 高效液相色谱法 | 气相色谱法 | 滴定法 |
|---|---|---|---|---|
| 仪器要求 | 荧光分光光度计 | 高效液相色谱仪 | 气相色谱仪 | 滴定管 |

滴定法测定维生素 C 原理：维生素 C 具有较强的还原性，可以与一些氧化剂反应，如酸性 $KMnO_4$ 溶液、浓 $HNO_3$、浓 $H_2SO_4$、溴水、碘单质等。当维生素 C 溶液中滴加 $I_2$ 水溶液，同时用淀粉作指示剂，当维生素 C 被 $I_2$ 氧化完全时，再滴加 $I_2$，则溶液变蓝，由此可以判断滴定终点。

$$C_6H_8O_6 + I_2 \longrightarrow 2HI + C_6H_6O_6$$

（以上反应在弱酸性条件下进行）这样，我们可以选用维生素 C 与 $I_2$ 的氧化还原滴定，用淀粉作指示剂，测出果汁类饮料中的维生素 C 含量。

2）测定过程

**【仪器与药品】**

酸式滴定管、20.00mL 移液管、250mL 锥形瓶、三个待测果汁样品、0.01mol · $L^{-1}$ $I_2$ 水溶液（标准溶液，三位有效数字）、0.1mol · $L^{-1}$ HCl 溶液、淀粉溶液。

**【测定过程】**

(1) 用移液管量取 20.00mL 试样 1 于锥形瓶内，加入 0.1mol · $L^{-1}$ 的 HCl 溶液约 5mL 和 2～3 滴淀粉试液。

(2) 在酸式滴定管内加入 0.01mol · $L^{-1}$ $I_2$ 标准溶液，调到“0”刻度线。

(3) 一边控制酸式滴定管阀门，使 $I_2$ 标准溶液逐滴滴入锥形瓶内，一边摇晃锥形瓶。直至锥形瓶内试液变蓝且半分钟不褪色，滴定终点。

(4) 记录此时消耗 0.01mol · $L^{-1}$ $I_2$ 标准溶液的体积 $V_{11}$。

(5) 重复 (1)～(4)，分别测得数据 $V_{12}$、$V_{13}$。

(6) 取试样 2 按 (1)～(5) 重复，得 $V_{21}$、$V_{22}$、$V_{23}$ 和 $V_{31}$、$V_{32}$、$V_{33}$。

**表 2-3-8 实验数据记录**

| 消耗 0.01mol · $L^{-1}$ $I_2$ 标准溶液的体积 | 试样 1/mL | 试样 2/mL | 试样 3/mL |
|---|---|---|---|
| 第一次 | 3.12 | 2.56 | 1.86 |
| 第一次 | 2.99 | 2.85 | 1.77 |
| 第一次 | 2.76 | 2.77 | 2.21 |
| 平均 | 2.96 | 2.73 | 1.95 |

**【数据处理】**

由反应原理知，维生素 C($C_6H_8O_6$) 和 $I_2$ 以 1 ∶ 1 的物质的量比反应，则每 20.00mL 试样中所含维生素 C 的质量：

$$m(C_6H_8O_6) = 1 \times 176g \cdot mol^{-1} \times 0.01mol \cdot L^{-1} \times VmL \times 10^{-3}$$

$V$(mL) 指每个试样的平均消耗 0.01mol · $L^{-1}$ $I_2$ 标准溶液的体积。

**表 2-3-9　各果汁饮料中维生素 C 的含量数据**

| 试样 | 试样 1 | 试样 2 | 试样 3 |
|---|---|---|---|
| 果汁饮料中维生素 C 的含量/mg | 5.20 | 4.82 | 3.43 |

3）实验结论

对实验测得的数据对比试样的标识，其中试样 1 的标识为每瓶饮料中含维生素 C：4～45mg·$(100mL)^{-1}$，而实验测得 26.00g·$(100mL)^{-1}$；其中试样 2 的标识为每瓶饮料中含维生素 C：3～30mg·$(100mL)^{-1}$，而实验测得 24.10g·$(100mL)^{-1}$；其中试样 3 的标识为每瓶饮料中含维生素 C：6～35mg·$(100mL)^{-1}$，而实验测得 16.15g·$(100mL)^{-1}$。均符合标识说明，实验成功。

**链接 2：**

## 化学新课程实验中传感技术应用的报告①

### ——食品中维生素 C 含量测定的实验设计与实践

**【问题的提出】**

维生素 C（vitamin C，VC），又称抗坏血酸，在人体的生命活动中起着重要的生理作用，具有治疗牙眼出血、增强系统免疫功能、防癌、预防感冒、增加人体对无机铁的吸收等功能，是人体必需的一种维生素。由于人体自身不能合成维生素 C，只能通过食用蔬菜、水果或相关饮料、食品来摄入补充。成人每日对维生素 C 的需求量是 60～75mg。如果人们从饮食中摄入的维生素 C 不能满足需要，可导致维生素 C 缺乏症，维生素 C 缺乏症又称坏血病。鉴于维生素 C 对人体的重要作用，食品中维生素 C 含量的测定常成为中学化学研究性学习中选择的课题之一，通过探究实验使学生获得判断食物营养价值的能力。

**【实验原理】**

1. 色度计传感器的工作原理

色度计传感器是检测溶液透光率（$T$）的传感器，相当于一台简易的可见分光光度计，原理如图 2-3-5 所示。

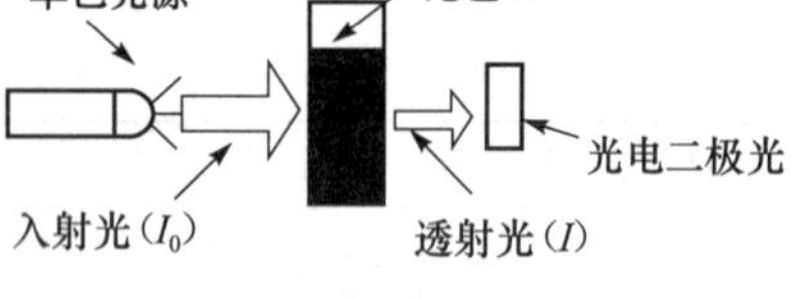


图 2-3-5　色度计工作原理示意图

光源发出的光透过滤光片变为单色光（光强度为 $I_0$），入射单色光通过装有溶液样品的比色皿，一部分入射光被溶液吸收，透射光（光强度为 $I$）被光电二极管检测，从而可计算出该溶液的透光率（$T=I/I_0\times100\%$），溶液的吸光率（$A$）与透光率（$T$）之间的关系为 $A=\lg\frac{1}{T}$，可由色度计传感器直接测得。色度计传感器所测得同种溶液的吸光率与溶液的颜色深浅度成正比，溶液的颜色越深，测得的吸光率越大，反之则越浅。产生相应的光电流，经放大后由与色度传感器配套的数据处理软件（Vemier Lgger Pro）处理后给出结果数据和曲线。

① 赵成兰，陈方炜，陆真．化学新课程实验中传感技术应用的报告［J］．中学化学教学参考，2008，(1)：46-48.

2. 维生素 C 的测定原理

维生素 C 是一种己糖醛基酸，化学名称为 L-抗坏血酸，分子式为 $C_6H_8O_6$，包括还原型抗坏血酸和氧化型抗坏血酸（脱氢抗坏血酸）。纯净的维生素 C 为白色或淡黄色结晶，无臭、味酸，还原性强，在空气中极易被氧化，尤其在碱性介质中反应更快。氧化产物脱氢抗坏血酸仍保留维生素 C 的生物活性，在动物组织内脱氢抗坏血酸可被谷胱甘肽等还原物还原为抗坏血酸。

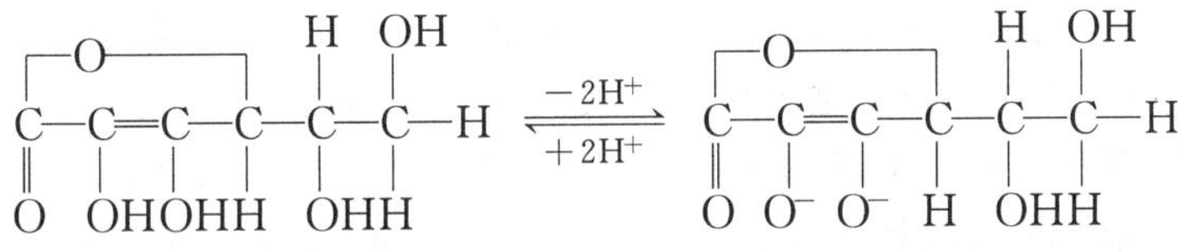

（Ⅰ）抗坏血酸　　（Ⅱ）脱氢抗坏血酸

当体系 pH>5 时，脱氢抗坏血酸易发生分子构造重排，其内酯环裂解，生成二酮古洛糖酸：

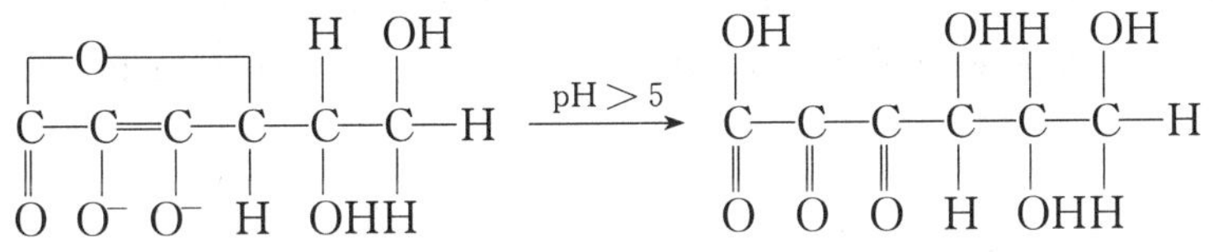

（Ⅱ）脱氢抗坏血酸　　（Ⅲ）二酮古洛糖酸

（Ⅰ）、（Ⅱ）、（Ⅲ）合称为总维生素 C。

以上（Ⅱ）、（Ⅲ）均能与 2,4-二硝基苯肼反应生成红色物质脎，其生成量与（Ⅱ）、（Ⅲ）的总量成正比。为了能够测得样品中总的维生素 C 含量，可将样品中的（Ⅰ）用活性炭氧化，并与 2,4-二硝基苯肼作用，生成的红色物质脎用 $H_2SO_4$ 溶解，用色度计传感器测其吸光率，再测出经过同样步骤处理的维生素 C 标准溶液的吸光率，然后进行比对，即可求出样品中维生素 C 的含量。

**【实验过程】**

1. 试剂与仪器

色度计传感器、数据采集器、容量瓶、酒精灯、干燥锥形瓶、研钵；果汁、白梨、标准维生素 C 试剂、1%草酸溶液、85% $H_2SO_4$、活性炭（氧化剂）。

2% 2,4-二硝基苯肼溶液：溶解 2g 2,4-二硝基苯肼于 100mL 4.5mol · $L^{-1}$ $H_2SO_4$ 中；10%硫脲溶液：溶解 5g 硫脲于 50mL 1%草酸溶液中。

2. 实验步骤

1）数据采集器设置与色度计的校正

将如图 2-3-6 所示的色度计与数据采集器连接后，按色度计的“<”“>”键，选用 470nm 波长的光。打开软件，将加了约 3mL（为比色皿体积的 3/4）蒸馏水的比色皿放入色度计中，关闭色度计盖子。接下来，按 CAL 按钮，开始校准程序。当红色的灯开始闪烁时，松开 CAL 按钮，此时吸收比为 0.000 或者 0.001。当红色的灯停止闪烁时，校准工作完成，可以开始采集数据了。

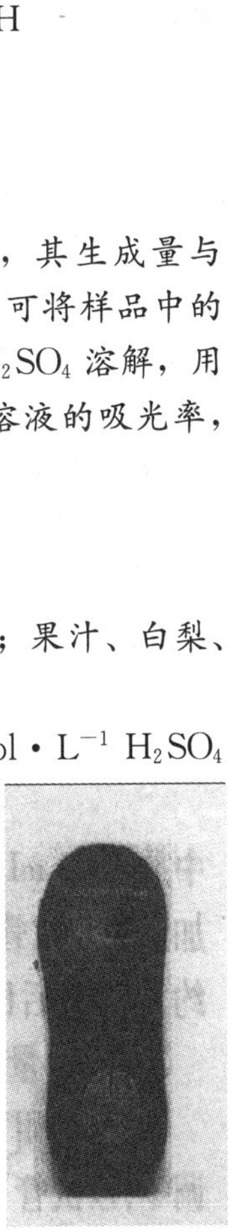

图 2-3-6　色度计

2）标准溶液的配制及处理

精确称量 1mg 的标准维生素 C 试剂放在小烧杯中，用少量 1%草酸溶液溶解，全部转移到 100mL 容量瓶中，用 1%的草酸溶液定容至刻度（得到 $0.01\text{mg}\cdot\text{mL}^{-1}$ 标准溶液）。

取 25mL 标准液放在干燥锥形瓶中，加入 2 匙活性炭，充分振荡约 1min，过滤。弃去最初滤液。取 10mL 此氧化提取液，加一滴 10%的硫脲，混匀，待用。

3）果蔬中维生素 C 的提取与处理

称量 4g 新鲜去皮白梨放在干净研钵中，加少量 1%的草酸，研磨 5～10min，将提取液收集在 100mL 容量瓶中，重复提取 3 次，加 1%的草酸至刻度。

取 25mL 该提取液放在干燥锥形瓶中，加入 2 匙活性炭，充分振荡约 1min，过滤。弃去最初滤液。取 10mL 此氧化提取液，加一滴 10%的硫脲，混匀，待用。

4）果汁（或其他饮料）中维生素 C 的提取与处理

打开橙汁包装，用移液管量取 4mL 新鲜橙汁，转入 100mL 容量瓶中，用 1%草酸溶液稀释至刻度，混匀。取 25mL 该溶液放在干燥锥形瓶中，加入 2 匙活性炭，充分振荡约 1min，过滤。弃去最初滤液。取 10mL 此氧化提取液，加一滴 10%的硫脲，混匀，待用。

5）显色反应

取三个试管，向试管Ⅰ中加入 2.5mL 已处理的样品液作为空白样。

向试管Ⅱ中加入 2.5mL 已处理的标准维生素 C 溶液和 1.0mL 2% 2,4-二硝基苯肼溶液。

向试管Ⅲ中加入 2.5mL 已处理的样品液和 1.0mL 2% 2,4-二硝基苯肼溶液，充分混合。

将所有试管置于沸水浴中约 20min 后取出，除空白管外，将所有试管放入冰水中。

空白管取出后使其冷却到室温，然后加入 1.0mL 2% 2,4-二硝基苯肼溶液，在室温下放置 10～15min 后放入冰水中。

85% $H_2SO_4$ 处理：当试管放于冰水后，向每一试管中加入 15mL 85% $H_2SO_4$，滴加时间至少需要 1min，边加边摇动试管。将试管自冰水中取出，在室温下放置约 10min 后比色。

6）测量吸光度并计算

比色：用 1cm 厚比色杯，以试管Ⅰ中溶液作空白调零，以试管Ⅱ中溶液为标准，于 470nm 波长处测定试管Ⅱ、试管Ⅲ中溶液的吸光度并计算。

（1）白梨（或其他果蔬）中维生素 C 含量的计算：

$$100\text{g 样品中维生素 C 总含量(mg)} = \frac{\text{样品溶液吸光度}}{\text{标准溶液吸光度}} \times 0.01 \times 2.5 \times \frac{100}{2.5} \times \frac{100}{4}$$

（2）果汁（或其他饮料）中维生素 C 含量的计算：

$$100\text{mL 样品中维生素 C 总含量(mg)} = \frac{\text{样品溶液吸光度}}{\text{标准溶液吸光度}} \times 0.01 \times 2.5 \times \frac{100}{2.5} \times \frac{100}{4}$$

7）实验数据测定及其分析讨论

将 6 组学生分为两个部分，3 组测白梨样品，3 组测果汁样品。

测白梨样品中维生素 C 含量的 3 组的计算结果取平均值为 7.23mg·$(100g)^{-1}$。而成人每日对维生素 C 的正常需求量为 60～75mg，此种梨子维生素 C 的含量相对不高。如果需要补充大量维生素 C，则需要吃青椒、猕猴桃等维生素 C 含量较高的蔬菜和水果。

另外 3 组学生测得的果汁样品中维生素 C 含量的平均值为 20.8mg·$(100mL)^{-1}$。其中一组学生测得的果汁样品中维生素 C 的含量最高为 23.9mg·$(100mL)^{-1}$。而此样品包装上标明的维生素 C 含量为 25mg·$(100mL)^{-1}$，即我们测得的结果中最高的一组数值也比 25mg·$(100mL)^{-1}$低。维生素 C 含量偏低的原因，一方面是在实验测定中有一定的误差，导致了实验结果偏低；另一方面可能是商家故意高标了维生素 C 的含量，以此来吸引消费者，建议大家选择质优品牌的果汁产品。

**【实验说明】**

本实验可以定量地测定食品、果蔬、饮料中维生素 C 含量，另外该方法还可用于比较不同食品、果蔬、饮料中维生素 C 的含量，具有很强的探究性和趣味性。

为保证实验顺利进行，在实验过程中须注意以下问题。

(1) 由于维生素 C 很容易被氧化，所以操作要尽可能地迅速，以减少误差。

(2) 由于实验中使用 85% 的 $H_2SO_4$，所以要注意操作的正确性，以确保安全。

(3) 使用比色计测量时，应在同一个比色皿中测量吸光度，先测颜色较浅的溶液，再测颜色较深的。在换测溶液时，注意先将比色皿用蒸馏水清洗，再用滤纸轻轻将水吸干。

# 实验六　真假白酒的鉴别

## 一、实验目的

1. 理解用化学方法鉴别真假酒中甲醇含量的基本原理。

2. 学会配制化学试剂，能独立进行化学实验操作。

3. 扮演学生角色，通过实验设计与探究，体验探究性实验提出问题、分析问题和解决问题等程序，提高实验观察与分析能力。

4. 扮演教师角色，准确把握并顺利完成真假白酒鉴别实验的教学试讲。

## 二、实验前的讨论与思考

俗话说：“无酒不成席”，人们在生活工作当中，经常要饮酒，酒在人们的生活中俨然扮演着不可缺少的角色，而酒的真与假对我们的生活和健康尤为重要。近年来假酒事件在社会上影响极坏，给人们的生活带来不少困扰，那么关于真酒和假酒你了解多少呢？你能用所学的知识进行区分吗？请阅读以下材料进行讨论与交流：据文献记载，美国曾因禁酒贩卖，七个月内竟有 400 人因饮假酒中毒死亡。另一假酒事件发生于 1951 年 10 月 20 日，美国亚特兰大及佐治亚州因假威士忌（含 35% 甲醇及 15% 乙醇）使 320 人中毒，其中

37 人死亡。第二次世界大战时期，因闹酒荒，美军饮假酒而失明者占全国失明者 6%，此数字不包括因假酒中毒死亡者，可见法律严明的美国也常发生严重的假酒中毒事件。在我国也因假酒事件，一些人不幸中毒失明，据报道，2005 年 5 月 11 日，广州市白云区发生严重散装白酒中毒事件，有 4 人因饮酒致死，8 例疑似甲醇中毒病人入院。经调查核实，该散装白酒是不法分子为牟取暴利，用工业酒精勾兑的假酒…上述信息材料对你判断真酒和假酒有什么启示？关于假酒你想到了什么？它们进入人体内产生什么变化？你能从化学的视角给予剖析吗？

## 三、问题与猜想

1. 酒的主要成分是什么？假酒为何假？

2. 你能用什么方法鉴别真酒与假酒？请你根据所查资料说明至少两种以上的方法，从化学的视角，你又如何鉴别真酒和假酒呢？

关于甲醇、乙醇、我们已经知道什么？

甲醇（methanol，methyl alcohol）称名木醇、木精、甲基氢氧化物，是一种最简单的饱和醇。化学分子式为 $CH_3OH$。甲醇是一种无色、透明、易燃、易挥发的有毒液体，略有乙醇气味。甲醇能与水、乙醇、乙醚、苯、酮、卤代烃和许多其他有机溶剂相混溶，遇热、明火或氧化剂易燃烧。甲醇用途广泛，是基础有机化工原料和优质燃料。主要应用于精细化工，塑料等领域，用来制造甲醛、乙酸、氯甲烷、甲氨、$H_2SO_4$ 二甲脂等多种有机产品，也是农药、医药的重要原料之一。

甲醇被大众所熟知，是因为其毒性。工业乙醇中大约含有 4%的甲醇，被不法分子当作食用乙醇制作假酒，而被人饮用后，就会产生甲醇中毒。经口摄入 $(0.3\sim1)g\cdot kg^{-1}$ 甲醇可致死，酒中人饮用的最高限量为 $0.1g\cdot kg^{-1}$。

甲醇有较强的毒性，对人体的神经系统和血液系统影响最大，它经消化道、呼吸道或皮肤摄入都会产生毒性反应，甲醇蒸气能损害人的呼吸道黏膜和视力。急性中毒症状有：头疼、恶心、胃痛、疲倦、视力模糊以至失明，继而呼吸困难，最终导致呼吸中枢麻痹而死亡。慢性中毒反应为：眩晕、昏睡、头痛、耳鸣、视力减退、消化障碍。甲醇摄入量超过 4g 就会出现中毒反应，误服一小杯超过 10g 就能造成双目失明，饮入量大造成死亡。甲醇在体内不易排出，会发生蓄积，在体内氧化生成甲醛和甲酸也都有毒性。

乙醇是植物无氧呼吸的产物，酒的发酵就是这个原理。化学式是 $CH_3CH_2OH$。乙醇是无色液体，熔点－114.1℃，沸点为 78.5℃，相对密度是 0.7893；可以与水及大数有机物任意比例互溶。

进一步思考：利用上述知识，对我们鉴别真假白酒有什么启示呢？

## 四、实验原理

甲醇能被氧化成甲醛；甲醛具有特性反应。假酒中往往含有较多的甲醇，甲醇在酸

性条件下容易被 $KMnO_4$ 氧化成甲醛，甲醛遇某些试剂发生反应呈现不同的颜色，灵敏度都很高，根据颜色的深浅可以判断甲醛含量的高低，如 Schiff 试剂（$Na_2SO_3$-品红溶液），甲醛能与之反应使溶液成蓝紫色，在一定酸度下，甲醛所形成的蓝紫色不易褪色，而其他醛类形成的蓝紫色很容易消失，利用该反应可鉴别白酒的真伪。

## 五、实验用品

药品：甲醇、乙醇、样品Ⅰ、样品Ⅱ、品红、10% $Na_2SO_3$ 溶液、浓 $H_2SO_4$、$H_2SO_4$(1∶1)、活性炭、$KMnO_4$ 固体、85% $H_3PO_4$ 溶液、$H_2C_2O_4$（草酸）晶体。

仪器：试管（15mm×180mm）4个、量筒2个、烧杯（100mL）3个、烧杯（500mL）2个、玻璃棒1个、胶头滴管6个、试管架（12孔）1个、燃烧匙4个、台秤1台，表面皿2个、普通漏斗1个。

## 六、实验过程

### 1. 试剂配制

Schiff 试剂：取0.1g品红，分批加入共60mL 80℃的热水，研磨溶解，冷却后取上层清液，加入10mL 10% $Na_2SO_3$，1mL 浓 $H_2SO_4$，再加水到100mL，摇匀，加活性炭过滤即可。

$KMnO_4$-$H_3PO_4$：取3.0g $KMnO_4$ 固体，加入15mL $H_3PO_4$（85%）与70mL水混合溶解后，加水到100mL即可。储于棕色瓶内，为防止氧化能力降低，保存时间不宜过长。

$H_2C_2O_4$-$H_2SO_4$：取5.0g $H_2C_2O_4$ 晶体，溶于 $H_2SO_4$（1∶1）到100mL即可。

### 2. 鉴定分析

通过实验确定反应的最佳酸度，即最佳pH。

取两种白酒样品各3～4mL于试管中，依次分别加入0.5mL $KMnO_4$-$H_3PO_4$ 溶液混匀，放置8～10min；再依次分别加入0mL、0.5mL、1mL、1.5mL $H_2C_2O_4$-$H_2SO_4$ 溶液，混匀使其褪色，测出pH；最后再依次分别加入1mL Schiff 试剂混匀，静置后，观察现象；甲醇为紫红色，乙醇为无色。这种颜色深浅取决于甲醇的含量。操作程序如图2-3-7所示。

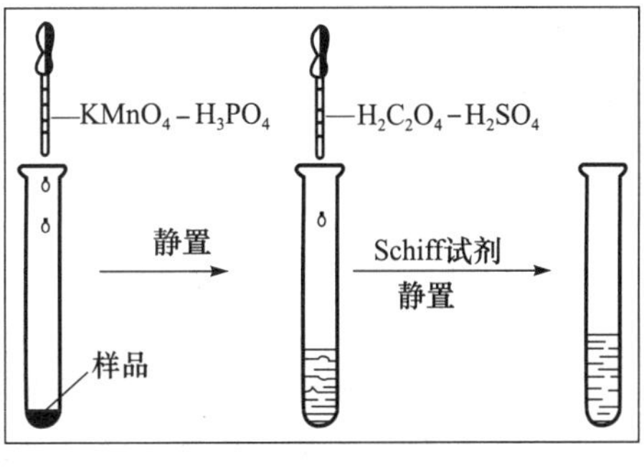


图 2-3-7

| 实验次数 | $H_2C_2O_4$-$H_2SO_4$/mL | 溶液 pH | 实验效果 | |
|---|---|---|---|---|
| | | | 褪色时间/min | 加入 Schiff 试剂后出现紫红色时间/min |
| 1 | 0 | | | |
| 2 | 0.5 | | | |
| 3 | 1.0 | | | |
| 4 | 1.5 | | | |
| 5 | 2.0 | | | |

思考：加入 $H_2C_2O_4$-$H_2SO_4$ 溶液的量为多少时（即反应 pH 为何值时），反应现象最明显，最适宜实验室鉴定真假白酒？

## 七、分析与讨论

1. 根据你的实验发现，你能分析归纳确保本实验成功且现象明显的注意事项吗？
2. 配制甲醇标准溶液时，称取 1.000g 甲醇较困难，你有什么办法解决这个问题吗？

## 八、知识迁移与应用

1. $KMnO_4$-$H_3PO_4$ 溶液在实验中起什么作用？和甲醇、乙醇发生什么反应？草酸-$H_2SO_4$ 溶液的作用又是什么？写出它的化学反应方程式。
2. 根据本次实验课的内容，查找相关资料，了解甲醇对人体的危害。
3. 鉴别分析酒中甲醇含量有几种方法，哪种比较方便可行。

## 九、进一步探索

1. 探索甲醇浓度为多少时，最适合实验。
2. 甲醇浓度为多少，品红-$Na_2SO_3$ 用量应为多少，静置时间为多少，适用于教师的准备实验；那对于教师演示实验和学生实验呢？
3. 用滴有甲醇的乙醇（乙醇为 5%～6%不变，和上述甲醇浓度对应，改变甲醇浓度）按照上述正交实验，探索滴有甲醇的乙醇（乙醇浓度为 5%～6%）中甲醇浓度为多少，品红-$Na_2SO_3$ 用量应为多少，静置时间为多少，适用于教师的准备实验；那对于教师演示实验和学生实验呢？

## 十、资料链接

### 甲醇的用途

甲醇是一种重要的化工原料，在有机合成工业中，是仅次于烯烃和芳烃的重要基础有机化工原料，是碳一化学的重要产品，从甲醇出发可生产一系列化工产品，用途极为广泛。

目前国内甲醇主要用作基本化工原料及溶剂。甲醇是合成气加工的起点，是进一步开发下游产品的原料，它可以通过氧化脱氢、氧化羰基化、还原碳基化和其他化学反应过程来生产甲醛、乙酸、乙醇、甲醇蛋白、甲基叔丁基醚（MTBE）、甲烷氯化物、甲胺、甲酸、对苯二甲酸、二甲酯、二甲醚、甲基丙烯酸甲酯、合成橡胶等。甲醇也用于农药、医药、军工炸药等。

甲醇更是优良的能源与车船用清洁燃料，可直接用于汽车燃料与电厂发电，或用5A分子筛转化为汽油，也可与汽油、柴油混合作为车用燃料。我国还发展了燃料甲醇与醇醚燃料，可作军用或民用。

近年国际上和我国都已开发出MTO技术，即以甲醇为原料制取烯烃（乙烯、丙烯和C4）技术，现正在积极进行工业化试验。此外，甲醇制乙二醇、乙醛、甲苯、二甲苯以及很有希望的未来高科技产品燃料电池等都在快速进展中。

总之，甲醇用途十分广泛，在国民经济中几乎找不到另外一种有机产品有甲醇如此广阔的应用范围。而且随着科学技术的不断发展与进步，甲醇的应用领域仍在不断扩大，已突破了其传统的应用范围，未来的潜在开发前景十分诱人。

## 参考文献

法拉第. 圣诞科学讲座［M］. 黎金，译. 长沙：湖南教育出版社，1999.

李大和，刘念，李国红. 中国白酒香型融合创新的思考［J］. 酿酒科技，2006，(11)：118-122.

李德前，李为才，张玲. 初中化学教材中“酸雨模拟”探究实验的改进［J］. 化学教育，2011，(7)：58-59.

唐立锋. 一个探究性实验教学课题的拓展——果汁饮料中维生素C含量的测定［J］. 化学教学，2008，(2)：37-38.

王程杰. 化学教学论实验［M］. 上海：华东师范大学出版社，2005.

王磊. 中学化学实验及教学研究［M］. 北京：北京师范大学出版社，2009.

魏锐，王磊，刘强，等. 含铁物质中铁元素含量的测定——基于传感技术的实验设计［J］. 化学教育，2006，(7) 50-53.

熊言林. 化学教学论实验［M］. 合肥：安徽大学出版社，2004.

赵成兰，陈方炜，陆真. 化学新课程实验中传感技术应用的报告［J］. 中学化学教学参考，2008，(1)：46-48.

郑长龙. 化学实验教学论［M］. 北京：高等教育出版社，2002.

# 专题4　综合设计实验

## 实验一　$Fe(OH)_2$的制取实验设计

### 一、实验目的

1. 了解 $Fe(OH)_2$ 的性质。
2. 探究 $Fe(OH)_2$ 的制取方法。

### 二、实验原理

纯 $Fe(OH)_2$ 是白色物质，$Fe^{2+}$ 是浅绿色，$Fe^{3+}$ 是黄褐色，$Fe(OH)_3$ 是红褐色。因为溶液中溶有 $O_2$ 且反应体系（开放性的体系）与外界存在着物质交换与能量交换，不断有空气中的 $O_2$ 溶解到溶液中，新生成的 $Fe(OH)_2$ 很快就被氧化成 $Fe(OH)_3$，所以在实验过程中很难观察到有白色的 $Fe(OH)_2$ 沉淀生成，只能看到被氧化了的 $Fe(OH)_2$ 与刚生成的 $Fe(OH)_3$ 组成的混合物：一些灰绿色的絮状沉淀。

因 $Fe(OH)_2$ 在空气中易氧化，$4Fe(OH)_2 + O_2 + 2H_2O = 4Fe(OH)_3$，故 $Fe(OH)_2$在水中稳定存在的时间非常短，在实验室制取 $Fe(OH)_2$ 时，一定要用新制的 $Fe^{2+}$ 盐和先加热驱赶 $O_2$ 后的 NaOH 溶液，且滴管末端插入试管内的液面下，再滴加 NaOH 溶液，也可以在反应液面上滴加植物油或苯等物质进行液封，以减少 $Fe(OH)_2$ 与 $O_2$ 接触。关于 $Fe(OH)_2$ 制备的方法很多，若想要得到好的实验效果，核心问题有两点：一是溶液中的溶解氧必须除去；二是反应过程必须与 $O_2$ 隔绝。

### 三、实验用品

仪器及材料：试管、注射器、烧杯、玻璃棒、酒精灯、火柴、棉花、薄铜片（大头针）或铜网、药勺、胶头滴管、分液漏斗。

固体药品：$FeSO_4 \cdot (NH_4)_2SO_4 \cdot 6H_2O$、金属钠、NaOH、还原铁粉、锌粉。

液体药品：煤油、$H_2SO_4(2mol \cdot L^{-1})$、新配制 $NaOH(2mol \cdot L^{-1})$（溶液）、新配制的硫酸亚铁铵溶液（$0.2mol \cdot L^{-1}$）。

### 四、问题与思考

要想制得白色的 $Fe(OH)_2$ 沉淀，应该采取什么措施？

## 五、实验内容

1. 方法 1

取少许硫酸亚铁铵晶体于试管中，加入 5mL 煮沸冷却后的蒸馏水，振荡试管使晶体溶解；往试管中加入 2mL 煤油，用薄铜片（需扎孔）或铜网包裹住小块金属钠投入试管中，观察试管底部 $Fe(OH)_2$ 白色沉淀的生成 [或在试管中加入少量硫酸亚铁铵晶体，加入 2mL 煤油，投入小块金属钠，再滴入去氧蒸馏水，观察 $Fe(OH)_2$ 白色沉淀的生成]。

2. 方法 2

取一支试管，加入 5mL 蒸馏水，加入适当的固体 NaOH，振荡试管使固体溶解，利用放热驱赶溶液中的 $O_2$，加入 2mL 煤油，再在溶液中投入少许硫酸亚铁铵晶体，振荡试管，观察实验现象（本法适用实验仪器匮乏地区使用）。

3. 方法 3

取一支试管，加入适量的固体 NaOH 和硫酸亚铁铵晶体，加入 2mL 煤油，再加入 5mL 煮沸冷却后的蒸馏水，振荡试管，观察实验现象。

4. 方法 4

在试管中加入一勺还原铁粉，然后加入 3mL $2mol \cdot L^{-1}$ $H_2SO_4$ 溶液，振荡。待试管充满 $H_2$ 后，用玻璃棒向试管内塞入一团疏松的棉花，使棉花团的大部分浸没在溶液中。反应一段时间，当棉花团上方有一层清液时，向上层清液中快速滴入新配制的 $2mol \cdot L^{-1}$ NaOH 溶液，观察实验现象。利用 $H_2$ 流驱赶 $O_2$。

5. 方法 5

分别取两支 10mL 的医用注射器，一支吸入新配制的 NaOH 溶液（约 $2mol \cdot L^{-1}$），另一支吸入吸入新配制的硫酸亚铁铵溶液（$0.2mol \cdot L^{-1}$），用细乳胶管连接两支注射器，将硫酸亚铁铵溶液推入 NaOH 溶液中，解释实验现象，说明原因。

6. 方法 6

取一支试管，加入 5mL 新配制的 $0.2mol \cdot L^{-1}$ 硫酸亚铁铵溶液，加入 2mL 煤油，用胶头滴管吸取新配制的 NaOH（$2mol \cdot L^{-1}$）溶液，将滴管伸入试管底部挤出 NaOH 溶液，观察沉淀的颜色，充分振荡试管，观察沉淀的颜色的变化，解释实验现象。

7. 方法 7

取一支短粗试管，插入合适的双孔胶塞，一孔植入分液漏斗，一孔导气，导气管出口安置液封。先在试管中加入一定量的铁粉，分液漏斗中加入稀 $H_2SO_4$，利用反应产生的 $H_2$，赶走溶液及试管中的 $O_2$。反应一段时间后，在分液漏斗中改装较浓的去氧 NaOH 溶液，并滴入试管反应，观察 $Fe(OH)_2$ 白色沉淀的生成。

8. 方法 8

取一支试管，加入 2mL 0.2mol·$L^{-1}$硫酸亚铁铵溶液，加入一勺少量铁粉，振荡，加入 2mL 煤油，用胶头滴管吸取新配制的 NaOH 溶液，将滴管伸入试管底部缓缓挤出 NaOH 溶液，观察沉淀的颜色，解释实验现象。

9. 方法 9

取一支试管，加入 2mL 0.2mol·$L^{-1}$ 硫酸亚铁铵溶液，加入少许锌粉，振荡，加入 2mL 煤油，用胶头滴管吸取新配制的 NaOH 溶液，将滴管伸入试管底部缓缓挤出 NaOH 溶液，观察沉淀的颜色，解释实验现象。方法 8 和方法 9 为加入还原剂法，效果奇佳。

## 六、实验探究

尝试你认为更好的制备 $Fe(OH)_2$ 沉淀的方法。

## 七、问题与研究

通过实验探究，得出什么结论？

## 八、教师教法

讲清实验室制备好 $Fe(OH)_2$ 沉淀的核心问题——隔绝 $O_2$；启迪学生探究热情，鼓励学生进行探究实验；指导学生完成必要的实验。

# 实验二　食物的表观酸碱性和生理酸碱性的检测

## 一、实验目的

1. 了解常见食物的表观酸碱性和生理酸碱性。
2. 并学会简单实用的检测常见食物的表观酸碱性和生理酸碱性的方法。

## 二、实验原理

营养学中，食物的酸碱性分为表观酸碱性和生理酸碱性。表观酸碱性是指食物直接表现出来的化学酸碱性；生理酸碱性指食物在人体内经消化吸收后给体液带来的酸碱性影响。经消化代谢后给体液带来酸性影响的食物称为生理酸性食物，即酸性食物；经消化代谢后给体液带来碱性影响的食物称为生理碱性食物，即碱性食物。确定食物表观酸碱性：取适量食物，切碎，挤压出汁（或用浸泡液），用 pH 试纸或酸碱指示剂测出其酸碱性。例如，苹果汁的 pH<7，说明苹果呈表观酸性。

确定食物生理酸碱性：食物分析中有一个测定生理酸碱食物的化学分析方法，通常将待测食物灼烧，使之完全炭化，然后测定其残留成分的酸碱度的大小，从而间接了解被测食物呈生理酸性还是生理碱性。所测结果即食物的酸性度或碱性度，它被定义为100g 食物样品完全燃烧后，用中和滴定法所消耗的标准酸或碱的毫摩（尔）数。例如：苹果灰浸泡液的 pH>7，说明苹果呈生理碱性。由此可见，食物的表观酸碱性和生理酸碱性不一定一致。像我们了解的，食醋、柠檬、柑橘、梅子等，其表观上是酸性，我们好理解；但是它们的生理酸碱性上都属于碱性，这方面就有相当多人不一定了解。从健康角度来说，了解食物的生理酸碱性更重要。表 2-4-1、表 2-4-2 列出一些常见食物的表观酸碱性和生理酸碱性，以供参考。习惯上用负值表示酸度。

**表 2-4-1 低 pH 的表观酸性饮料**

| 液体种类 | pH |
|---|---|
| 牛奶 | 6.3～6.6 |
| 苹果汁 | 2.9～3.3 |
| 柠檬汁 | 2.5 |
| 碳酸饮料 | 2.0～4.0 |
| 咖啡 | 5.0～6.5 |
| 啤酒 | 4.5 |
| 纯净水 | 5.5～6.5 |

**表 2-4-2 一些常见食物的生理酸度和碱度**

| 生理酸性食物 | 酸度/[mmol·$(100g)^{-1}$] | 生理碱性食物 | 碱度/[mmol·$(100g)^{-1}$] |
|---|---|---|---|
| 猪肉 | −5.60 | 豆腐 | +0.20 |
| 牛肉 | −5.00 | 黄豆 | +5.20 |
| 鸡肉 | −7.00 | 菠菜 | +12.00 |
| 蛋黄 | −18.00 | 莴苣 | +6.33 |
| 啤酒 | −4.80 | 香蕉 | +8.40 |
| 花生 | −3.00 | 苹果 | +8.20 |
| 面粉 | −6.50 | 海带 | +14.60 |
| 白米 | −11.67 | 藕 | +3.40 |
| 虾 | −1.80 | 萝卜 | +9.28 |

## 三、实验用品

仪器及材料：酒精喷灯、烧杯、铁架台、蝴蝶夹、酸式滴定管、碱式滴定管。

固体药品：苹果、鸡蛋。

液体药品：雪碧饮料、0.1mol·$L^{-1}$ NaOH、0.1mol·$L^{-1}$ HCl、酚酞指示剂。

## 四、问题与思考

如何理解食醋、柠檬等为碱性食物？

## 五、实验内容

### 1. 试验食物的表观酸碱性

（1）试验苹果的表观酸碱性：取适量苹果，切碎，挤压出汁（或用浸泡液），用pH试纸测其酸碱性。

（2）试验雪碧饮料的表观酸碱性：用pH试纸测出雪碧饮料的酸碱性。

### 2. 试验食物的生理酸碱性

1）试验苹果的生理酸碱性

称取20g苹果，切碎，放入坩埚内，在酒精喷灯上灼烧至质量不再减轻为止，将残渣转移入烧杯，加少量水溶解，过滤，用少量水洗涤滤渣。将滤液转移入锥形瓶，加入2滴酚酞指示剂，用0.1mol·$L^{-1}$的HCl溶液滴定至终点，读出消耗酸溶液的体积。计算出苹果的生理碱度。

$$碱度[\text{mmol}\cdot(100\text{g})^{-1}] = 100/20 \times Vc$$

$V$为消耗酸溶液的体积（mL）；$c$为HCl的浓度（0.1mmol·$mL^{-1}$）（应由实验员标定）。

2）试验蛋黄的生理酸碱性

将鸡蛋煮熟，取出蛋黄，称取20g蛋黄，捣碎，放入坩埚内，在酒精喷灯上灼烧至质量不再减轻为止，将残渣转移入烧杯，加少量水溶解，过滤，用少量水洗涤滤渣。将滤液转移入锥形瓶，加入2滴酚酞指示剂，用0.1mol·$L^{-1}$ NaOH溶液滴定至终点，读出消耗碱溶液的体积。计算出蛋黄的生理酸度。

$$酸度[\text{mmol}\cdot(100\text{g})^{-1}] = 100/10 \times Vc$$

$V$为消耗碱溶液的体积（mL）；$c$为NaOH的浓度（0.1mmol·$mL^{-1}$）（应由实验员标定）。

## 六、问题与研究

通过实验，如何理解食物的表观酸碱性和生理酸碱性？

## 七、教师教法

简单介绍实验原理，使学生初步了解食物的表观酸碱性和生理酸碱性。结合生活的化学实验，更能激发学生学习化学的热情。讲解并示范滴定操作基本要领。

# 实验三　豆腐的制作与成分检验

## 一、实验目的

1. 了解食用豆制品的制作方法。
2. 学会豆腐（豆腐花）中重要成分的检测方法。

## 二、实验原理

如果你注意一下豆腐坊里做豆腐的情形，就会发现：人们总是用水把黄豆浸胀，磨成豆浆，煮沸，然后进行点卤——往豆浆里加入盐卤（主要成分是 $MgCl_2$、NaCl）。这时，就有许多白花花的东西析出来，经过滤压制，就制成了豆腐。原来，黄豆最主要的化学成分是蛋白质。蛋白质是由氨基酸所组成的高分子化合物，在蛋白质的表面上带有自由的羧基和氨基。由于这些基团对水的作用，使蛋白质颗粒表面形成一层带有相同电荷的水膜的胶体物质，使颗粒相互隔离，不会因碰撞而粘结下沉。点卤时，由于盐卤是电解质，它们在水里会分成许多带电的小颗粒——正离子与负离子，由于这些离子的水化作用而夺取了蛋白质的水膜，以致没有足够的水来溶解蛋白质。另外，盐的正负离子抑制了由于蛋白质表面所带电荷而引起的斥力，这样就使蛋白质的溶解度降低，从而颗粒相互凝聚成沉淀。这时，豆浆里就出现了许多白花花的东西了。豆腐作坊里有时不用盐卤点卤，而是用石膏（主要成分是 $CaSO_4$）点卤，道理是一样的。为了避免用卤水或石膏点豆腐所产生的苦涩味，也有使用葡萄糖内脂（$C_6H_{10}O_6$）点豆腐的，原理相同。

豆腐中的钙质与草酸钠溶液反应，会生成不溶于水的草酸钙白色沉淀。

$$Ca^{2+} + HC_2O_4^- \longrightarrow CaC_2O_4 \downarrow + H^+$$

蛋白质遇到浓 $HNO_3$，微热后呈黄色沉淀析出，冷却后再加入过量的氨水，沉淀就变成橙黄色。因为蛋白质分子中一般有带苯环的氨基酸，浓 $HNO_3$ 和苯环发生硝化反应，能生成黄色的硝基化合物，故可用来检验蛋白质。

## 三、实验用品

仪器及材料：烧杯、漏斗、滤纸、铁架台（带铁圈）、精密 pH 试纸。

药品：草酸钠、浓 $HNO_3$。葡萄糖内脂（$C_6H_{10}O_6$）、豆浆。

## 四、问题与思考

1. 豆浆凝结成豆腐花的原理是什么？
2. 如何用简单的实验方法检测蛋白质？

## 五、实验内容

### 1. 豆腐花的制作

取 30mL 豆浆于 100mL 烧杯中加热至沸腾，加入 0.5g 葡萄糖内脂，用玻璃棒稍搅一下，随即静置即可。

### 2. 豆腐花主要成分的检测

1）豆腐花的酸碱性试验

将制得的豆腐花放入烧杯中，用玻璃棒搅碎，加入适量蒸馏水，过滤，得到无色澄清的滤液和白色的滤渣。用精密 pH 试纸测试豆腐滤液的酸碱性（一般测得的 pH 为 6.2，显弱酸性，用葡萄糖内脂点的豆腐，酸度稍高）。

2）豆腐花中钙质的检验

取上述豆腐花滤液 2mL 于试管中，再滴入几滴浓草酸钠溶液，试管中立即出现明显的白色沉淀。这说明豆腐中含有丰富的钙质，而且能溶于水，不一定与蛋白质结合在一起。

3）豆腐花中蛋白质的检验

取上述白色的豆腐花滤渣少许，放入试管中，再滴入几滴浓 $HNO_3$，然后微热，可以看到白色的豆腐滤渣变成黄色。冷却后，加入过量的氨水，黄色转变成橙黄色，这就是蛋白质的黄色反应。

## 六、注意事项

1. 在制豆腐花滤液前，一定要把豆腐花搅拌碎，才能使钙离子溶解到水中。
2. 由于豆腐花中含有较多蛋白质，形成胶体，故过滤较慢。但蛋白质一般不易透过滤纸，所以滤液不会有黄色反应。

## 七、教师教法

从生活切入，“卤水点豆腐”讲明豆腐制作的实验原理。讲解并示范过滤操作基本要领。

# 实验四　氨氧化法制 $HNO_3$ 原理模拟

## 一、实验目的

1. 了解实验室氨催化氧化制取 $HNO_3$ 的方法。

2. 掌握氨的催化氧化实验成功的关键和实验操作技能，提高改进和设计实验的能力。

## 二、实验原理及要求

$$4NH_3 + 5O_2 \xlongequal{点燃} 4NO + 6H_2O + Q$$
$$2NO + O_2 \xlongequal{} 2NO_2 + Q$$
$$3NO_2 + H_2O \xlongequal{} 2HNO_3 + NO$$

要求：(1) 观察到催化剂出现并保持红热的现象（说明反应放热）。

(2) 观察到棕色的 $NO_2$ 气体的生成（说明氨被氧化）。

## 三、实验用品

仪器：催化管、广口瓶、圆底烧瓶、双连球气唧、烧杯、酒精炉（酒精灯）。

药品：浓氨水、氧化铁、重铬酸铵、浓 $H_2SO_4$、NaOH 溶液。

材料：玻璃丝。

## 四、问题与思考

1. 氨水浓度过大，会有什么现象发生？

2. 制备 NO 实验成败的关键是什么？（火温及 $NH_3$ 的流速）

## 五、实验内容

(1) 催化剂的制备，干法制备以石棉绒为载体的 $Cr_2O_3$ 催化剂。

$$(NH_4)_2Cr_2O_7 \xlongequal{\triangle} Cr_2O_3 + N_2\uparrow + 4H_2O$$

(2) 氨的催化氧化：按图 2-4-1 安装实验装置。

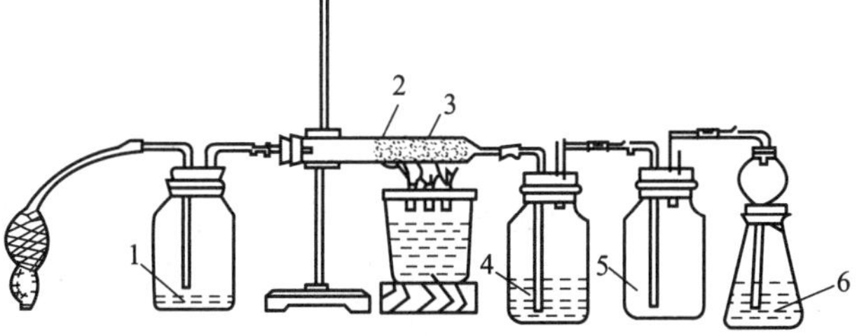


图 2-4-1

(3) 在催化管中加入 0.5g $Fe_2O_3$（或 $Cr_2O_3$），两端用玻璃丝堵住，在左边的广口瓶中加入 10mL 浓氨水，在右边的广口瓶中加入 20mL 浓 $H_2SO_4$。

(4) 实验时，先用酒精炉（或酒精灯）预热催化剂 1～2min，然后用双连球缓缓鼓入空气，$NH_3$ 便随着空气流进入催化管。在催化剂的作用下，氨与空气中的 $O_2$ 发生氧化，并可观察到催化剂出现红热，在广口瓶 5 中有棕色气体生成。这时，可逐渐加快挤压气体的频率，以增大气流速度，同时移走酒精炉（灯），便可观察到靠近双连球一端的催化剂继续保持红热状态，广口瓶中出现浓厚的棕色气体。尾气用 NaOH 溶液吸收。

## 六、实验成败关键

实验成功的标志：催化剂层保持红热，氧化瓶出现红棕色气体。注意保证催化氧化系统和 $NO_2$ 盛接瓶的干燥，以保证反应时顺利升温，并减少 $NO_2$ 的溶解及铵盐（白烟）的生成（浓 $H_2SO_4$ 除氨）。

催化剂松紧适宜，保持催化管的畅通及装置的不漏气。热源要充足，若使用酒精灯加热，需要加热催化剂的前端。把握好氨水的浓度及鼓气速度。

## 七、注意事项

1. 注意调节氨在反应物中的适当比例，氨水的浓度一般为 2∶1、1.5∶1、1∶1、1∶1.5、1∶2 均可（实际按 2∶1），进入催化管的量，除与氨水的浓度有关外，还与鼓气的快慢、进气管插入的深度等因素有关，故应根据实际情况进行调节。

2. 如果在加快鼓气速度时催化剂红热现象不明显，而 $NO_2$ 盛接瓶中出现白烟，主要由以下原因造成。

(1) 催化剂层出现缝隙，致使反应物未能与之充分接触。

(2) 催化剂尚未完全达到活化温度以致氨的转化率太低（选择火旺的酒精灯）。

3. 催化剂红热现象明显而正常，而白烟却久久不消失，则主要是反应物中 $NH_3$ 过量。

4. 催化剂始终不出现红热现象，则主要是因为 $NH_3$ 量不足，可先增大氨水瓶中进气管插入的深度，或加大氨水的浓度。

氨的催化氧化方法很多，各有特色。这里介绍一种高效、简易、安全的方法。

## 八、资料链接

**【实验装置及药品】**

装置如图 2-4-2 所示。在双支管的具支试管中加入 4～5mL 20%浓氨水，滴入 5 滴 0.2mol·$L^{-1}$ $CuSO_4$ 溶液，得深蓝色铜氨溶液。左支管上连一个玩具气球（未膨胀时容积约为 60mL），右支管上先连接一段废温度计玻璃柱，再连接催化剂管，尾管伸入一个干燥的锥形瓶。试管上塞有单孔橡胶塞，孔中插入吸有 30% $H_2O_2$ 溶液的胶头滴管。

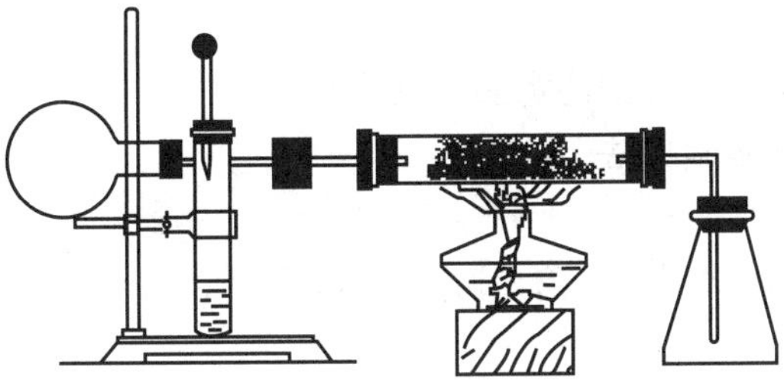

氨的催化氧化

图 2-4-2

**【操作步骤】**

预热催化剂，向试管中滴入数滴 $H_2O_2$ 溶液，立即产生气体，气球鼓起并稍有膨胀，20～30s 就能见到锥形瓶中充满棕色气体。

**【原理及说明】**

1. 铜氨溶液中浓度很低的 $Cu^{2+}$ 对 $H_2O_2$ 的分解起均相催化作用，使 $H_2O_2$ 平稳分解，产生的 $O_2$ 从溶液中逸出并带出 $NH_3$，形成 $NH_3$ 和 $O_2$ 的混合气体。

2. 气球起储气及缓冲作用，废温度计玻璃柱中的细孔能稳定气流量，不管试管中产生气体的速率如何，流经催化管的气体流量变化很小，使反应平稳进行。另外，尽管 $NH_3$ 与纯氧混合气的爆炸极限较宽，由于气体在细孔中高速流过，不会发生爆炸事故，十分安全。

3. 该实验中，$O_2$ 一般是过量的，且 $NH_3$ 氧化率很高，没有 $NH_3$ 剩余，锥形瓶中无烟雾生成。

**【注意事项】**

1. 废温度计玻璃柱截取的长度与小孔的孔径有关，孔径大的截长一些，孔径小的截短一些，以气球稍膨胀时气流量 100～150mL · $min^{-1}$ 为宜（预先实验后确定）。

2. 催化剂管不宜过粗，以内径 3～4mm 较合适，催化剂可用石棉浸润以 $(NH_4)_2Cr_2O_7$ 饱和溶液，填入管内，长度约 2cm，小心加热、灼烧，使 $(NH_4)_2Cr_2O_7$ 分解生成 $Cr_2O_3$。也可用 $KMnO_4$ 饱和溶液，制成 $MnO_2$-$K_2MnO_4$ 催化剂，若用 5%铂石棉催化，效果更佳。

## 八、教师教法

1. 简述实验目的、原理。

2. 必要的课堂提问

（1）如果要证明有 $NO_2$ 产生，还可用什么方法，实验装置可以怎样改进？

（2）反应一段时间可以撤走热源，说明什么问题？

（3）如何进行尾气处理？

3. 重点让学生分析装置的各部分发生了哪些化学反应，看到什么现象，说明什么问题?

4. 强调实验注意事项，特别注意实验安全!

5. 交流改进或创新实验方法。

# 实验五　海带和碘盐中碘含量的测定实验

## 一、实验目的

1. 掌握定性检验海带和碘盐中碘的原理、方法和检验操作。
2. 了解定量测定海带和碘盐中碘含量的原理、方法和检验操作。

## 二、实验原理

### 1. 海带中碘的测定反应原理

$$RI(水中) \longrightarrow R^{+} + I^{-} \quad RI + O_2 \xrightarrow{点燃} NaI + CO_2\uparrow + H_2O$$

(1) $2I^{-} + Cl_2 = I_2 + 2Cl^{-}$ 或 $2I^{-} + 2H^{+} + H_2O_2 = I_2 + 2H_2O$

(2) $2I^{-} + 6Cl_2 + 6H_2O = 2IO_3^{-} + 12Cl^{-} + 12H^{+}$

(3) $3Sn^{2+} + IO_3^{-} + 6H^{+} = 3Sn^{4+} + I^{-} + 3H_2O$

### 2. 食用碘盐中碘的测定反应原理

(1) $5I^{-} + IO_3^{-} + 6H^{+} = 3I_2 + 3H_2O$

(2) $2IO_3^{-} + 10Fe^{2+} + 12H^{+} = I_2 + 10Fe^{3+} + 6H_2O$

(3) $5Sn^{2+} + 2IO_3^{-} + 12H^{+} = 5Sn^{4+} + I_2 + 6H_2O$

(4) $3Sn^{2+} + IO_3^{-} + 6H^{+} = 3Sn^{4+} + I^{-} + 3H_2O$

## 三、实验用品

仪器：坩埚钳、漏斗、100mL 容量瓶、1mL 或 2mL 的吸量管、125mL 移液管、胶头滴管、玻璃棒、250mL 锥形瓶、50mL 酸式滴定管、酒精灯、250mL 烧杯。

药品：饱和氯水、1%淀粉溶液，$2mol \cdot L^{-1}$ HCl、10% KI、$1.0mol \cdot L^{-1}$ $FeSO_4$、$0.1mol \cdot L^{-1}$ $FeCl_3$、$1.0mol \cdot L^{-1}$ $SnCl_2$、海带、食用盐、3% $H_2O_2$、$0.2mol \cdot L^{-1}$ $Na_2SO_3$。

材料：滤纸。

## 四、问题与思考

1. 碘在自然界中主要存在形式是什么?（碘化物、碘酸盐）
2. 实验室是如何配制和存放 $SnCl_2$ 溶液的?（防水解、防氧化）
3. 海带水测碘实验中，氧化剂除了氯水外，还可以选用哪一种?（$H_2O_2$、$Fe^{3+}$ 等）

## 五、实验内容

### 1. 定性检验

1）海带水测碘

取 3mL 海带水于试管中，滴加 2 滴淀粉溶液，边振荡边滴加饱和氯水，观察试管中海带水变化情况（注意观察蓝色出现及消失现象）。

选用氯水时，可以观察到溶液变蓝后再逐渐退色的过程。使用氧化剂 $H_2O_2$ 更方便，但不能将 $I_2$ 氧化成 $IO_3^-$。

2）食用碘盐中碘的测定

称取 15g 食用碘盐，倒入小烧杯中，加入 15mL 蒸馏水，用玻璃棒充分搅拌，静置。吸取其中的清液约 10mL 于另一小烧杯中，滴入 5 滴淀粉溶液和 5 滴稀 HCl，搅拌后，均分 3 个试管中，分别进行下列检验。

（1）向第 1 个试管中滴加 10% KI 溶液，观察试管中溶液变色情况。

（2）向第 2 个试管中滴加 1.0mol·$L^{-1}$ $FeSO_4$ 溶液，边振荡边观察试管中溶液变色情况。

（3）向第 3 个试管中滴加 0.01mol·$L^{-1}$ $SnCl_2$ 溶液，边振荡边观察试管中溶液变色情况。

说明：检验（2）中较难出现蓝色，原因是：$Fe^{2+}$ 只能将 $IO_3^-$ 还原至 $I_2$，$I_2$ 的歧化受到氧化剂（$IO_3^-$、$Fe^{3+}$）的影响，无 $I^-$，淀粉溶液不会变蓝。

### 2. 定量检验

海带中碘含量的测定［文献数据 0.13～0.65g·$(100g)^{-1}$］：称取干海带 10.0g，在喷灯或酒精灯上直接烧至灰，收集海带灰于研钵中研细，将海带灰转移至烧杯中，加入 50mL 蒸馏水，充分搅拌，再加入 3g 经活化（蒸发皿中小火灼烧至有少许火星）后的活性炭脱色，充分搅拌后过滤（过滤时，可同时进行定性实验或稀释 $SnCl_2$ 溶液并装管）。向滤液中加入 10 滴 1%淀粉溶液，用氯水滴至蓝色完全消失（$I^- \longrightarrow I_2 \longrightarrow IO_3^-$）（注意氯水不能过量，为什么），将该溶液转移至 100mL 容量瓶中定容。

稀释 $SnCl_2$ 溶液：用 1mL 或 2mL 吸量管吸取 1.00mL 1.0mol·$L^{-1}$ $SnCl_2$ 溶液至

100mL 容量瓶中，加入蒸馏水定容。此溶液（0.01mol · $L^{-1}$ $SnCl_2$）用于滴定及 27-(3) 性质实验。

测定：取 25.00mL 溶液于锥形瓶中，滴加 3mL 2mol · $L^{-1}$ HCl，用 0.01mol · $L^{-1}$ $SnCl_2$ 溶液滴定至蓝色完全消失转至白色浑浊出现为终点。滴定 2 次，取平均值。

$$X = [(V \times 10^{-3}\text{L} \times 0.01\text{mol} \cdot \text{L}^{-1} \div 3) \times 126.9\text{g} \cdot \text{mol}^{-1} \times 100 \div 25]/10.0\text{g} \times 100\%$$

结果分析：________________________________。

## 六、实验改进

1. 使用氧化剂 $H_2O_2$ 代替氯水做实验 1.1)。
2. 使用还原剂 $Na_2SO_3$ 代替 $FeSO_4$ 做实验 1.2)。

## 七、注意事项

1. 海带中碘含量的定量测定过程中，注意观察颜色变化，当溶液颜色由蓝色变浅，又转深色时（此时反应符合 $5I^- + IO_3^- + 6H^+ = 3I_2 + 3H_2O$ 物质的量比，$I_2$ 量增多），注意即将到达终点。

2. 注意 $SnCl_2$ 溶液的配制与存放，需要防水解（先将晶体溶于少量浓 HCl 中，再加水稀释）和防氧化（加入锡粒）。

## 八、问题与研究

### 1. 反应的理论依据

$$\varphi^{\ominus}(Cl_2/Cl^-) = 1.36V, \quad \varphi^{\ominus}(I_2/I^-) = 0.54V,$$
$$\varphi^{\ominus}(IO_3^-/I_2) = 1.19V, \quad \varphi^{\ominus}(Sn^{4+}/Sn^{2+}) = 0.15V,$$
$$\varphi^{\ominus}(H_2O_2/H_2O) = 1.76V, \quad \varphi^{\ominus}(Fe^{3+}/Fe^{2+}) = 0.77V$$

从上述电极电势看出，氧化剂氯水、$H_2O_2$、$Fe^{3+}$ 均可将 $I^-$ 氧化成 $I_2$，看要求，上述氧化剂均可使用。只有氯水能进一步将 $I_2$ 氧化成 $IO_3^-$。为什么 $H_2O_2$ 不能将 $I_2$ 氧化成 $IO_3^-$？

### 2. 实验现象解释

食用碘盐中碘的定量测定过程中，可以观察到溶液颜色由蓝色逐渐变浅（发生反应 $Sn^{2+} + I_2 = Sn^{4+} + 2I^-$，$I_2$ 的量减少），继而随着反应的进行，溶液又转成深色（此时，当 $I^-$ 增多，反应符合 $5I^- + IO_3^- + 6H^+ = 3I_2 + 3H_2O$ 物质的量比，$I_2$ 量增多），注意此时即将到达滴定终点。

## 九、教师教法

1. 简述实验目的、原理。
2. 必要的课堂提问
(1) 碘在自然界中主要存在形式是什么?
(2) 实验室是如何配制和存放 $SnCl_2$ 溶液的?
(3) 海带水测碘实验中，氧化剂除了氯水外，还可以选用哪一种?
3. 讲解实验步骤和要求。
4. 强调实验改进部分。
5. 问题讨论，知识拓展。

# 实验六　“阿伏伽德罗常数的测定”——电解法

## 一、实验目的

1. 学习电解方法测定阿伏伽德罗常数的基本方法和原理。
2. 练习电解法的基本操作。
3. 学会相关的计算方法。

## 二、实验原理

阿伏伽德罗常量是一重要的物理常量，它的测定方法很多，本实验用电解法测定。用两块铜片作阴极和阳极，以 $CuSO_4$ 溶液为电解质进行电解。两极反应如下

阴极反应：　$Cu^{2+} + 2e \longrightarrow Cu$

阳极反应：　$Cu \longrightarrow Cu^{2+} + 2e^-$

即在阴极上，$Cu^{2+}$ 得到电子析出金属铜使铜片质量增加。在阳极上，金属铜溶解成 $Cu^{2+}$ 使铜片质量减少。若电流强度为 $I$ (A)，则在 $t$ (s) 内，通过的总电量是

$$Q = It$$

$Q$ 的单位是 C。

如果在阴极上铜片的质量增加 $m$ (g)，则每增加 1g 质量所需的电量为

$$\frac{It}{m}(\mathrm{C/g})$$

铜的摩尔质量为 63.5g，所以电解析出 63.5g 铜所需的电量为

$$\frac{It}{m} \times 63.5(\mathrm{C})^2$$

已知一个一价离子所带电量（即 1 个电子的电荷）是 $1.60\times10^{-19}$C，1 个二价离子所带的电量是 $2\times1.60\times10^{-19}$C，所以 1mol 铜所含的原子个数为

$$N_A = \frac{It \times 63.5}{m \times 2 \times 160 \times 10^{-19}}$$

其中，$N_A$ 为阿伏伽德罗常数。

## 三、实验用品

仪器：稳压电源、电阻器、电流表、电子天平。

药品：$CuSO_4$、浓 $H_2SO_4$、无水乙醇。

材料：紫铜片、导线、砂纸。

## 四、问题与思考

1. 在电解过程中是否要维持电流恒定？为什么？
2. 实验中可能引起的误差是哪些？

## 五、实验内容

按图 2-4-3 连接线路。取两块纯的紫铜片（3cm$^2$×5cm$^2$）当作阴、阳极。在烧杯中加入 $CuSO_4$ 溶液（每 1L 溶液含 125g $CuSO_4$ 和 2.5mL 浓 $H_2SO_4$，由教师配好）。以 250mL 烧杯作为反应容器，阴极和阳极的 2/3 浸没在 $CuSO_4$ 溶液中，电极之间的距离约为 1.5cm，控制直流电压为 10V，电阻为 90～100Ω。接通电路，再调节电阻使电流约为 100mA。调好电流强度后，断开电路（前段操作只是演练，为了能快速地调定电流做好准备）。取下电极，将两块铜片冲洗，擦干后，用“零”号砂纸擦去表面氧化物，然后用去离子水洗净，并在一块铜片上滴几滴乙醇，晾干后，在电子天平上称出其质量（称准至 0.1mg），这块铜片作为阴极。另一块铜片作阳极（也要准确称出其质量）。

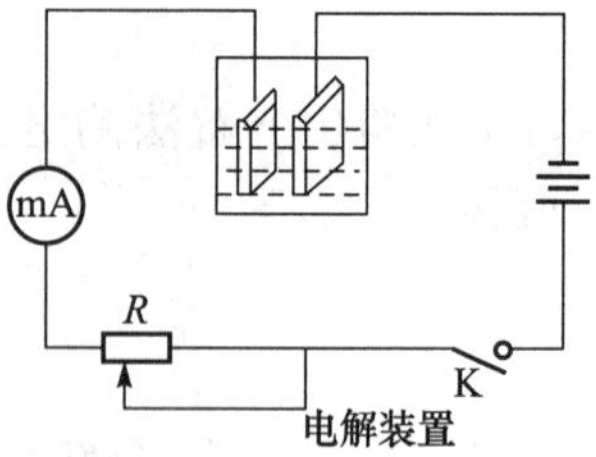


图 2-4-3

重新装好电极后，接通线路，同时开动秒表，并准确记录电流强度，在电解过程中，随时调节电阻维持电流约为 100mA。

| | 阴极增量 $m$/g | 阳极减量 $m'$/g |
|---|---|---|
| 电极称量 | 电解后质量<br>电解前质量<br>$m=$ | 电解前质量<br>电解后质量<br>$m'=$ |
| 电解时间 $t$/s | | |
| 电流强度 $I$/A | | |
| $N_A$ 值 | $\frac{It\times 63.5}{m\times 2\times 1.6-10^{-19}}=$ | $\frac{It\times 63.5}{m'\times 2\times 1.6\times 10^{-19}}=$ |

通电 30min，断电路，取下阴阳极。先用去离子水漂洗，再在上面滴几滴乙醇，晾干后在天平上称出其质量。

根据以上所测数据、计算阿伏伽德罗常数。

## 六、数据记录和结果处理

## 七、实验成败关键

电解过程中，恰当的电流密度（电流的大小、电解液的浓度、酸度等），维持电流的恒定，确定准确的时间及电极的处理。

## 八、注意事项

1. 接通电源后，要迅速将电流调至100mA，并保持恒定。
2. 洗涤阴极铜片时，不能用水冲洗，不能刷洗。
3. 电极要滴加无水乙醇去湿。

## 九、问题与研究

1. 造成阳极失量和阴极增量不同的原因是什么？
最主要的原因是纯度造成的（氧化物及合金）。
2. 为什么往往使用阴极增量作为计算基准？
阳极的纯度要求过高，否则误差较大。
3. 讨论电解过程中反应情况。
通电后，阳极溶解（活性高的金属优先失去电子），较铜活泼的金属如锌、铁等与铜一起失去电子而溶解进入溶液中，较铜不活泼的金属如银以原子形式溶解进入溶液中。在阴极上，电极电势高的（氧化能力强的）阳离子优先获得电子，$Cu^{2+}$获得电子析出。

## 十、教师教法

1. 复习电化学知识。
2. 讲清实验原理，了解其他测定阿伏伽德罗常数的方法。
3. 讲解实验过程，电解装置连接方式。
4. 启发学生得出实验成败关键及注意事项。

### 参 考 文 献

蔡亚萍. 中学化学实验设计与教学论［M］. 浙江：浙江教育出版社，2005.
熊言林. 化学教学论实验［M］. 安徽：安徽大学出版社，2004.
王程杰. 化学教学论实验［M］. 上海：华东师范大学出版社，2005

# 专题5　中学化学微型化学实验理论与实践

## 5.1　微型化学实验概述

### 5.1.1　绿色化学的新理念

针对化学给人类赖以生存的环境带来了诸多负面影响，人们提出了绿色化学（green chemistry）的新理念。如今，绿色化学的理念，已经成为国内外化学课程改革的重要指导思想，开发绿色化学实验就成了化学实验改革的新趋势。绿色化学实验是指实验所用试剂、实验进行的条件、实验产物对环境的负面影响很小或根本没有影响。因此，改进反应物、控制反应条件、降低生成物的危害程度已成为化学实验绿色化、研究减少实验室污染的新思路。如能在中学阶段开发并引入一定数量的绿色化学实验，既能减少化学实验室污染，又能降低危险事故的发生概率，减轻学生对化学实验的恐惧感，还有利于改变社会对化学科学的错误看法和认识。

### 5.1.2　微型化学实验的内涵

微型化学实验是为减少资源消耗和化学污染而发展起来的一种化学实验的新方法、新技术，是化学实验的新变革。它的发展仅二三十年的历史，理论体系尚处在不断完善之中，有关其名称和定义众说纷纭，目前在国内外还没有十分公认的说法。微型化学实验的英文名称一般写作 microscale chemical experiment、microscale chemistry 或 microscale laboratory（ML）；而对于其定义，美国国家微型化学实验中心（NMCC 或 NMC2）的网站（网址为：http://www.microscale.org/about.asp 或 http://www.silvertech.com/microscale/index.html）是这样描述的：“微型化学实验是一种安全的防止环境污染的化学实验方法，试剂用量少，且不影响化学在教育和工业上应用的质量水平”，国内也有许多研究者对微型化学实验的定义提出了自己的见解，如周宁怀教授就曾提出微型化学实验“是在微型化的仪器装置中进行的化学实验，其试剂用量比对应常规实验节约90%以上”。综合各方面的看法，可以发现在对微型化学实验的内涵进行界定时，几乎都包含了在微型实验仪器中进行、试剂用量少、实验获得的信息量大这三项基本内容。由此，可以将微型化学实验理解为在微型实验仪器中进行的试剂用量少（一般只相当于常规实验的几十到几千分之一）、所能获得的实验信息量大的一种化学实验方法，它是化学实验方法的新变革。同时，微型化学实验与当前大力宣扬的“绿色化学”理念相契合，因而又可作为绿色化学的重要组成部分。

作为一种化学实验中的新方法、新技术，微型化学实验可以应用在无机化学、有机化学、物理化学、分析化学以及普通化学等多种类型的实验中，采用微型化学实验不仅可以进行定量或半定量理化数据测试，还可以进行化合物的制备以及反应现象的定性观察等。

在化学领域还有一个微量化学的概念，现代意义的微型化学实验与我们通常所说的微量化学是不同的。微量化学是指微量或痕量组分的定量测定方法、理论和技术，是微量或痕量分析的内容，而在微型化学实验中，试剂的用量是尽可能少，但不一定是微量或痕量。

### 5.1.3 微型化学实验的发展趋势

被誉为“化学实验的革命”的微型实验是近二十多年来国内外迅速发展、国际化学教育界公认体现绿色化学思想的一种化学实验新方法和技术，是“以尽可能少的试剂获取所需的化学信息的实验原理与技术”（美籍华裔化学家马祖圣教授，Prof. T. S. Ma）。微型实验是在微型化的条件下对实验方法的创新性变革，其精髓是“以尽可能少的试剂获取所需的化学信息”。

微型实验崛起于20世纪80年代，最初是由美国化学家Mayo和MPike等在有机化学研究中开始。他们着眼于环境保护和实验室安全的需要，围绕改善实验室的空气品质作了较为系统的测试和研究。美国一些大学在基础有机化学中采用主试剂在毫摩尔量级的微型制备实验，并取得成功，从而掀起了国际上研究与应用微型实验的热潮。由于其独特的优势、良好的教学功能和教学效果，微型实验日趋成为当今化学实验教学改革的一个潮流。国际上著名的美国教育杂志从1989年11月起开辟了微型实验专栏，这标志着微型实验开始成为国际化学教育发展的重要趋势。

90年代以来的历届国际化学教育大会（英文简称为ICCE，每两年举行一次），和IUPAC学术大会（每四年举行一次）都把微型实验列为会议的重要主题。2010年8月8～14日，由IUPAC在台湾省台北市主办了第21届ICCE大会。会议由台湾化学会和台湾师范大学承办，大会主题为：“全球化时代下的化学教育与可持续发展”，其中微型化学实验仍被设为会议主题之一，微型实验还被设立为5个工作坊之一。

微型实验在美国中学更是得到大力推行，至今已发展成为美国中学化学实验的主要方式之一，三套典型的美国中学化学教材——《现代化学》、*MERRILL CHEMISTRY* 和 *ADDISON _ WESLEY CHEMISTRY* 中的微型实验就是极好的例证。《现代化学》（*MODERN CHEMISTRY*）补充材料（*SUPPLEMENTS*）的实验计划（HOLT ChemFile Laboratory Program）中提供了三种类型的实验手册，其中B类实验手册编入了22个微型实验；*ADDISON _ WESLEY CHEMISTRY* 中的微型实验主要体现在28个小型实验（SMALL _ SCALE LAB）中，这些小型实验实际上就是微型实验；而最具代表性的是 *MERRILL CHEMISTRY* 中的微型实验。

*MERRILL CHEMISTRY* 中的微型实验主要体现在化学活动（chemactivity）和实验手册（laboratory manual）中（表2-5-1）。*MERRILL CHEMISTRY* 为每一章都提供了化学活动，进行这些化学活动有助于加深学生对化学概念和化学思想的理解，大部

分化学活动都要用到微型实验技术，有些实验也用常规仪器。

**表 2-5-1　*MERRILL CHEMISTRY* 实验内容**

| 化学活动 | 实验手册 |
| --- | --- |
| 1 一次科学实验 | 1 八种溶液的问题——微型实验 |
| 2-1 比重计——微型实验 | 2-1 测定便士的密度 |
| 2-2 测定密度曲线 | 2-2 测定重力和密度——微型实验 |
| 3 粉笔与小苏打的性质——微型实验 | 3-1 用纸层析法分离染料——微型实验 |
| 4 原子光谱 | 3-3 测定沸点——微型实验 |
| 5 电子排布 | 3-3 比较物理变化和化学变化 |
| 6 一张陌生的元素周期表 | 3-4 测定具体热量 |
| 7 化学式和氧化数 | 4 用焰色反应验证元素——微型实验 |
| 8-1 螺帽与螺钉的化学 | 5 测定电子的能量变化 |
| 8-2 铝薄厚度 | 7 制作化合物模型 |
| 9 NaOH 跟金属盐反应——微型实验 | 8-1 测定实验式 |
| 10 卤素的周期性——微型实验 | 8-2 定量研究化学反应——微型实验 |
| 11-1 $H_2$ 的制备与性质——微型实验 | 9-1 化学反应的类型——微型实验 |
| 11-2 过渡金属——微型实验 | 9-2 化学反应的类型 |
| 12 一张三维元素周期表——微型实验 | 9-3 化学反应的化学计量——微型实验 |
| 13 电子云 | 10 周期性与化学活性——微型实验 |
| 14-1 纸层析法——微型实验 | 11 比较精选金属的活泼性——微型实验 |
| 14-2 液体的互溶性——微型实验 | 12 运用导电性预测成键——微型实验 |
| 15 气体压力——微型实验 | 13-1 极性与分子形性 |
| 16 晶体及其结构——微型实验 | 13-2 构建成分子极性 |
| 17-1 冰的熔化焓——微型实验 | 14 分离金属离子——微型实验 |
| 17-2 水的蒸发焓 | 15 将气压与温度联系起来 |
| 18 气体扩散定律——微型实验 | 16-1 晶形 |
| 19 丁烷的摩尔质量 | 16-2 水合焓 |
| 20 胶体——微型实验 | 17 测定熔点——微型实验 |
| 21 超级蒸汽 | 18-1 用查理定律测定绝对零点——微型实验 |
| 22 $O_2$ 的制备与性质——微型实验 | 18-2 气体扩散速率 |
| 23 酸酐和碱酐——微型实验 | 19-1 测定阿伏伽德罗常数——微型实验 |
| 24 缓冲溶液——微型实验 | 19-2 气体摩尔体积 |
| 25 钒的氧化与还原——微型实验 | 19-3 气体摩尔体积——微型实验 |
| 26 柠檬电池——微型实验 | 20 将熔解度与温度联系起来 |
| 27 物理和化学热力学——微型实验 | 21-1 冰点对溶质的影响——微型实验 |
| 28 半衰期模型 | 21-2 液体的蒸汽压——微型实验 |
| 29 制备乙酸乙酯和乙酸丁酯——微型实验 | 22-1 测定化学反应速率——微型实验 |
| 30 制备阿司匹林——微型实验 | 22-2 测定化学反应的顺序——微型实验 |
| | 22-3 化学平衡 |
| | 22-4 浓度对化学平衡的影响——微型实验 |
| | 23-1 一种化合物的 $K_{sp}$ 微型实验 |

续表

| 化学活动 | 实验手册 |
| --- | --- |
| | 23-2 测定食醋中乙酸的百分含量——微型实验<br>24-1 盐类的 $K_{sp}$——微型实验<br>24-2 用指示剂测定 pH——微型实验<br>24-3 盐类水解<br>24-4 酸碱滴定<br>25-1 测定便士中铜的百分含量——微型实验<br>25-2 通过氧化还原反应测定 $H_2O_2$ 的浓度<br>26-1 比较金属放电子能力——微型实验<br>26-2 腐蚀是一种电化学过程<br>26-3 腐蚀是一种电化学过程——微型实验<br>27 测定反应焓——微型实验<br>29-1 有机反应举例<br>29-2 分析阿司匹林——微型实验<br>30-1 生化反应<br>30-2 食物的定性分析——微型实验<br>30-3 一种酶催化的反应——微型实验 |

表中左栏列出的 35 个化学活动，微型实验 22 个，占 62.86%；表中右栏列出实验手册的 54 个实验，微型实验 32 个，占 59.26%。不难看出，《MERRILL CHEMISTRY》中的微型实验占实验的绝大多数，给学生提供了更多亲自动手实验的机会，这有利于学生动手能力的培养。而且，这些微型实验内容涵盖了化学概念与原理、物质的结构与性质、气体的制备与性质、电化学和有机物的制备等多方面的化学知识。可见，微型实验已经广泛运用到中学化学知识的诸多领域，具有强大的生命力和一定的推广价值。

当美国将微型化学实验在化学教育中广泛开展的同时，微型化学实验也开始日趋国际化。中国、加拿大、德国、瑞士、日本、澳大利亚、墨西哥、泰国以及新加坡等国家也开始对微型化学实验展开研究和应用工作，并取得了大量的研究成果。区域性的微型实验合作组织——亚太地区微型实验化学协作网已于 1999 年建立并于 2001 年在香港举行国际微型化学研讨会。IUPAC 的化学教育委员会（CTC）已将微型化学实验列为研究和推广项目，在每两年举行一次的国际化学教育大会（ICCE）以及每四年举行一次的 IUPAC 学术大会，近年来都将微型化学实验列为会议的重要议题。近些年来的国际化学奥林匹克（IChO）竞赛中，微型化学实验也已经成为了考核参赛选手的一项重要内容。

在我国，早期也曾有某些研究者为节约药品、改善实验室环境而尝试进行一些常规实验微型化的改进工作，但微型化学实验真正在我国的系统研究却始于 20 世纪 90 年代初。1988 年，在国家教育委员会高等教育司、高等学校化学教育研究中心的领导与支持下，由华东师范大学和杭州师范大学牵头成立了微型化学实验课题研究协作组，从而开始了国内微型化学实验的系统研究和应用工作。在该课题组的影响下，许多有关微型化学实验的课题组相应成立，如以广西师范大学为骨干力量，广西区内几所高校等院和教科所共同组建的“广西微型化学实验研究和推广协作组”等。

1994 年经全国高等学校化学教育研究中心批准，成立了中国微型化学实验研究中心（CMLC），为广大微型实验研究者提供了一个更为便捷的交流平台，由 CMLC 主办，广西师范大学化学化工学院承办的“全国微型化学实验研究中心”网站（网址为 http://www.ce.gxnu.edu.cn/cmlc/index.asp）已经开通，网站设有 ML 介绍、ML 产品、ML 论坛、专家简介、资源中心等栏目，还创办了一份电子期刊——《微型实验研究》，介绍微型实验的发展动态，鼓励大、中学教师把自己的研究成果和教学心得在此进行发布，加强微型实验的理论研究与教学实践之间的联系。到目前为止，国内约有千余所各类大、中等学校不同程度地在开展微型化学实验教学。据不完全统计，截至目前，正式出版的微型实验专著、教材与论文集已有 20 余本，已发表的论文超过 1000 篇。

### 5.1.4 微型化学实验的特点

作为一种新生事物，微型化学实验有着突出的特点，有着常规实验所无法比拟的优势。在探讨微型化学实验的特点前，此处先就中学化学教学中两个比较典型的实验来进行一些微型实验方法与常规实验方法的对比，试图通过对比来探寻出微型化学实验的一些特点。

**【案例 1】 $Cl_2$ 制取及性质实验**

微型实验过程：取一个六孔井穴板，向 1＃孔穴中加入 $KMnO_4$ 固体，在针筒中吸入浓 HCl，装在 1＃孔穴上，在 2＃孔穴中放入一片干花瓣和一片鲜花瓣，再在 3＃～5＃孔穴中分别加入 NaBr 溶液、KI 溶液、NaOH 溶液（用于尾气处理）。用输液管把各孔穴连接好。将针筒中的浓 HCl 压入孔穴中，观察鲜花、干花的颜色变化和溴化钠溶液、碘化钾溶液的颜色变化。$Cl_2$ 制备常规实验与微型实验的对比情况列于表 2-5-2。

**表 2-5-2 常规实验制取 $Cl_2$ 与微型化学实验制取 $Cl_2$ 及性质实验对比表**

| | $Cl_2$ 制备常规实验 | $Cl_2$ 制备及性质微型实验 |
|---|---|---|
| 实验材料 | 用具：分液漏斗、圆底烧瓶、玻璃导管、广口瓶（3 个）、橡胶塞（4 个）、烧杯、橡胶管、酒精灯、铁架台、铁圈、铁夹、石棉网<br>药品：$MnO_2$（约 6g）、浓 HCl（40mL）、饱和食盐水（20mL）、20% NaOH 溶液（30mL） | 用具：六孔井穴板（1 个）、井穴塞（5 个）、5mL 注射器（1 个）、细胶管<br>药品：$KMnO_4$（0.5g）、1 ∶ 1 HCl（4mL）、10% NaBr 溶液（2mL）、10% KI 溶液（2mL）、20% NaOH 溶液（3mL） |
| 装置图 | 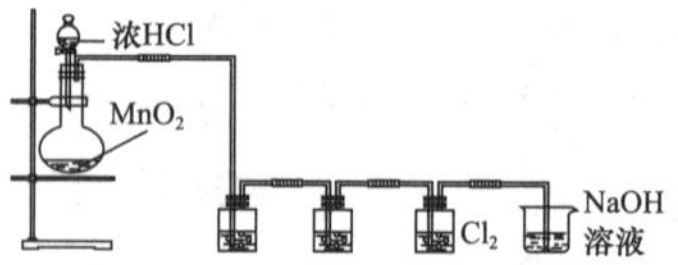<br><br>$Cl_2$ 制取实验装置图 | 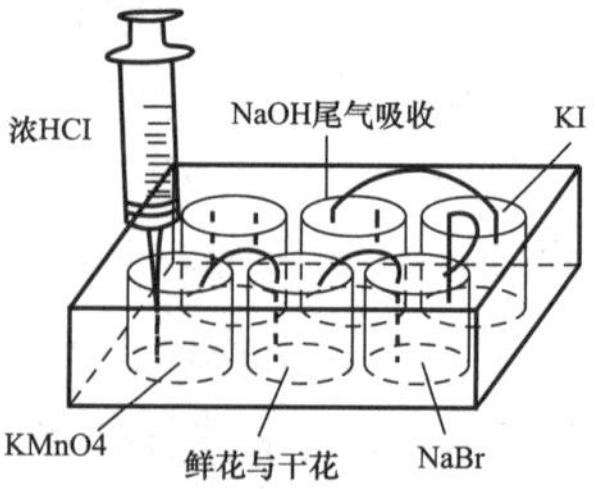<br><br>$Cl_2$ 性质综合实验 |
| 实验成本/每人次 | 用具成本：约 70 元<br>药品成本：约 2.7 元<br>成本总计：约 72.7 元 | 用具成本：约 4.5 元<br>药品成本：约 0.18 元<br>成本总计：约 4.68 元 |

**【案例 2】 乙炔的制取及性质实验**

微型实验过程：取一六孔井穴板，向 1＃孔穴中加入电石，在针筒中吸入蒸馏水，装在 1＃孔穴上，在 2＃～4＃井穴中分别加入 NaOH 溶液、酸性 $KMnO_4$ 溶液、溴水溶液，在 5＃孔穴的盖上接上针头。用输液管把各孔穴连接好，将针筒中的蒸馏水压入孔穴中，观察溴水和 $KMnO_4$ 溶液的颜色变化；在 5＃孔穴所装的针头上点燃气体，观察火焰颜色。常规和微型的乙炔抽取及其性质实验的对比情况列于表 2-5-3。

**表 2-5-3　常规实验制取乙炔与微型化学实验制取乙炔及其性质实验对比表**

| | 常规实验 | 微型实验 |
|---|---|---|
| 实验材料 | 用具：分液漏斗、平底烧瓶、玻璃导管、广口瓶（4 个）、橡胶塞（5 个）、小烧怀、橡胶管<br>药品：电石（约 6g）、蒸馏水（40mL）、5％酸性 $KMnO_4$ 溶液（20mL）、5％ NaOH 溶液（20mL）、3％溴水（20mL） | 用具：六孔井穴板（1 个）、井穴塞（5 个）、5mL 注射器（1 个）、细胶管、玻璃小瓶<br>药品：电石（绿豆大小 2～3 颗，约 1g）、蒸馏水（5mL）、5％酸性 $KMnO_4$ 溶液（2mL）、5％ NaOH 溶液（2mL）、3％溴水（2mL） |
| 装置图 | 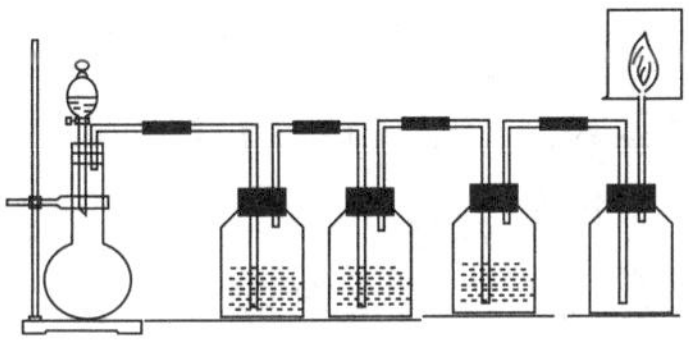<br>乙炔制取实验装置图 | 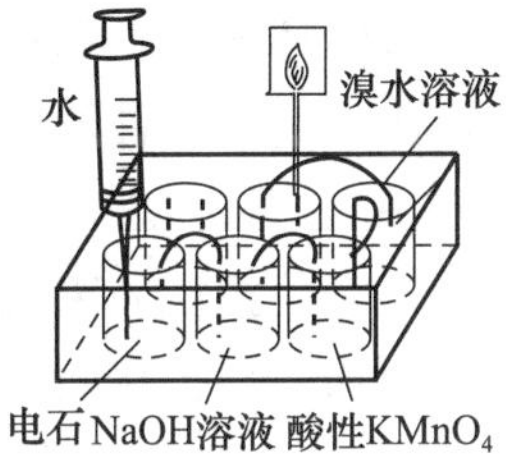<br><br>乙炔性质综合实验 |
| 实验成本/每人次 | 用具成本：约 50 元<br>药品成本：约 2 元<br>成本总计：约 52 元 | 用具成本：约 4.5 元<br>药品成本：约 0.25 元<br>成本总计：约 4.75 元 |

从以上就 $Cl_2$ 与乙炔的一些内容进行的常规实验手段与微型化学实验手段的对比分析中，可以总结归纳出微型化学实验具有以下特点。

（1）试剂用量更省，实验成本更低。这是微型化学实验与常规实验相比最突出的优点，也是公认的微型化学实验最主要的特征。虽然对微型化学实验中试剂的用量目前在国际上尚无统一的标准，但一般来说微型化学实验中试剂的用量只相当于常规实验的几十到几千分之一。从以上两个案例的实验材料比较中，可以看出微型实验的试剂用量基本上只相当于对应的常规实验的 10％左右，较常规实验节约了 90％以上的试剂。

试剂用量的减少直接带来的就是实验成本的降低。曾有学者就磺胺嘧啶银的合成进行了常规方法与微型方法的比较（见表 2-5-4），这种比较更加显现出微型化学实验大量减少试剂用量，降低实验成本这一突出特点。同时，前面所列举的两个案例也体现了这一特点，在案例 1 中常规实验方法制取 $Cl_2$ 的花费大约在 72.7 元，改用微型化学实验则花费仅为 4.68 元左右，更重要的是花费的这 4.68 元不仅可以制取 $Cl_2$，还可以进行一系列的 $Cl_2$ 性质实验；案例 2 中微型方法的实验成本仅为常规方法实验成本的 9％左右，大大减少了化学实验所带来的经济负担。从前面的案例中还可以看出，实验成本的降低不仅由试剂用量减少带来，实验仪器的微型化也使得成本降低不少，如装配一套制取 $Cl_2$ 的常规实验装置需要花费 70 元左右，而用来进行 $Cl_2$ 制备和性质实验的微型装置的花费仅在 4.5 元左右。试剂与仪器这两方面所带来的经济效益对处于发展中的我国，对于广大经济欠发达地区尤其重要。微型化学实验这种十分经济实惠的实验手段的实施，将会更好地实现在化学教育中人人能够亲自动手实验。

**表 2-5-4　常规与微型化学实验合成磺胺嘧啶银的试剂用量与成本**

| 试剂名称 | 常量合成 | 微型合成 |
|---|---|---|
| 磺胺嘧啶 | 5g | 0.125g |
| 硝酸银 | 3.4g | 0.085g |
| 氨水 | 30mL | 0.8mL |
| 合成产率 | 74% | 74% |
| 药品成本/每人次 | 5.24 元 | 0.11 元 |

（2）环境污染更少，安全系数更高。微型化学实验在近二三十年中蓬勃发展的一个重要背景是人们环境意识的普遍提高。常规化学实验对环境污染严重，在实验过程中危险性较高，人们渴望一种能尽可能对环境友好的新的实验手段的出现，微型化学实验正是满足了人们的这一需求。在改用微型化学实验后，因为实验仪器的微型化以及试剂用量的微量化，实验排放的废水、废气、废渣等污染物数量大大减少，尾气、尾料和废弃物的处理也更加容易，从而对环境的污染大大减少，如【案例 1】中的尾气处理，以往采用常规手段制备 $Cl_2$ 的尾气处理装置需要较多的碱液，而在此微型实验中因为污染减少，仅用很少的碱液便可达到处理尾气的目的，效果也会比常规方法更好，这样就大大减少了对环境的危害。

此外，微型化学实验的施行也使得实验操作过程中的危险性降低，爆炸、起火、液体飞溅等实验事故发生的可能性也大为降低，从而提高了安全系数，更加有益实验者的身心健康。这一特点对于那些试剂污染重、挥发性强、毒性大、危险性高的实验（如有机化学实验和某些无机化学实验）意义更加重大，污染的减少、安全性的提高使得学生能在更为安全和舒畅的环境中进行实验，学生在实验时也会更加大胆、放心。

（3）实验开展更容易。这一特点主要体现在实验装置和操作的简化，实验时间的缩短，实验成本的降低等方面。微型化学实验简化了实验装置和实验操作，它是在微型仪器中进行的化学实验，相比常规的仪器，微型仪器体积更小，携带更方便，价格低廉，有利于每人一套，同时，微型化学实验中所需要用到的某些仪器还可以在日常生活中很容易地找到代用品，从而为实验的开展减少了许多仪器上的不便。在实验操作上，微型化学实验少去了常规实验中复杂的仪器装配、拆卸和洗涤，可以只进行一些简单的操作就可完成实验。实验的微型化大大节省了实验所耗费的时间（一般可节省 1/3 的时间），减少了时间对实验开展的限制，符合现代社会生活节奏快的特点，化学实验开展起来也就变得更加容易。另外，微型化学实验在经济上的效益也为化学实验的广泛开展，特别是在一些经济欠发达地区的广泛开展打开了方便之门。

（4）教学效果更好。某课题组曾就微型化学实验的应用对学生化学成绩的影响在一些中学进行实验研究，结果（表 2-5-5）显示试验班学生化学成绩的及格率、平均分、优秀率这三项指标均较对比班要高出很多。

**表 2-5-5　采用微型实验班的化学成绩与未采用班级对照表**

| 班级 / 成绩 / 学校 | | 浙江省吉安县孝丰 | 浙江省嘉善县惠民中学 | 河南新乡铁路一中 | 湖南省新邵县长滩中学 |
|---|---|---|---|---|---|
| 试验班 | 及格率 | 100% | 92 届会考 100% | 98.6% | 97 届会考 96% |
| | 平均分 | 84.51 | 89.98 | 86.6 | 83.5 |
| | 优秀率 | 76.64% | 县第二名 | 85.9% | 85% |
| 对照班 | 及格率 | 县平均 80.69% | 91 届会考 95.8% | 88.3% | 81% |
| | 平均分 | 75.19 | 71.88 | 77.6 | 75.7 |
| | 优秀率 | 51.95% | 县第 19 名 | 50.7% | 65% |

从表 2-5-5 中不难看出微型化学实验的施行带来了学生化学成绩的大面积提高，其实微型化学实验在教学上应用的良好效果不仅体现在使学生化学知识增长方面，对于学生在化学技能以及过程方法、情感态度和价值观等方面的提高都有着突出的效果。

微型化学实验比起常规实验更加简单易行、安全可靠、仪器精巧，改变了传统化学实验在人们心目中的不良印象，再者微型化学实验趣味性一般都很浓，节省了时间，实验现象更易观察，因此学生学习的积极性更高，更乐于进行化学实验，从而获得更多的化学知识，更大地提高了动手能力和实验技能；微型仪器价格低廉，在更大程度上给学生创造了人人动手做实验的可能，改变了过去“一人做，多人看”的局面，从而更便于学生建构知识；在培养学生的创新精神、观察能力等方面，微型化学实验比常规实验更有效，微型化学实验的施行方便了学生进行探究活动，更多地进行实验设计，在更多的实验探究中，学生形成了敏锐的观察力、培养了勇于发明创造的精神；同时，在微型化的条件下，学生在进行实验操作时必须更加仔细、认真，这有利于使学生养成严谨的科学态度；另外，微型化学实验的开展也更利于对学生进行环境教育，使学生牢固树立绿色化学的观念。

从以上的这些特点中，不难看出微型化学实验之所以引起人们广泛关注并大力实施的原因。它易于开展、现象明显、节约时间、节省试剂、减少污染、安全可靠、效果良好，在经济、环保和教育等方面具有特别重要的意义，因此微型化学实验不但在发展中国家，而且在美国、瑞士、德国、澳大利亚等众多发达国家都受到了高度重视和大力推广。同时，微型化学实验的开展还符合了“绿色化学”中不用危险品（reject）、减少用量（reduce）、循环使用（recycle）、回收利用（reuse）的 4R 原则，因而微型化学实验的开展对于绿色化学理念的宣扬和倡导起了很好的作用，也是在化学教育实施素质教育的一条有效途径。

## 5.2　部分定型仪器和自制微型仪器简介

### 5.2.1　成套玻璃仪器及一些单元操作装置

微型化学实验以使用尽可能少的试剂为主要特征，而采用微型化学实验仪器装置是微型化学实验的第二特征。目前，定型化的微型化学实验仪器，可按制作材料分为玻璃仪器和高分子塑料的仪器两大系列。Mayo 和 Williamson 分别设计了以他们名字为型号的成套玻璃微型仪器，每套玻璃仪器均可以放置在一个与大 16 开本书籍一般大小的塑料盒中。表 2-5-6 列出了某些国外微型化学实验玻璃器皿的品种与规格。

**表 2-5-6　国外微型化学实验玻璃器皿品种与规格**

| 项目 | 说明 | 规格 | 数量 | 项目 | 说明 | 规格 | 数量 |
|---|---|---|---|---|---|---|---|
| A | 弧形接头 | | 1 | L | 圆底烧瓶 | 10mL | 1 |
| B | 三接头 | | 1 | M | 微型瓶 | 0. 1mL | 1 |
| C | 空气冷凝管 | 10mm | 1 | N | 微型瓶 | 3mL | 1 |
| D | 接头 | | 4 | O | 微型瓶 | 5mL | 1 |
| E | 接头 | | 2 | P | 气象色谱收集管 | 1 | |
| F | 水冷凝管 | | 1 | Q | 压缩盖 | | 1 |
| G | 重结晶管 | 2mL | 1 | R | O形状密封环 | | 1 |
| H | 重结晶插头 | | 1 | S | 塑料针筒 | | |
| I | 蒸馏头 | | 1 | T | 气体传递管 | | |
| J | 干燥管 | | 1 | U | 离心管 | | |
| K | 梨形烧瓶 | 5mL | 1 | | | | |

参考国外仪器，我国学者结合国内条件和对微型化学合成的实践体会，设计了一套标准磨砂接口的微型化学制备仪，全套共计 20 个品种 31 件。表 2-5-7 列出了这套仪器的规格。图 2-5-1 是仪器的示意图。此套仪器经过近 80 所院校试用，证明结构简单，使用方便，密封性能良好，现已获国家专利，并由南京十四中玻璃仪器厂批量生产。

**表 2-5-7　国产微型化学制备仪的品种和规格**

| 编号 | 品名 | 规格（磨口口径/容积） | 个数 |
|---|---|---|---|
| 1 | 圆底烧瓶 | 10mm/3mL | 1 |
| 2 | 圆底烧瓶 | 10mm/5mL | 2 |
| 3 | 圆底烧瓶 | 10mm/10mL | 2 |
| 4 | 三口烧瓶 | 10 * 2mm/10mL | 1 |
| 5 | 锥形瓶 | 10mm/5mL | 1 |
| 6 | 锥形瓶 | 10mm/15mL | 1 |
| 7 | 直形冷凝管 | 10 * 2mm/80mm | 1 |
| 8 | 空气冷凝管 | 10 * 2mm/80mm | 1 |
| 9 | 微型蒸馏头 | 10 * 3mm | 1 |
| 10 | 微型分馏头 | 10 * 3mm | 1 |
| 11 | 蒸馏头 | 14/10 * 2mm | 1 |
| 12 | 克莱森接头 | 10 * 3mm | 1 |
| 13 | 真空指形冷凝管（真空冷指） | 10mm | 1 |
| 14 | 真空接收器 | 10 * 2mm | 1 |
| 15 | 抽气试管 | 10mm/5mL | 1 |
| 16 | 抽滤瓶 | 10mm/10mL | 1 |
| 17 | 玻璃漏斗（附玻璃钉） | 10mm/20mm | 1 |
| 18 | 温度计套管 | 10mm | 1 |
| 19 | 牛角干燥管 | 1mm | 1 |

续表

| 编号 | 品名 | 规格（磨口口径/容积） | 个数 |
|---|---|---|---|
| 20 | 离心试管 | 10mm/10mL | 2 |
| 21 | 离心试管 | 10mm/20mL | 2 |
| 22 | 二通活塞 | 10mm | 1 |
| 23 | 塞子 | 10mm | 4 |
| 24 | 大小接头 | 14mm/10mm | 1 |

采用这套微型化学制备仪，可进行主要原料试剂在 1mmol 上下的有机制备、无机合成等实验，还可分离出馏分量在 50μL 左右的馏液和升华提纯几毫克的固体。

国产微型化学制备仪的核心部件是改进的 Hickman 蒸馏头，我们称为多功能微型蒸馏头［图 2-5-1(h) 和 (i)，简称微型蒸馏头］和真空指形冷凝管［图 2-5-1(j) 简称真空冷指］。它们和圆底烧瓶、冷凝管组合，可以进行常（减）压蒸馏、回流、分馏、升华等基本操作。

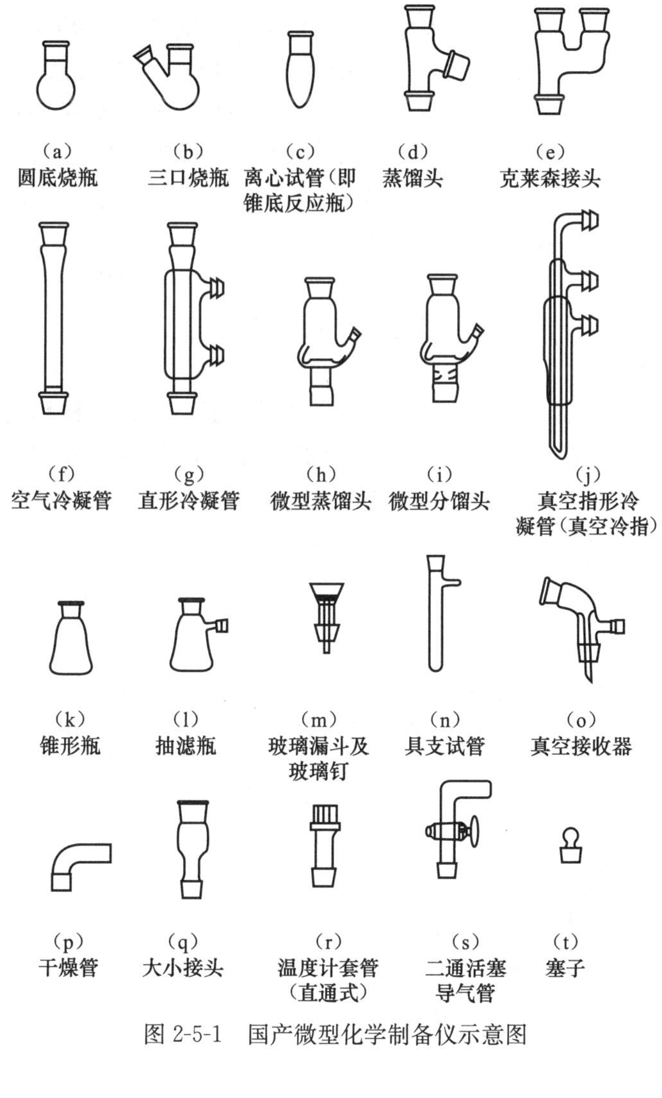


图 2-5-1　国产微型化学制备仪示意图

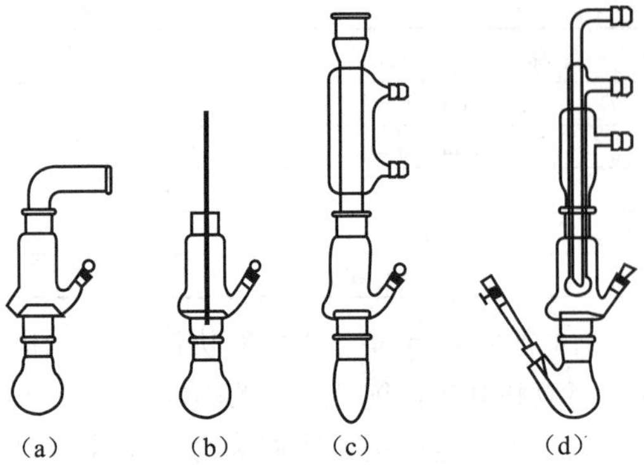

图 2-5-2　微型蒸馏装置（a、b、c 蒸馏；d 减压蒸馏）

多功能微型蒸馏头的结构可分为四部分：冷凝管、精馏液 D 盛接阱、馏液出口、分馏管。根据分流管是否有类似于 Vigreux 分馏柱的构造，进一步把多功能微型蒸馏头分为微型蒸馏头［图 2-5-1(h)］和微型分馏头［图 2-5-1(i)］两种规格。蒸馏头上下端均是标准磨砂接口。当其上下接口分别连接干燥管和反应瓶时，就组成了一套简易的微型蒸馏装置［图 2-5-2(a)］，可用于有机溶剂的蒸馏回收，其温度则由水（油）浴来调节。此时，液体的蒸汽在冷凝管内凝结为馏液，流入盛接阱，待馏液面将与分流管上口齐平时，降温，用毛细滴管由出口吸出馏液。微型蒸馏头集冷凝管、接引管、馏液接受瓶的功能为一体，显著地减少了器壁的沾附损失，盛接阱一次可容纳 4mL 馏液。当需要收集某一温度下的馏分时，可把温度计伸入蒸馏头内，使水银球液面与分馏管上下齐平，即可进行蒸馏或分馏操作［图 2-5-2(b)］。若反应液体易挥发，则可去掉蒸馏头上的干燥管，加接水冷凝管以增强冷凝作用［图 2-5-2(c)］。若需要在减压下蒸馏，在微型蒸馏头上方插接真空冷指，便可与真空系统连接［图 2-5-2(d)］。

当进行分流操作时，若待馏液体积较大，可采用一般微型化的分流装置，如图 2-5-3(a)所示。分馏柱由空气冷凝管填充截短的玻璃管或聚四氟乙烯管（$\phi<5$mm，长度 5mm）作填料以增大气液两相间的接触面，被蒸馏物的数量必须与分馏柱的大小相适应，过粗过长的分馏柱能使较多液体滞留于分馏柱内，即“柱藏量”太大。一般来说，要求分离为纯品的初始混合物中每一组分的量至少应达到柱藏量的 10 倍。因此，对于微型实验的分馏，应当使用“柱藏量”尽可能小的分馏柱，并尽量减少操作过程的转移

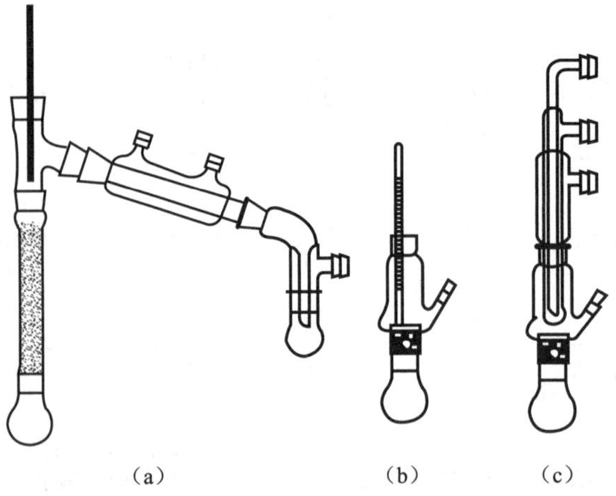

图 2-5-3　微型分馏装置

与器壁沾附。而微型分馏头能满足这些要求，是进行微量分馏的有效仪器[图 2-5-3(b)]。当馏液含有几种馏分需要精馏分开时，可准备1个备用的微型分馏头，在一种馏分已经蒸出，温度开始下降时，替换原分馏头，再升温蒸馏第二部分，以免沾污第一馏分。此时，减压分馏的装置也是通过加接真空冷指来实现的 [图 2-5-3(c)]。

配套的微型化学制备仪的另一个重要部件是真空冷指。它是在微型指形冷凝器上增加具有支管的磨砂接口 [图 2-5-1(j)]，从而与其他部件仪器连接，发挥多种功能。

真空冷指与任何一种反应器组合，就是一套能进行常（减）压升华的装置[图 2-5-4]。那些在熔点温度时具有相当高蒸气压的固态物质可通过常压升华来提纯，在常压下不易升华的物质，可通过支管或减压装置联通进行减压下的升华。

真空冷指与微型蒸馏头、分馏头组合就构成了相应的减压蒸馏、分流装置，这已经在上面介绍，不再赘述。

磨口的锥底反应瓶是进行微量物质反应的容器。它与圆底烧瓶一样，可与微型蒸馏头或微型分馏头、冷凝管、真空冷指等配套组成各种单元操作的微型装置。它又可起离心试管的作用，用于微量物质固-液分离和萃取操作。

微型化学制备仪的其他部件及其组合装置，基本上是常量仪器的缩小，其部件组成、构造和操作规范和常规实验相同。值得指出的是，由于微型实验处理的物料少，以量筒计量液体容积的操作已达不到实验要求。一般采用称出质量或使用定量进样器（移液枪）、吸量管、注射器或预先校准液滴体积的毛细滴管来进行液体计量。液体的转移也常用毛细吸管或注射器来实现。充分利用毛细滴管这一简易价廉的实验器件，发挥其功能是做好微型实验的一个措施。根据实验需要，有时可把滴管的毛细管加工成弯曲的或胖肚形的（图 2-5-5）。

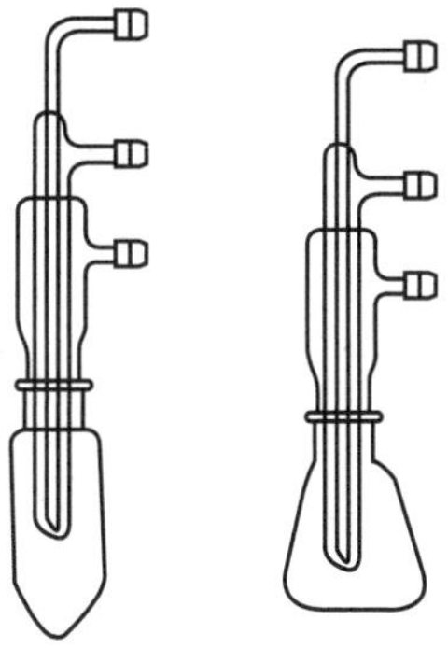

图 2-5-4 常压或减压升华装置

图 2-5-5 胖肚形毛细滴管

## 5.2.2 高分子材料制作的仪器

在无机化学和普通化学（含中学化学）微型实验的仪器中除了上面介绍的玻璃仪器可以通用外，还有一类以高分子材料制作的仪器，主要有井穴板 [图 2-5-6(a) 和图 2-5-6(c)] 和多用滴管 [图 2-5-6(b)]。

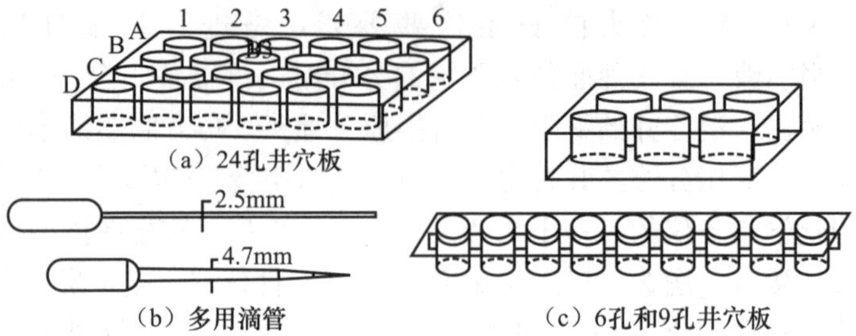


图 2-5-6　高分子材料微型实验仪器

## 1. 井穴板

国外的井穴板以板上井穴数目来定规格，有 96 孔（井穴容积约 0.3mL）、24 孔（井穴容积约 2.8mL）、12 孔（井穴容积约 6.3mL）几种。

国内生产的井穴板有 96 孔和 40 孔（约 0.3mL），这两种规格的井穴板，医药界又称之为酶标板、9 孔单条井穴板（约 0.7mL）、6 孔井穴板（约 5mL），后三者井穴板在微型实验中应用较多。为便于使用，今后我们以单孔容积作为分类依据，即 0.7mL 井穴板指 9 孔单条井穴板，5mL 井穴板是指 6 孔井穴板［图 2-5-6(c)］。市场供应的井穴板多用透明的聚苯乙烯或有机玻璃为材料，经压塑制成。

对于井穴板的技术要求是：一块板上各井穴的容积应一致，同一列井穴的透光率相同。井穴板是微型无机或普通化学实验的重要反应容器。温度不高于 50℃的无机反应，一般可在井穴板上进行。因而井穴板具有烧杯、试管、点滴板、试剂储瓶等的一些功能，有时还可起到一组比色管的作用。由于井穴板上空穴较多，可由板的纵横边沿所标示的数字给每个空穴定位，如［图 2-5-6(a)］的 B3 穴。这样就便于向指定的井穴添加规定的试剂。颜色改变或沉淀生成的无机反应在井穴板上进行现象明显，不仅操作者容易观察，而且通过投影仪还可作演示实验。

## 2. 多用滴管

多用滴管由具有弹性的聚乙烯通过吹塑制成，它是一个圆筒形的吸泡连接一根细长的径管而成。国外的多用滴管的型号见表 2-5-8。目前国内生产吸泡体积为 4mL 的多用滴管。

**表 2-5-8　国外多用滴管的型号与规格**

| 型号 | 吸泡体积/mL | 径管直径/mm | 径管长度/mm |
| --- | --- | --- | --- |
| Ap1444 | 4 | 2.5 | 153 |
| Ap1445 | 8 | 6.3 | 150 |

多用滴管集储液和滴液的功能为一体，又能耐一般无机酸碱的腐蚀，是无机酸、碱、盐溶液的实用小滴瓶，适合学生实验时使用，一些易于与空气中的 $O_2$ 与 $CO_2$ 等反

应的试剂配制好后，即可按捏多用滴管的吸泡，使空气大部分排出，吸入所配的试剂至充满吸泡的2/3体积时，倒转滴管使径管朝上，轻挤吸泡，排出径管中的液体（可边排边用吸水纸吸去），然后在酒精灯上熔封径管中部，再贴上标签，这样就完成了该试剂滴瓶的罐装封口工作。此试剂滴瓶可保存较长的时间便于携带和存放。用一块厚度约1cm的泡沫塑料，以合适的打孔器在上面钻几排孔就是一个实用的滴瓶架（图2-5-7）。

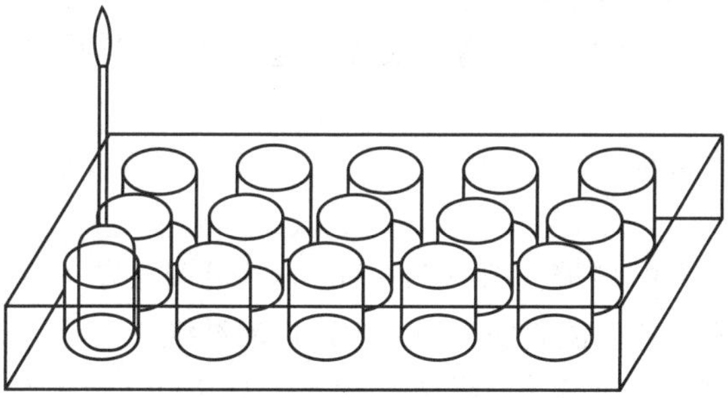

图2-5-7　试剂滴瓶与滴管架

多用滴管的径管加热软化后可拉细（也可在室温下拔伸拉细）做成毛细滴管（图2-5-8），用它可转移液体，若预先校准它的液滴体积（约50滴/mL），则通过液滴的数目可较准确地计量出滴加液体的体积，这时它成了少量液体滴加计量器和一个简易的微型滴定管。由于手工拉出的毛细管管壁薄，温度的变化对毛细管的影响颇大，液滴体积要经常校准比较麻烦。实践发现，在多用滴管径管上紧套一个市售医用塑料微量吸液头（简称微量滴头），就组合成液滴体积约0.025mL的毛细滴管（图2-5-9），这时液滴体积不易变化，便于使用。

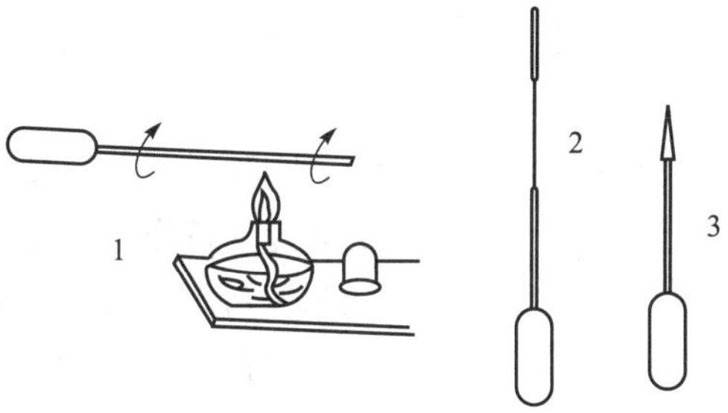


图2-5-8　多用滴管的加工

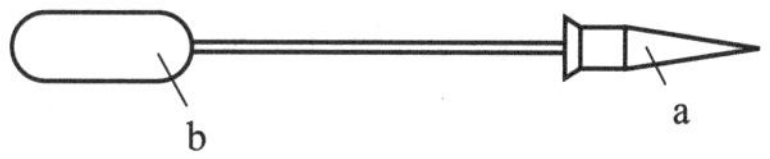


图2-5-9　微量滴头（a）与多用滴管；（b）组成的毛细滴管

多用滴管的吸泡还是一个反应容器，也可放入离心机中离心，它的其余功能还有待于进一步开发。

使用多用滴管时，液体的量以“滴”计，1滴为0.020～0.040mL，是常规实验液体计量单位mL的1/50左右，显著节省了化学试剂。实践表明，在许多情况下点滴反应的现象明显并容易观察到试剂用量变化对反应的影响。在无机和普通化学的微型实验中，井穴板和多用滴管应用很广。它们的缺点是：①不能在高于50℃的温度下使用；②一些能与聚乙烯、聚苯乙烯作用的有机溶剂如$CCl_4$、$(CH_3)_2CO$等不能盛在这些器件中。

### 5.2.3 自制微型实验仪器实例简介

从上面定型的微型化学实验仪器及其应用可以看出，微型实验不是常规实验的简单缩小。它在仪器的设计、实验方法和技术、实验的表现力等方面都有所创新。国内外学者对微型化学实验的仪器与方法的研究正蓬勃展开。这里列举几样种实验效果较好的仪器。

1. 微型离子交换树脂柱

取长度为15mL左右的玻璃滴管（ϕ5～7mm），粗端在煤气灯上略为扩张成喇叭口，细端套上乳胶管并加螺丝夹，滴管底部填入少许玻璃纤维或棉花，把经过溶胀的离子交换树脂装入柱内，树脂层高8cm左右（装入量相当于0.8～1g干树脂），这就是一支微型离子交换柱。它与经过标定液滴体积的多用滴管及5mL井穴板配合使用，可进行难溶盐溶度积测定、去离子水制取、离子分离等实验，也可用于离子交换条件探索等研究工作。

2. 玻管反应器

把内径ϕ5～8mm的硬质玻管，在煤气灯上加工成W型、V型管道反应容器（图2-5-10）用于一些产生少量气体的反应和一些气-液，气-固反应的实验，具有试剂用量少、反应现象明显、系列反应管道化、有害气体不易泄漏、污染少等特点。

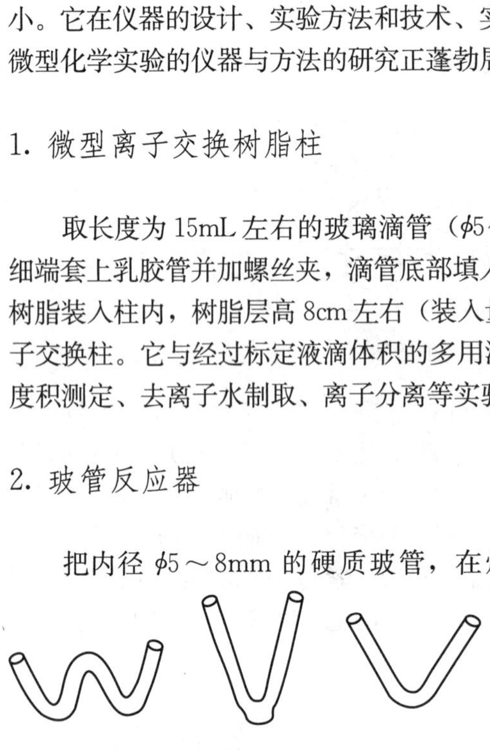

图2-5-10 各种玻璃管反应器示意图

图2-5-11是HCl气体的生成及其系列性质的实验装置。当按捏多用滴管，使浓$H_2SO_4$滴到V形管的NaCl上，加热即产生HCl气体，充满具支试管（备作溶解度的“喷泉”实验）后即通入W形管先后与石蕊、NaOH、$AgNO_3$、浓氨水等溶液作用，最后生成白雾状氯化铵。这类仪器在普通化学、中学化学的教学实验中是颇为有用的。

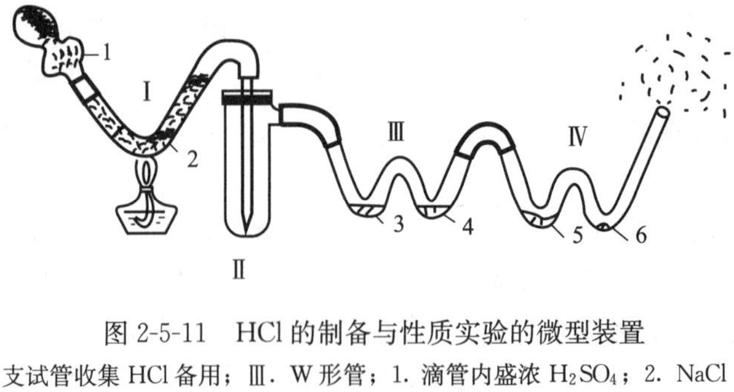


图2-5-11 HCl的制备与性质实验的微型装置

Ⅰ. V形管；Ⅱ. 1支试管收集HCl备用；Ⅲ. W形管；1. 滴管内盛浓$H_2SO_4$；2. NaCl（固）；3. 石蕊试液；4. NaOH溶液；5. $AgNO_3$；6. 浓氨水；7. $NH_4Cl$

## 3. 微型实验仪器代用品

根据微型化学实验的设计思想，可以将自行车气门胶管、一段废铝线、一段废网线（绝缘线包裹的铜导体电缆线）、果冻盒、塑料碗、医院废弃的安瓿瓶、注射器等经消毒处理后，加以改制，做成一些构思新颖、小巧玲珑的微型化学实验装置，用于化学第二课堂活动，这有助于提高学生的动手能力和创新意识。现将方便使用与适于中学化学实验展开实验研究的塑料微型实验仪器和微型实验仪器代用品的制作及功能整理绘成简表（表2-5-9）。

**表2-5-9 微型化学实验仪器简表**

| 名称 | 示意图 | 制作与功能介绍 |
|---|---|---|
| 6孔井穴板<br>和6孔井穴盖、<br>9孔井穴板 | 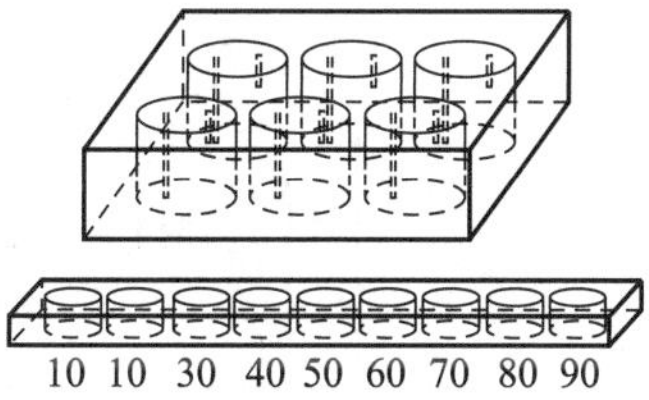 | 可作反应容器（温度不高于50℃），具有烧杯、点滴板、试剂储瓶、比色管、电解池作用。6孔井穴板和6孔井穴盖还可作固-液、液-液气体发生器。 |
| 多用滴管 | 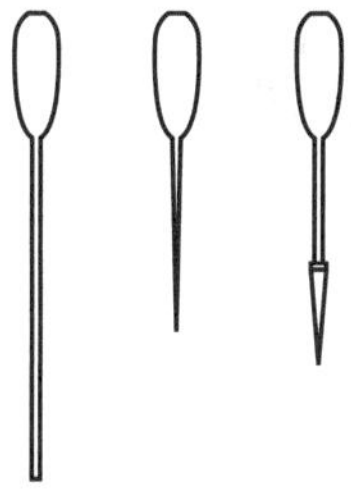 | (1)可将液体吸至2/3倒转滴管，贴上标签，插在滴管架上作滴瓶用；(2)可将滴管径管加热软化拉细制成毛细滴管，或套上微量滴头也成毛细滴管；(3)与6孔井穴板、盖组合，可作分液漏斗使用，构成固-液、液-液气体发生器 |
| 多用滴管架 | 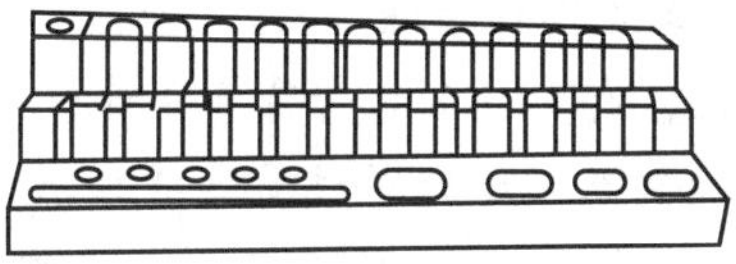 | (1)压有30个孔，放置多用滴管、小试管、安瓿瓶、微型酒精灯；(2)两侧小孔插入铅笔或小棒后，与细电缆线固定作铁架台 |
| 微型酒精灯 | 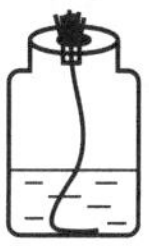 | 带铝盖的青霉素瓶钻孔后用铝皮包住棉线条插入瓶盖中作灯芯，用注射器注入乙醇即可 |
| 药匙或燃烧匙 |  | 取铝线裸露的一端砸扁后弯曲，或用一根细铁线绕成螺旋状即可。 |
| 集气瓶 |  | 大小不同规格的青霉素瓶与胶塞配合可作集气瓶或广口瓶。 |

续表

| 名称 | 示意图 | 制作与功能介绍 |
|---|---|---|
| 水槽 | 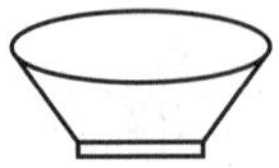 | 一次性塑料碗或大冰激凌盒。 |
| 导管 |  | 自行车气门胶管作导管或橡皮胶管。 |
| 注射器 |  | 可作量筒量取液体或与胶管配合作分液漏斗。 |
| W 形管 |  | 适于加热的气-液、气-固反应容器。 |
| 电池盒 | 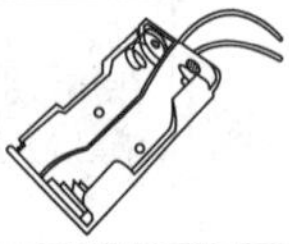 | 5 号两节电池盒与 5 号电池共同构成电解水电源 |

# 5.3　部分中学教师化学微型实验选例

## 5.3.1　部分初中微型化学实验的设计研究案例

**【案例 1】　空气中 $O_2$ 含量的测定**

（1）实验装置如图 2-5-12 所示。

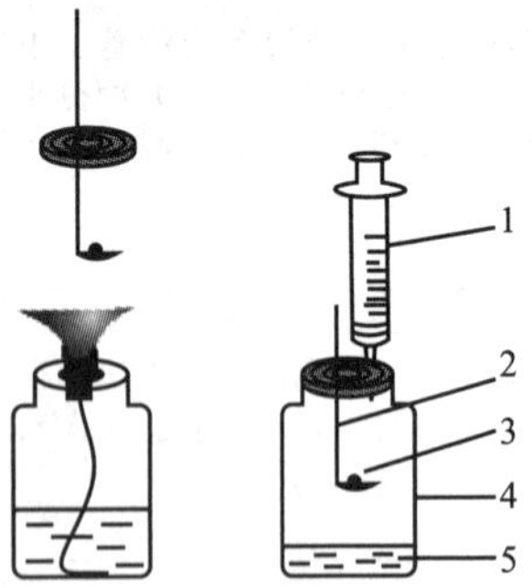


图 2-5-12　空气中 $O_2$ 含量的测定

1. 5mL 注射器；2. 细铁丝燃烧匙；3. 红磷；4. 青霉素瓶；5. 水

（2）实验操作步骤：

a. 在盛有少量水的青霉素瓶外壁画一条线作上记号。

b. 细铁丝燃烧匙穿过青霉素瓶胶塞，用药匙取半个绿豆大小的红磷置于燃烧匙上，在微型酒精灯上点燃，迅速插入瓶中并盖紧胶塞，观察有大量白烟和黄色火焰。

c. 待白烟沉落并溶于水之后，用装满水的注射器扎进瓶子，观察注射器中的水在大气压的作用下自动射入瓶内，直至水不再自动注入水为止，再画上水面的记号。

**【案例 2】　$O_2$ 的制取与性质**

（1）实验装置如图 2-5-13 所示。

（2）实验操作步骤：

a. 将水槽装满水，几个青霉素瓶装满水置于水槽中，同时也将胶塞反转置于其中。

b. 用药匙取半个绿豆大的 $MnO_2$ 置于 6 孔井穴板的孔穴，盖上导气管端连有橡皮胶管的井穴板盖，再用毛细滴管吸取一管 5% $H_2O_2$，将尖嘴插入井穴盖长管的插口上。

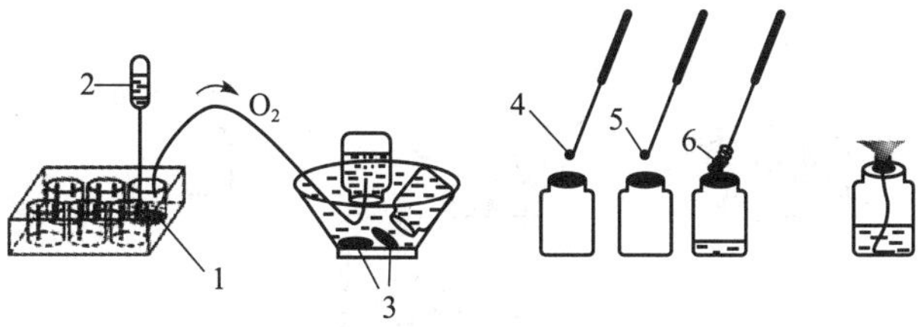


图 2-5-13 $O_2$ 的制取与性质

1. 半个绿豆大小的 $MnO_2$；2. 5% $H_2O_2$；3. 青霉素瓶胶塞；4. 绿豆大硫粉；
5. 半个绿豆大木炭；6. 绕在半支火柴梗上的细铁丝束（纱窗网）

c. 挤压滴管中的 $H_2O_2$，即反应产生 $O_2$，当产生连续的气泡时，收集 $O_2$ 至满后摁到反转的胶塞上即收集好 $O_2$。

d. 检验 $O_2$ 的性质时，将点燃的硫和烧红的木炭伸入瓶内，即可观察到硫燃烧时蓝紫色的明亮火焰和木炭燃烧时的剧烈燃烧现象，同时燃烧木炭后使澄清石灰水变浑浊；而铁丝的燃烧则需要注意火柴梗必须是火焰恰好烧尽时还处于烧红状态伸入瓶内，就可以观察到铁丝燃烧时火星四射的现象。

**【案例 3】 电解水的实验**

（1）实验装置如图 2-5-14 所示。

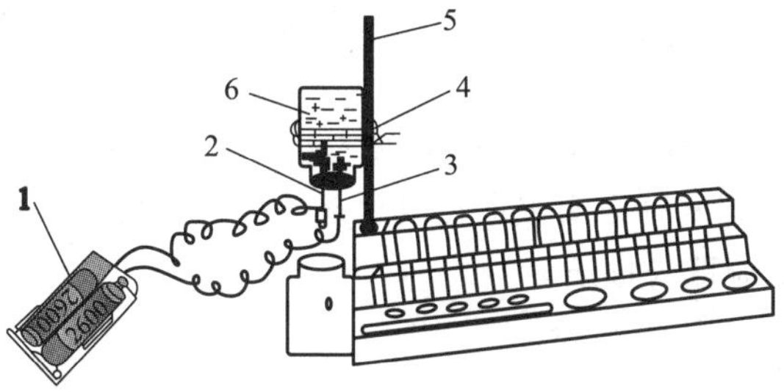


图 2-5-14 电解水的实验

1. 5 号两节电池盒与电池；2. 注射器针头；3. 大头针或细铜丝；4. 网线细电缆线环绕固定；
5. 铅笔杆；6. 10% $H_2SO_4$ 溶液

（2）实验操作步骤：

a. 10% $H_2SO_4$ 溶液装满青霉素瓶，将带导线的针头和大头针（或细铜线）刺入青霉素瓶的胶塞上。

b. 将青霉素瓶倒置，用细电缆线环绕固定在滴管架的笔杆上。

c. 将大头针端导线连接在电池盒的正极，针头端导线连接在电池盒的负极，通电后即可观察到电解电极上产生大量的气泡，并不时有水从针头端滴出，用空的青霉素瓶接滴出的水滴。

d. 当收集至 1/3～1/2 气体时，断开电源，取下瓶子用燃着的火柴检验气体，听到尖锐的爆鸣声。

**【案例 4】 $H_2$ 的制取与性质**

（1）实验装置如图 2-5-15 所示。

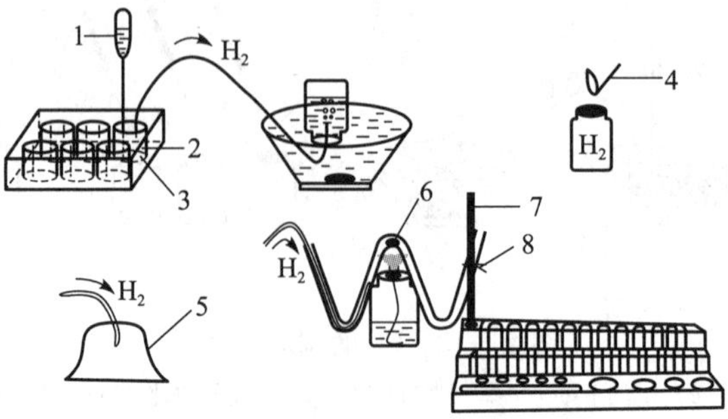


图 2-5-15 $H_2$ 的制取与性质

1. 4mol·$L^{-1}$ HCl；2. 2～3 滴 $CuSO_4$ 溶液；3. 锌粒；4. 燃着的火柴；5. 果冻盒；6. CuO 粉末；7. 铅笔杆；8. 细电缆线

（2）实验操作步骤：

a. 取两粒锌粒或锌片置于 6 孔井穴板中，滴 2～3 滴 $CuSO_4$ 溶液，毛细滴管取 4mol·$L^{-1}$ HCl 连接如图 2-15-15 所示的气体发生装置。

b. 反应产生的 $H_2$ 用排水法收集，当用点燃的木条点燃，可以听见轻微的爆鸣声和瞬间蓝色火焰。

c. 把橡皮胶管从果冻盒顶端的小孔插入，收集 1min 左右，拔出胶管并用拇指堵住小孔，之后用点燃的木条靠近小孔，移开拇指即可听见尖锐的爆鸣声，同时果冻盒也被迅速掀起。

d. 把橡皮胶管伸入如图 2-5-15 中的 W 形管，通入 $H_2$ 一段时间后，用微型酒精灯加热氧化铜粉末，可观察到粉末由黑色变成红色，同时管内有水珠生成。

**【案例 5】 $CO_2$ 的制取与性质**

（1）实验装置如图 2-5-16 所示。

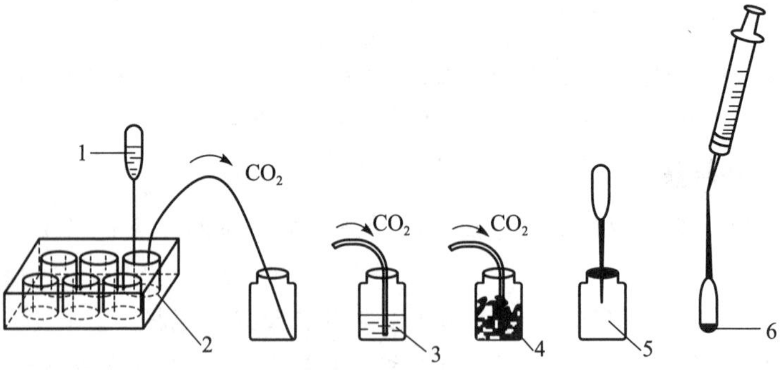


图 2-5-16 $CO_2$ 的制取与性质

1. 4mol·$L^{-1}$ HCl；2. $CaCO_3$；3. 澄清石灰水；4. 湿润的绿色纸片和紫色石蕊纸片；5. $CO_2$ 气体；6. 水

（2）实验操作步骤：

a. 取 2～3 块石灰石（$CaCO_3$）置于 6 孔井穴板中，如图连接可制取 $CO_2$ 气体。

b. 将 $CO_2$ 通入澄清石灰水和湿润的紫色石蕊纸片中，可观察变浑浊和紫色石蕊纸片变红色并点缀在绿叶中。

c. 用空干燥多用滴管吸取 $CO_2$ 气体，用手指堵住管口并用注射器将水注入多用滴管中，堵住管口振荡，可观察到滴管变瘪的现象。

**【案例6】** CO的制取与性质

（1）实验装置如图2-5-17所示。

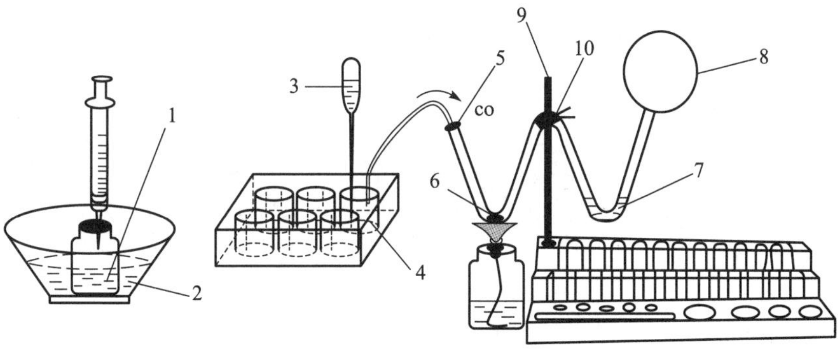


图2-5-17　CO的制取与性质

1. HCOOH；2. 热水；3. 浓 $H_2SO_4$；4. HCOOH（热水浴）；5. 软木塞（或泡沫塞）；6. CuO粉末；7. 澄清石灰水；8. 气球；9. 铅笔杆；10. 细电缆线

（2）实验操作步骤：

a. 取5mL甲酸置于青霉素瓶中在90℃水中进行热水浴加热，之后用注射器取出热水浴的甲酸置于井穴中，用多用滴管取浓 $H_2SO_4$，连接如图2-5-17中的液-液气体发生装置。

b. 将产生的气体导入W形管中1min，用微型酒精灯加热即可观察到有红色粉末产生，澄清石灰水变浑浊，W形管末端连接气球收集尾气。

## 5.3.2　部分高中微型化学实验的设计研究案例

注释：资料来源于香港浸会大学化学系“微型化学实验专业性研究发展项目”：http://micschem.hkbu.edu.hk/香港浸会大学 HONG KONG BAPTIST UNIVERSITY

**【案例1】** $SO_2$ 的制备与性质

1. 前言

二氧化硫（$SO_2$）是一种常见的工业漂白试剂。其展现的漂白性质是由于还原作用。它能够漂白毛、丝、纸张和其他天然纤维，也可以用于漂白木浆。因为这些处理过的材料在空气中会被缓慢地还原，所以就出现了旧报纸变黄的现象。

$SO_2$ 是具有令人窒息性气味的酸性气体。它存在于火山气体中，是构成地下热泉水的化合物之一。大量的 $SO_2$ 产生于工业制造中，且被用作漂白剂、还原试剂和食物防腐剂。$SO_2$ 为三氧化硫（$SO_3$）的前身，而三氧化硫是制备 $H_2SO_4$ 的原料。当含硫燃料燃烧时便产生了 $SO_2$。在大气中，它能够与水蒸气形成酸雨的主要成分——$H_2SO_4$。

本实验是在密闭的塑料容器中用 $Na_2SO_3$ 与 HCl 反应制备 $SO_2$ 气体。然后，制备

的 $SO_2$ 气体与不同陪替氏培养皿中的试剂反应。从而可以观察到多种化学变化。通过这个实验，我们可以了解 $SO_2$ 的性质。

酸性的 $SO_2$ 气体会改变 pH 试纸的颜色。在 $SO_2$ 存在时，混合的碘化物和碘酸盐离子将随着碘的释放而变成棕色。此反应能够通过使饱和的淀粉溶液变成深蓝色或黑色来验证。如果有充足的 $SO_2$，会产生过量的酸，会使 $KMnO_4$ 溶液退色。

然而，如果 $SO_2$ 较少量，只能产生少量的酸时，就会产生棕色的氧化锰（Ⅳ）。另外，$SO_2$ 的存在会使稀释的甲基蓝溶液褪色：

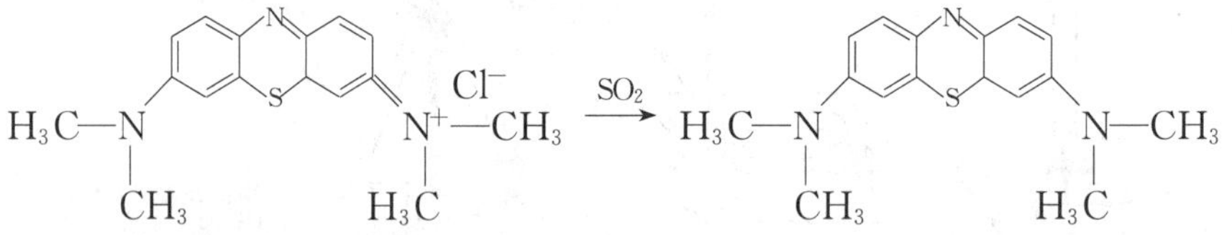


2. 实验步骤

陪替氏培养皿的准备。

（1）将反应器皿放在陪替氏培养皿的中央。

（2）将一片湿润的 pH 试纸放在陪替氏培养皿内（图 2-5-18）。

（3）滴加两滴氨水溶液在陪替氏培养皿的底部，用盖子盖上培养皿（图 2-5-19）。

（4）等待 pH 试纸变色。

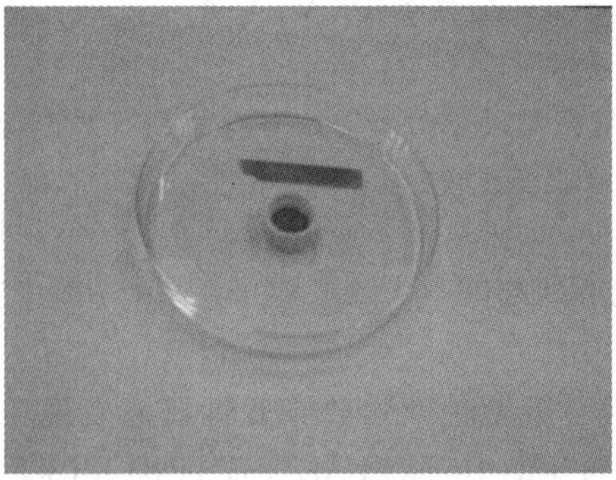

图 2-5-18　滴加氨水溶液前状况

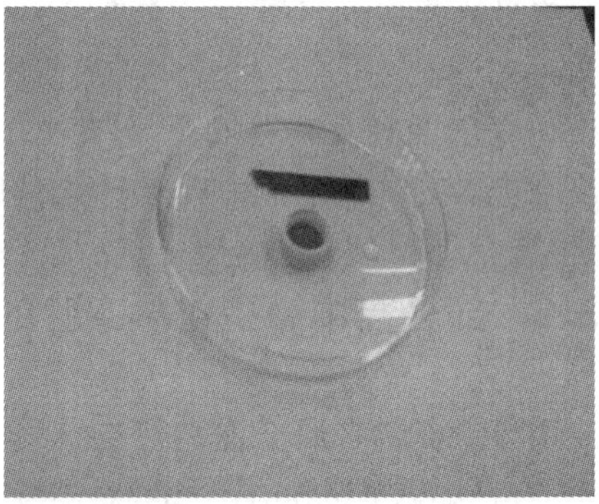

图 2-5-19　滴加氨水溶液后状况

（5）揭开盖子，用棉纸擦拭氨水溶液。

（6）依照图 2-5-20 所示滴加三种检验溶液（检验溶液Ⅰ、Ⅱ和Ⅲ）。

（7）然后，在反应器皿中加入少量 $Na_2SO_3$ 粉末，紧接着加入几滴 HCl，立即盖上盖子；

（8）记录接下来 15min 的现象（图 2-5-21）。

（9）揭开盖子加两滴饱和的淀粉指示溶液至碘化物/碘酸盐混合溶液中，验证碘的存在（图 2-5-22）。

注释：在反应容器与陪替氏培养皿的盖子之间需要有缝隙以保证 $SO_2$ 能够自由释放。

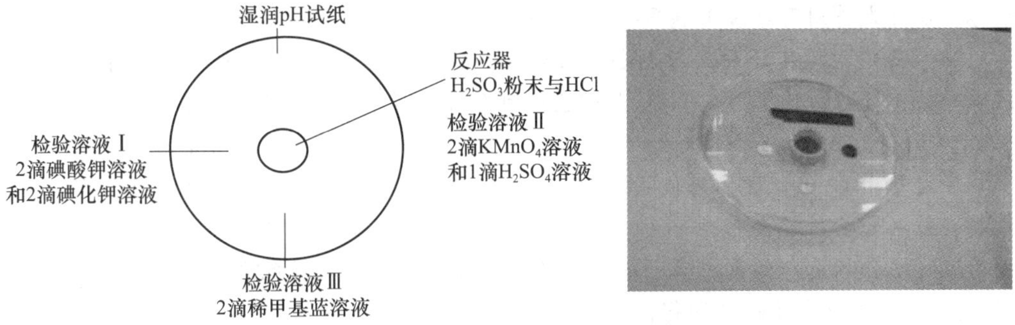


图 2-5-20　三种检验溶液已加进陪替氏培养皿内

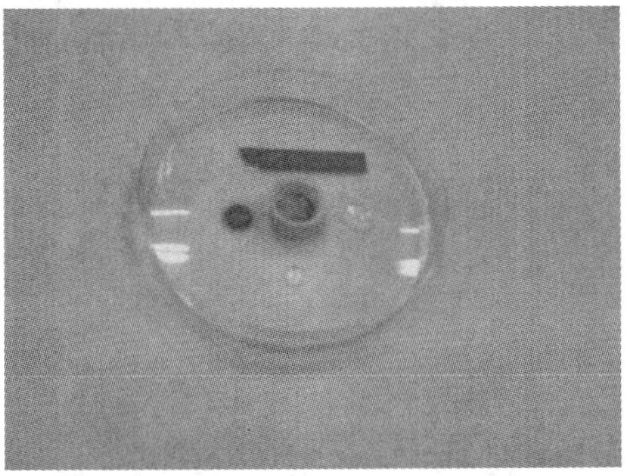

图 2-5-21　15min 后的检验溶液状况

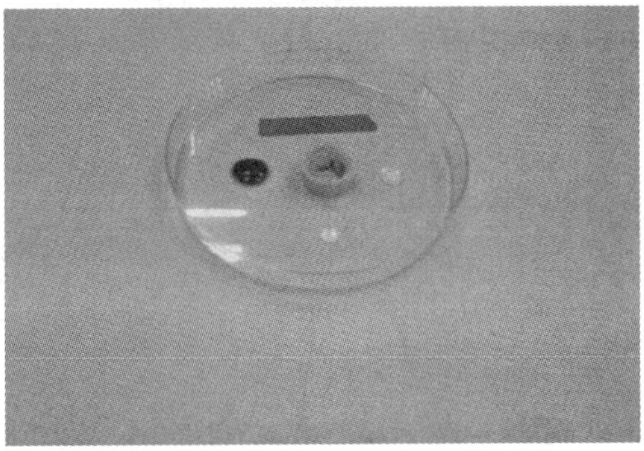

图 2-5-22　两滴饱和的淀粉指示溶液加至碘化物/碘酸盐混合溶液中

3. 结论

| 实验 | 现象 |
| --- | --- |
| 湿润的 pH 试纸 | |
| 检验溶液Ⅰ：<br>（2 滴碘酸钾溶液和 2 滴碘化钾溶液） | |
| 检验溶液Ⅱ：<br>（2 滴 $KMnO_4$ 溶液和 1 滴 $H_2SO_4$ 溶液） | |
| 检验溶液Ⅲ：<br>（2 滴浓度很低的稀甲基蓝溶液） | |

4. 问题

（1）写出 $SO_2$ 气体产生的方程式。

（2）用方程式描述观察到的检验溶液Ⅰ的变化。

（3）从观察到的颜色变化可知，$KMnO_4$ 经历的是什么反应？

（4）你能否记得其他一些解释说明 $SO_2$ 性质的简单的变色反应实验？

（5）解释为什么当 $SO_2$ 漂白剂暴露在空气中漂白作用失效。

**【案例 2】　二氧化氮的制备及其对环境的影响**

1. 前言

本实验研究监测的空气污染物是二氧化氮（$NO_2$）。$NO_2$ 是光化学烟雾形成的一个前体。在日光作用下，$NO_2$ 离解成具有高活性的原子氧。

$NO_2$ 可透过氧化还原反应制备。在浓 $HNO_3$ 氧化铜的过程中产生铜离子，同时浓 $HNO_3$ 被铜还原成为 $NO_2$，$NO_2$ 是棕色带刺激气味的有毒气体。

$$Cu(s) + 4HNO_3(aq) \longrightarrow Cu(NO_3)_2(aq) + 2NO_2(g) + 2H_2O(l)$$

在大气中的 $NO_2$ 气体可使用被动式取样器收集。当 $NO_2$ 与吸收剂混合，形成了偶氮类染料络合物，就会产生一种粉红色溶液。图 2-5-23 为此偶氮类染料的吸收光谱。因为这种络合物是本体系中唯一的显色物质，而且吸亮度与显色成分的浓度呈正比，所以 $NO_2$ 的浓度可由比色法测得。

被动式取样器（图 2-5-24）（由一个小玻璃瓶、一个聚四氟乙烯膜和一个螺旋盖组成）可以容纳一定量的液体吸收剂。气体可以自然扩散到吸收剂中。此装备制作简易，可以同时检测不同地段的采样样品。取样速度通常由厂商提供，也可由实验测定。

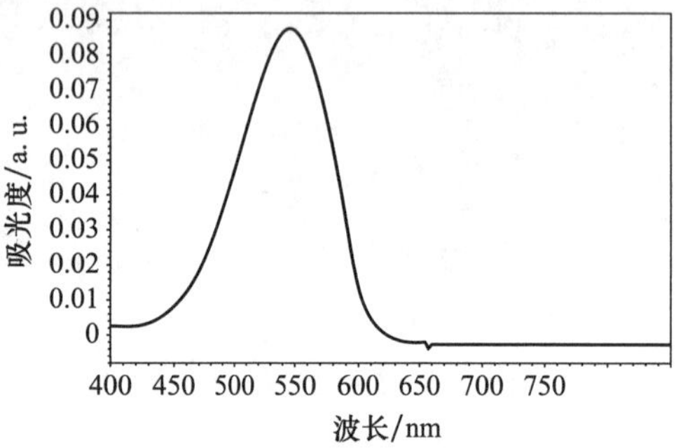


图 2-5-23　偶氮类染料的吸收光谱

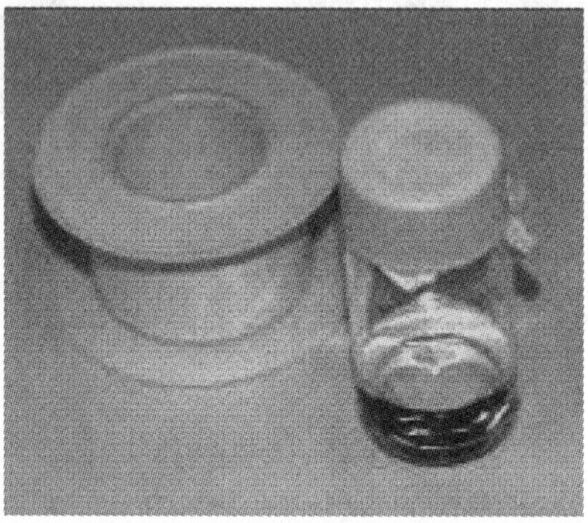

图 2-5-24　被动式取样器

方程式：　$2NO_2(g) + H_2O(l) \longrightarrow HNO_3(aq) + HNO_2(aq)$

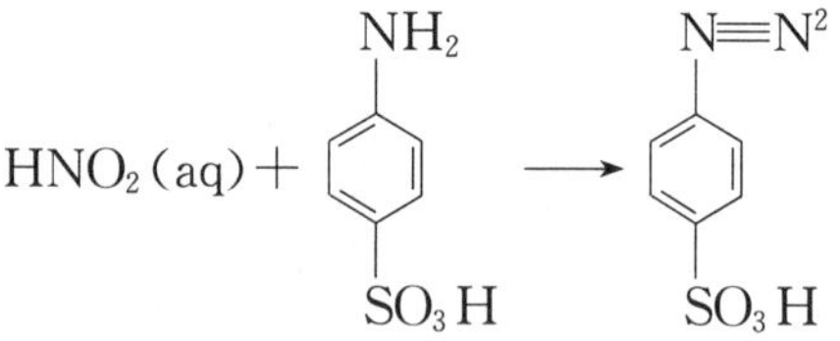

对氨基苯磺酸

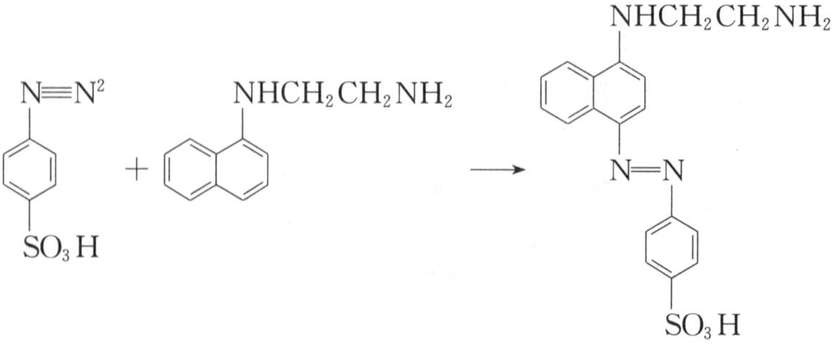

*N*-(1-萘基)乙二胺二盐酸　　偶氮类染料络合物(玫瑰红)

2. 实验步骤

1）$NO_2$ 产生器的制备

按以下表列成分在不同的孔穴位置，加入试剂材料：

| 孔穴位置 | 成份 |
|---|---|
| 1 | 2mL 离子水和 1 滴万用酸碱指示剂 |
| 2 | 1g 铜片 |
| 3 | 2mL 去离子水和 1 滴万用酸碱指示剂 |
| 4 | 2g 泥土样本 |
| 5 | 2mL 去离子水和 1 滴万用酸碱指示剂 |
| 6 | 2g 泥土样本 |
| 7 | 2mL 去离子水和 1 滴万用酸碱指示剂 |
| 8 | 2mL 去离子水和 1 滴万用酸碱指示剂 |
| 9 | 2mL 去离子水和 1 滴万用酸碱指示剂 |
| 10 | 2mL 去离子水和 1 滴万用酸碱指示剂 |

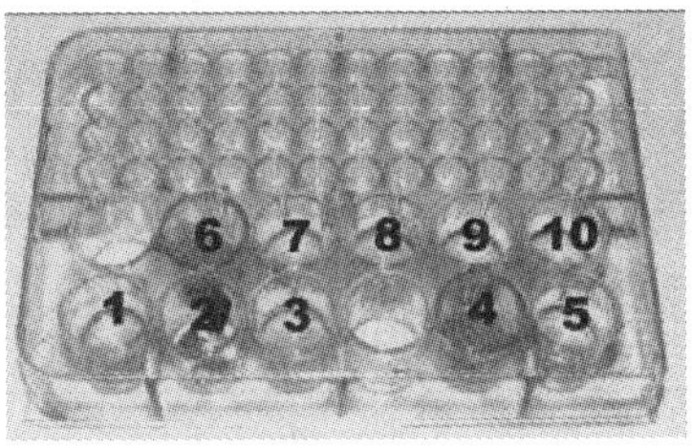


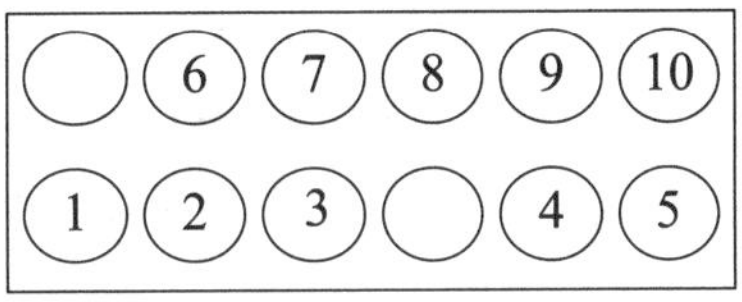


2）取样器的设定

（1）移取 5mL 吸收试剂至取样瓶中。

吸收试剂的配制：溶解 2.5g 对氨基苯磺酸，0.025g *N*-(1-萘基）乙二胺二盐酸盐，5mL 正丙醇，以去离子水定容至 500mL。

（2）将一薄膜牢牢安装于瓶口。

（3）旋转瓶盖，将薄膜固定至合适位置。

（4）将取样器倒转放于孔穴板附近，设定成「近距离取样器」。

（5）重复以上步骤，将另一个取样器放于较远离孔穴板的位置，设定成「远距离取样器」。

(i)　(ii)　(iii)

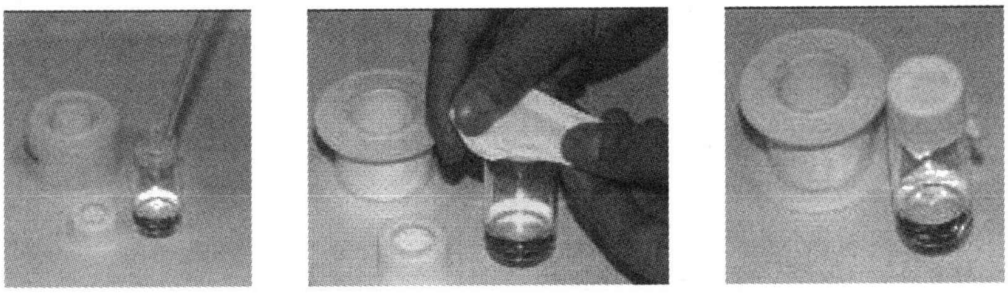

(iv)

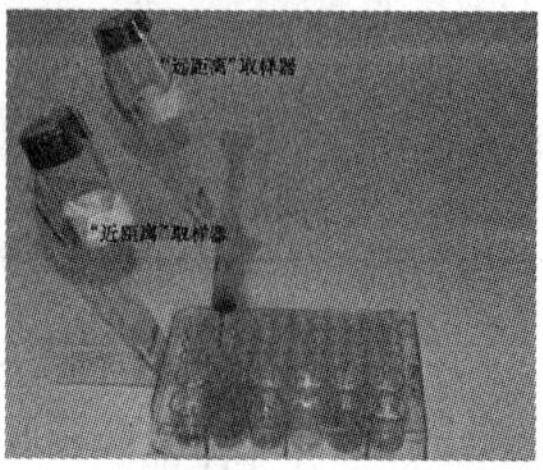


(v)

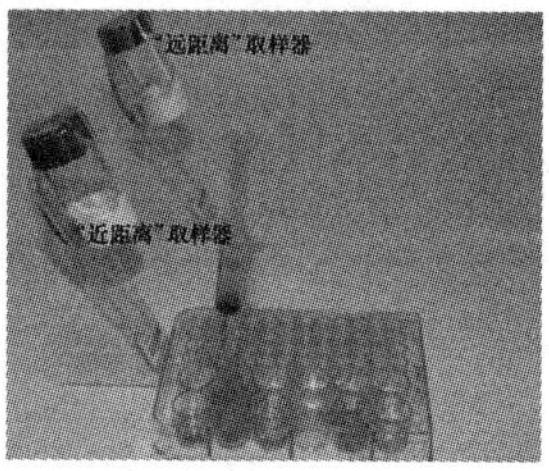


3）$NO_2$ 的制备

将取样器的位置固定后，在注射器中储备足够的 7mol · $L^{-1}$ $HNO_3$ 溶液。在第二个孔穴上加上有出入气孔的蓝盖。将注射器连接在蓝盖的孔洞内，并缓缓将 1mL 的 7mol · $L^{-1}$ $HNO_3$ 溶液注入孔穴内。约 5min 后，观察各孔穴溶液颜色的变化。将两个取样器倒转，用橡胶套取代薄膜的位置。让两个取样器静置 15min。试比较「近距离」和「远距离」取样器内溶液颜色的区别。

泥土分析：

(1) 当 $NO_2$ 气体散发完毕后，将准确称量约 0.5g 污染泥土放置于一样品瓶中，然后加入 30mL 去离子水，萃取吸附在泥土中的 $NO_2$，静置 10min 左右。

(2) 将泥土过滤，并将滤液放置于 50mL 容量瓶中。

(3) 加入 2mL 的显色溶液①于瓶内，并注入足够的去离子水至定容标志。

(4) 依以下表成分用 50mL 容量瓶配制一系列的标准溶液：

| 标准 | 1 | 2 | 3 | 4 | 5 | 6 |
|---|---|---|---|---|---|---|
| 10ppm $NO_2^-$ 的容积量/mL | 0 | 0.2 | 0.4 | 0.6 | 0.8 | 1 |
| 显色液的容积量/mL | 2 | 2 | 2 | 2 | 2 | 2 |

(5) 加入去离子水至定容的标志。

(6) 参比样品可依据以上步骤配备，但不需加入污染泥土。

(7) 溶液显色 15min 后，在约 4.5V 的"校正"电位处，用绿色发光二极管测量待测电位。计算各标准的吸亮度。

比色方法：

$$A = \lg\left(\frac{E_o}{E}\right)$$

式中，$A$=吸亮度；$E_o$=空白溶液的测定电位；$E$=标准溶液的测定电位。

3. 结果

泥土分析：使用泥土样本的质量为________ g。

① 显色溶液：将 800mL 去离子水加进 100mL 85%磷酸和 10g 4-胺基苯硫磺酸酰胺的混合液中。当 4-胺基苯硫磺酸酰胺完全溶解后，再加入 1g *N*-(1-萘基）乙二胺二盐酸盐。充分摇匀溶解后，用去离子水再将溶液稀释至 1000mL。将显色液储存于有色瓶子内并安置在冰箱中，能保持稳定至少一个月。

| 样品 | 说明 | 测得电位（*E*） | 计算得吸亮度 |
|---|---|---|---|
| 1 | 空白 | | |
| 2 | 0.04$\mu$g · mL$^{-1}$ $NO_2^-$ 标准 | | |
| 3 | 0.08$\mu$g · mL$^{-1}$ $NO_2^-$ 标准 | | |
| 4 | 0.12$\mu$g · mL$^{-1}$ $NO_2^-$ 标准 | | |
| 5 | 0.16$\mu$g · mL$^{-1}$ $NO_2^-$ 标准 | | |
| 6 | 0.20$\mu$g · mL$^{-1}$ $NO_2^-$ 标准 | | |
| 7 | 泥土样本 | | |
| 8 | 参比 | | |

4. 数据处理

泥土分析：使用泥土样本的质量为________ g

(1) 绘制吸亮度对［$NaNO_2$］的校准曲线。

$$A = m[NO_2^-] + c$$

式中，$A$ 为吸亮度；［$NO_2^-$］为 $NO_2^-$ 的浓度；$m$ 为斜率；$c$=$y$ 轴一截距。

(2) 由校准曲线计算出样品中 $NO_2^-$ 的浓度（$\mu$g · mL$^{-1}$）。

$$c=(A-A_{参比})/m$$

$c$ 点处即样品中的 $NO_2^-$ 的浓度。

(3) 计算样品中 $NO_2^-$ 的总量（$\mu$g）

$$M = c \times 50\text{mL}$$

(4) 计算泥土样本中亚硝酸盐的含量（$\mu$g · g$^{-1}$）。

$$亚硝酸盐的含量 = M/ 泥土样本的质量$$

5. 问题

(1) 将本实验用以制备 $NO_2$ 的化学方程式列出。

(2) 试解释在实验过程中各孔穴所产生不同颜色的变化。

(3) 为什么「近距离」取样器和「远距离」取样器内，颜色有不同的变化?

(4) 透过这实验，你能否体会水、空气、土壤污染问题的相关性呢?

**【案例3】 认识 $NO_2$ 作为一种空气污染物**（引导性探究实例）

在实验室安全制备 $NO_2$ 气体：

为什么在实验室制备 $NO_2$ 要注意安全事项呢?

______________________________

$NO_2$ 气体是什么颜色呢?

______________________________

如何在实验室制备少量的 $NO_2$? 将相关的平衡化学方程式列出来。

______________________________

______________________________

$NO_2$ 被认为是现代化城市的一种常见空气污染物：

在现代化城市如香港，什么是排放 $NO_2$ 气体主要的源头?

______________________________

排放 $NO_2$ 气体对环境有什么影响？它对我们空气、水源和土壤的质素有什么影响？

模拟受 $NO_2$ 气体污染的生态环境：

在以下活动中，我们能否以稀 $HNO_3$ 去制备 $NO_2$ 气体呢？又能否以锌来代替铜片来作制备 $NO_2$ 的原料呢？

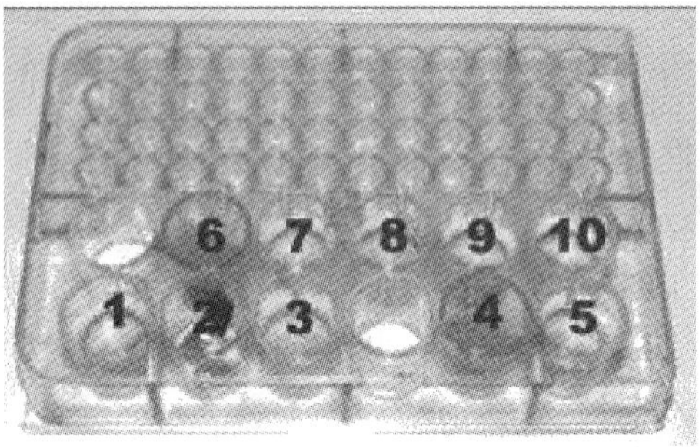


如左图所示，将 2mL 去离子水和 1 滴万用酸碱指示剂加入孔穴 1、3、5、7、8、9 和 10 中。

将数小片铜片放于孔穴 2 中。

又将约 2g 泥土样本，加入孔穴 4 和 6 中。

将数小片的铜片放置于孔穴 2 中用以制备 $NO_2$。

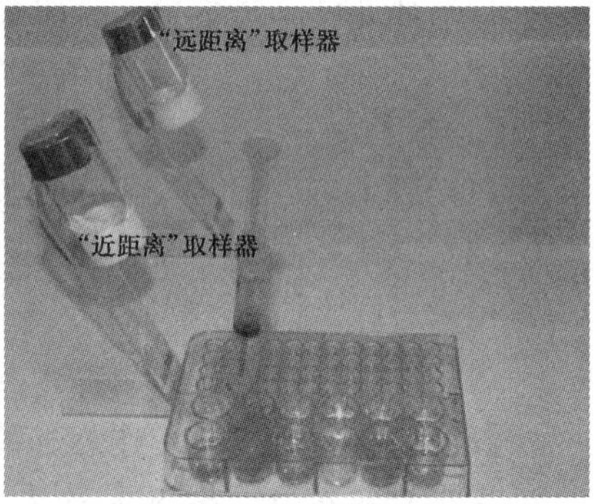


将无色 $NO_2$ 显示溶液加入两个气体取样器中。

以一有进出气孔的盖子覆盖盛有铜片的孔穴。

用注射器缓缓从孔穴盖的进口加入约 1mL 的浓 $HNO_3$ 溶液（$7mol \cdot L^{-1}$）于盛有铜片的孔穴内。

观察并记录加入浓 $HNO_3$ 至盛有铜片的孔穴后，整个实验装置所产生的变化。

为什么不同位置的孔穴内溶液，有不同颜色的变化？

以上观察有什么启示？

______________________________________________

从实验的结果，你有没有注意到 $NO_2$ 的排放使附近空气受到污染？

______________________________________________

我们能否量化大气中的 $NO_2$ 气体的含量？若是可以，有什么方法可以使用呢？

______________________________________________

$NO_2$ 的排放对泥土系统有什么影响呢？

______________________________________________

使用所提供的装置，试建议一简单方法去评估 $NO_2$ 的排放对泥土系统的影响。

______________________________________________

透过这实验，你能否体会并说明水、空气、土壤污染问题的相关性呢？

______________________________________________

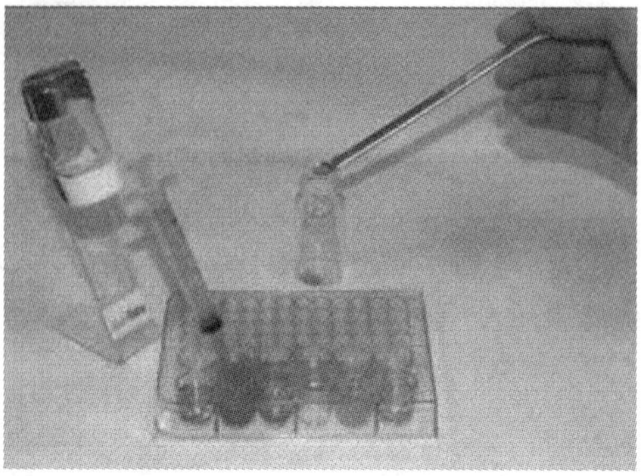

经过 5min 取样时间后，将略带红色的吸收溶液取出。

使用比色法，透过与标准溶液颜色的比较，找出取样器内亚硝酸盐的浓度。

在孔穴 4 或孔穴 6 内取出约 0.5g 泥土，并放置在一样品瓶中。

使用 30mL 去离子水冲洗受污染的泥土。

将泥土过滤，并保存滤液。

将亚硝酸测试液加入滤液中。

泥土中亚硝酸盐的含量可以用比色法检测。

可以使用发光二极管作光源的亮度计检测样品中亚硝酸盐的含量。也可用半量化的方法，与标准溶液的颜色相比较，从而找出样品中亚硝酸盐的含量。

试通过以上实际活动，将得到的新知识罗列出来：

______________________________

你能否引入更多实验的枝节，使以上的活动能有更大的教育性？试试发挥一下你的创意。

______________________________

**【案例 4】 化学电池**（多层次探究实例）

1. 前言

化学电池是将化学能转成电能的装置。理论上，任何氧化还原反应都可构成一化学电池；氧化反应在阴极（负极）进行从而放出电子，电子经外电路而流入阳极（正极），在阳极上发生还原反应。在本实验中，按理论的深浅程度不同，我们将探索一系列的实验活动。

初阶研习：原电池的构形和电池电压的量度

大概来说，原电池是由两个半电池和半电池间的盐桥或多孔装置所组成。每个半电池含有金属电极，（镁片和铜片电极）和电解质（$MgSO_4$ 和 $CuSO_4$ 溶液）（图 2-5-25）。

原电池的电压可使用万用表在外电路中量度，电压与电池的电动势（ε）数值相等。

$$\varepsilon = E_{阴} - E_{阳}$$

在这实验中，我们将量度并比较几组由不同之半电池组成的电池的电压数值。

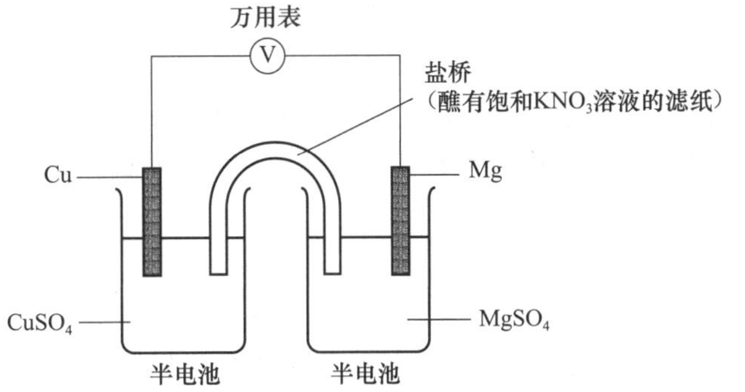


图 2-5-25

中阶研习：燃料电池

燃料电池是一种电化学装置，透过 $H_2$ 和 $O_2$ 结合而产生电能，而热能和水是该电池运作的副产物。由于燃料是经过电化学过程而非燃烧过程而释放能量，这是一个平静、干净和高效率的过程，是直接燃烧效率的两三倍以上。

在这实验中，$H_2$ 和 $O_2$ 首先由电解饱和 $K_2SO_4$ 溶液的两极产生，然后将电池换上一发光二极管，而燃料电池所产生的电能可以点亮发光二极管。

高阶研习：改变电解质的浓度对电位的影响

在 298K 的温度下，对于由 $Cu/Cu^{2+}$ 和 $Zn/Zn^{2+}$ 两个半电池所组成的化学电池，电池的电压值可由能斯特方程式决定：

$$\varepsilon = \varepsilon^{\theta} - \frac{0.0592}{2}\lg\frac{[Zn^{2+}]}{[Cu^{2+}]}$$

其中 $\varepsilon^{\theta}$ 是标准电池的电压值。

当加入配位剂（如氨水）或沉淀剂（如 $CO_3^{2-}$）于 $Cu/Cu^{2+}$ 的半电池中时，会导致铜离子浓度因而减少会导致 $E_{Cu/Cu_2^+}$（$E_{阳}$）随之减少；结果是原电池的电压也降低。另外，如外在因素使锌离子浓度减少，$E_{Zn/Zn^{2+}}$（$E_{阴}$）也随之减少，结果是原电池的电压会增加。

2. 实验步骤

初阶研习：原电池的构形和电池电位的量度

（1）将 3mL 0.5mol·$L^{-1}$ $CuSO_4$、$FeSO_4$、$ZnSO_4$ 和 $Pb(NO_3)_2$ 的溶液分别放置入孔穴板 1、2、4、5 的位置中。再将相应的金属片（即铜、铁、锌和铅片）放入各溶液中以组成四个不同的半电池。

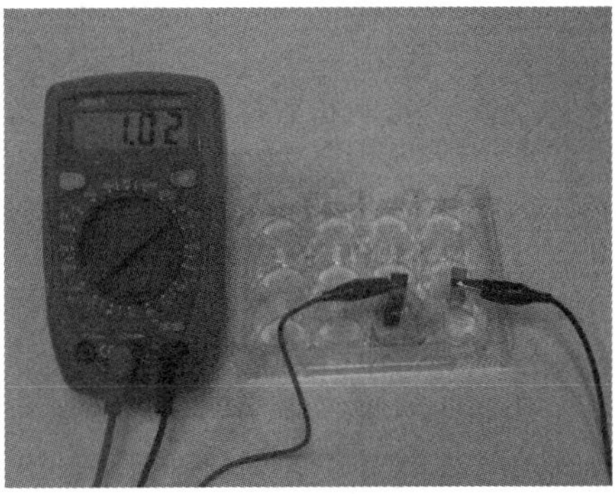

（2）用一条醮有饱和 $KNO_3$ 溶液的滤纸充当盐桥连接孔穴板孔 1 和 2，以建立一个原电池。同时，用万用表将板孔内的两电电极接连上，记录电池的电位和电流的流向，从而决定阴极和阳极的位置。

（3）重复步骤（2），将不同半电池按次序连上而组成不同组合的原电池，每次需以新的含 $KNO_3$ 溶液滤纸条作盐桥。按此方法能建立多少个电位不同的原电池？

(4) 找出哪个原电池组合的电压最大，那个组合的电压最小。将相关的每个原电池以简单图表列出其组成；也将每个电池的半反应和全反应列出。并分析比较每组电池的电位数值。

中阶研习：燃料电池

(1) 将 2mL 的饱和 $K_2SO_4$ 溶液放置于孔穴板其中一孔穴中。

(2) 用橡胶套将两条直径为 8mm 长度为 50mm 的玻璃管的一端套上，然后分别穿过橡胶套插入石墨棒。

(3) 先用饱和 $K_2SO_4$ 溶液注满两枝玻璃管，然后倒插入盛有饱和 $K_2SO_4$ 溶液的孔穴中。

(4) 将两个石墨棒终端与一个 9V 电池相连，并进行约 1min 的电解，然后分辨两极所产生的气体。

(5) 拆除电池的连接，先将产生 $H_2$ 的电极与发光二极管的负极接上，后将产生氧气的电极与发光二极管的正极接驳。完成接驳后，小心观察发光二极管的变化(图 2-5-26)。

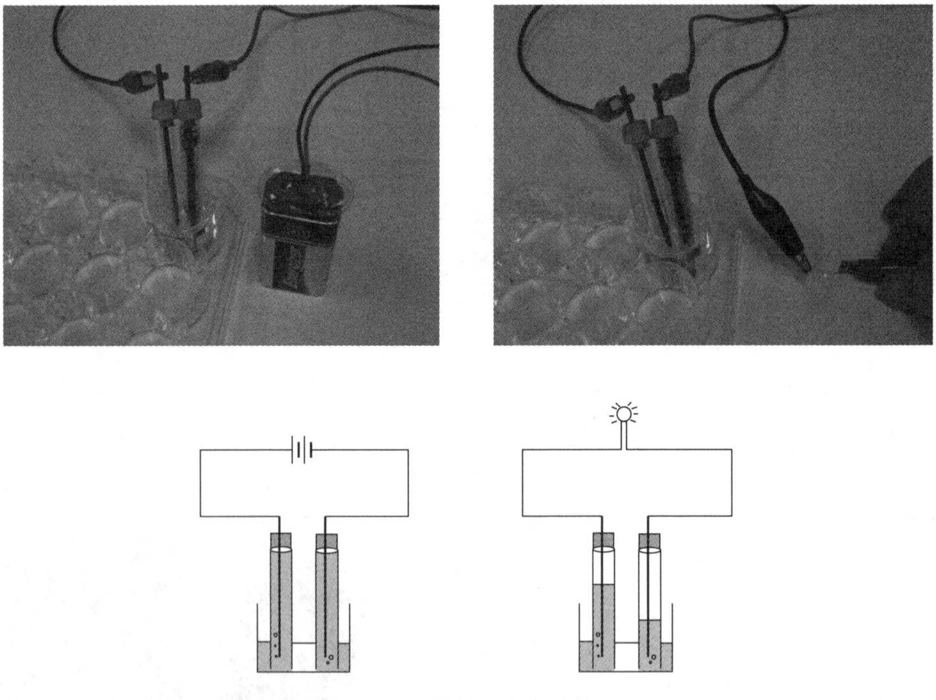

图 2-5-26　燃料电池实验装置

高阶研习：改变电解质的浓度对电位的影响

(1) 如图 2-5-27 所示，用串联方式将两个铜/锌组成的原电池连接起来，再按阴阳极接上一个发光二极管。

(2) 将 6mol · $L^{-1}$ 的氨水（或 $Na_2CO_3$ 溶液）逐滴加入搅动中的 $CuSO_4$ 溶液内（孔穴 2 或 6），并观察发光二极管随之所产生的变化。

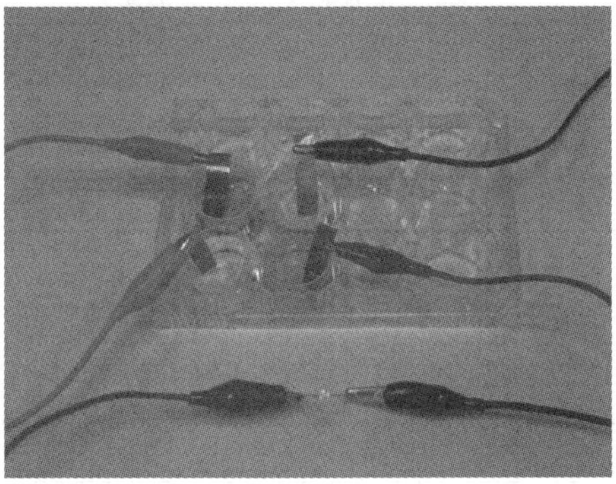

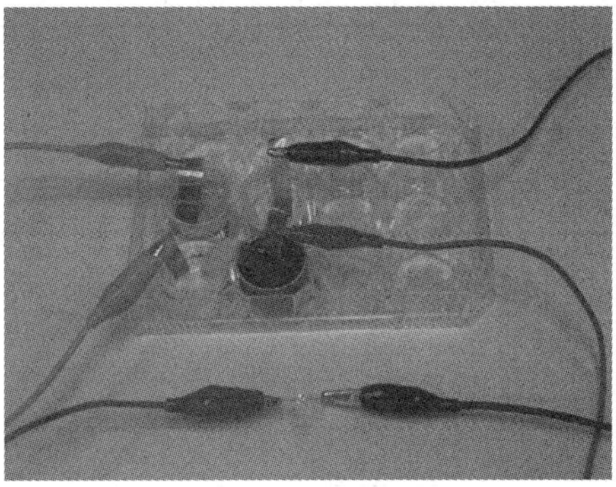

(3) 又将 6mol · $L^{-1}$ 的氨水（或 $Na_2CO_3$ 溶液）逐滴加入搅动中的 $ZnSO_4$ 溶液内（孔穴 1 或 5），并观察发光二极管随之所产生的变化。

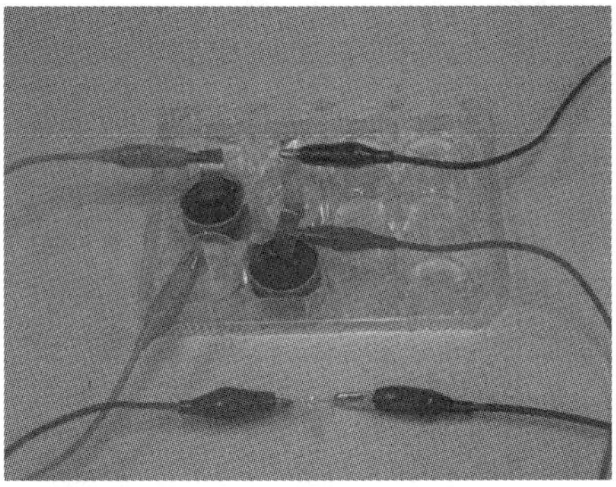

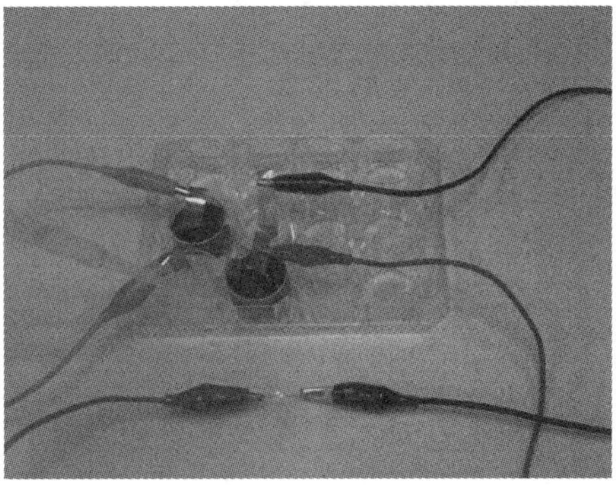

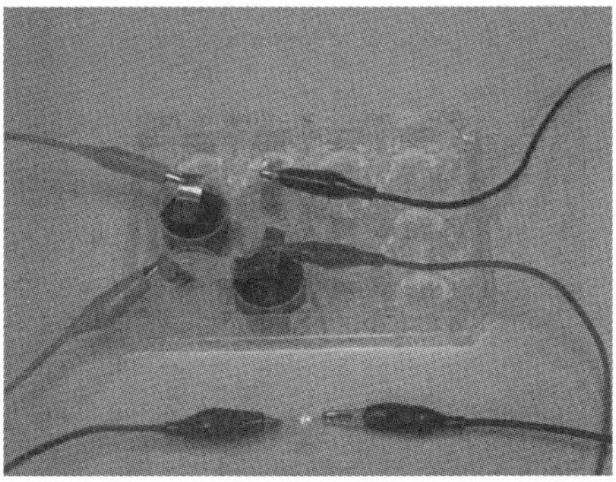

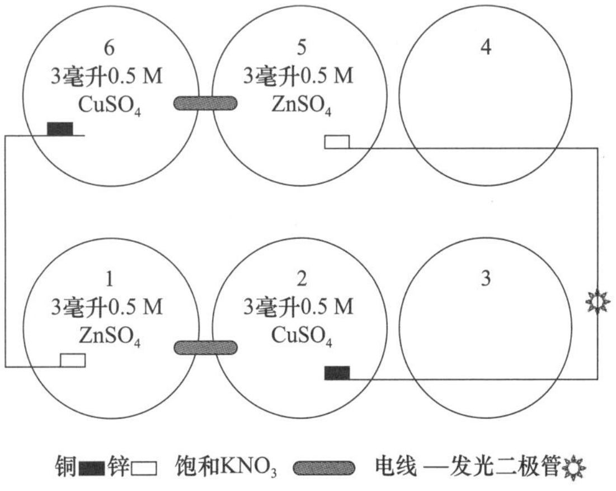


图 2-5-27　电解质浓度对电位的影响实验装置示意图

3. 结果

初阶研习：原电池的构形和电池电压的量度

| | 半电池 A | 半电池 B | 电压 | 阳极 | 阴极 |
|---|---|---|---|---|---|
| 1 | | | | | |
| 2 | | | | | |
| 3 | | | | | |
| 4 | | | | | |
| 5 | | | | | |
| 6 | | | | | |

(1) 最大电压的原电池是________________

阳极的半反应：________________

阴极的半反应：________________

全反应：________________

(2) 最小电压的原电池是________________

阳极的半反应：________________

阴极的半反应：________________

全反应：________________

中阶研习：燃料电池

在电解饱和 $KNO_3$ 溶液实验中，

(1) 在正极所产生的气体是________________

相关的半方程式：________________

(2) 在负极所产生的气体是________________

相关的半方程式：________________

当两气体电极与发光二极管连接后：发生什么变化？

________________

高阶研习：改变电解质的浓度对电压的影响

(1) 将 $6mol \cdot L^{-1}$ 氨水（或 $Na_2CO_3$ 溶液）逐滴加入 $CuSO_4$ 溶液中，观察：________________

(2) 将 $6mol \cdot L^{-1}$ 氨水（或 $Na_2CO_3$ 溶液）逐滴加入 $ZnSO_4$ 溶液中，观察：________________

(3) 试解释以上的观察。

________________

________________

________________

## 参考文献

香港浸会大学化学系. 微型化学实验专业性研究发展项目. http://micschem.hkbu.edu.hk/[2014-7-25].

黄璨. 化学新课程中微型实验探究活动的设计（新课程实施指导丛书）[M]. 北京：化学工业出版社，2005.

林群. 美国化学实验教学改革——微型实验简介 [J]. 化学教育，1994 (10)
刘强，王磊. 美国中学化学教材中的微型实验 [J]. 化学教学，2003 (11)
石郦，初中新课程微型化学实验的设计研究 [J]. 化学教育，2010 (6)
王磊. 中学化学实验及教学研究（国家精品课程系列教材） [M]. 北京：北京师范大学出版社，2009.
肖长磊，钱扬义. 中学化学实验教学论（大学化学实验系列教材） [M]. 北京：化学工业出版社，2007.
周宁怀. 浅谈第四届国际微型化学研讨会 [J]. 内蒙古民族大学学报，2009 (4)
周宁怀. 微型化学实验 [M]. 北京：科学出版社，2001.

# 专题 6 中学化学实验研究与创新

## 6.1 中学化学实验研究与创新概述

实验是中学化学教学的基础，是中学化学教材的重要组成部分。中学化学教材中部分实验在设计上存在一些不足，不利于教师在教学中较好的利用和完成实验，例如：部分实验装置材料的搭配欠佳，操作复杂，实验现象不明显或成功率不高；有些实验的内容、方法、技巧手段较为陈旧，实验现象不够直观鲜明，实验对环境存在污染，在安全性和环保性上还不能达到要求；缺乏各学科之间的相互渗透，不能体现化学的社会化，不能满足当今高科技发展的需要。面对上述的问题，需要对现行教材中实验内容进行改进与增补，目的是更好地发挥实验在化学教学中的作用，有效提高中学化学教学的质量。

### 6.1.1 化学实验创新的内涵与价值

"创新"是多种思维和能力的展示和综合，是多重实践的叠加和智慧的结晶。基础教育中的"创新"是指在学习人类已有知识的同时，模拟其发现过程，并进行科学研究方法和科学态度的教育。基础教育中的创新能力，是指学生的一种自我发现和自我超越能力，是学生群体对自然规律及学科研究方法进行学习和探索的一种综合能力。教师应根据学生的不同学习阶段、心理层次和思维水平，以及他们所面对的知识、事实、问题，采用不同教学设计，逐步培养和完善这种才能。

创新能力包括对各类知识的认知能力，分析和解决问题的构思能力，寻找掌握知识、解决问题方法的新颖、奇特的应对能力以及独创的实践能力。通过创新能力的培养，使学生学会灵活运用事实知识（what）、原理知识（why）、技能知识（how）。

从教学角度考察，中学化学创新实验（以下简称化学创新实验）可从两方面予以界定：一是实验本身的创新，主要包括在实验的反应条件、实验装置、实验方案的设计、实验辅助手段等方面的创新，另外新的实验理念的应用和新的实验研究角度的挖掘也是创新实验的特征所在；二是在实验教学上的创新，主要体现在实验教学的设计和实验教学的实施等方面①。

研究化学创新实验，有利于促进教师专业化的发展。教师在开发中学创新实验的同时，也是对教学内容的深入研究和完善。同时也培养了教师的创新思维，有利于打破传统实验教学中的弊端。以往的实验教学中，教师总是按照已有的实验现象来做实验，即

---

① 王祖浩，王程杰. 中学化学创新实验 [M]. 南宁：广西教育出版社，2007：15-16，38，16-20.

使出现了异常的现象也不会多加解释，而是敷衍了事，很少会做出科学解释。而对化学创新实验的研究则有助于解决这一问题，有利于促进教师专业知识的完善及教师专业化的发展。

化学创新实验的应用，有助于激发学生的潜能，培养创新意识和创新能力，同时帮助学生掌握科学的研究方法、培养严谨的科学态度。增强学生学习化学的兴趣，树立科学的世界观，创新实验中无论是演示实验还是学生实验，它的新颖性决定了它对学生学习化学的兴趣有极大的促进作用。创新实验中关注的与生活有关的化学问题都能使学生关注更多事物变化的本质过程，这促进了学生辩证唯物主义观念的培养。

### 6.1.2　我国化学实验研究的分类

根据相关文献统计的化学实验研究内容进行分类，主要可分为七大类①，它们分别是实验装置改进、实验装置新设计、反应原理或反应机理探究、反应条件探究、实验方法改进或创新、理论质疑和验证以及实验新设计。也可将以上分类视为两大类型的研究，一类为实验的显性因素研究，另一类为实验的隐性因素研究。显性因素与化学实验的实物对象相关联，实验装置改进、实验装置新设计以及反应条件的探究均属显性因素的研究。隐性因素则指与化学实验相关的抽象条件，反应原理或反应机理、方法改进或创新、理论质疑或验证、实验新设计等均属隐性因素的研究。

#### 1. 实验装置改进

实验装置的改进是指在原有实验装置的基础上进行部分或整体的改造以达到理想的实验效果，它是化学实验研究的传统内容，很多教师将其作为实验改进的突破口。例如，氯水分解演示实验的改进、铁与水反应的实验设计研究、苯与溴反应的实验装置改进等。

**【案例1】　氯水分解演示实验的改进**

刘积福　河北省承德县第一中学

1. 制取氯水（图 2-6-1）

选一个 500mL 烧瓶，取一定量的蒸馏水，把烧瓶倾斜一定的角度，恰好使水面的位置如图 2-6-1 所示，这样能使 $Cl_2$ 被充分吸收。

2. 氯水分解实验

把新制氯水转移到 250mL 的平底烧瓶中，按照图 2-6-2 所示的装置将各种仪器连接好（长颈漏斗中加少量的水作液封），并放在强光下照射，可观察到有小气泡上升，照射约半天时间，便可收集到一定量的气体，并观察到氯水的颜色明显变浅。

然后把带火星的木条放在 3 处，打开活塞，发现木条复燃，证明氯水分解生成 $O_2$，且氯水褪色，为以后用化学平衡的原理解释氯水褪色埋下了伏笔。

---

① 孙丹儿. 中学化学实验研究现状探析［J］. 化学教学，2009，(3)：10-12.

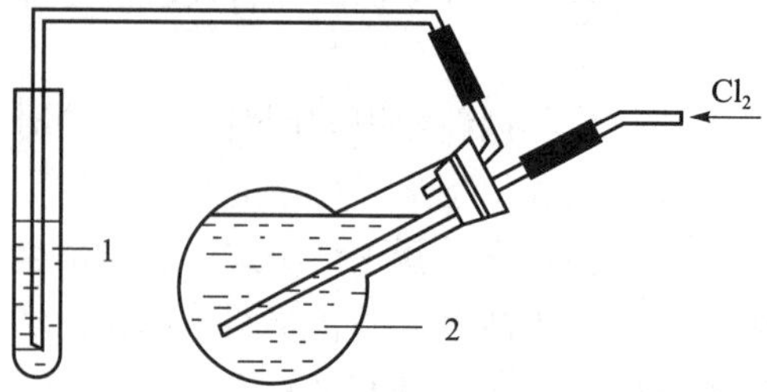

图 2-6-1　氯水的制取
1. NaOH 溶液；2. 蒸馏水

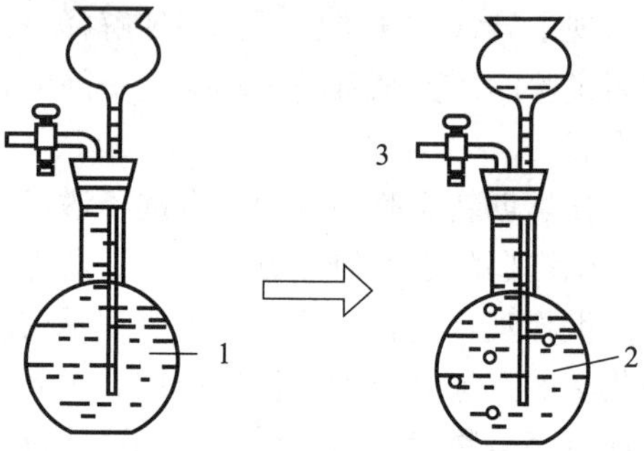

图 2-6-2　氯水光照分解
1. 新制氯水；2. 光照后的氯水

3. 注意事项

(1) 制取氯水后，多余的 $Cl_2$ 和反应混合物要用碱液处理后再排放。

(2) 在检验 $O_2$ 的实验中，有时会由于排气管中有少量水而把带火星的木条熄灭，故要待水排出后快速移近木条于 3 处。

(3) 光照后的氯水能用作浓 HCl 的稀释液，可节约药品。

## 2. 实验装置新设计

实验装置新设计是指对实验装置实现从无到有的设计。与实验装置改进相比，实验装置新设计对实验研究水平具有更高的要求，需要从设计上寻求更具创新意义的方法。例如“$CO_2$ 密度比空气密度大演示仪”、“一套值得推广的多功能微型类化学实验仪器”、“从溶剂中快速回收样品的简易多用装置”、“火焰位置可转换的气体燃烧演示器的制作和使用”等这些文章所介绍的实验装置均为创新实验仪器或装置。

**【案例 2】 $CO_2$ 密度比空气密度大演示仪**

陈少康　珠海市二中

制作：两个塑料杯用棉线系好作容器，把两个塑料袋截取下段 5cm 高，用双面胶把它们倒扣贴在塑料杯底作上下摆动减速用。取金属片按图 2-6-3 所示的两虚线位折成“凵”形，在中间打 3 个孔，左右两边孔用于穿上铁线挂到铁架台的铁圈上，中孔用于穿过棉线缠着玻璃管的中点挂起，使之在金属片狭槽里只可上下摆动而不能作平面摆动，管的两端各包上一层长 5cm 的纱布，然后把制作的两个容器挂上玻璃管的两端纱布位置，调整位置使之平衡成水平状，最后把挂容器的线绕两圈作为固定位置即可（图 2-6-4）。

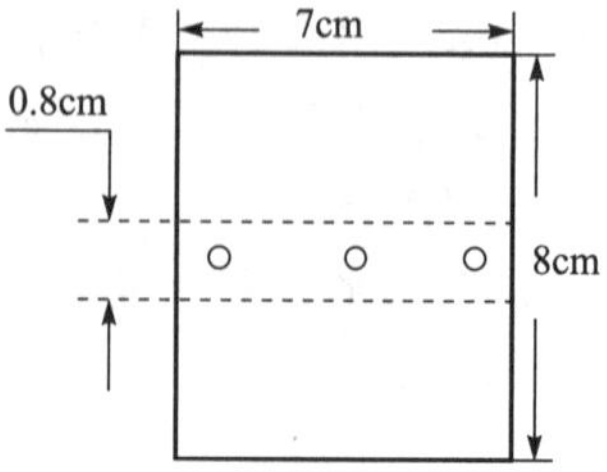

图 2-6-3

这样制作的仪器能保持较高的灵敏度（感量为 50mg），而受风吹影响相对于课本上的仪器却大大减小，只要不是太大的风吹都可以使用，在教室里使用能令人满意。演示实验时当向左边容器倾入 1 瓶 125mL $CO_2$ 时，即时能向下降低一段距离，玻璃棒倾斜超过 30°，现象十分显著。

### 3. 反应原理或机理探究

反应原理的探究是指针对化学实验的“异常”现象或疑难问题，通过探究实验相关的化学反应原理，使得实验“异常”现象或疑难问题得到合理解释的研究过程。这是化学实验研究中常用于解决化学疑难问题的途径之一，反应原理的研究能够为化学问题的解决提供更高层次的理论指导，有助于提高实验研究的整体水平。例如，对$KClO_3$热分解实验的研究、对$Na_2CO_3$、$NaHCO_3$与稀HCl反应实验的认识、品红溶液异常褪色现象引发的探究等实验研究均通过不同的方法对实验现象背后隐含的原理进行了挖掘和论证。

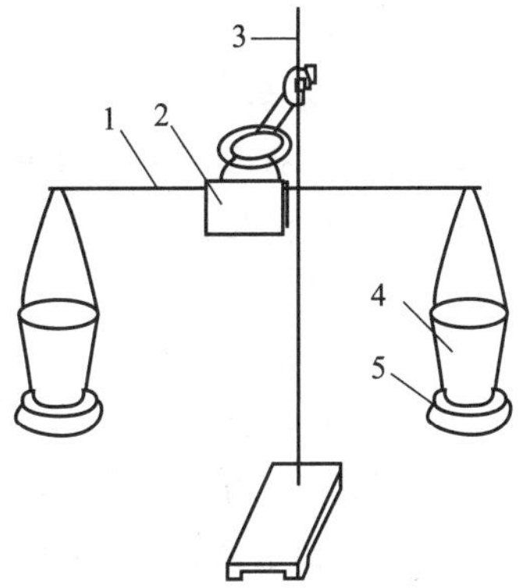


图2-6-4 $CO_2$密度比空气密度大演示仪

1. 玻璃管（两端包纱布）；2. 金属片折成的狭槽；3. 铁架台连铁圈；4. 塑料杯；5. 塑料薄膜伞

**【案例3】 品红溶液异常褪色现象引发的探究**

李光珍 萍乡市芦溪中学

1. 问题的产生

$SO_2$使品红溶液褪色的实验，课本上用$H_2SO_4$和$Na_2SO_3$反应产生的$SO_2$通入品红溶液中，使粉红色品红溶液褪色。发现$SO_2$通入品红溶液中往往需要数分钟才能使溶液颜色褪尽。有学生提出该实验是否改为在品红溶液中先后加入$Na_2SO_3$粉末和稀$H_2SO_4$，认为这样可从品红溶液中直接产生，从而加快溶液褪色速度，且又简化实验装置和操作，还能大大减少$SO_2$对空气的污染。但当在品红溶液中加入少量$Na_2SO_3$粉末，还没加入稀$H_2SO_4$时，发现品红溶液已迅速褪色了，比$SO_2$通入品红溶液褪色快得多。为什么品红溶液中加入$Na_2SO_3$粉末会很快褪色？这个问题引发了学生浓厚的兴趣，一致认为该异常现象值得探究。

2. 实验与分析

所用仪器：18mm×200mm试管、胶头滴管、酒精灯、$SO_2$发生装置等。

所用药品：品红溶液、$Na_2SO_3$粉末、无水乙醇、$NaHSO_3$粉末、15% NaOH溶液、$Na_2CO_3$粉末、乙醛溶液、$2mol \cdot L^{-1}$ $H_2SO_4$等。

1）引发出问题的实验$SO_2$

[实验一]：$SO_2$通入品红溶液数分钟后可使品红褪色，对该褪色的品红溶液用酒精灯加热，溶液又变为红色。

[实验二]：少量$Na_2SO_3$粉末加入品红溶液后品红在瞬间褪色，褪色速度比“使品红溶液褪色”快得多，对该褪色的品红溶液用酒精灯加热，溶液还是无色。

从实验二的现象可推测：在实验一中导致品红溶液褪色很可能不是$SO_2$本身直接与品红作用，有可能是$SO_2$与品红溶液中的水反应生成了$H_2SO_3$或$H_2SO_3$电离产生的亚硫酸根（$SO_3^{2-}$）或亚硫酸氢根（$HSO_3^-$）与品红作用的结果。在实验二中除了可能有上述亚硫酸根、亚硫酸氢根离子的作用外，当然也可能有其他使品红褪色的原因，如品红在水解后的碱性条件下是否也会引起褪色呢?

2）设计和验证

我们主要从以下两个方面考虑:

（1）$SO_2$ 使品红溶液褪色是 $SO_2$ 本身直接与品红结合成不稳定的化合物，还是需要有水的参与?

（2）加入 $Na_2SO_3$ 粉末，褪色后的品红溶液是不是与通 $SO_2$ 后褪色的品红溶液具有相同的主要产物及性质?

[实验三]：将少量粉状品红溶解于无水乙醇中（品红浓度约 0.01%），将经过干燥的 $SO_2$ 通入盛于大试管内的品红无水乙醇溶液中。连续通 $SO_2$ 气体 15min，结果发现品红并没有明显褪色，可见 $SO_2$ 使品红褪色应有水的参与。

[实验四]：在 40mL 品红溶液中加入绿豆大小的 $Na_2SO_3$ 粉末，品红溶液较快褪色，将该褪色的品红溶液分为两份，其中一份用酒精灯加热至近沸点，溶液不变色，再趁热逐滴加入稀 $H_2SO_4$，该溶液又变为红色；另一份加入稀 $H_2SO_4$，调至溶液 pH 为 2～3，溶液不变色，对其加热，溶液变为红色。

从上述实验可见，实验一和实验二虽有相同的褪色现象，但其反应是不同的，褪色后的主要产物及性质也有差异，即 $SO_2$ 应是与品红溶液中的水反应生成了 $H_2SO_3$ 才使得品红褪色。但 $Na_2SO_3$ 使品红褪色又另有原因。

3）拓展

从上述实验可知，$Na_2SO_3$ 粉末使品红溶液褪色与 $SO_2$ 使品红溶液褪色的速度及其产物性质有明显差异，那么是不是由于 $Na_2SO_3$ 水解后的碱性条件才导致品红溶液褪色的呢? 如果是碱性条件会导致品红溶液褪色，那么 $Na_2CO_3$ 等也应该会使品红褪色。

[实验五]：在 20mL 品红溶液中加入黄豆大小的 $Na_2CO_3$ 粉末，振荡，品红溶液慢慢变浅，加热至近沸点，红色基本褪去，趁热加入稀 $H_2SO_4$，调至溶液 pH 为 2～3，还是无色。

[实验六] 在 20mL 品红溶液中滴加数毫升 NaOH 溶液，振荡，溶液渐渐褪色。加热后溶液不变色，若趁热滴加 HCl，溶液还是无色。

[实验七]（1）将 $SO_2$ 通入品红的水溶液中，使红色品红溶液变为无色的溶液，该溶液即为希夫试剂，又称品红醛试剂，它遇醛会反应而产生紫红色物质，可用于检测醛。例如，用希夫试剂来区分醛和酮等，在该无色希夫试剂溶液中加入几滴乙醛溶液，溶液出现紫红色。该紫红色明显不同于品红的粉红色。

（2）在 20mL 品红溶液中滴加数毫升 NaOH 溶液，振荡，溶液渐渐褪色。在该无色溶液中也加入几滴乙醛溶液，振荡，溶液仍为无色，没出现紫红色，加酸中和至酸性，还是没出现紫红色。

（3）在 20mL 红溶液中加入绿豆大小的 $Na_2SO_3$ 粉末，品红溶液较快褪色，再加入稀 $H_2SO_4$，调至溶液 pH 约为 2～3，溶液不变色，在该无色溶液中再加入几滴乙醛溶液，溶液出现明显的紫红色。

从上述实验可见，不仅 $SO_2$ 可使品红水溶液褪色，$Na_2SO_3$ 及强碱性物质如 NaOH 溶液、$Na_2CO_3$ 等也能使品红褪色，但 $Na_2SO_3$ 使品红水溶液褪色的现象及其产物性质与强碱性物质如 NaOH 溶液、$Na_2CO_3$ 溶液等使品红水溶液褪色的现象及其产物性质有相似之处，也有明显不同，一是褪色快慢不同，$Na_2CO_3$ 及 NaOH 溶液加入的量要多，褪色也较慢；二是加入 $Na_2CO_3$ 或 NaOH 使溶液褪色后再加热、加酸，红色不再复现，加入乙醛后也无希夫试剂的特征反应。这两点与加 $Na_2SO_3$ 完全不同。

3. 品红变色的机理

查阅新版的《化学辞典》(周公度主编，化学工业出版社，2004 年出版，第 346 和 530 页）和《有机化学词典》(北大化学系编，科学出版社，1987 年出版，第 318 页等文献资料，可知使品红变色的部分机理如下。

1）$SO_2$ 使品红褪色的机理

$SO_2$ 与 $H_2O$ 反应生成的 $H_2SO_3$ 与品红发生加成反应而生成无色物质，这是一个可逆反应，当对褪色后的溶液加热，分解导致平衡向左移动而恢复红色。

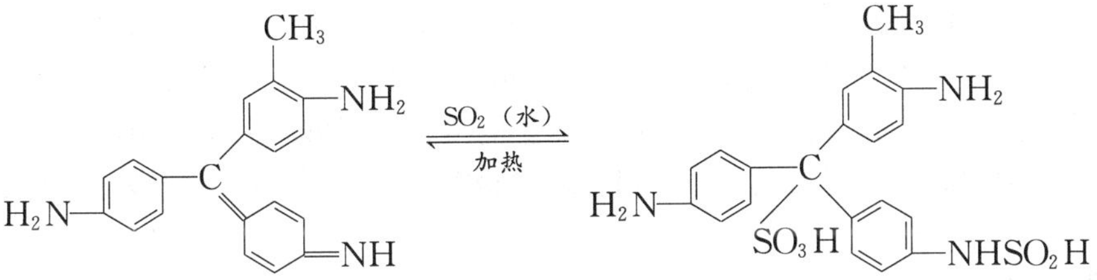


（红色）　　希夫试剂（无色）

2）希夫试剂与醛反应的机理

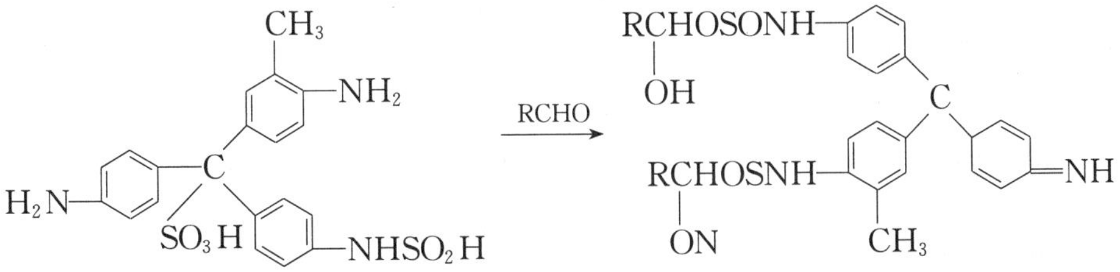


希夫试剂（无色）　　亚胺醌（紫红色）

3）NaOH 使品红褪色的机理

当在品红溶液中滴加 NaOH 溶液时有如下反应，随 NaOH 浓度增加，溶液最后变为无色。

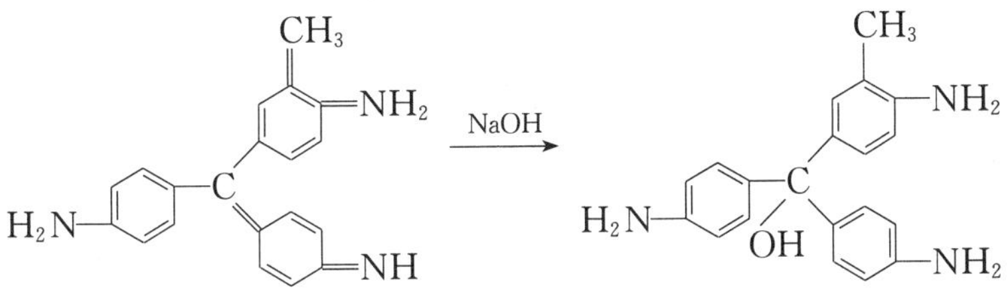


（红色）　　（无色）

## 4. 反应条件探究

化学实验作为一个复杂的系统，一个反应往往受多种反应条件的影响，如反应物的性状（干燥程度、颗粒大小气、固液状态等）、温度、浓度、酸碱度等。在化学实验研究中，反应条件的探究也一直是实验研究的重点内容。教材实验、课外实验等的实验方案在某些情况下会存在这样或那样的缺陷，这就需要教师根据实际情况对实验的反应条件作出改进或重新设计。例如，铜片镀锌最佳实验条件的分析和研究、苯酚与溴水和氯化铁反应溶液最佳浓度的选择、乙醛与新制氢氧化铜反应的实验操作分析等均对反应的一种或多种条件进行了探究。

### 5. 方法改进或创新

方法改进或创新的对象有两种，一是实验研究方法，另一种是实验研究角度。实验研究方法的改进包括对实验原理研究方法、实验装置设计方法、实验反应条件的控制方法以及实验数据的处理方法等。例如一堂化学市级公开课中的实验改进：$Na_2CO_3$ 和 $NaHCO_3$ 与 HCl 反应的快慢比较、$NH_3$ 的制取和性质实验的绿色化研究等；实验研究角度的转变指的是突破定势思维改变研究对象的传统使用方法，例如焦性没食子酸在中学化学实验中的应用，利用滤纸做系列创新实验等，这些研究角度的转变与实验装置研究中“一物多用”思想类似。

**【案例 4】 一堂化学市级公开课中的实验改进**

——$Na_2CO_3$ 和 $NaHCO_3$ 与 HCl 反应的快慢比较

詹可义　福建省泉州市城东中学

1. 改进装置（图 2-6-5）

仪器：具支试管、U 形管、胶头滴管、铁架台、滴定管夹、单孔橡胶塞、铁圈。

药品：$1mol \cdot L^{-1}$ HCl、$0.2mol \cdot L^{-1}$ $NaHCO_3$ 溶液、$0.2mol \cdot L^{-1}$ $Na_2CO_3$ 溶液、品红溶液。

2. 改进实验的操作方法

实验时按图 2-6-5 装好仪器，课前将品红溶液加入 U 形管中，但不要太多，只要使品红溶液能充满底部管筒即可，这样可以有较大的缓冲空间，使液面的高低现象明显，演示实验时，向两个具支试管中分别装入准备好的等体积等浓度的 $Na_2CO_3$ 溶液和 $NaHCO_3$ 溶液，然后将两个胶头滴管吸入等量相同的 HCl，并连同塞子塞紧各个具支试管口，最后用两手一起挤压胶帽，观察 U 形管内的现象。

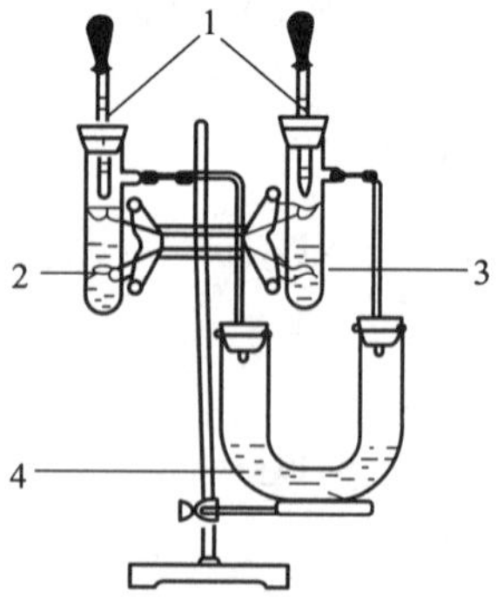


图 2-6-5　$Na_2CO_3$ 和 $NaHCO_3$ 与 HCl 反应的快慢比较

1. HCl；2. $NaHCO_3$ 溶液；3. $Na_2CO_3$ 溶液；4. 品红溶液

3. 改进实验的优点

（1）节省药品，$Na_2CO_3$ 和 $NaHCO_3$ 溶液浓度一样，与固体 $Na_2CO_3$ 和 $NaHCO_3$ 颗粒大小不同相比，更为科学合理，可比性好。

（2）演示实验装置本身架得高有利于学生观察，实验操作简便，可靠性强，U 形管内红色品红溶液液面高低明显，气压大小差别显著，有利于学生得出正确结论。

（3）有利于培养学生的实验创新意识，为激发学生的科学探究欲以及今后从事科学研究奠定基础。

（4）实验装置的美和实验现象的美对学生进行了一次美育教育。

### 5. 理论质疑和验证

实验作为一个研究实体，其隐含的化学实验原理或反应机理却是实验系统的抽象个体。实验原理或反应机理的抽象性造成了当前某些实验现象难以用统一理论进行解释的问题。理论质疑和验证为化学实验研究的一个重要内容，为相关研究提供了一个开放的平台，在这个平台中，研究者可以根据自身的研究理论和经验来解释某些实验疑难或异常现象以不断地修正先前的理论解释，最终达到统一。理论质疑和验证的内容包括实验现象的理论解释、实验结论、实验设计等三个方面，对于这些内容的研究最终均归结为对其中反应原理的研究，重点体现为某些既成实验结论的质疑和验证。该内容的研究不但要求研究者具有较高的化学专业知识，而且要求其具有较强的实验研究能力，具有不断探索和不断钻研的科学精神。

### 6. 实验新设计

化学实验的新设计是指从实验课题开发的角度，实现某些化学理论的实验设计或对某些理论进行验证的实验设计，从而形成研究性课题的研究过程。例如，水蒸气蒸馏法提取橙子皮中的香精油、趣味横生的酸碱反应实验化、硫蒸气颜色的实验探究与思考等。

此类研究要求教师有较高的实验研究和实验创新能力，因此研究的比例相对其他研究内容要低。

**【案例5】 水蒸气蒸馏法提取橙子皮中的香精油**

刘天宝 彭艳芬 伍光辉 池州学院化学系

1. 仪器与原料

仪器：电炉、圆底烧瓶（150mL）、恒压滴液漏斗（25mL）、球形冷凝管、研钵。

原料：新鲜的橙子皮、水。

2. 实验操作

（1）将30g新鲜的橙子皮剪成0.13cm见方的小块，捣碎装入圆底烧瓶（150mL）中。

（2）加入80mL水，按图2-6-6所示，连接好装置。

（3）加热回流，香精油随同水蒸气一同冷凝于恒压滴液漏斗中。

（4）2h后，反应结束。

（5）将恒压滴液漏斗中的水放入圆底烧瓶中，油层用无水$Na_2SO_4$干燥，得到淡黄色液体，收率为1.1%～14%。

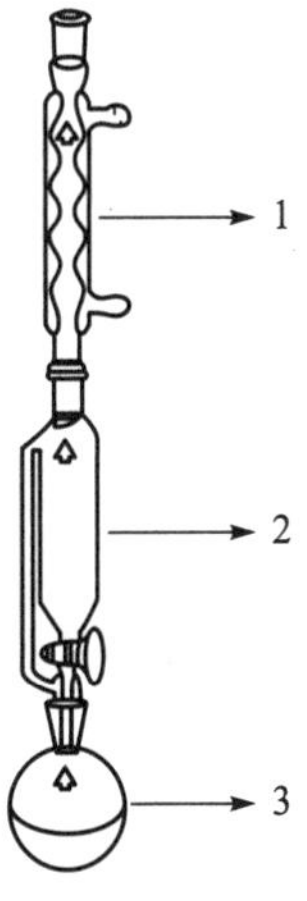


图2-6-6 挥发油提取蒸馏装置

1. 球形冷凝管；2. 恒压滴液漏斗；3. 圆底烧瓶

3. 结果与讨论

1）实验装置

教材（曾昭琼，曾和平，有机化学实验）中水蒸气蒸馏实验是利用水蒸气蒸馏法收集馏出液，然后用分液漏斗分离，而达到分离提纯的目的。由于该装置安装烦琐，蒸馏的产品需用分液漏斗分离，因而，实验操作耗时长，蒸馏效率不高，产品损失较大；此外，使用水蒸气发生器时，需不断加水，易发生烫伤事故。

近几年在相关文献中也提出了几种改进的水蒸气蒸馏装置，虽然在节约能源或者回流蒸馏的技术方面有了一定的改进，但由于存在或多或少的缺点，如装置不易制备、产生的蒸气量少、蒸气温度不高等，难于满足实验教学的要求。

利用实验室比较普通的仪器，如圆底烧瓶、恒压滴液漏斗、球形冷凝管等，组建了一种简便且十分有效的挥发油提取器（图 2-6-6）。本装置适用于水溶性较小、具有较高热稳定性的有机化合物的分离提纯，如用于花卉香精的水蒸气蒸馏及柑橘皮香精油的提取等挥发性物质的提取实验，效果较好。利用该装置可以节省能源，省时省力，安装方便，简单易行。例如，不需在实验过程中加水，当水蒸气发生器——圆底烧瓶中水量下降时，将恒压滴液漏斗中的水放下来即可解决问题；反应结束后，不需用分液漏斗分液，将恒压滴液漏斗中的水层放入圆底烧瓶中，油层从上口倒出即可。

2）实验原料

利用橙子皮为实验材料提取香精油，成本低廉，技术简单，原料广泛，效益可观，可变废为宝，减少环境污染。橙子皮约占整个果重的 20%，橙子皮中富含一定量的香精油，对香精油提取工艺的探讨，可为综合开发、利用橙子、提高原材料利用率、增加经济效益，提供有用的原始数据。而且香精油中的主要成分柠檬烯具有橘香味，为多数学生所喜爱，从而可引发学生的兴趣，活跃学生的思维，提高教学效果。

3）实验产物

利用该实验所得到的产物是香精油，无毒，具有香味。它可作为实验“液态有机化合物折光率的测定”的试样，这样既可节约实验经费，又可调动学生的积极性。

4. 结论

挥发油提取器用于橙子皮中香精油的提取，具有安装方便、操作简单、有机物不易挥发逸出，以及节省能源、减少污染、缩短时间的优点，非常适合作为学生实验。再者，通过对香精油的提取，可以扩展学生的实用知识面，贴近生活，使学生把所学的理论知识与解决实际问题联系起来，从中学到更多的知识和技巧，有利于提高学生的素质。本实验还可用于柑橘皮、烟碱和姜花等多种加热温度在水的沸点以下的有机物的提纯。

### 6.1.3 化学实验改进的方向

在依据教材、服从教学的原则下进行实验改进，可从以下几方面努力①。

---

① 李潭生，刘乃汤．试谈中学化学实验改进的原则和方向［J］．化学教学，1990，(6)：21-23.

## 1. 力求简明，增强直观

为了便于观察，突出重点，实验装置必须力求简明，以 CO 还原 CuO 为例，比较评价如下：

<table>
<tr><th></th><th>方案Ⅰ</th><th>方案Ⅱ</th><th>方案Ⅲ</th><th>方案Ⅳ</th></tr>
<tr><td>装置简图</td>
<td>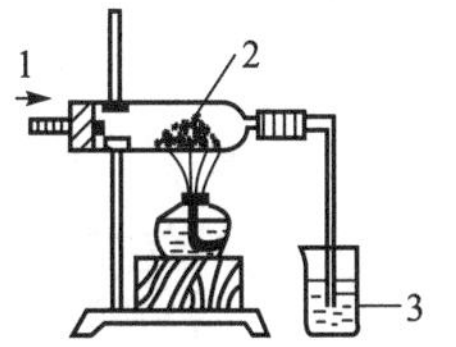
</td>
<td>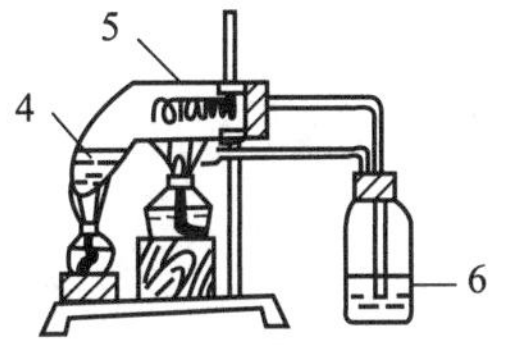
</td>
<td>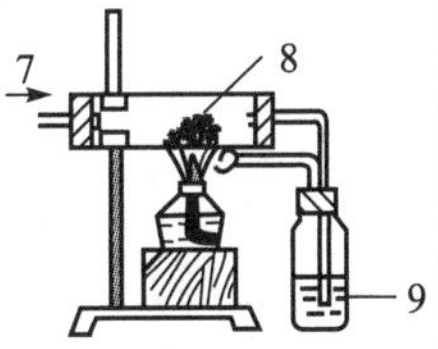
</td>
<td>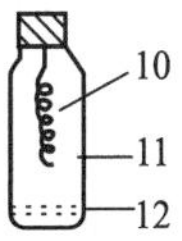
</td></tr>
<tr><td>评价</td>
<td>(1) 能取得满意效果<br>(2) 未反应的 CO 散逸不安全<br>(3) 装置仪器较复杂，必须与 CO 储气瓶相连</td>
<td>(1) 能取得满意效果<br>(2) 装置复杂，操作麻烦<br>(3) 不必向学生展示 CO 的实验室制法</td>
<td>(1) 能取得满意效果<br>(2) 解决了剩余 CO 的散逸<br>(3) 装置较方案Ⅰ更复杂</td>
<td>(1) 能取得满意效果<br>(2) 装置简单，操作方便</td></tr>
<tr><td>优选</td><td>最差方案</td><td>较差方案</td><td>可取方案</td><td>最佳方案</td></tr>
</table>

为了增强实验的直观性，可从以下几方面着手：在可能的条件下先采用较大仪器；改进实验装置，多用对比实验，利用电化教学手段等。当简单性与直观性发生矛盾时，应服从直观性。下面举几个改进后直观性增强的例子。

<table>
<tr><th></th><th>固体 NaOH 与 $CO_2$ 反应</th><th>$NH_3$ 与 HCl 气体反应</th><th>离子的迁移</th></tr>
<tr><td>装置简图</td>
<td>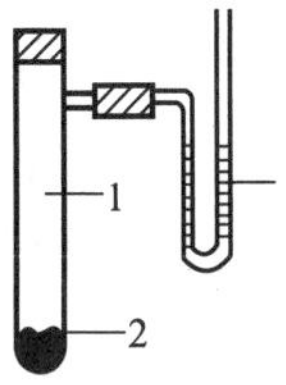
</td>
<td>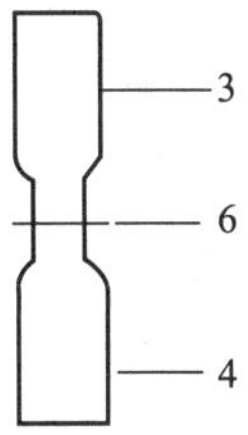
</td>
<td>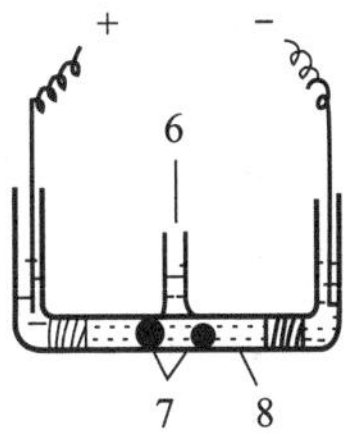
</td></tr>
<tr><td>评价</td>
<td>固体 NaOH 与 $CO_2$ 反应一般难观察出现现象。采用此法根据液面高低变化能清楚地看到</td>
<td>两瓶内的 $NH_3$ 和 HCl 相遇生成 $NH_4Cl$ 小固体颗粒，形成白“烟”，现象明显</td>
<td>离子移动无法用肉眼直接观察。采用此法，接通高压直流电后，正极端酚酞变红，说明 $OH^-$ 向正极迁移</td></tr>
</table>

## 2. 明确原理，准确及时

为使实验的改进取得满意效果，必须真正明确实验原理，分析清楚影响效果的各种因素。如果原则不明，仅从形式上改进是徒劳的。准确及时，是指必须确保实验的成功且反应迅速，效果鲜明。为此，必须探究实验的最佳条件和操作技巧。如铜和稀 $HNO_3$ 的反应是一个极普通的实验，但由于反应容器中总有空气，使生成的 NO 被氧化，无法让学生立即观察到正确的实验现象。可先往稀 $HNO_3$ 中加入一小粒 $Na_2CO_3$ 固体（稀 $HNO_3$ 过量），反应生成的 $CO_2$ 把容器中的空气驱赶出去，防止生成的 NO 被氧化。再如高中有机化学实验，副反应多，速率慢。因此，寻找反应的最佳条件，提高反应的再现率，加快反应速率，应是重要的探讨内容。

3. 排除危险，确保安全

中学化学教学涉及一些易燃、易爆、易中毒的实验，确保实验的安全，也自然成为实验改进的重要课题。例如，在做爆炸实验时附加防护罩；做有毒气体实验时采取一定的防污染措施等。

4. 因陋就简，以土代洋

目前多数中学，特别是农村中学的实验条件较差，缺仪少药的现象相当普遍。为了多开实验，开足实验，寻找实验的代用品，不失为一种行之有效的办法。值得提及的是：在这一工作中应设法处理好土法实验与规范实验的矛盾。以土代洋，因陋就简，是在现实条件下扭转缺仪少药状况的手段，并不符合实验教学规范性的要求。因此，在设计实验时，应力求使之规范化。特别是演示实验，应尽量使用规范的仪器，严格操作，起到示范作用。

5. 应用新技术，反映新成就

随着新知识在教材中的不断出现，设计一些能运用新技术，以反映化学学科进展的实验，也应引起化学工作者的注意，以便使中学化学教学与科学的发展相适应。此外，为了反映当代各学科之间相互渗透的特点，还可以考虑适当增加一些有关环境保护的实验和在内容上能与物理、化学、生物、地理等学科（大理科）贯通的实验。总之，增添一些具有“现代气息”的实验，有利于学生正确了解化学和其他相关学科的关系，对提高教学质量也将起到有益的作用。

### 6.1.4　实验改进与创新的理念与策略

1. 实验改进与创新的理念

1）科学性理念

科学性是实验改进与创新的刚性要求，任何违背科学性的改进与创新都是毫无意义的。例如，利用 CO 还原 CuO 的实验，可采用如图 2-6-7 所示的方法收集尾气。

仅从尾气处理的角度讲，该装置没有什么失误，然而，在具体的实验操作中，显然该实验是无法进行的。气球的胀大是有限度的，且随着气球的胀大，气球内的压强在不断增大，这样就不能将所有的尾气都收集起来，并且还容易引发尾气泄漏。

2）趣味性理念

在保障实验的科学性基础上，教师可以增加实验的趣味性，以调动学生的积极性，增强实验效果。例如，廊坊市制作的教具“氨分子扩散装置”利用废旧的罐头瓶为容器，分别在瓶内和瓶外放置一朵涂有酚酞试液的小花，向瓶内“土壤（海绵）”浇“水（浓氨水）”瓶内的小花就会变红，而瓶外的小花就没有变红，如图 2-6-8 所示。

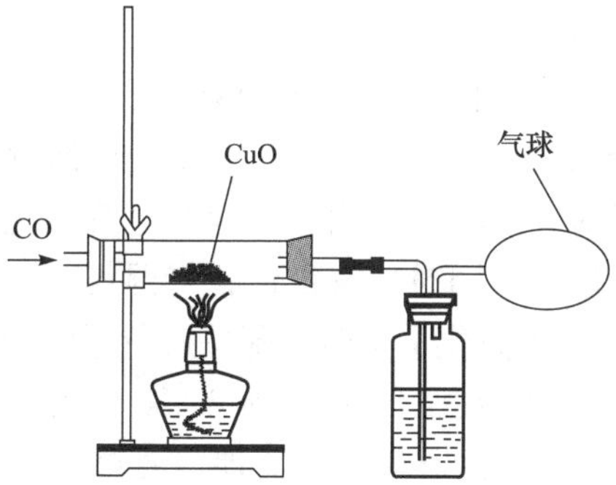


图 2-6-7　CO 还原 CuO 的实验装置图

图 2-6-8　氨分子扩散装置

又如，在探究金属活动性顺序的实验时，将镁带、铁片、锌粒、铜片在培养皿中分别拼成 Mg、Fe、Zn 和 Cu 的符号形状，然后向培养皿中分别加入稀 HCl。学生在观察实验现象的同时，更会加深对金属活动性顺序的理解。

3）绿色环保理念

近年来，井穴板在化学实验中被广泛应用，其既可以节约实验试剂，又可以增加实验的对比性，环保理念更多体现在有害物质的处理上。例如，在进行“燃烧条件的探究实验”时，我们知道白磷、红磷燃烧产物 $P_2O_5$ 会刺激人体呼吸道，并与空气中的水蒸气反应，生成有毒的偏磷酸（$HPO_3$）。不但影响师生的身体健康，而且污染环境。使用改进后的装置，图 2-6-9 中的改进后的图（b）既可以看到明显的现象，获得燃烧的条件，又可以避免有害物质排放到空气中。

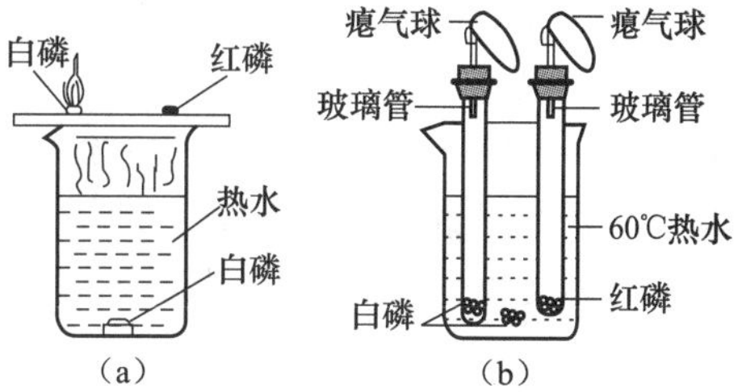


图 2-6-9　改进前后的实验装置
（a）改进前的装置；（b）改进后的装置

## 2. 中学化学实验改进与创新的策略

1）实验反应条件的优化

实验反应条件主要指参与反应的化学物质的性质（状态、形状、浓度）和溶液的酸碱度、反应溶剂、反应温度、催化剂的种类和性质等。实验反应条件的选择和控制是决定实验成败的关键，因此为了使实验效果更加理想，就需要实验者对实验的最佳反应条件进行探究。例如，实验室制取乙烯的创新实验当中，设计者都比较集中地对反应条件进行了优化，如用 $P_2O_5$ 代替浓 $H_2SO_4$ 作催化剂；降低浓 $H_2SO_4$ 的浓度，以避免乙醇的炭化；用 $H_2SO_4$-磷酸混合酸与乙醇反应制备乙烯等。以上这些实验研究都是对实验条件进行的优化处理。

2）实验反应装置的创新

实验反应装置是化学实验的重要组成部分，实验反应装置的改进对实验效果的优化和实验价值的更好体现有很好的促进作用。实验反应装置的创新包括装置、仪器的改进，简单装置的有机组合，模拟工业装置的运用以及源于日常生活的经济型装置的使用，另外还有专门由工厂经过精心设计、组合加工成的实验仪器。例如，铜与 $HNO_3$ 的创新反应中，由于反应逸出有害的 NO 和 $NO_2$ 气体，所以不少设计者都对实验装置进行了创新改进，加强了装置的封闭性和实验的连续性，并注重尾气处理装置，并且力求实验现象明显（无色 NO 转化为红棕色 $NO_2$）。同时也有设计者将铜与浓、稀 $HNO_3$ 反应的装置组合成一个简单的实验装置，进一步简化了实验步骤并避免了污染。在实验研究中从学生已经熟悉的实验中发现问题，开展新思维，设计新方案，能有效地抑制学生对过去实验方法、思路的定势思维，激发探究意识和创新精神。通过实验装置的优化，对改进后的实验进行探索、研究与实践，求得对问题新的解决方法，能拓宽学生的眼界，激活所学知识，提高学习化学的情趣，增强学好化学的信心。实验装置的优化与创新，可从原理、思维上进行突破，也可从方法、手段上进行改进。

3）实验方案设计的创新

实验方案的设计是实验者在实施化学实验之前，根据一定的实验要求和目的，运用有关的化学知识和实验技能，对实验装置的安装、实验步骤的实施和实验方法的应用的一种规划。科学、合理、周密、巧妙的实验方案往往可以使实验效果最优化。例如，在压强对化学平衡影响实验的创新实验中，就主要对实验方案设计做出了改进。从实验原理、实验装置、实验步骤、实验研究方法等方面都做出了改进。例如，利用 $NH_3(g)+H_2S(g) \rightleftharpoons NH_4HS(s)$，由无色到白色晶体的可逆反应来进行实验，实验装置做了适应实验原理的改进，并运用正交实验法探究实验条件，实验步骤也做了很大改动。这就是对实验方案设计所做的创新。

4）实验用品的改进

中学化学实验有的涉及易燃、易爆、腐蚀性强以及有毒的物质；有的由于反应速率慢，则在预期的时间内不能顺利完成而影响教学进度。因此，实验用品的改进也是化学实验改进与创新的重要内容，这需要化学教师具备独特而敏锐的眼光，善于思考，捕捉契机，根据每个化学实验的具体情况加以研究，进行适度巧妙的化学用品变化，起到变繁琐为简洁、变缓慢长时为高效适时，变现象欠明显为直观显著、变危险（有毒）为安全可靠、变污染为环保。

例如：铁丝在 $O_2$ 中燃烧的用品创新①

教材中的实验步骤是：在螺旋状的细铁比末端系上火柴梗，用坩埚钳夹住铁丝点燃火柴梗，然后快速伸入充满 $O_2$ 且瓶底有少量水的集气瓶中。但是火柴梗的长度比较难把握，如果火柴梗过长，火柴梗的燃烧会消耗大量的 $O_2$，而看不到铁丝在 $O_2$ 中燃烧；如果火柴梗过短，燃烧所放出的热量使瓶内的温度达不到铁丝燃烧的着火点，也看不到

① 王国峥. 初中化学实验教学创新的视角及思考［J］. 实验教学与仪器，2010，(9)：19.

铁丝在 $O_2$ 中燃烧。

改进方法：把铁丝绕成螺旋状后，一端用坩埚钳夹住，另一端用蘸满无水乙醇，用酒精灯点燃后，迅速伸入充满 $O_2$ 的集气瓶中，会看到铁丝在 $O_2$ 中剧烈燃烧。

# 6.2　中学化学实验改进与创新示例分析

## 示例 1　钠与水反应的创新实验

玉林市第一中学　牟崇甡

### 一、背景分析

高中化学“钠与水反应”的演示实验，人教版从 20 世纪 80 年代到 2011 年秋，都是分两步操作：

第一步：把钠放入烧杯水中（图 2-6-10），观察钠与水反应的现象，只能推测出有热放出，把钠块熔成钠球，知道钠的熔点低，不能直观看到温度变化，在水面上游动，知道钠的密度比水小，有气体产生，但不能收集和检验气体，

第二步：收集和检验气体的实验（图 2-6-11），这个实验操作十分复杂，现象不明显，20 世纪 90 年代初曾改版用图 2-6-12 的操作，效果也不理想，仅试用一年，又恢复用旧版的操作。

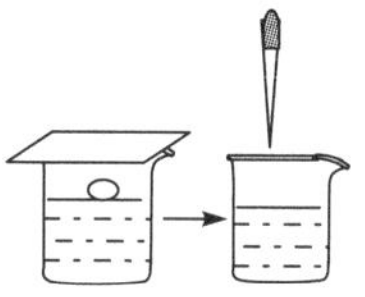

图 2-6-10　钠与水反应

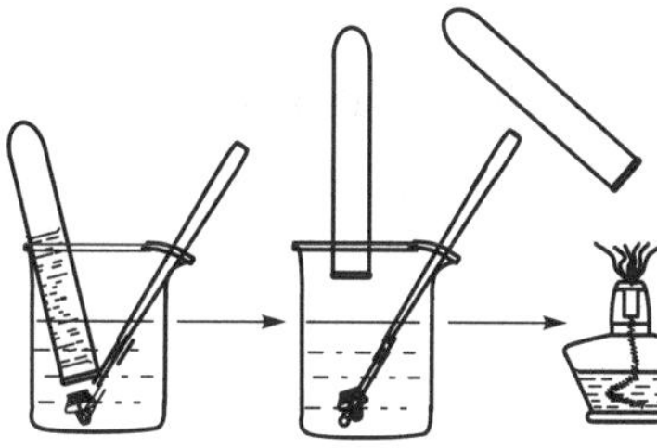

图 2-6-11　$H_2$ 的收集和检验

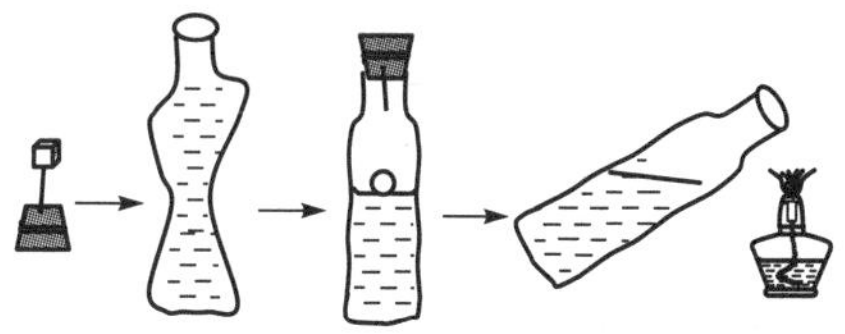

图 2-6-12　$H_2$ 的收集和检验

到 2012 年新课标教材，已经把收集和检验气体这个实验环节删掉，这个难题一直困扰我们的实验 30 多年，为此，笔者对钠与水反应的实验进行了创新设计，并自制了创新教具“钠与水反应全息演示仪”。

### 二、实验设计

（1）用 25mm×80mm 玻璃管作钠与水反应器，减少用水，升温明显，便于收集气体。

（2）用玻璃套管裁钠，检验钠的硬度，并隔绝空气，便于观察钠的颜色光泽，且方便导气。

(3) 用温度传感器测定反应时温度变化，并用数字显示出来。

(4) 用塑料杯排空气法收集 $H_2$。

(5) 用电子点火引爆检验 $H_2$。

创新教具制作如图 2-6-13 所示。

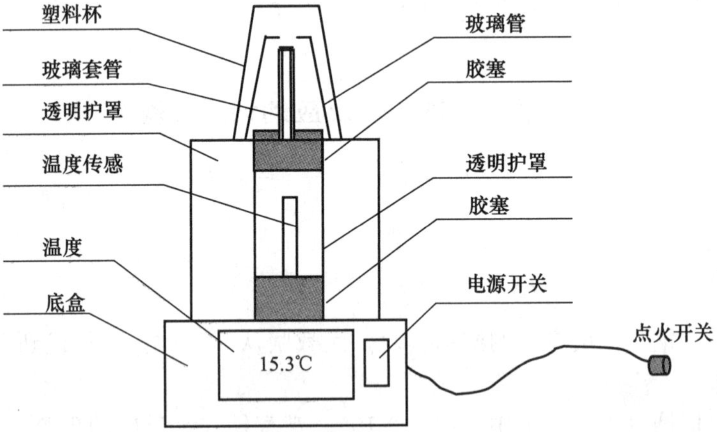


图 2-6-13　钠与水反应全息演示仪

## 三、实验方法

(1) 取下玻璃套管、胶塞，注水至浸没温度传感器 5mm 处，打开电源开关，观察初始温度，如图 2-6-14 所示。

(2) 用镊子从广口瓶中取出钠，吸干煤油，用玻璃套管裁钠，如图 2-6-15 和图 2-6-16 所示。

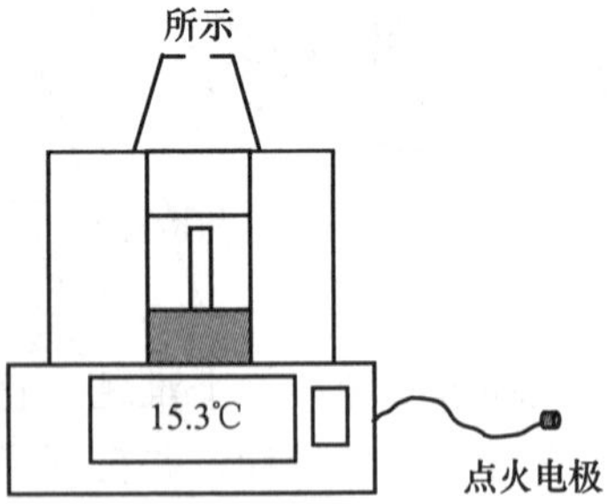


图 2-6-14

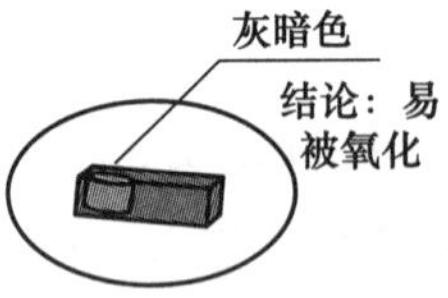


图 2-6-15

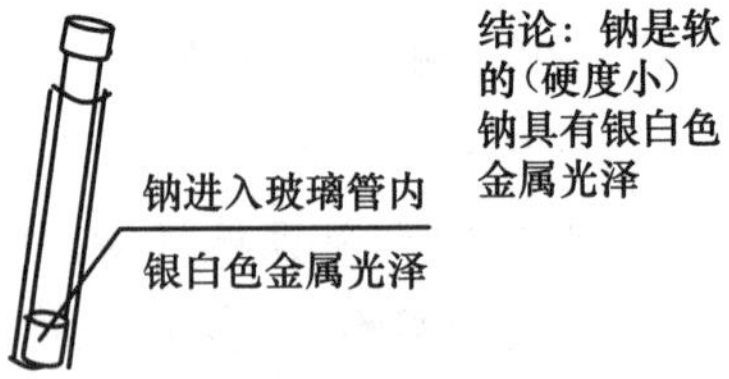


图 2-6-16

**结论：**钠易被氧化，是软的（硬度小），具有银白色金属光泽。

(3) 塞上胶塞，把钠压入水中，盖上塑料杯，如图 2-6-17 所示。

**结论：**钠熔点低，在水面上游动，钠密度比水小。

(4) 钠球反应完后，按电子引爆检验 $H_2$，如图 2-6-18 所示。

**结论：**有 $H_2$ 生成。

（5）观察温度，取下玻璃套管胶塞，滴入酚酞试剂，如图 2-6-19 所示。

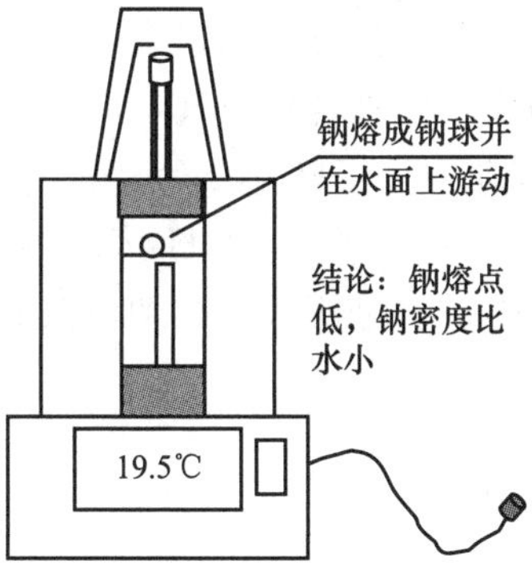


图 2-6-17

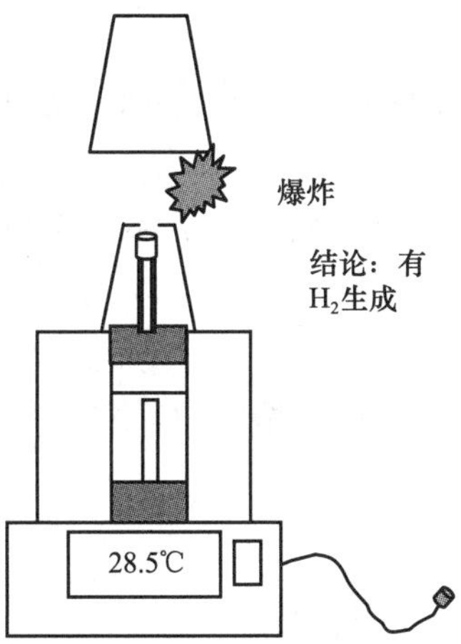


图 2-6-18

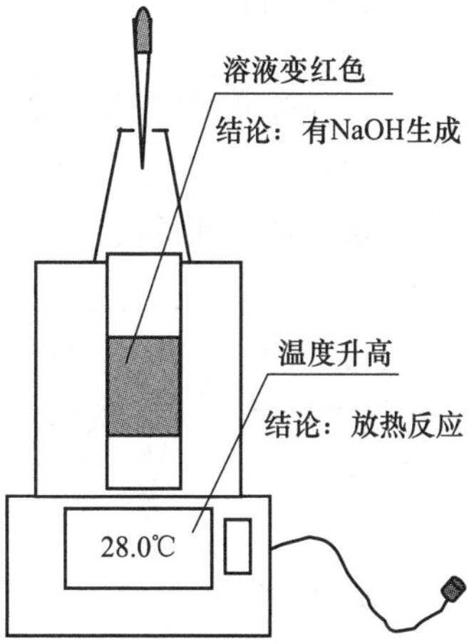


图 2-6-19

**结论：**反应中有 NaOH 生成，且该反应为放热反应。

**学生根据实验现象总结归纳：**

钠的物理性质：①钠是软的（硬度小）；②钠有银白色金属光泽；③钠的熔点低；④钠的密度比水小。

钠的化学性质：

① 钠容易被 $O_2$ 氧化

$$4Na+O_2 = 2Na_2O$$ （开始灰暗，慢慢变白）

② 钠与水反应

$$2Na+2H_2O = 2NaOH+H_2\uparrow$$ （放热反应）

知识应用：因钠易与氧、水反应，所以应保存在液态蜡或煤油中。

## 示例 2　铜与稀 $HNO_3$ 反应环保实验装置

玉林市第一中学　牟崇甡

## 一、研究背景

关于铜与稀 $HNO_3$ 反应，按课本装置演示，铜与稀 $HNO_3$ 反应生成无色的 NO 气体、$Cu(NO_3)_2$ 和水，如图 6-20 所示。但是，按课本操作，发现有浅红棕色，为什么没有看到无色的 NO。因为试管中有空气，被空气中的 $O_2$ 氧化，生成少量的 $NO_2$，所以看到很浅的红棕色，反应片刻，当教师取下胶塞，试管中的气体慢慢变红棕色，同时，闻到了难闻的 $NO_2$ 气味，说明教室的空气受到 $NO_2$ 气体污染。

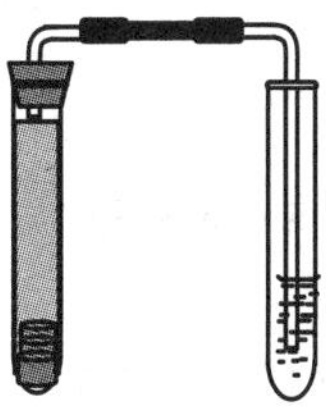

图 2-6-20　铜与稀 $HNO_3$ 反应

## 二、研究思路

为了解决空气干扰，必须排掉空气，与启普发生器的原理类似，当产生气体时把液体压上漏斗中，用U形管截去一侧约2/3，在弯的地方安装一块塑隔板，盛放铜丝（铜片），塞上带活塞的胶塞，从高端注入稀$HNO_3$至活塞处为止，便可排掉空气，活塞上方用胶塞连接一支无底具支试管，作为NO与$O_2$反应的容器，为了防止$NO_2$污染空气，在具支上连接一个打气球，上端塞一个带导管的胶塞，导管通入NaOH溶液中，用打气球打气，$NO_2$气体被压到NaOH溶液中，$NO_2$被NaOH溶液吸收，起到环保的作用。

## 三、制作材料

150mm×250mm塑料板1块、100mm×150mm塑料板1块、20mm塑料管卡3个、3号胶塞3个、20mm×200mm U形管1个、无底20mm×200mm具支试管1个、20mm×150mm试管1个、玻璃活塞1个、螺钉3枚、黏胶1瓶、玻璃管和橡胶管若干。

## 四、制作方法

（1）把150mm×250mm塑料板用胶水粘在100mm×150mm塑料板中线上成“⊥”，在150mm×250mm塑料板上安装3个塑料管卡，如图2-6-21所示。

（2）左边塑料管卡安装20mm×150mm试管，中间塑料管卡安装无底具支试管，具支试管在下，右边塑料管卡安装U形管，具支试管与U形管用带活塞的胶塞连接，无底具支试管上端用带导管的胶塞塞紧，导管插到试管底部，具支试管上连接打气球，在U形管短侧弯处安装一块塑料隔板，如图2-6-22所示。

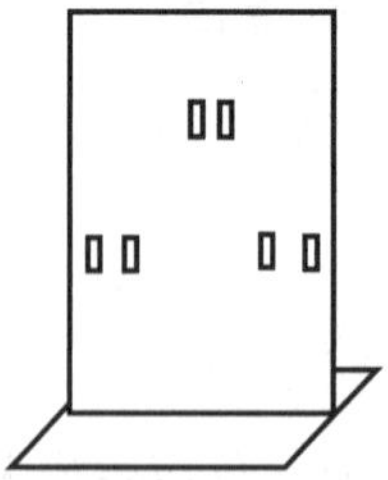

图2-6-21

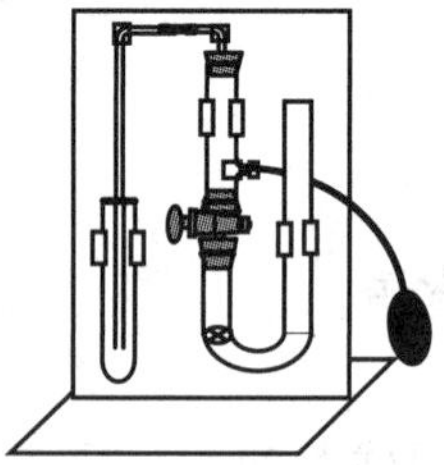

图2-6-22

## 五、使用方法

（1）在试管中注入1/3试管的NaOH溶液。取下带活塞的胶塞，把铜片（铜丝）放进U形管中，塞紧胶塞，关闭活塞，从U形管高端注入稀$HNO_3$，如果稀$HNO_3$不能进入靠活塞这端，说明气密性良好，继续加到离U形试管口20mm左右为止。

(2) 打开活塞，稀 $HNO_3$ 把空气压出，待稀 $HNO_3$ 至胶塞处，已排完空气，关闭活塞，如图2-6-24所示。

(3) 反应片刻，看到无色气体把稀 $HNO_3$ 压到U形管的高端，如图2-6-25所示。

(4) 打开活塞，稀 $HNO_3$ 把无色的NO压进具支试管中，马上看到红棕色 $NO_2$，关闭活塞，如图2-6-26所示。

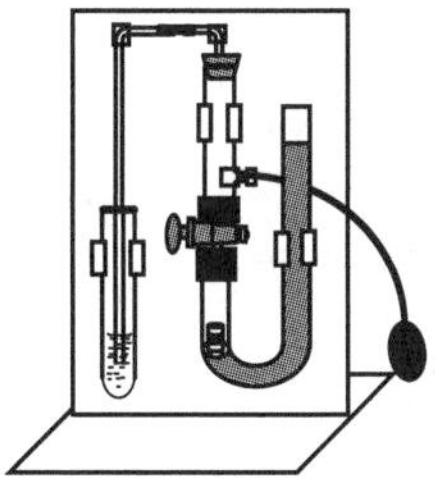
图2-6-23

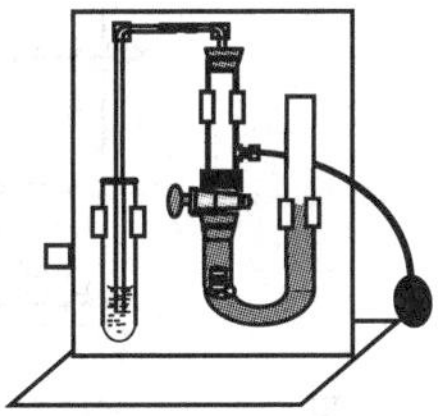
图2-6-24

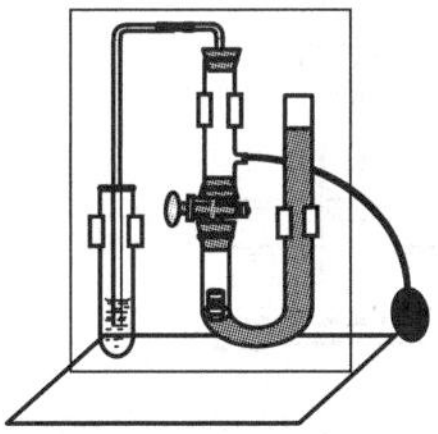
图2-6-25

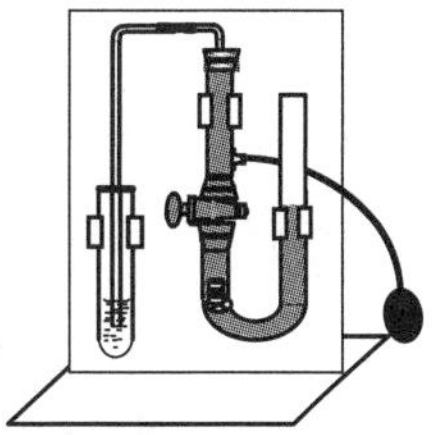
图2-6-26

(5) 用打气球打气，把 $NO_2$ 压进NaOH溶液中，至具支试管无色为止，又看到如图2-6-24的状态，只要重复(3)、(4)的操作，就能看到铜与稀 $HNO_3$ 反应生成无色的NO，而且十分环保。

## 六、实验的创新点

(1) 利用水压差排除空气干扰。

(2) 利用打气球把 $NO_2$ 压进NaOH溶液中。

## 七、优点

操作简单，能看到真实的无色NO，安全环保。

# 示例3　调光式"$CH_4$ 取代反应演示"

玉林市第一中学　牟崇甡

## 一、研究背景

全日制普通高级中学教科书（必修加选修）化学第二册 $CH_4$ 取代反应演示实验，课本实验装置如图2-6-27所示，装置笨重，有铁架台、玻璃水槽，饱和食盐水用量多，无光照设置。操作复杂，量筒装满饱和食盐水，用手压住量筒口玻璃片，倒立在水槽饱和食盐水中（手触到盐水并易漏水），固定在铁架台上，用玻璃弯管靠在图2-6-27量筒口内收集 $Cl_2$ 和 $CH_4$，光照条件下进行反应，由于教室光照强度弱，实验效果差，半节课还看不到水柱上升的现象，教师用书建议用钠光灯，则需增加电源及支架，整套实验装置更重，教师扛去上课更费劲。新教材人教板高中化学必修 2，改为图 2-6-28，且同样装满饱和食盐水，用排盐水法收集 $Cl_2$、$CH_4$ 各一半，光照下对比。同样没有光源，受到天气影响，半节课看不到现象，且不能说明 $Cl_2$ 与 $CH_4$ 取代反应的体积比为 $Cl_2:CH_4=4:1$。

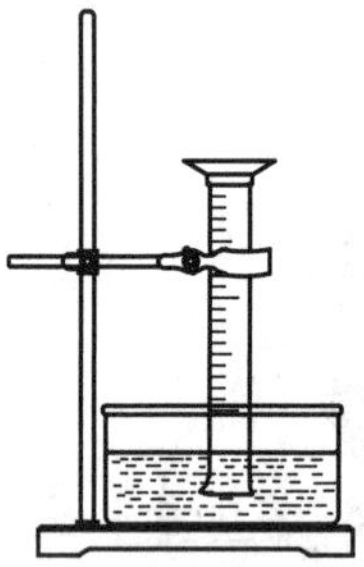

图 2-6-27　甲烷的取代反应装置

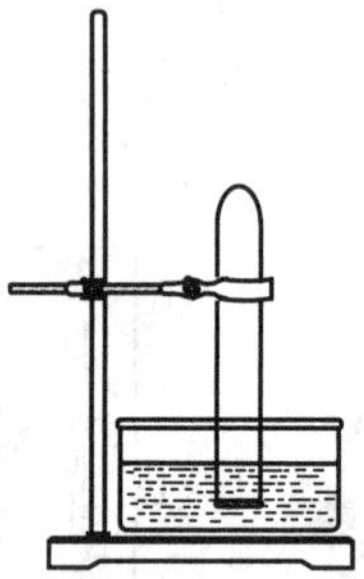

图 2-6-28　甲烷的取代反应装置

## 二、研究思路

为了减轻装置重量和解决光源问题，用 20×200mm 玻璃管代替量筒，用 60mL 广口瓶代替玻璃水槽，用带吊针换液插头的胶塞连接玻璃管和广口瓶，既能省去铁架台和玻璃水槽，又能排水收集 $Cl_2$ 和 $CH_4$，设置半自动吸排系统和 LED 环绕调光光源，经不断重复试验，“调光式 $CH_4$ 取代反应演示”研究成功。

## 三、制作材料

20mm×200mm 试管 1 个、60mL 广口瓶 1 个、6 号胶塞 1 个、2 号胶塞 2 个、吊针换液插头 1 个、调节阀 4 个、自制三通 1 个、$\phi$105mm 塑料板 2 块、$\phi$110mm 塑料管 330mm、$\phi$50mm 塑料管 140mm、洗耳球 1 个、LED 管 9 个、6V 电池 1 个、电池盒 1 个、小开关 3 个、医用引流袋 2 个、小螺钉 3 个、胶水 1 瓶、喷漆 1 瓶、导线若干。

## 四、制作方法

(1) 在 6 号胶塞和 2 号胶塞中心钻一个小孔，6 号胶塞偏心处开一个小孔与大气连通，输液端插在 6 号胶塞中心小孔中，换液插头插在 2 号胶塞的小孔中，6 号胶塞塞广口瓶，2 号胶塞塞玻璃管下端，玻璃管上端塞一个带导管的 2 号胶塞，在换液插头的进气管上装一个调节阀，如图 2-6-29 所示。

(2) 设置七档 LED 调节环绕光源，在 $\phi$50mm 塑料管周围布上 LED 灯管。在 $\phi$110mm 塑料管去掉 190mm 半弧，保留 140mm 圆筒，在圆筒上正面开个观察孔，在观察孔上加一块挡光板，把布有 LED 灯管的塑料管，开有与上面观察孔大小相同的孔，并装入圆筒中，如图 2-6-30 所示。

（3）把图 6-29 装置装入图 6-30 装置中，设置半自动吸排系统，用洗耳球连接到玻璃管上端导出的导气管，进气管接一个三通，分别连接 $Cl_2$ 袋和 $CH_4$ 袋，构成半自动吸排系统，将其装在电池盒上，连接调节开关，制成一个可调光的 LED 环绕光源，如图 2-6-31 所示。

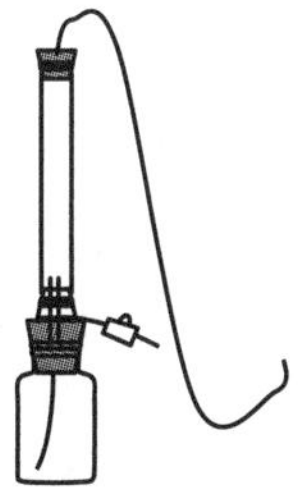

图 2-6-29

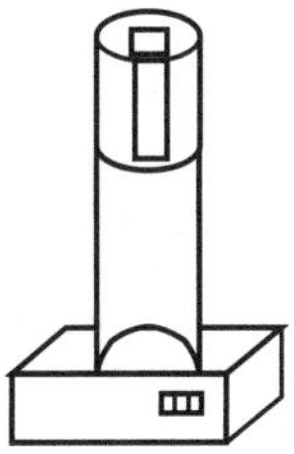

图 2-6-30

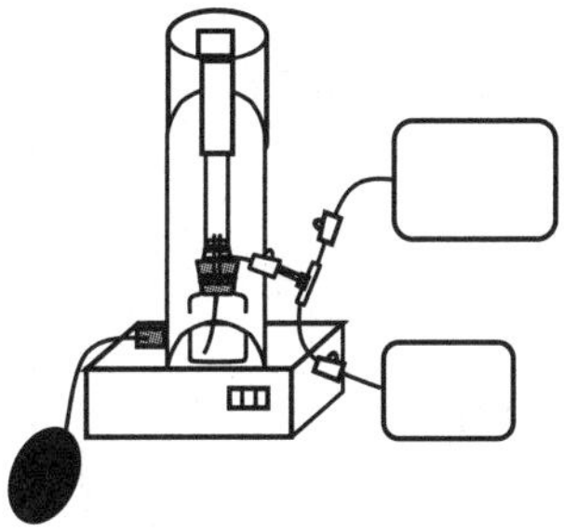

图 2-6-31

## 五、实验方法

（1）取下广口瓶，注入 50mL 红色饱和食盐水，塞上胶塞，放入光源座中，关闭进气阀，打开观察孔，吸入饱和食盐水到玻璃管中（图 2-6-32）。

（2）打开进气阀和氯气阀，$Cl_2$ 自动吸入玻璃管中，至玻璃管 4/5 体积时，关闭 $Cl_2$ 阀，打开 $CH_4$ 阀，$CH_4$ 自动吸入玻璃管中，至排完食盐水止，放下挡光板（图 2-6-33）。

（3）根据天气调节亮度，1～3min，即看到食盐水被吸上 50～100mm 高的水柱，玻璃管壁有油状物质（图 2-6-34）。

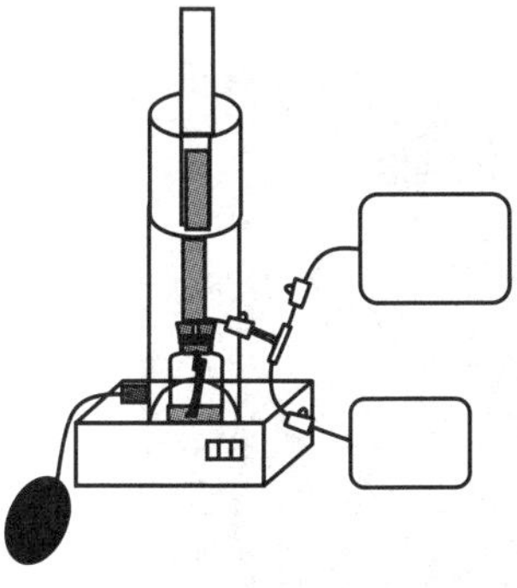

图 2-6-32

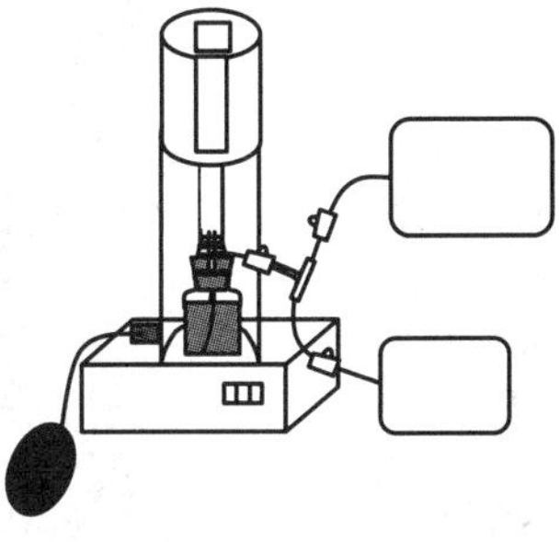

图 2-6-33

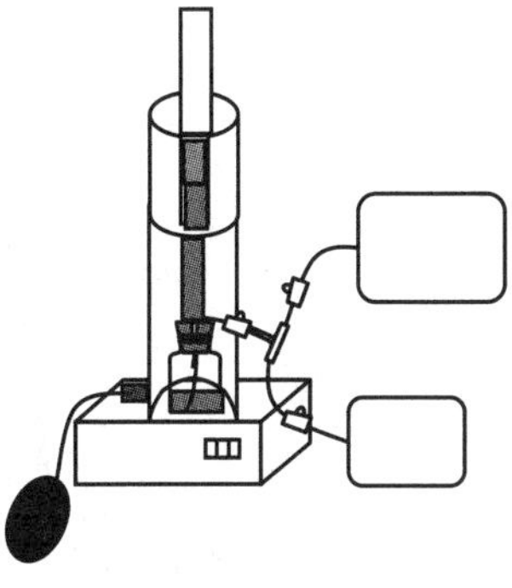

图 2-6-34

证明：$CH_4$ 和 $Cl_2$ 在光照条件下发生了取代反应，生成 $CH_3Cl$、$CH_2Cl_2$、$CHCl_3$、$CCl_4$ 和 HCl（易溶于水），玻璃管内气体总体积减小，管内气压减小，饱和食盐水迅速被吸入玻璃管中。

## 六、调光式 $CH_4$ 取代反应演示创新点

（1）设置半自动吸排系统。
（2）设置七档 LED 调节环绕光源。
（3）用医用引流袋代替储气罐。

## 七、优点

装置轻便，操作简单，省时省力，不受天气影响，现象明显，安全环保。

## 八、点评

针对中学化学教学中较难进行的反应，以巧妙的构思和合理的设计，明显地改善了实验效果。综合来看，该项目的成果是一件非常成功的示例。

## 示例 4　原子结构模型

玉林市第一中学　牟崇甡

1. 原子是由居于原子中心的原子核和核外带负电的电子构成的，核外电子在核外空间分层高速运动，如图 2-6-35 所示。

2. 原子核由质子（红色带正电）和中子（白色不带电）构成，由于同种原子，质子数=核外电子，所以原子不显电性。原子是由质子、中子和核外电子三种微粒构成的，如图 2-6-36 所示。

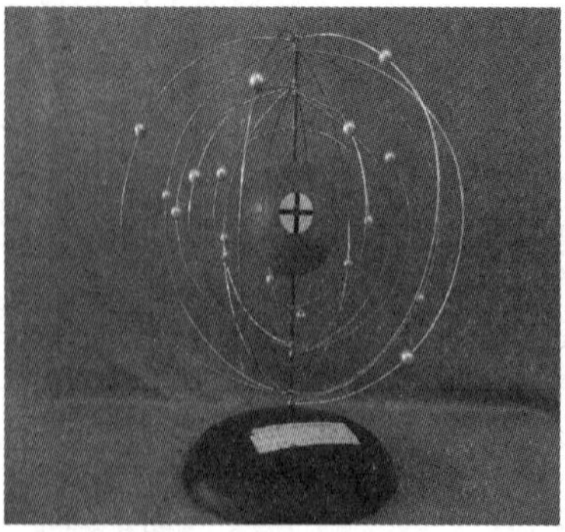

图 2-6-35　原子结构模型（一）

图 2-6-36　原子结构模型（二）

3. 核外电子是分层排布的，为将来画原子结构简图做好准备，如图 2-6-37 所示。

碳原子结构简图：(+6) 2 4 钠原子结构简图：(+11) 2 8 1 氯原子结构简图：(+17) 2 8 7

图 2-6-37　原子结构模型（三）

4. 在讲不同的原子时，根据核电荷数＝质子数＝核外电子数。

例如：

碳原子，核电荷数＝质子数＝核外电子数＝6。

钠原子，核电荷数＝质子数＝核外电子数＝11。

氯原子，核电荷数＝质子数＝核外电子数＝17。

增减质子、中子和核外电子数即可。

## 6.3　高师生实验创新能力的培养与提高

目前我国化学实验设计研究仍然存在不少问题，据文献统计分析，主要表现在以下几方面[①]：①中学化学实验设计的科学水平总的来看仍不够高，表现在实验设计研究的科学方法上存在不少问题；②目前化学实验教学研究还远落后于教育理论发展，也就是说化学实验教学中所使用的设计理论，明显不适应新课程下的实验教学要求；③对新课程下的实验设计研究不够，大多数中学化学教师在实际教学过程中还是沿用过去的设计理论或根据自己的经验来设计，这些实验设计在一定程度上，对学生在实验过程中参与方式、体验方法以及思考角度重视不足，这就影响到整个化学实验教学的水平。为解决上述问题，作为未来的化学教师，我们有必要有责任更新理念、加强实践、勇于探索与创新。针对高等师范院校的人才培养方式及环境特点，我们可从以下几种途径培养和提高学生的创新意识和能力。

### 6.3.1　利用开放实验室加强实验研究

实验创新，就是让学生在实验中进行创新，抑或是创新地进行实验，是充分调动学生积极性的创新模式。开放实验室的目的就是充分利用实验室的资源，最大限度地让学生亲自参与实验，为学生开辟广阔的实验舞台，给学生提供创新思维的自由空间，培养学生的动手能力、创新思维能力以及综合分析能力。根据对不同学生的要求，开放实验室的实验训练可分为基础型、探究型、设计创新型三种不同类型实验。

1. 基础型

面向化学专业所有学生。目的是首先为学生提供一个实验技能训练的平台，促进学

① 周青. 我国目前中学化学实验研究述评［J］. 化学教育，2005，(1)：16.

生掌握基本原理，培养学生的基本实验技能。实验内容涵盖大学无机化学、有机化学、分析化学的主要实验以及中学化学教学内容中的必做实验，学生可在实践中提高实验基本操作技能，同时促进对理论知识的理解。

2. 探究型

面向化学专业所有学生，目的是培养学生的创新意识，提高学生动手能力、综合分析能力和解决问题的能力。实验项目包括中学化学疑难实验的探究与分析，实验改进、实验创新的方案设计与实施。探究型实验以培养学生的提出问题、分析问题和解决问题能力为目标，打破了传统的演示性、验证性、单一性实验模式，通过对实验现象的分析与探索树立正确的设计理念。

3. 设计创新型

设计创新型实验主要面向热衷于实验设计、探索的化学专业学生，目的是进一步提高学生的综合能力，鼓励学生勇于探索，大胆创新。实验项目包括实验课题的选择、资料的查询、方案的设计以及可行性分析等工作，培养和提高现代大学生的创造力与科研能力。课题来源可以是生活中的化学问题、大学生创新项目或者是教师课题研究的部分问题等。这一类实验从查阅资料、方案设计到方案实施等都是由学生自行完成，教师只起关键性的指导作用，提高学生的自学能力和综合设计能力，培养学生的创新能力、科研能力和团结协作能力。

### 6.3.2　采用导师制参与教师的课题研究

让本科生在校期间尽早进入实验室参加科研项目，增加对具体实验过程的理解及操作，对于本科生科研实践创新能力的提高有很大的帮助。在此，导师制是指让有进行科研项目实践意向的本科生进入教师的实验室，每位学生都有自己的导师，由导师指导学生进行具体的科研项目创新实践活动。同时根据学生自己的专业及兴趣专长，自主选择具体科研项目组，在研究生的带领下进行具体的科研实验实践操作。

1. 导师制有助于提高学生的科研能力

学生参与科研项目实验研究工作，不仅可以给学生提供一个切身参与科研设计的机会，还可以让学生参与具体的实践操作，这样学生就有了实践的环境，在实际科研工作中系统检验和使用所学基础理论和专业知识。另外，通过实际的科研工作，学生可以学会查阅资料、科学研究的基本方法及相应的技能，使学生实际动手能力、分析问题和解决问题的能力得到提高，可以极大地激发和培养学生科学研究的兴趣。

2. 导师制有利助于创新人才培养

本科生进入实验室参与科研项目活动，不但可以使教研室尽快完成科研任务并取得高水平的研究成果，而且在完成科研项目任务的过程中也培养了一批具备科研创新实践能力的优秀人才。另外，本科生进入实验室参加科研项目研究工作可以改善实验室的人员结构和知识结构，在本科生导师制中，导师主要是对本科生科研实验思路起一个指导作用，起到一个领航者的作用。导师不一定直接带领本科生的科研实验活动，而是将这一职能下放给研究生，让研究生带领本科生进行具体的科研实验操作。对研究生进行授权，让研究生带领本科生进行具体的科研实验，既可以充分发挥研究生实践智慧，提高实验操作技能，也可以让本科生和研究生有更多的交流沟通，在科研实验过程中激发更多的创新灵感。本科生在这种导师体制下，一方面在导师的指导下学习到更多科研项目知识，另一方面在研究生的带领下进行具体科研实践活动，进一步培养自身动手能力和科研实验操作能力，最终，在这种本科生导师制下，本科生很好地培养和提高了自身的科研实践创新能力。

3. 导师制有助于教学相长

从教师和学生本身来看，让本科生进入实验室参加科研项目有利于本教研室从事科研工作的教师提高教学能力，真正起到以研促教的作用；而学生则可以在实践中发现自身专业理论知识及其他相关技能的不足，进而获得改善和提高。通常情况下，每个本科生每周都有一定的时间与导师见面。一般来讲，一个导师面对一到两个学生，导师会对他们提出问题，不断激发他们，检查学生的逻辑和思考的能力。这一教学方式迫使学生主动思考，不能停留在阅读材料的表面。通过导师和学生的对话，也让学生认识到自己的学术能力，并获得自信。

牛津大学汉密尔顿校长介绍该校导师制的教学方式时说：比如一个哲学系的学生，在完成一篇论文后导师会要求他口头阐明论文的观点，并会问一些问题，如你为什么要写这篇论文，你的观点、论据是什么等，并对每一个观点都会进行详细的探讨和分析。在此过程中，学生就必须回答老师的问题。通过对话，学生不仅要解释和说明这篇论文，实际上，也在学习一种分析能力，形成一整套完整的思维方式。在这个过程中学生也可以向导师提出问题，与导师争论。导师制最后的结果，就是培养学生独立思考的能力，培养学生的创新思维能力，学生也从中获得自信。导师制是牛津大学非常突出的教学特点。

### 6.3.3　开展大学生创新课题研究

大学生创新项目是本科生个人或创新团队，在导师的指导下，自主选题设计、自行组织实施、独立分析信息与撰写总结报告，用于培养学生提出问题、分析问题、解决问题的兴趣和能力的教学创新活动。大学生创新训练项目通常有国家级和省级项目。

国家级大学生创新训练计划，是教育部实施质量工程的重要组成部分，旨在通过指导学生进行创新项目实施，在发现问题、解决问题的过程中形成专业基础扎实、思维活跃、思路多元、团队合作能力强、综合素质高的具有创新思维的创新人才，从而为培养学生创业能力奠定基础，是提高大学生创新能力的重要平台。申报创新训练项目培养大学生创新能力的应注意以下几个问题：

(1) 以兴趣为导向，是培养创新能力的前提。兴趣是一切活动最大的驱动力。在选择项目时，需要从学生的兴趣点出发，在教师的指导下，充分发挥学生的主观能动性，让学生积极参与、体验科学研究的全过程。首先，实验主题从学生中来，将学生日常的关注点作为研究的主要内容，并通过文献检索等途径了解自己兴趣点的发展动态，从而激发学生的自主学习意识和创新意识，可提高开展研究的积极性。在实验过程中，激发学生参与科研活动的好奇心，鼓励学生大胆设想、勇于尝试，哪怕方案不成熟，也要注意保持兴趣水平。面对研究瓶颈，学生在教师的鼓励下发散思维，从不同角度思考问题，通过查阅文献，团队可通过多次交流，尝试主动寻求解决方案。避免教师直接给予细节指导，教师只要做到适时点拨、指点迷津、引导思路就可以。其他的主动权放在学生手里，调动其积极性，保证其主体地位，才能真正地培养创新意识，从而让学生在实践中体验创新、学习创新。

(2) 具备丰富的知识技能和较强的学习能力，是培养创新能力的基础。创新是多方面的知识和智力因素的综合和运用，美国著名学者泰勒指出，具有丰富知识和经验的人，比只有一种知识经验的人更容易产生新的联想和独到的见解。因此，创新离不开自己的已有知识以及学习能力。对于化学专业的学生，本专业的基础知识技能是必须牢牢掌握的。同时，在当今社会，化学专业已与其他学科建立了密切的联系，交融程度逐步加深，对各个交叉学科的了解与把握可以在一定程度上触类旁通，开阔思维，通过比较联想、逻辑分析打破思维定势，从而产生新的构思和想法。然而，知识技能的储备是与自身的学习能力分不开的，新知识的学习需要与已有的牢固的旧知识进行同化，经过转化巩固、迁移和应用，才能作为创新思维的基础。在创新实验项目中，学生在教师的指导下，基于已有的知识技能，进行文献检索，学习前人的研究成果；通过观察实验现象，了解探索客观规律，拓宽个人知识面，从而学会为实验过程中遇到的问题提供解决方案，能够对教师的引导和点拨做出正确的理解、及时的反应，通过扎实的操作技能将新想法付诸实验，在实验中不断探索。

(3) 提升科研素质，是培养创新能力的关键。通过大学生创新项目的训练，学生科研素质的提升表现在如下几方面：①培养了学生较强的文献、资料检索能力，科学研究需要继承前人的工作，通过在已有的经验和数据上理清思路、发现问题、开拓创新；②掌握必备的科研方法，在实验过程中，教师的主要职责是在科学研究方法中给予指导，引导学生细心敏锐地观察、如实完整地记录、进行全面的分析、通过联想迁移提出假设，并且通过实验进行验证；③强化实践动手操作能力，大学生创新项目通常由学生亲自动手完成，不仅对以往的实验操作技能加以巩固，还要在新的学习过程中不断加强，学生在动手的过程中进行尝试，验证实验设想，积累经验，提升创新能力；④提高分析问题、解决问题的能力，在实验过程中，首先要求学生多动脑筋，学会思考，能够多角度、多层次地分析，勤于思考，遇到问题不要立刻求助他人，根据自己已有的知识综合分析问题的根源，通过学习文献资料找到解决问题的途径，同时，鼓励学生发散思维，敢于提出质疑，允许有不成熟的想法与大家交流，在教师的适当点拨下，勇于尝试，从而达到解决问题的目标；⑤锻炼了学生的学术论文写作能力，撰写论文的过程是学生总结实验的过程，从论文整体框架的构思，到书写语言的规范，再到学术引文的规范，将零散的数据加工成为有价值的学术论文，加强了学生的逻辑思维能力，使学生对整个实验过程和结果有了更深入更彻底的理解和分析，成为创新能力表达的重要载体。

在此，以化学专业为例，展示国家级创新项目的选题、申报及研究程序，供学生学习参考，以促进创新能力的培养。参见：基于大学生创新训练项目探讨化学专业大学生创新能力的培养①

## 参考文献


秦丙昌，等. 乙烯制备实验的研究和改进 [J]. 化学教育，2001，(1)：35.

周青. 我国目前中学化学实验研究述评 [J]. 化学教育，2005，(1)：16.

李耿. 导师制培养本科生科研创新能力的实践与分析 [J]. 中医药管理杂志，2013，21 (2)：145.

陈立钢. 基于大学生创新训练项目探讨化学专业大学生创新能力的培养 [J]. 高教论坛，2013，(3)：27-29.

蔡秀慧，李平，张欣. 中学化学实验教学与创新能力培养 [J]. 化学教学，2001，(5)：3-5.

高成，姜同绚. 中学化学实验研究课题来源及发展趋势 [J]. 化学教与学，2012，(5)：63-64，70.

王祖浩，王程杰. 中学化学创新实验 [M]. 南宁：广西教育出版社，2007：15-16，38，16-20.

孙丹儿. 中学化学实验研究现状探析 [J]. 化学教学，2009，(3)：10-12.

安泽海. 对实验改进与创新的思考 [J]. 实验教学与仪器，2010：(9)：26-27.

李潭生，刘乃汤. 试谈中学化学实验改进的原则和方向 [J]. 化学教学，1990，(6)：21-23.

王国峥. 初中化学实验教学创新的视角及思考 [J]. 实验教学与仪器，2010，(9)：18-19.

李双峰，罗清华. 乙烯制取实验改良探究 [J]. 化学教育，2001，(7，8)：85.

纪贵川. 对实验室制乙烯的研究 [J]. 化学教育，1999，(6)：32.


① 陈立钢. 基于大学生创新训练项目探讨化学专业大学生创新能力的培养 [J]. 高教论坛，2013，(3)：27-29.

# 第三部分　安　全　篇

化学离不开实验，实验教学在化学教学方面起着课堂讲授不能代替的特殊作用。化学实验室是开展实验教学的重要场所，合理建设化学实验室并对其进行科学规范的管理，对保证实验教学的顺利进行，培养学生严谨的学习态度有重要的意义。

# 1 个人安全

实验教学的目的是培养学生的实验动手技能，培养学生独立观察问题和解决问题的能力，培养学生的科学探究能力。但是，在从事化学实验的过程中，学生无可避免地会接触到火、电及各种易燃、易爆或有毒的化学药品。因此，在化学实验室，安全第一是每个人所必须牢记的首要任务。对每一位学生来说，在进入实验室前，了解和遵守化学实验室所有的安全规则十分必要。保证安全，无论对学生个人、对学生的家庭、对周围的同学及对周围环境的保护都至关重要。

对于学生个人来说，在进入实验室做实验期间，必须穿上实验服，不允许赤脚、穿拖鞋、穿短裤、穿短裙及短袖衣服进行实验操作。女生的长头发应该往后扎紧，不能往前飘落。个人实验使用的书或书包应该放在实验室指定的地方，除了实验记录本外，个人的任何其他物件不能放在实验桌上。在进行实验时，必须戴上安全眼镜或护目镜。同时，在实验室绝对不允许抽烟、不允许吃零食或喝饮料、不允许单独一人在实验室做实验。个人电子设备包括手机，在做实验时不能使用。

在进行实验的过程中，如果身体感到不适时，应该马上向指导教师报告。实验前，如果有对药物过敏的学生，也应该及时向教师报告。如果你散落化学药品在皮肤上，马上用大量的水和肥皂清洗，同时报告教师。如果你散落化学药品在实验桌或地板上，马上报告教师，在教师指导下进行处理。

实验过程中，不要用嘴尝试实验室的任何物质，有毒药品（如重铬酸钾、钡盐、铅盐、砷的化合物，特别是氰化物）不得进入口内或接触伤口。剩余的废液也不能随便倒入下水道，应倒入废液缸或指定的容器里。不要用鼻直接嗅任何化学药品的气味，不要俯向容器去嗅放出的任何气体，用手把少量的气体慢慢扇向自己的鼻孔（在教师的指导下）。绝不允许将各种化学药品随意混合，以防发生意外。用试管加热液体时，试管口不准对着自己或他人，不能俯视正在加热的液体，以免溅出的液体烫伤眼、脸。

不要用湿的手、物接触电源。水、电、煤气使用完毕应立即关闭水龙头、拉掉电闸、关闭煤气开关。点燃的火柴用后立即熄灭。完成实验后在离开实验室前必须洗干净手才能离开。

熟悉实验室环境，了解与安全有关的设施（如水、电、煤气的总开关，消防用品、急救箱等）的位置，熟悉所以安全器械的使用方法。在实验过程中，要清楚实验室中其他同学的活动。例如，有同学在使用如乙醚这样的易燃物质时，绝对不允许使用明火加热。

# 2 化学实验室安全

中学化学实验室应包括学生实验室、实验准备室、仪器室和药品室等。其所起的作用不同，对于它们的建设和管理的要求也不相同。实验室的安全是完满完成化学实验的重要保证。

## 2.1 实验室基本要求

1）学生实验室

学生实验室是供学生上分组实验和边讲边实验课程以及开展各种化学课外科技活动使用，它是学生学习化学知识，训练基本化学实验技能、开发学生智力及培养学生科学探究能力的重要活动场所。应该满足以下要求。

（1）宽敞适用：一般要求容纳 50 名左右的学生，大小应按每位学生平均占有1.5～$2m^2$ 的使用面积为适宜。为了便于学生观察教师的实验演示操作和看到黑板上的板书，实验室应为长方形房间，长与宽之比可为 3∶2。

（2）空气流通、光线充足：要求实验室两面有窗，且门窗应向外开，实验室要装有日光灯，配制通风设备。

（3）实验教室配备：学生实验台、演示桌、黑板等。演示桌应满足教师做演示实验和摆放仪器、模型等直观教具的需要，桌面应宽大，高于学生实验台面 0.2～0.3m。学生实验台可以根据学校的条件来设计，一般为两人用实验台，台面长约 1.2m，宽约 0.6m，高约 0.8m，台面前端一般安有挡板，高度在 0.1m 以下，以防放在实验台上的物品滑下。台面下设抽屉板可放学生的书籍文具，学生实验台可成双排列，相邻两台间装有公用水槽，水槽低于实验台，水槽边应放有废液缸。

学生分组实验时，应要求学生坐着进行实验，也可以根据教学需要开展探究和讨论。

学生实验室里必须配有充足的防火设备，如灭火器、沙箱等。它们应放在便于取用的地方，师生都应知道并会正确使用。同时，实验室应该配备高位眼睛喷淋装置，以防药品进入眼睛时使用。

2）实验准备室

实验准备室是实验员的办公室，是教师和实验员为化学实验课做准备工作的场所。实验员要在准备室里为教师的演示实验和学生实验课做各种实验用品的准备工作，实验准备室最好与药品室、仪器室和学生实验室相通。大小可以根据学校的条件决定，应设有实验员办公桌、实验员工作台、仪器药品柜、常用的设备和工具。还应安有试剂瓶架，用于放置经常使用的试剂及滴管、玻璃棒、角匙、酒精灯等用品。

3）仪器室

仪器室是用于存放仪器、模型、标本、教学挂图和教学参考资料等专用的房间，一般内置仪器柜和玻璃仪器架等。

4）药品室

药品室是存放各种化学试剂的房间，一般有木质的试剂柜、铁质保险柜、水泥橱等。储备和备用的原装试剂应放置在木质试剂柜内。试剂柜内的隔板最好为台阶式。这种结构的试剂柜便于取用药品，又能充分利用柜内空间。剧毒品应放在铁质保险柜里，易燃试剂应放在水泥橱中。药品室应避光、低温、干燥、通风。

## 2.2　实验室的安全守则

在化学实验室会接触到各种化学药品、各种电器设备、各种玻璃仪器及水、电、煤气。在这些化学药品中，有的有毒，有的有刺激性气味，有的有腐蚀性，有的易燃、易爆，还有的可能致癌。使用不当，或操作有误、违反章程、疏忽大意，都可能造成意外事故。为了防患于未然，实验室必须制定严格的规章制度、各种安全防范措施、各项操作细则，完善安全设施，以保证实验室工作顺利进行以及化学实验的成功和安全，很好地完成教学任务，同时也是对学生的一项重要教育内容。

### 2.2.1　化学药品安全

化学实验室中使用试剂大多有毒、易燃、易爆或有腐蚀性。在实验的过程中，也常伴有各种有毒气体、蒸气、烟雾、粉尘等产生。这些物质对人体有害，有的甚至有剧毒，化学实验使用的大部分是玻璃仪器，许多实验要在加热、灼烧等条件下进行，因此容易发生烧伤、烫伤、割伤或触电等事故。但只要熟悉仪器、试剂的性能，并对常见的中毒和伤害事故发生的原因有所了解，实验过程中严格遵守实验室的安全守则，实验事故就可以避免。所以学生进实验室前，要进行安全、环保意识的教育。

实验过程中，学生及教师都必须熟悉所使用的化学药品的性质。在实验预习时，可以在实验记录本上列出一个所使用的化合物的重要物理常数及危害注意表，如列出易燃物的闪点、有毒化合物的最大半致死量等。一些化学药品的危害可以在网上（http：hazard. com/msds/）查询。

另外，开始实验前，必须仔细阅读你的实验内容，在使用记录本上做好实验备课记录，备课记录应该包括实验内容、反应方程式、所使用化合物的物理常数及毒性、准备的操作流程、实验过程中应该注意的事项等。

（1）钾、钠保存在煤油中，白磷保存在水中，取用时必须用镊子。

（2）使用可燃物，特别是易燃物（如乙醚、丙酮、乙醇、苯、金属钠等）时，应特别小心。不要大量放在桌上，更不应放在靠近火焰处。在将火焰熄灭后，才可以大量倾倒这类液体。低沸点的有机溶剂不准在火焰上直接加热，只能在水浴上利用回流冷凝管加热或蒸馏。

（3）使用强腐蚀性试剂（如浓 $H_2SO_4$、浓 $HNO_3$、浓碱、液溴、浓 $H_2O_2$、HF 等）时，切勿溅在衣服和皮肤上、眼睛里，取用时要戴胶皮手套和防护眼镜。

（4）含 $O_2$ 的 $H_2$ 遇火易爆炸，操作时必须严禁接近明火。在点燃 $H_2$ 前，必须先检查并确保纯度符合要求。银氨溶液不能留存，因久置后会变成 $Ag_3N$，也易爆炸。某些强氧化剂（如 $KClO_3$、$KNO_3$、$KMnO_4$ 等）或其混合物不能研磨，否则将引起爆炸。

（5）汞易挥发并可通过呼吸道进入人体内，逐渐积累会引起慢性中毒。所以做汞的实验应特别小心，不得把汞洒落在桌上或地上。一旦洒落，必须尽可能收集起来，并用硫磺粉盖在洒落的地方，使其转化为不挥发的硫化汞。

（6）在实验过程中，注意把实验中的废液、废物放到指定的容器，不能随意排放或丢弃，以免污染环境。在实验结束后，要整理仪器药品，摆放整齐，还要打扫卫生，保持实验室的整洁。

### 2.2.2 仪器使用安全

（1）进行真空操作时，不能使用锥形瓶，仅可以使用圆底烧瓶或厚壁的抽滤瓶。在真空操作前必须检查所使用的玻璃仪器确保不存在任何的裂缝。

（2）加热操作时，要按照被加热对象的物理及化学性质使用适当的热源。可以采用水浴、油浴、沙浴或空气浴，尽量避免明火加热。在使用酒精灯或煤气灯加热前，必须检查确保周围环境没有易燃物质及没有学生在蒸馏或处理易燃物质。尤其是使用低闪点的液体，如乙醚、丙酮等时，任何火星都会造成其燃烧，同时它们的密度大于空气，因此更容易造成伤害。加热液体前，必须添加沸石，同时确保不能在一个密闭的系统中对液体进行加热。进行蒸馏操作时，最后应该有一点液体残留，绝对不能蒸干瓶中的液体。

（3）使用移液管时，不能用嘴来吸移液体，应该使用吸耳球。使用分液漏斗时，放气减压的过程中出气口不能对着自己或周围的同学。反应过程中有有毒的气体放出时，可使用适当的试剂回收进行吸收并在通风橱中操作。

### 2.2.3 实验室事故的处理

1）中毒急救

（1）固体或液体毒物中毒，嘴里还有毒物者，应立即吐掉，并用大量水漱口。可将 5～10mL 稀 $CuSO_4$ 溶液加入一杯温水中，内服后，用手指伸入咽喉部，促其呕吐，然后立即送往医院。

（2）气体或蒸气中毒，应立即到室外呼吸新鲜空气，吸入 $Cl_2$、HCl 气体时，可以吸入少量乙醇和乙醚的混合蒸气解毒。必要时做人工呼吸或送医院治疗。但溴中毒不可人工呼吸，CO 中毒不可使用兴奋剂。

2）酸或碱灼伤

（1）酸灼伤：应立即用大量自来水冲洗，再以饱和 $NaHCO_3$ 或稀氨水、肥皂水洗涤，再用水冲洗。如果溅入眼睛，用大量水冲洗后送医院。

（2）碱灼伤：要先用大量自来水冲洗，再用5%硼酸溶液或2%乙酸溶液洗。

（3）溴灼伤：一旦被溴灼伤，应立即用乙醇或者20%硫代硫酸钠（$Na_2S_2O_3$）冲洗，再用水冲洗干净，并敷以甘油。若起泡，不宜把水泡挑破。

（4）磷灼伤：用5% $CuSO_4$ 溶液、1% $AgNO_3$ 溶液或10% $KMnO_4$ 溶液冲洗伤口，并用浸过 $CuSO_4$ 溶液的绷带包扎，或送医院治疗。

（5）酚类触及皮肤引起灼伤：可用乙醇洗。

（6）其他意外事故处理：

a. 受玻璃割伤及其他机械损伤：首先必须检查伤口内有无玻璃或金属等物品碎片，然后用硼酸水洗净，再涂擦碘酒或红汞水，必要时用纱布包扎。若伤口较大或过深而大量出血，应迅速在伤口上部和下部扎紧血管止血，立即到医院诊治。

b. 烫伤：一般用浓的（90%～95%）乙醇消毒后，涂上苦味酸软膏。如果伤处红痛或红肿（一级灼伤），可擦医用橄榄油或用棉花沾乙醇敷盖伤处；若皮肤起泡（二级灼伤），不要弄破水泡，防止感染；若伤处皮肤呈棕色或黑色（三级灼伤），应用干燥而无菌的消毒纱布轻轻包扎好，急送医院治疗。

c. 触电：应立即切断电源，尽快用绝缘物将触电者与电源隔开，切不可用手去拉触电者。

d. 起火：实验中一旦发生了火灾，切不可惊慌失措，应保持镇静。首先立即切断室内一切火源和电源，然后根据具体情况积极正确地进行抢救和灭火，同时立即报告指导教师。常用的方法有：

① 在可燃液体燃着时，应立刻拿走着火区域内的一切可燃物质，关闭通风器，防止扩大燃烧。若着火面积较小，可用石棉布、湿布、铁片或沙土覆盖，隔绝空气使之熄灭。但覆盖时要轻，避免碰坏或打翻盛有易燃溶剂的玻璃器皿，导致更多的溶剂流出而再着火。

② 乙醇及其他可溶于水的液体着火时，可用水灭火。

③ 汽油、乙醚、甲苯等有机溶剂着火时，应用石棉布或沙土扑灭。绝对不能用水，否则反而会扩大燃烧面积。

④ 金属钠着火时，可把沙子倒在它的上面。

⑤ 导线着火时不能用水及 $CO_2$ 灭火器，应切断电源或用 $CCl_4$ 灭火器。

⑥ 衣服被烧着时切忌奔走，可用衣服、大衣等包裹身体或躺在地上滚动，以灭火。

⑦ 发生火灾时应注意保护现场。较大的着火事故应立即报警。

e. 遇到地震或者其他突发事件时，不要慌张，把电源切断、火源熄灭，水源关掉后有序地撤离实验室。

**附：实验室急救药箱**

（1）药品：碘酒、红药水、创可贴、止血粉、消炎粉、烫伤油膏、甘油、无水乙醇、硼酸溶液（饱和）、2%乙酸溶液、$NaHCO_3$ 溶液（饱和）、20% $Na_2S_2O_3$ 溶液、10% $KMnO_4$ 溶液、20% $MgSO_4$ 溶液、5% $CuSO_4$ 溶液、1% $AgNO_3$ 溶液等。

（2）工具：医用镊子、剪刀、纱布、药棉、棉签、绷带、医用胶布等。

### 2.2.4 实验室三废处理

实验中不可避免地产生各种有毒的废渣、废液、废气，如果不处理随意排放，就会对周围的环境、水源、空气造成污染，形成公害。所以必须对废渣、废液、废气经过一定处理，才能排弃。

如果是产生少量有毒气体的实验，可在通风橱内进行，通过排风设备将其排到室外，以免污染室内空气。如果产生毒气量较大，则要有吸收或处理装置。如 $NO_2$、$SO_2$、$Cl_2$、$H_2S$、HF 可以用碱液吸收，CO 可以直接点燃使其转化为 $CO_2$。

少量有毒的废渣应该由实验室统一收集，然后集中进行无毒化处理。

实验中产生的废液较多，常见的处理方法如下：

(1) 废酸、废碱液。将废酸（碱）液与废碱（酸）液中和至 pH＝6～8（如有沉淀过滤后）排放。

(2) 氰化物废液。少量含氰废液可以加入 $FeSO_4$ 使之转变为毒性较小的亚铁氰化物冲走，也可用碱液将废液调到 pH＞10 后，用适量 $KMnO_4$ 将 $CN^-$ 氧化。量大的含氰废液则需将废液用碱调到 pH＞10 后，加入足量的漂白粉，使 $CN^-$ 氧化成氰酸盐，并进一步分解为 $CO_2$ 和 $N_2$。

(3) 含汞盐废液。应先调 pH 至 8～10 后，加适当过量的 $Na_2S$，生成 HgS 沉淀，同时加入 $FeSO_4$ 生成 FeS 沉淀，从而吸附 HgS 沉淀下来。静置后分离，残渣可回收或深埋。溶液调 pH＝6～8 排放。

(4) 含重金属离子的废液。最有效和最经济的处理方法是，加碱或加 $Na_2S$ 把重金属离子变成难溶性的氢氧化物或硫化物沉淀下来，从而过滤分离，少量残渣可埋于地下。

# 3　化学实验室的科学管理

中学化学实验室里的仪器、药品、材料、工具等品种繁多、规格各异，使用频繁。必须采取科学的管理方法，才能合理有效地使用资源，节约药品，防止试剂变质，同时可以延长仪器、设备的使用寿命。

## 3.1　实验室规章制度

中学化学实验室的规章制度有实验规则，试剂使用规则，仪器试剂的购入、保管和领用制度，剧毒药品的保管和使用办法，仪器破损登记和报损办法，安全检查制度，实验室管理人员的职责范围等。各学校可根据具体情况制定有关规章制度。

## 3.2　仪器、用具的管理

(1) 玻璃、陶瓷制仪器：这类仪器使用多，尤其是试管、烧杯、容量瓶、分液漏斗、烧瓶等，其特点是容易破损，存放时应特别小心。

开封的试管一般放在试管架上，未开封的放在纸箱里。烧杯最好按照不同规格放置，使用率高的玻璃仪器，应放置在容易取用的地方。玻璃仪器用毕要及时洗净，放在玻璃仪器晾板上，晾干后再存放。

各种成套磨口仪器的玻璃塞与仪器都是配套的，不能随意调换，保存时要用细绳或橡皮筋将塞与仪器拴在一起，玻璃塞的磨口处要擦干并垫上一张纸条（或涂上凡士林），以防日久粘住；不能直立的小件仪器应放置在抽屉内，抽屉应隔成相应的格子，有的还要在下面垫以棉花或皱纹纸等，以防仪器滚动碰撞。抽屉外贴上标签，表明物品的名称、规格以及固定存放的位置。

(2) 金属器具：这类器具的特点是牢固，但极易被潮湿空气、酸液或碱液等侵蚀生锈。保存时放在干燥通风处。使用后要把沾上的化学试剂冲洗干净，抹干后再存放。铁器上的螺旋处和打孔器应涂上少量润滑油，以防生锈结牢。

(3) 精密仪器：像分析天平、pH 计等精密仪器用毕后应加盖黑布罩，或放入配套的纸箱里（如 pH 计，并保护好电极）以防尘埃沾污和酸气侵蚀。分析天平要注意防震、防潮，天平内应放有干燥剂。

(4) 电教设备和电子仪器仪表：像投影器、幻灯机、低压电源等用后应用塑料套套好，放在配套的纸箱里，再放在仪器柜里保存，不应与化学试剂同在一室内存放。要注意防潮、防尘、防震和防化学腐蚀。

## 3.3 化学试剂的管理

中学化学实验所用的化学试剂共有品种多，规格多，不少是危险品，易发生事故。因此，对化学试剂必须采取科学的管理，才能安全、有效、方便地为实验教学服务，使化学试剂充分发挥作用。

### 3.3.1 化学试剂的规格

（1）优级纯（一级试剂），瓶签的颜色为绿色，代号为 G. R.（保证试剂）。这类试剂的杂质含量很低，用作基准物质，主要用于精密的科学研究和分析鉴定。

（2）分析纯（二级试剂），瓶签的颜色为红色，代号为 A. R.（分析试剂）。这类试剂的杂质含量低，主要用于一般科学研究和分析鉴定。

（3）化学纯（三级试剂）。瓶签的颜色为蓝色，代号为 C. P.（化学纯粹试剂）。这类试剂的质量略低于分析纯试剂，用于要求较高的无机和有机化学实验，也能用于要求较低的分析化学实验。

（4）实验试剂（四级试剂）。瓶签的颜色为黄色，代号为 L. R. 。这类试剂的质量较低，但比工业品的纯度要高，主要用于普通实验或研究上，有时也用于要求较高的生产上。

除上述化学试剂外，实际生产中还有很多供特殊需要的特种规格的试剂，如光谱纯试剂、色谱纯试剂、高纯试剂、基准试剂、生物试剂等，在包装标签上注明它们的专门用途。

中学化学实验一般使用的是实验试剂、教学专用试剂（专门用于实验教学的，纯度低于化学纯试剂）和少量化学纯试剂，有些实验还可以使用工业品。

因为不同规格的试剂价格差别很大，必须注意节约，防止越级使用造成浪费，只要能达到教学实验的要求，就应尽量选用级别较低的试剂。

### 3.3.2 化学试剂的分类

化学试剂可按不同的方法进行分类保管，但无论用哪种分类方法都是为了安全，便于查找取用。有些性质特殊的化学试剂应单独存放，不受下列分类方法的限制。常规的分类方法如下：

（1）可以按无机物和有机物进行分类。无机物可按单质（金属、非金属）、氧化物、酸、碱、盐进行分类。单质又可按元素周期表中的族次分类；有机物可按官能团分类，如按饱和烃、不饱和烃、醇、醚、醛、酮、酸、醋、糖等依次排列。

（2）可按元素周期表的族次顺序，每一族中按上下位置进行分类，而第一种元素又是按前一种分类方法进行。

（3）可以按元素符号、化学式的字母次序分类。

### 3.3.3 化学试剂的存放

化学试剂的种类很多，各有特性，存放时必须分类隔开，千万不可混放在一起，否则会引起燃烧、爆炸等严重危险事故。

化学试剂的放置要有一定秩序，可按上述分类方法进行存放，固体试剂和液体试剂（或配制备用的溶液）应分开放置，并依次排列。化学试剂都应存在试剂瓶里，并盖紧瓶盖，易风化、潮解、挥发的试剂瓶口应用石蜡和火漆密封。

见光易分解的试剂应盛于棕色瓶里置于冷暗处；酸液、氯水、液溴和溴水等应盛放在带磨砂玻璃塞的细口瓶中，盛强碱性的试剂瓶应使用橡胶塞而不能用玻璃塞。各种试剂瓶都应贴有标签，标签上除写清名称、化学式外，还应注明纯度。溶液要注明浓度和配制日期。为了防止标签受试剂污染和腐蚀，标签外应涂一薄层石蜡。保存化学试剂要特别注意安全。

所有试剂都要分类放在玻璃门的橱柜中。

中学化学实验接触到的危险品有下列六类。这些试剂在学生实验室内只准少量放置，较多量的危险试剂应分类隔开，存放在危险试剂储藏室内，并放在加盖的沙箱或铁柜内以确保安全。以下是六类危险品的存放要求和注意事项：

（1）易燃液体。这类物品主要是有机溶剂，如乙醇、二硫化碳、松节油等，它们极易挥发成气体，遇到火即燃烧甚至爆炸，这些液体应单独存放，要注意阴凉通风，特别要注意远离火种。

（2）易燃固体。有机化合物有硝化棉、樟脑等，无机物如硫磺、红磷、白磷、镁粉等，它们的着火点都很低，存放处应通风、干燥。白磷在空气中可自燃，存放时应浸泡在冷水里，置于避光、阴凉处。盛白磷的瓶子要埋入沙中三分之二，以防倾倒。要经常检查瓶中的水量，防止水分蒸发使白磷露出水面。

（3）遇水燃烧引起爆炸的物质。金属钾、钠、钙、电石、锌粉等与水接触会剧烈反应，放出可燃性气体，极易引起爆炸。钾、钠应保存在煤油里，电石、锌粉应放在干燥处。这些物质的存放应与易燃物、强氧化剂等隔开。长时间不用时，应将其隔绝空气密封保存，防止受潮，并将盛装这些物质的容器放在用水泥和砖砌成的槽中。

（4）强氧化剂。这类试剂包括过氧化物（$H_2O_2$、$Na_2O_2$ 等）、强氧化性的含氧酸（高氯酸等）和强氧化性的含氧酸盐（亚硝酸盐、硝酸盐、氯酸盐、重铬酸盐、高锰酸盐等）。这些具有强氧化能力的物质，在受热、撞击或混有还原性物质时，常引起爆炸。存放时，一定不能与可燃物、易燃物以及强还原性物质放在一起。存放时应阴凉、通风。

（5）强腐蚀剂。这类试剂有强酸、液溴、$PCl_3$、$P_2O_5$、无水 $AlCl_3$、氨水等。它们对人体的皮肤、黏膜、眼、呼吸器官和金属有极强的腐蚀性，存放时，应与其他试剂隔开，放置在用抗腐蚀材料（耐酸水泥或耐酸陶瓷）制成的架子上，架子不能太高，以保证取放安全、方便，有挥发性的酸应用带有磨砂玻璃塞或有耐酸衬盖的细口瓶储存。

（6）剧毒品。这类试剂有氰化物，$Sn_2O_3$ 和其他砷化物，二氯化汞和其他汞盐等。

这类试剂剧毒，侵入人体内极少量即可引起中毒致死，应锁在固定的铁柜中，并要有专人负责保管，每次取用都应有严格的用量登记。其他可溶性铜盐、钡盐、铅盐、锑盐等也都有毒，应妥善保管。

## 3.4 挂图、模型、标本、样品的管理

中学化学教学中所需的图表较多。关于理论方面的图表，有元素周期表、原子结构表、晶体结构表、物质的溶解度曲线等。关于工业生产的主要设备和流程图，有合成氨生产、$H_2SO_4$ 生产、钢铁冶炼以及物质制法等。关于化学实验方面的有常用仪器的性能和使用方法，化学实验基本操作，一些简单实验的装置图等。图表的种类繁多，应采取措施进行合理保管，才能延长使用时间和便于使用。

(1) 配套的标本要装入标本盒中保存。模型放入固定的储藏柜或展示柜中，要避免碰坏，不要乱堆乱放。教学挂图应放入配套的塑料袋里，放在专门的橱架中。要注意防止腐蚀、霉烂。

(2) 各类教具应按年级并依教材顺序放置，以便取用，用毕放回原处。

(3) 说明书应与相应的教具放在一起，或统一装订成册保存，切勿随意乱扔，以防遗失。

# 附　录

## 附录一　文献的查阅与检索

文献检索是科学研究工作中的一个重要步骤，它贯穿研究的全过程。文献不仅为选题提供依据，选题以后必须围绕选题广泛地查阅文献资料，能否正确地掌握文献检索方法，关系到研究的过程、质量以及能否出成果，因此必须掌握文献检索的技能。了解和掌握文献的分类及其特点，是迅速有效地查找所需信息的必要前提。

### 1. 文献的类型

（1）按内容性质分，可分为一级文献、二级文献、三级文献。

一级文献，即原始文献，是由亲自经历事件的人所提供的各种形式的材料和各种原著，如图书类的专著、研究报告、实验报告、产品样本、论文、报刊、政府出版物、档案材料、会议文献等出版物和非出版物。这种文献是我们搞好研究的第一手资料，对研究工作有很大的价值。

二级文献，指对一级文献加工整理而成的系统化、条理化的文献资料，如索引、书目、文摘以及类似内容的各种数据库等。具有报告性、汇编性和简明性等特点。这种文献是十分重要的检索工具，可以帮助我们在短时间内找到自己研究所需要的资料。

三级文献，指在二级文献的基础上对一级文献进行分类后，经过加工、整理而成的带有个人观点的文献资料，如数据手册、年鉴、动态综述述评等。这类文献综合性强，具有浓缩性和参考性等特点。

（2）按信息载体分，可分为印刷型、缩微型、音像型和计算机阅读型。

印刷型是一种以纸为载体的出版物，如图书、期刊、报刊画册，图书，包括教科书、参考工具书、专著等，其优点是内容成熟、系统、可靠，缺点是出版周期长，内容往往陈旧。这些图书可以通过图书馆的图书目录，利用《全国总书目》和《全国新书目》以及按照《中国图书馆图书分类法》进行查阅。期刊可以通过各种类型的期刊索引进行检索查阅。

计算机阅读型资料是信息时代特有的信息资源，包括光盘、新闻组、BBS、各种数据库等，具有信息量大、内容新、获取方便等特点。

### 2. 文献资料的收集方法

（1）查找文献的步骤：即利用一般的检索工具查找文献资料的方法。一般有以下步骤：

a. 分析研究课题。在检索之前先要分析检索的课题，一要分析主题内容，弄清课题的关键问题所在，确定检索的学科范围；二要分析文献类型，不同类型的文献各具特色，根据自己的检索需要确定检索文献类型范围；三要确定检索的时间范围；四要分析已知的检索线索，逐步扩大。

b. 确定检索工具。正确地确定检索工具，能使我们在浩瀚的文献海洋中畅游无阻，从而以最简捷的方法，迅速、准确地获得研究所需的文献信息。下面介绍几种检索工具。

索引：把文献的一些特征，如书目、篇名、作者以及文献中出现的人名、地名、概念、词语等组织起来，按一定的顺序（字母或笔画）排列，供人检索。例如，国内教育信息常用的索引有上海图书馆编的《全国报刊索引》，许多图书馆都建立了馆藏书查询系统，读者可以通过人名索引和关键词索引很方便地进行查询。

文摘：指论文摘要。它概括地介绍原文献的内容，简短的摘要使人们不必看全文就可以大致了解文章的内容，是一种使用广泛的检索工具，如《新华文摘》、《教育文摘》、《教育卡片文摘》等。

书目：它是将各种图书按内容或不同学科分类所编制的目录不但可以帮助读者选购、检索图书，还可以指点读书门径，如《全国总书目》、《中国丛书综录》。

参考性与资料性工具书：它的范围很广，除以上三类外，均可属此类。如辞典、百科全书、年鉴等。内容丰富，可靠性实效性强，观点新颖，具有很大的参考价值。

计算机和互联网：可以通过搜索引擎等对文献进行查询。

c. 确定检索方法，下面介绍几种常用的检索方法。

顺序查找法：从课题研究的起始年代开始往后顺时查找，直到近期为止，这种方法查全率高，但费时。

回溯查找法：这是利用某一篇论文（或专著）后面所附的参考资料为线索，跟踪追查的方法。这种查找方法在检索工具不齐全，对课题不熟悉或不需做深入研究的情况下是可取的，是一种针对性更强、更直接、效率更高的文献查阅方法。但应注意要查阅权威性的标准参考源。

循环查找法：利用现有工具书查出这一段时间内的一批文献，再利用回溯查找法，查出没有检索工具的那一段时间的文献方法。中学教师因图书检索条件有限，适合利用这种方法。

即期积累法：为尽可能及时全面地掌握文献，教师要引导学生除了在研究课题的前后突击查找文献外，还应注意平时的日积月累，养成经常阅读的好习惯。即从现刊中查找与自己课题有关的信息，也能够使学生懂得科学研究要把握最新的动态，及时了解别人在做什么？有什么新的发现？使自己少走别人已经走过的弯路，保证自己的研究处于比较领先的水平。

计算机检索：计算机以其强大的数据处理和存储能力成为当今最为理想的信息检索工具。20 世纪 50 年代末出现了最早的计算机信息检索系统。随着计算机技术的突飞猛进，计算机信息检索也迅速发展，如今已成为广泛使用的信息检索手段。检索形式有光盘、Internet 检索等。例如，对化合物化学及物理性质的检索，可直接在网上检索下列网址：

http://www.sigmaaldrich.com/;

http://webbook.nist.gov/chemistry/;

http://hazard.com/msds/;

http://chem.sis.nlm.nih.gov/chemidplus/chemidheavy.jsp 等。

与传统的手工检索相比，计算机检索有以下优点：

① 检索速度快。使用计算机在课余的几秒钟内完成对几万甚至几千万的数据的处理，同样的检索如果用手工方法可能需要一个月。

② 检索范围大。它可以同时对跨越几年甚至几十年的数据做检索。

③ 检索途径多。计算机的数据库能提供十几种甚至几十种的检索工具，还可以使用逻辑的方法把它们组合起来使用，非常灵活。

④ 可以同时检索多个数据库。计算机可以把几个数据库同时打开供检索，并且可以去掉其中重复的数据。

⑤ 可以立刻得到原文。由于早期的检索系统大多提供索引、文摘等二级文献，有时我们不得不再去寻找原文即一级文献。现在使用计算机全文检索系统，当场就能看到全文，并且根据需要还可以打印出来。

d. 确定检索途径：常用的检索途径主要有 4 种。

书名或篇名途径：是专业人员把文献的名称按照一定的排检方法组织起来后形成的检索系统。用户只要知道文献的名称，就可以查找到原始文献。

作者途径：是专业人员把文献的作者按照一定的排检方法组织起来后形成的检索系统。它比较适合对于某一特定作者所著文献的查找。

分类途径：是专业人员把文献的名称按照学科自身的体系组织起来的检索系统。它比较适合对某一特定学科中特定类别文献的查找。

主题途径：这是专业人员根据文献的主题词组织起来的检索系统。由于文献主题词有一个或几个，因此这就为用户提供了较为宽阔的检索途径，尤其是使用计算机检索文献时，利用搜索引擎，按照主题词去查找特定的文献，其效益更加明显。

获取原始文献：按照利用检索工具查找的文献线索，获取到原始文献。

建文献目录：这是查阅文献的最后一步。把阅读参考过的材料按照一定的顺序排列，称为文献目录。文献目录一般是附在文章最后，包括作者姓名、书刊（论文）名、出版社、出版时间、地点等。

（2）文献资料的积累和整理形式，资料的积累有两种形式：一是笔记式，二是卡片式。笔记式即对原文进行的摘录或摘要。相比较而言，卡片式便于携带、分类、归纳、查找和使用。

（3）引文注释和参考文献目录的建立：

撰写研究报告引用他人的材料、数据、论点文章要注明出处，这既反映研究者的严肃的科学态度，体现研究报告的科学依据，同时也是尊重他人劳动的表现。引文注释分为页末注（脚注）、段落后注或篇后注、文内注和书后注四种。页末注是在本页文章的下端，与正文之间划一横注线，线下方的注释；段落后注或篇后注是在段或篇后编一个顺序，使用“注 1”、“注 2”加以注释；文内注一般用小号字体，穿插在引文后边；书后注，就是把注释安排在全书的最后。注释内容包括作者姓名、文献标题（加书名号）、书刊名称、卷数、册数、出版社名、出版日期、地点、页码。

重要论文后还附有参考文献，每一个参考文献要注明作者姓名、文献标题（加书名号）、书刊名称、出版社名、出版日期、地点。

## 附录二　危险药品的分类、性质和管理

危险药品是指受光、热、空气、水或撞击等外界因素的影响，可能引起燃烧爆炸的药品，获具有强腐蚀性、剧毒性的药品。常用危险的药品安危害性可分为以下几类：

| 类别 | | 举例 | 性质 | 注意事项 |
|---|---|---|---|---|
| 爆炸品 | | 硝酸铵、苦味酸、三硝基甲苯 | 遇高热摩擦、撞击等，发起剧烈反应，放出大量气体和热量，发生猛烈爆炸 | 存放于阴凉、低下处，轻拿轻放。 |
| 易燃品 | 易燃液体 | 丙酮、乙醚、甲醇、乙醇、苯等有机溶剂 | 沸点低，易挥发，遇火则燃烧，甚至引起爆炸 | 存放阴凉处，远离热源，使用时注意通风，不得有明火 |
| | 易燃固体 | 红磷、白磷、硫、萘、硝化纤维 | 燃点低，受热、摩擦撞击或遇氧化剂，可引起剧烈连续燃烧爆炸 | 存放阴凉处，远离热源，使用时注意通风，不得有明火 |
| | 易燃气体 | 氢气、乙炔、甲烷 | 因撞击、受热引起燃烧，与空气按一定比例混合会爆炸 | 使用时注意通风；如为钢瓶气，不得高温暴晒，使用时须接减压阀 |
| | 遇水易燃品 | 钠、钾 | 遇水剧烈反应，产生可燃气体并放出热量此反应热会引起燃烧 | 保存于煤油中，切勿与水接触 |
| | 自燃物品 | 黄磷 | 在适当温度下被空气氧化放热，达到沸点而引起自燃 | 保存于水中 |
| 氧化剂 | | 硝酸钾、氯酸钾、过氧化氢、过氧化钠、高锰酸钾 | 具有强氧化性，遇酸受热、与有机物、易燃品、还原剂等混合时，因反应引起燃烧或爆炸 | 不得与易燃品，爆炸品、还原剂等一起存放 |
| 剧毒试剂 | | 氰化钾、三氧化二砷、氯化汞、氯化钡 | 剧毒，少量侵入人体（误食或接触伤口）引起中毒，甚至死亡 | 专人、专柜保管，现用现领，用后的剩余物，不论是固体或液体都应交回保管人，并应设有使用登记制度 |
| 腐蚀性药品 | | 强酸、强碱、氟化氢、溴、酚 | 具有强腐蚀性，触及物品造成腐蚀、破坏触及人体皮肤，引起化学烧伤 | 不要与氧化剂、易燃品、爆炸品放在一起 |

# 附录三　常用酸、碱的浓度及配制

## 1. 酸溶液

| 酸的名称和化学式 | 比重（20℃） | 溶质质量分数/% | 物质的量浓度/(mol·L$^{-1}$) | 配置方法（体积比） |
|---|---|---|---|---|
| 浓盐酸　HCl | 1.19 | 38 | 12 | 市售 |
| 稀盐酸　HCl | 1.1 | 20 | 6 | 市售 |
| 稀盐酸　HCl | — | — | 3 | 浓盐酸（38%）∶水＝1∶3 |
| 稀盐酸　HCl | — | 7.2 | 2 | 浓盐酸（38%）∶水＝1∶5 |
| 浓硝酸　$HNO_3$ | 1.41 | 68 | 16 | 市售 |
| 稀硝酸　$HNO_3$ | 1.2 | 32 | 6 | 浓硝酸（68%）∶水＝1∶17 |
| 稀硝酸　$HNO_3$ | — | — | 2 | 浓硝酸（68%）∶水＝1∶7 |
| 浓硫酸　$H_2SO_4$ | 1.84 | 98 | 18 | 市售 |
| 稀硫酸　$H_2SO_4$ | 1.18 | 24.8 | 3 | 浓硫酸（98%）∶水＝1∶5 |
| 稀硫酸　$H_2SO_4$ | — | — | 1 | 浓硫酸（98%）∶水＝1∶17 |
| 冰醋酸　$CH_3COOH$ | 1.05 | 99.5 | 17.5 | 市售 |
| 稀乙酸　$CH_3COOH$ | — | 35 | 6 | 冰醋酸（17.5%）∶水＝10∶19 |
| 稀乙酸　$CH_3COOH$ | — | — | 2 | 冰醋酸（17.5%）∶水＝10∶77 |

## 2. 碱溶液

| 碱的名称和化学式 | 物质的量浓度/(mol·L$^{-1}$) | 配制方法 |
|---|---|---|
| 浓氨水　$NH_3·H_2O$ | 15 | 市售，$d$＝0.90　28%（质量分数） |
| 稀氨水　$NH_3·H_2O$ | 6 | 浓氨水（28%）∶水＝1∶1.5（体积比） |
| 稀氨水　$NH_3·H_2O$ | 2 | 浓氨水（28%）∶水＝1∶6.5（体积比） |
| 稀氨水　$NH_3·H_2O$ | 1 | 浓氨水（28%）∶水＝1∶14（体积比） |
| 氢氧化钠　NaOH | 6 | 溶 240g NaOH 于水中，稀释至 1000mL |
| 氢氧化钠　NaOH | 2 | 溶 80g NaOH 于水中，稀释至 1000mL |
| 氢氧化钾　KOH | 3 | 溶 168g KOH 于水中，稀释至 1000mL |
| 氢氧化钡　$Ba(OH)_2$ | 0.2 | $Ba(OH)_2·8H_2O$ 63g·L$^{-1}$，过滤。 |
| 氢氧化钙　$Ca(OH)_2$ | 0.02 | 饱和石灰水澄清液 |

# 附录四　常用盐溶液、指示剂、试纸的配制

## 1. 盐溶液

| 盐的名称和化学式 | 相对分子质量/Da | 物质的量浓度/(mol·L$^{-1}$) | 配制方法 |
|---|---|---|---|
| 硝酸银　$AgNO_3$ | 169.87 | 0.25 | 溶解 42.5g $AgNO_3$ 于水中，稀释至 1000mL |
| 硝酸银　$AgNO_3$ | 169.87 | 0.1 | 溶解 17g $AgNO_3$ 于水中，稀释至 1000mL |
| 氯化钡　$BaCl_2·2H_2O$ | 244.3 | 0.25 | 溶解 61g $BaCl·2H_2O$ 于水中，稀释至 1000mL |

续表

| 盐的名称和化学式 | 相对分子质量/Da | 物质的量浓度/($mol \cdot L^{-1}$) | 配制方法 |
|---|---|---|---|
| 硫酸铜　$CuSO_4 \cdot 5H_2O$ | 249.9 | 0.25 | 溶解 62g $CuSO_4 \cdot 5H_2O$ 于水中，稀释至 1000mL |
| 氯化铁　$FeCl_3 \cdot 6H_2O$ | 270.3 | 0.2 | 溶解 54g $FeCl_3 \cdot 6H_2O$ 于水中，稀释至 1000mL |
| 硫酸亚铁　$FeSO_4 \cdot 7H_2O$ | 278 | 0.5 | 溶解 139g $FeSO_4 \cdot 7H_2O$ 于水中，稀释至 1000mL |
| 氯化汞　$HgCl_2$ | 271.5 | 0.25 | 溶解 68g $HgCl_2$ 于水中，稀释至 1000mL |
| 氯化钾　KCl | 74.56 | 0.5 | 溶解 37g KCl 于水中，稀释至 1000mL |
| 溴化钾　KBr | 119.01 | 0.5 | 溶解 60 gKBr 于水中，稀释至 1000mL |
| 碘化钾　KI | 166.01 | 0.5 | 溶解 83g KI 于水中，稀释至 1000mL |
| 氰化钾　KCN | 65.12 | 0.5 | 溶解 33g KCN 于水中，稀释至 1000mL |
| 硝酸钾　$KNO_3$ | 101.11 | 0.5 | 溶解 50g $KNO_3$ 于水中，稀释至 1000mL |
| 硫酸钾　$K_2SO_4$ | 174.26 | 0.25 | 溶解 44g $K_2SO_4$ 于水中，稀释至 1000mL |
| 硫氰化钾　KSCN | 97.18 | 0.5 | 溶解 49g KSCN 于水中，稀释至 1000mL |
| 高锰酸钾　$KMnO_4$ | 158.4 | 0.01 | 溶解 1.6g $KMnO_4$ 于水中，稀释至 1000mL |
| 氯化钠　NaCl | 58.44 | 0.5 | 溶解 29g NaCl 于水中，稀释至 1000mL |
| 硝酸钠　$NaNO_3$ | 84.99 | 0.5 | 溶解 43g $NaNO_3$ 于水中，稀释至 1000mL |
| 碳酸钠　$Na_2CO_3$ | 106 | 1.5 | 溶解 159g $Na_2CO_3$ 于水中，稀释至 1000mL |
| 硫代硫酸钠 $Na_2S_2O_3 \cdot 5H_2O$ | 248.2 | 0.05 | 溶解 12.4g $Na_2S_2O_3 \cdot 5H_2O$ 于水中，稀释至 1000mL |
| 乙酸钠 $CH_3COONa \cdot 3H_2O$ | 136.1 | 3 | 溶解 408g $CH_3COONa \cdot 3H_2O$ 于水中，稀释至 1000mL |
| 硫酸钠　$Na_2SO_4$ | 142.04 | 0.25 | 溶解 35g $Na_2SO_4$ 于水中，稀释至 1000mL |
| 乙酸铅　$Pb(Ac)_2 \cdot 3H_2O$ | 379 | 0.5 | 溶解 189.5g $Pb(Ac)_2 \cdot 3H_2O$ 于水中，稀释至 1000mL |
| 氯化亚锡 $SnCl_2 \cdot 2H_2O$ | 225.6 | 0.1 | 溶解 22.6g $SnCl_2 \cdot 2H_2O$ 于 330mL 6mol · $L^{-1}$ HCl 中，加水稀释至 1000mL。加入数粒纯锡，以防氧化 |
| 氯化锌　$ZnCl_2$ | 136.28 | 0.25 | 溶解 34g $ZnCl_2$ 于水中，稀释至 1000mL |
| 硫酸锌　$ZnSO_4 \cdot 7H_2O$ | 287 | 0.25 | 溶解 72g $ZnSO_4 \cdot 7H_2O$ 于水中，稀释至 1000mL |

## 2. 常用指示剂的配制

(1) 石蕊溶液：

方法一　将 1g 石蕊溶于 50mL 水中，静置一昼夜后过滤，在滤液中加入 30mL 95%乙醇，再加入水稀释至 100mL 即可。

方法二　将 5～10g 石蕊加入 100mL 85%乙醇，在水浴上加热，并搅拌，倾去溶液以去除其中的有色杂质。将残渣用 1L 的热水浸煮，并不断搅拌，滤去不溶物，便得石蕊溶液。

用蒸馏水配制的石蕊溶液滴入酸性溶液中，呈明显的红色。但滴入中性溶液和碱性溶液时，两者的区别往往不明显，都有一定程度的蓝中略带紫色，改进的办法是：用蒸馏水配制好以后，用滴管取 1mol · $L^{-1}$ 乙酸溶液，逐滴加入锥形瓶中，并不断振荡，严格控制乙酸的用量，并随时从锥形瓶中用滴管取出数滴溶液分别加入酸性氯化铵、中性蒸馏水和碱性碳酸钠溶液中，至分别呈红、紫、蓝三色清晰可辨为宜。

如不小心调节过头，可用 $1mol \cdot L^{-1}$ 氨水反调。

经过调节的紫色石蕊溶液对一般酸碱溶液反应敏感，对盐类水解所呈的酸碱性也反应明显。

（2）酚酞溶液：将 1g 酚酞溶于 1L 60%～90%乙醇中即得。或者取医药用的无色酚酞片（是一种轻泻剂）两粒，放入约 50mL 乙醇中溶解，过滤即得酚酞溶液。

（3）甲基橙溶液：取甲基橙 1g，加蒸馏水 1L，溶解后过滤即得。

（4）品红溶液：品红是一种人工合成的红色染料，成分是盐酸蔷薇苯胺。配置时可将 0.1g 品红溶于 100mL 水即可。

（5）淀粉溶液：将 1g 可溶性淀粉加少量水调成糊状，倾入 100mL 沸水中，煮沸片刻，即得 1%的淀粉溶液。这样配制的淀粉溶液不可久藏，因为久置后，检查点分子时其颜色不是天蓝色而是蓝紫色，甚至不起作用。若加入少量（约 1g）氯化锌或碘化汞作防腐剂，可放置较久。

（6）淀粉碘化钾溶液：将 0.5g 淀粉加水 1mL，在试管中振荡调成浆状，然后倒入 100mL 沸水，维持煮沸 1～2min，冷却后，将 0.5g 碘化钾及 0.5g 结晶碳酸钠溶于少量水，加入此试管中，振荡得无色溶液。该溶液要临时配制，不能久藏。

（7）甲基红溶液：将 1g 甲基红溶入 1L 60%乙醇即可。

（8）碘水：将 2.5g 碘和 3g 碘化钾溶于少量水，加水稀释至 1000mL，即得 0.001mol/L 的碘水。

## 3. 常用试纸的制备

| 试纸名称及颜色 | 制备方法 | 用途 |
|---|---|---|
| 石蕊试纸（红色或蓝色 | 用热的乙醇处理市售石蕊以除去杂质的红色素。倾去浸液，一份残渣与六份水浸煮并不断振荡，滤去不溶物。将滤液分成两份，一份加稀 $H_2SO_4$ 至变红，另一份加稀 NaOH 至变蓝，然后将滤纸条分别在其中浸湿取出后在避光、没有酸、碱蒸气的室内晾干，便得红色蓝色石蕊试纸 | 红——在碱性溶液中变蓝色<br>蓝——在酸性溶液中变红色 |
| 淀粉 KI 试纸（白色） | 将 0.5g 淀粉加水 1mL，在试管中加以振摆调成浆状，然后倒入 100mL 沸水，维持煮沸 1～2min，冷却后，将 0.5g 碘化钾及 0.5g 结晶碳酸钠溶于少量水，加入此试管中，振荡得无色淀粉碘化钾溶液。将滤纸条浸入淀粉碘化钾溶液中，取出晾干，即得淀粉碘化钾试纸。可储于密闭容器中备用。 | 用于检验氧化剂（特别是游离卤素），作用时变蓝色 |
| 酚酞试纸（白色） | 溶解 1g 酚酞于 100mL 95%乙醇溶液中，振荡溶液，同时加入 100mL 水，将滤纸浸入溶液，取出后置于无氨蒸气处晾干即可 | 在碱性溶液中变成深红色 |
| 醋酸铅试纸（白色） | 将滤纸条浸入 3%乙酸铅溶液中，取出后在无硫化氢气体的室内晾干即可 | 用以检出痕量的 $H_2S$，作用时由白色变成黑色 |
| 刚果红试纸（红色） | 溶解 0.5g 刚果红于 1L 水中，加 5 滴乙酸，滤纸条在温热溶液浸湿后，取出晾干 | 与无机酸作用变蓝（甲酸、一氯乙酸及草酸等有机酸也使它变蓝）。pH 3.0～5.2：由蓝变红 |

续表

| 试纸名称及颜色 | 制备方法 | 用途 |
|---|---|---|
| 淀粉试纸（白色） | 将0.5g可溶性淀粉放入小烧杯中，加入5mL水调成糊状，边搅拌边加入100mL沸水，继续加热煮沸2～3min，直到溶液转清时加入0.1g氯化汞。放入滤纸，浸透后取出晾干，即得淀粉试纸 | 遇碘由白色变为蓝色 |
| $KIO_3$-淀粉试纸（白色） | 将$KIO_3$ 1.07g溶于100mL 0.05mol·$L^{-1}$ $H_2SO_4$中，加入新配制的0.5%淀粉溶液100mL，将滤纸放入该溶液中浸透后取出晾干 | 检验NO、$SO_2$等还原性气体，它们和试纸作用时变蓝色 |
| 铁氰化钾（及亚铁氰化钾）试纸（淡黄色） | 经滤纸浸入饱和铁氰化钾（或亚铁氰化钾）溶液中，浸透后取出晾干 | 试纸与$Fe^{3+}$（或$Fe^{2+}$）作用呈蓝色 |

# 附录五　常用洗液的配制

| 洗液名称 | 配置方法 | 洗液特点 | 使用注意事项 |
|---|---|---|---|
| 铬酸洗液 | 一般浓度为5%～12%的工业重铬酸钾（或重铬酸钠）20g溶于40mL水中，慢慢加入360mL工业浓硫酸，即得5%的洗液，洗液为红褐色 | 强酸性，具有很强的氧化能力。用于除去油污 | (1) 使用时要特别小心以防腐蚀皮肤和衣服。<br>(2) 废液不可随便排放，要进行处理*<br>(3) 洗液若呈绿色，则表示已失效 |
| 碱性高锰酸钾洗液 | 4g $KMnO_4$溶于少量水中，加入100mL 10% NaOH溶液 | 作用缓慢。适用于洗涤油腻及有机物 | 洗后玻璃器皿上留有$MnO_2$沉淀物，可用HCl或$Na_2SO_3$处理 |
| 碱性乙醇洗液 | 1L 95%乙醇溶液，加入157mL NaOH（或KOH）饱和溶液（约50%） | 遇水分解力很强，适用于洗涤油脂、焦油和树脂 | (1) 具有易燃性和挥发性，使用时注意防挥发和防火<br>(2) 放久失效<br>(3) 对磨口瓶塞有腐蚀作用 |
| 磷酸钠洗液 | 于470mL水中加入57g $Na_3PO_4$和28.5g油酸钠（$C_{17}H_{33}COONa$） | 洗涤碳的残留物 | 在洗液中浸泡几分钟，再刷洗 |
| 纯酸或纯碱洗液 | 纯酸溶液：浓盐酸、浓硫酸和浓硝酸<br>纯碱溶液：10%以上的NaOH、KOH或$Na_2CO_3$溶液 | 洗液的使用要根据器皿上污垢的性质 | 用洗液浸泡或浸煮器皿，但用酸时温度不宜太高，防止酸挥发 |
| 硝酸-过氧化氢洗液 | 15%～20%硝酸加入5%过氧化氢 | 洗涤特别顽固的化学污物 | (1) 久存易分解，现用现配<br>(2) 储存于棕色瓶中 |

* 简便的处理方法是在酸液中滴加硫酸亚铁，使六价铬还原成三价铬（无毒），再排放。

## 参考文献

北京师范大学无机化学教研室等. 无机化学实验［M］. 3版. 北京：高等教育出版社，2001.
汪秋安等. 有机化学实验室技术手册［M］. 北京：化学工业出版社，2012.
王长利. 实验室安全手册［M］. 长春：吉林大学出版社，2009.
武汉大学. 分析化学实验［M］. 4版. 北京：高等教育出版社，2001.
赵华绒，方文军，王国平. 化学实验室安全与环保手册［M］. 北京：化学工业出版社，2001.